记号
/M/A/R/K/

真知 卓思 洞见

河山为证

地理视角下的中国史

上

宋平明 著

北京邮电大学出版社

图书在版编目（CIP）数据

山河为证：地理视角下的中国史：上下册 / 宋平明著. -- 北京：北京科学技术出版社，2025. -- ISBN 978-7-5714-4458-7

Ⅰ．K209

中国国家版本馆 CIP 数据核字第 2025NN8847 号

选题策划：	记　号
策划编辑：	马春华　林佩儿
责任编辑：	武环静
责任校对：	贾　荣
封面设计：	何　睦
图文制作：	刘永坤
责任印制：	吕　越
出 版 人：	曾庆宇
出版发行：	北京科学技术出版社
社　　址：	北京西直门南大街 16 号
邮政编码：	100035
电　　话：	0086-10-66135495（总编室）　0086-10-66113227（发行部）
网　　址：	www.bkydw.cn
印　　刷：	北京顶佳世纪印刷有限公司
开　　本：	710 mm × 1000 mm　1/16
字　　数：	380 千字
印　　张：	29.5
版　　次：	2025 年 7 月第 1 版
印　　次：	2025 年 7 月第 1 次印刷
审 图 号：	GS（2025）1700 号
ISBN 978-7-5714-4458-7	

定　　价：108.00 元（上下册）

京科版图书，版权所有，侵权必究
京科版图书，印装差错，负责退换

推荐序一

宋平明教授是中国社科院近代史研究所毕业的博士，是左玉河老师的高足。读书期间和我来往不算太少，他性格温和，做事利索，读书也格外勤奋。坐言起行，不尚空谈。毕业后又去美国追随李怀印老师做博士后。出站后返回国内大学任教，始终不忘读书写作。

几年前，平明博士的《太平天国狂飙实相》出版时，我曾有幸参与过一次新书研讨。我觉得年轻专业学者对一些历史话题进行新的探讨，并用大众化语言表达出来，传递给更多的读者，是一件特别有意义的事情。在高度信息化、智能化时代，历史学的门槛近乎完全取消，人工智能的介入更让瞎编滥造成为日常，错误的偏执的信息正在不知不觉侵蚀人们的心灵。"劣币驱逐良币"，似乎是当下知识传播的一个潜在逻辑，人人都做历史类短视频，真正有研究的又有几个人呢？在这种历史背景下，受过专业训练的青年学者愿意从比较严肃的立场上为大众提供比较准确可信的历史知识，我认为很有意义，甚至是功德无量的。从久远的历史看，我们哪一个读书人完全逃脱过大众化历史书籍的影响？只是我们各自阅读的书籍不一样，作者不一样而已。我们这一代可能读过张荫麟、吕思勉、吴晗、顾颉刚等人为大众写的小册子，更年轻的一代可能接受的是最近几十年最为流行的历史类大众读物。

几年前我问平明博士在太平天国之后又在研究什么，他告诉我想研究中国的历史地理，过了很长一段时间，他就发来了这部《山河为证：地理视角下的中国史》一书的清样，洋洋洒洒几十万字。平明博士希望我为这部书写点文字，而不只是一次口头推广。我觉得有这个责任，也觉得有些话可以写出来，所以我并没有拒绝平明博士的这个要求。

历史学从业者都知道，历史学固然没有什么过高的门槛，但历史学有几个不可忽略的基本功，这就是许多老先生概括出来的研治史学的四把钥匙，即职官制度、历史地理、年代学和目录学。所以历史学从业者的最初训练，大概都要在这四个方面用功。不懂年代学，就没有时间上的概念；不懂历史地理，就无法建构空间意识。任何历史事件、历史人物，都是在一定的地理空间、一定的时间轴上活动的。因此，熟悉地理环境，为历史研究最基础的训练。

孟德斯鸠认为特定的地理环境产生特定的社会制度，因而地理环境是历史发展演变的决定性变量。这个说法当然过于绝对化了，因为伏尔泰的研究也在证明，同一地理条件照样可以产生发展出几种很不一样的政治制度，因而地理环境对历史发展的影响完全可以忽略不计。

其实，孟德斯鸠和伏尔泰，都只看到了历史与地理环境的一个方面，因而陷入了无解的境地。在这一方面，我一直觉得普列汉诺夫的讨论比较全面，也比较客观。普列汉诺夫认为，一方面人类不断地认识和改造自然，另一方面自然也持续影响着人类。人类的经济发展是在地理条件和社会条件的影响下进行的。正是由于某种社会的地理环境的这种或那种性质，经济发展才能以或快或慢的速度进行，并朝着这种或那种方向发展。换言之，不能绝对地说地理环境决定社会发展，也不能片面地说地理环境对社会发展不起任何作用。人类社会发展与地理环境的关系应该辩证地看，历史地看，具体地看。

从中国历史的观点看，我始终认为中国历史路径之所以如此，主要还是因为中国特殊的地理环境。中国的地理环境其实就是东临太平洋，南接印度洋，西边有青藏高原的阻隔，北边有茫茫大草原。在这样的地理环境中，中国在过往几万年几十万年缓慢发展着，逐渐形成现在的中国。

这样说，是否意味着中国的发展与其他各族走着完全不同的路径呢？显然不能如此简单地认为。最近一百年现代考古学的发展足以证明中国所走的路尽管有自己的特点，但也遵循人类的普遍性。我们知道，世界文明最早发生在两河流域，即美索不达米亚地区。苏美尔人大约在公元前5000年前就定居在了两河流域，并大约于公元前3500年建立了人类最古老的文明，这被认为是人类古代文明的开始。苏美尔文明被认为是世界上最古老的文明之一，其发祥地两河流域就是幼发拉底河与底格里斯河之间的冲积平原。这里最早发生了农业。因为农业的发生，进而出现了城邦，进而有了科学技术，进而产生了文字，进而形成了社会以及法律、宗教等意识。

现代考古学发生在西方，西方考古学家最先考察的区域就在两河流域，认定人类文明发生在两河流域。那时，东方，尤其是中国的考古还没有开始，中国人对古史的认识几乎完全凭借历代相传的文献资料。直至几十年前，我在读大学的时候，中国历史学家也一直相信人类文明发生在两河流域，而中国文明发生在黄河流域。黄河是中国的母亲河，是中国文明的摇篮。其实那个时候的科学认知，并不是绝对真理。

经过中国现代考古学100年的工作，我们今天的认识其实已有很大改变。长江流域、珠江流域、黑龙江流域，甚至全中国区域的考古学成就，让我们看到中国文明的最初发生是星罗棋布的，从南到北，从东至西，很多地方都有中国文明的印痕，中国人的足迹。

我们过去说黄河流域是中国文明的发祥地，是因为大家并不了解南方，也就是长江、淮河、珠江流域的情况，文献记载阙如。过去100年，特别是最近几十年，考古学随着大规模建设获得了巨大进展，我们今天完全可以说淮河、长江都是中国文明发祥地，它们的意义不弱于黄河。

淮河流域楚文化的发掘，让我们更清楚地理解了楚文化在中国古典文明中的意义。位于安徽省蚌埠市境内的双墩村遗址，被视为新石器时代遗址，距今据说已有7000多年，大量出土文物表明那时的淮河流域先民已有丰富的物质生活、精神生活，颇有淮河文明之光的意味，这大约就是后来楚文化的前驱。

再往南，在长江流域，上游的三星堆，下游的良渚，都展示出长江流域的开发以及早期人类的活动应该不晚于黄河流域。

我之所以这样说，主要想表达这样一个意思。长江、淮河、黄河孕育了中国文明。三大水系构成了不太容易分割的相对独立的地理单元，这是一个特殊的地理空间。这个区域最初阶段有不计其数的小共同体，一旦由于各种特殊原因诸如战争走向一体，它们就很难再分开。所谓合久必分，分久必合，大概都和中国特殊的地理区域有关联。中国文明从一个个小的地理单元逐渐合并成大的单元，一马平川的冲积平原使其很容易结为一个整体。这是中国文明的历史地理之所以如此呈现的新解释。

中国文明四至是太平洋、印度洋、青藏高原，以及北部大草原。在这个区域内，各种不同的文明形态经过漫长历史时期的淘洗，逐渐走到一起。在人类遗传基因的交换上，这个大区域中的人久已有过或亲或疏的交换，但是与这个区域之外的文明似乎就显得交流交换少了些。毕竟这个区域太平洋、印度洋、青藏高原，以及北部大草原都犹如天然的屏障，限制了人们与域外文明交流。地理环境会制约人类的活动，也就必然影响人类文明的生成。中国文明之所以如此，说到底就是地理环境的产物。从这个意义上来说，平明博士的这部书致力于揭示中国历史的地理环境因素，自然是很有意义的。

这部大书关切之所在并不是我所说大的地理环境，而是研究中国历史上重大关节点之"16个锁钥之地"。这是一个很有意义的研究。全书共16章，系统探讨了重大历史关节点中的地理环境对历史事件的影响，切实抓住了中国历史演变的关键性问题。从地理视角解读历史，历史的线性转化为历史的空间，让历史更具立体感，这是一次全新的阅读体验。

《山河为证：地理视角下的中国史》必将是一个成功的尝试，期待平明博士再接再厉，在不久的将来为读者提供更多的作品。

是为序。

马勇

2025年1月19日，年初一

推荐序二

宋平明博士是我的学生，他在中国社会科学院近代史研究所完成博士学业，并长期专注于中国历史问题的研究与写作，成果颇丰。值得一提的是，他曾在新东方做了10年的英语教师，并在美国得克萨斯大学奥斯汀分校进行过为期一年的中国历史博士后研究，具有宽阔的学术视野和跨学科能力，思维活跃，善于用通俗易懂的语言解析复杂的历史问题，使其学术研究更具公共意义。长期以来，我看到了他在中国历史问题研究领域的成长，并对他在学术研究上的坚持和努力深感欣慰。

这本著作内容丰富详实，展现了中国历史上一些重要时期在关键地点或地区发生的关键事件。平明以严谨的学术态度，对各个历史阶段的重要地理区域进行了深入分析，涵盖政治、军事、经济、文化等多个层面，展现出扎实的学术功底与广阔的研究视野。书中选取了16个对中国历史进程具有重要影响的地理节点，如殷都城外的牧野、春秋时期的郑国、战国时期的秦国、西汉时期的河西走廊等。这些地点或为交通枢纽，或为战略要地，或为经济中心，在中国的历史发展中都曾扮演了重要角色。通过对这些关键地点或地区的研究，作者揭示了战争与地理环境之间的联系，以及这种联系对中华文明发展的影响。

本书在历史地理研究领域具有较强的学术价值。它提供了一个较为独特的研究视角，从军事地理和历史地理双重角度重新审视中国历史的发展脉络，同时借助丰富的史料和深入的分析，为读者呈现出一幅波澜壮阔的历史画卷。

作者综合运用历史文献、考古资料、地理信息等多方面的数据，探讨地理环境与历史进程的互动关系。这种跨学科研究方法对于历史问题的研究具有一定的借鉴意义。

本书的研究成果对多个学术领域均可提供参考，包括中国古代军事史、政治史、经济史、文化史等。例如，在分析秦统一六国的地缘战略时，作者考察了秦国的地理位置、自然环境、经济发展与军事制度，为理解秦国统一天下的因素提供了新的角度。又如西汉时期的河西走廊，书中探讨其战略价值及汉武帝对匈作战的策略，为研究西汉时期的民族关系与外交政策提供了思考空间。

此外，本书有助于深化对中华文明发展的认识。通过研究中华文明核心区的迁移与变迁，我们可以更直观地看到中华文明在不同历史时期的发展特点和演进动力。理解这一演进轨迹，有助于增强文化认同和文化自信，也为进一步研究中华文明的历史发展提供参考。

因此，宋平明博士的这部著作，为历史地理研究提供了一个值得关注的视角。它展现了作者扎实的学术研究能力，并为读者提供了理解历史、思考现实的新视角。

我相信，本书的出版将在历史地理研究领域引发讨论，也为有兴趣的读者提供一次富有启发的阅读体验。

未来，希望宋平明博士能继续深入历史地理研究以及其他中国历史问题的研究，拓宽学术视野，以更严谨和创新的研究成果，为学界和读者带来更多有价值的探索和作品。

左玉河

2025 年 3 月于北京

自 序

人类自出现以来，不同种群之间的战争就开始了，而且伴随着人类文明的发展，战争变得更加血腥和庞大。在笔者看来，自古以来，战争的爆发无非源自两个原因：其一，争夺生产和生活物资以及生存范围；其二，强迫别人接受自己的观念和想法。用更简单的话来说，就是要从别人那里抢东西或将思想塞入别人脑子里，软的不行就来硬的，这个硬的方式，一般就表现为战争。有时候，则两者兼而有之。人类之间的战争只是激烈程度不同，但是战争爆发的原因基本就是这两个而已。

战争的爆发、最终决战总是会发生在某个关键的地点或某个地理范围之内，这个关键的地点或地理范围的归属往往会影响战争的走向或输赢，而战争的输赢又会在更大的程度上影响人类文明发展的进程和方向。这个地点或地理范围或是交通便利、四通八达，或是据险而守、易守难攻，或是政治地位极其重要，或是拥有极为丰富的经济资源，或是同时拥有以上谈到的要素的两种或多种。此类地点或地理范围往往被我们称为兵家必争之地，在军事地理学中也经常称为枢纽或锁钥地区。

因此，在人类战争史上，为了赢得某场特定的战争或为了实现更宏大的政治、军事甚或经济方面的目标，战争的参与者（无论是进攻方还是防守方）都在尽可能地占领并控制更多的锁钥地区，从而充分利用这些锁钥地区所带来的各方面便利条件，将各种资源为己所用。

在我国古代，战争，尤其是那种发生在锁钥地区或某些关键地区的战争往往会决定某个王朝的兴衰存亡，甚或影响中华文明演进的走向以及进步的程度。但是因为上古历史过于久远，史料暂时性缺失，我们并没有办法清晰地梳理出古代史中所有的大型战争的来龙去脉。比如，上古奇书《山海经》中记载的黄帝大战蚩尤，两者之间的战争近乎神仙打架，我们除了发挥自己的想象力之外，几乎没有可能找到任何与之相关的战争细节，也就无法用我们现在所使用的史学语言将其描述出来。因此，本书的研究对象从发生在殷都城外的牧野之战开始。从商朝开始，发生在中华大地上的大事件已经可以用非常清晰的甲骨文或其他形式的记录来向几千年之后的人讲述清楚了。其实，从严格意义上来讲，殷纣王和周武王决战的牧野很难被定义为锁钥地区，此地并不具备锁钥地区的特点。但是，发生在牧野的战争之所以决定了商王朝的命运，就在于牧野位于殷都的附近，而殷都的城防体系因为当时生产力低下并不具备固守的能力。因此，只要周武王率领伐纣大军在牧野之地将商王朝的大军打败，就足以攻克殷都一举灭掉商王朝了。因此，从这个意义上来看，牧野也可以称为锁钥之地。

从商周决战的牧野开始，我们讨论了春秋时期的郑国之域，战国时期的秦国之地，西汉时期的河西走廊，三国时期的汉中和合肥，隋朝时期的洛阳，唐朝时期的潼关，以及对秦、汉、隋、唐都至关重要的关中地区；进而，我们会继续讨论辽宋时期的燕云十六州，北宋时期的东京开封，南宋时期的镇江和襄阳，明朝"天子守国门"的北京以及辽东地区；最后讨论了太平天国时期太平军和湘军所争夺的安庆。

当然，一定还有更重要或至少同样重要的枢纽或锁钥地区值得我们一起来探索和研究。但是，探究书中所列16个关键地点或地区的地理位置、经济发展水平及其在战争中的军事战略意义，我们就会厘清中华文明数千年发展和演进的内在脉络和理路。

其一，中华文明的核心区发端自黄河中下游，来自西北边陲的小邦姬周在完成翦商大业之后，中华文明就长期处于关中地区和中原地区的范围之内，两个地区的多样式复杂互动决定了这两个地区相互交替成为中华正统王朝以及中华文明的核心区，西周在关中，东周在中原，西汉在关中，东汉在中原，到了隋唐时期，干脆关中和中原成为双核心，可谓是隋唐双城记。

其二，虽然隋唐时期关中和中原是王朝的双核心，但是已经显示出中华文明的核心发展区开始自西向东、自北向南转移。自西向东这一转移过程，在赵宋王朝定都开封之时正式完成。

其三，核心区自西向东转移并不是中华文明演进的唯一路线，因为在赵宋王朝后，中华文明又完成了开始于三国、两晋、南北朝时期的核心区自北向南的转移，并在蒙元入主中原后又来了一个自南向北并最后止于北京的转移过程。

其四，中华文明核心区自西向东、自北向南以及再自南向北转移的内在动力可能源自两个方面：战争的驱动和经济的推动，而经济的推动则有可能是更为本质的力量。

本书通过16处锁钥之地，清晰地勾勒出战争对中华文明发展的驱动作用，也便于读者对经济在中华文明发展过程中的推动力有一个更为清晰明了的认识。

在此，特别感谢编辑马春华老师和林佩儿老师为本书的顺利出版所付出的心血和智慧；也特别感谢本人所在的单位北京物资学院马克思主义学院的出版资助；同时，还要感谢我的爱人杨娜和儿子宋亦杨对我在写作本书过程中的支持、关心和鼓励。

是为序。

2024 年 2 月 18 日于北京

目　录

上　册

第一章　殷都城外的牧野：武王伐纣决战之地 001
　　一、天命玄鸟，降而生商 002
　　二、周原膴膴，堇荼如饴 010
　　三、文王在上，于昭于天 019
　　四、孟津会师，牧野鹰扬 024

第二章　地处中原的郑国：春秋诸侯争霸的牺牲品 037
　　一、郑国的东迁 039
　　二、郑国东迁之后所具有的战略优势 042
　　三、郑国的崛起 045
　　四、争霸诸侯对郑国的争夺 052

第三章　四塞之地的秦国：一扫六国的地缘战略谋划 059
　　一、嬴、嬴秦、秦国 060
　　二、奋六世而不休的地缘战略规划 066
　　三、秦扫六国而一统天下 076

第四章	河西走廊：西汉反击匈奴的战略抓手	087
	一、备受匈奴欺负的大汉王朝	089
	二、河西走廊之于双方的战略价值	096
	三、汉武帝反击匈奴的准备	099
	四、汉武帝对匈自卫反击战	104

第五章	汉中：蜀汉之"股臂"、曹魏之"鸡肋"	117
	一、汉中的地缘战略价值	117
	二、蜀汉之"股臂"、曹魏之"鸡肋"	126
	三、魏蜀在汉中的军事拉锯	133
	四、汉中最终还是决定了蜀汉的灭亡	146

第六章	合肥：孙吴和曹魏的争夺热点	155
	一、合肥的战略枢纽地位	156
	二、曹魏以合肥为中心的江淮防务	160
	三、孙吴与曹魏（西晋）相争合肥的经典战役——逍遥津之战	167

第七章	东都洛阳：隋炀帝的梦幻之城	177
	一、隋炀帝为何营建东都洛阳	178
	二、东都洛阳的军事防御体系	187
	三、隋末各方政治势力对于洛阳的争夺	192

第八章　潼关：大唐帝国面对叛军的最后防线　209
　　一、安禄山的叛乱　210
　　二、东都洛阳的沦陷　215
　　三、潼关的战略地位和封、高二人被斩杀　220
　　四、潼关失陷与唐朝的衰落　223

下　册

第九章　关中地区：汉、唐帝国的大本营　233
　　一、关中地区的战略中枢地位　234
　　二、关中地区乃汉、唐帝国的根本　242
　　三、汉唐时期"关中本位"的短暂缺失　249
　　四、关中地区渐渐成为王朝政治中心之外的边缘地区　254

第十章　燕云十六州：北宋王朝梦寐以求的北方防线　261
　　一、中原政权是怎么丢的燕云十六州　262
　　二、北宋王朝的梦想　268
　　三、高梁河之战和岐沟关之战　276
　　四、北宋被迫进入防守态势　286

第十一章　东京：四战之地的艰难防御　289
　　一、东京开封是个好地方　290
　　二、东京开封的防御体系　294

三、第一次东京保卫战　　305
　　四、靖康之变　　313

第十二章　镇江：南宋的护国北大门　　319
　　一、南宋以前镇江的战略枢纽地位　　320
　　二、宋廷南渡之后镇江战略地位的上升　　324
　　三、南宋与大金、蒙元在镇江的争夺　　331

第十三章　襄阳：柔弱南宋抗击蒙元的硬脊梁　　341
　　一、襄阳的地缘政治价值　　341
　　二、南宋在荆襄地区对蒙元的防御部署　　347
　　三、蒙元攻取襄阳　　359

第十四章　北京：大明京师就是国防最前线　　369
　　一、从"诸子守边"到"天子守边"　　370
　　二、明成祖时期北京的攻防布局和战略行动　　378
　　三、土木堡之变和北京保卫战　　386

第十五章　辽东地区：大明帝国对抗后金（大清）的
　　　　　最后倔强　　397
　　一、辽东地区的地缘政治意义　　398
　　二、女真族的崛起以及大明在辽东地区的战略部署　　402
　　三、萨尔浒之战　　406
　　四、明朝失败的原因以及丢失辽东地区的影响　　413

第十六章　安庆：天京门户的战略决战　419

　　一、安庆的军事锁钥价值　420

　　二、湘军针对进攻安庆的战略谋划　422

　　三、太平军对于安庆防御工作的谋划　429

　　四、安庆争夺战及其战略影响　433

第一章

殷都城外的牧野：武王伐纣决战之地

商周之间的牧野之战，开启了周王朝近800年的漫长历史。

在这场决定商王朝命运的战争中，强大的殷商因何而败？武王率领的伐纣大军又因何而胜？为什么一场发生在殷都城外的牧野之战就决定了一个王朝的灭亡？

深入探究商王朝和周王朝的源头，我们就会发现这两个王朝拥有不同的王朝气质和内涵。那么，这些不同的气质和内涵体现在哪些方面？武王翦商成功之后，对于中华文明的进一步发展又有哪些影响？要想回答好这些问题，我们需要系统认识西周翦商大业的来龙去脉并最终将视线聚焦于殷都城外的牧野。

中华文明有着悠久的历史，可谓是人类文明史上最有代表性的文明形态之一，上下五千年，从古国到王国，又从王国至王朝，再从王朝延续至今，生生不息，欣欣向荣。

谈到夏朝及其以前的中华文明史，除了有千年之后的历史学家根据传说书写的一些历史片段之外，现代考古成果也向我们展现了中华大地上上古祖先与自然抗争的生存智慧和中华文明的曙光。但是，这些散落于各地的文明遗迹仍旧暂时无法给我们提供更多的历史细节。基于此，盘古开天辟地、共工撞倒不周山、女娲造人补天、三皇五帝等美妙玄幻的上古历史我们暂且不论。

所以，我们从商朝开始讲起。毕竟，关于这段历史，我们已有甲骨文的准确记载和叙述，有那么多的历史遗迹被考古发掘出来，有那么多的青铜器和其他器物被发现，还有累累白骨告诉我们这个朝代的血腥往事，更有足够的证据向我们展现这个延续500多年的王朝是如何被一个来自西北的弱小周邦终结的。

殷都城外的牧野成为周武王和殷纣王的决战之地，正所谓"牧野鹰扬，武王翦商"。

一、天命玄鸟，降而生商

商朝（约公元前1600—公元前1046年）是目前已知的中国历史上第一个有文字记载的王朝，也是中国古代文明的开端之一。商朝的历史可以分为三个主要时期：以郑州二里冈遗址和偃师商城为代表的早商时期、以洹北商城和郑州小双桥等遗址为代表的中商时期和以安阳小屯村殷墟遗址为代表的晚商时期。商晚期盘庚迁至安阳，称"殷"。

关于商人或商族的起源，在古代典籍中有很多记载。《诗经·商颂·玄鸟》中说"天命玄鸟，降而生商"，而在《诗经·商颂·长发》中又说"有娀方将，帝立子生商"。在将近一千年之后的《史记·殷本纪》中，商人或商族的起源故事则更为完整。司马迁记载："殷契，母曰简狄，有娀氏之女，为帝喾次妃。三人行浴，见玄鸟堕其卵，简狄取吞之，因孕生契。"综合以上三则史料来看，殷人的始祖是来自上天的玄鸟的儿子，他的母亲是有娀氏，是帝喾的妃子。三人在洗澡的时候看到玄鸟下了一个蛋，简狄就把这个蛋给吃了，然后就怀孕生子，生了契。其实，我们要明白的是，《诗经·商颂·玄鸟》是殷商的后人宋国人在几百年之后写的，他们说"天命玄鸟，降而生商"这样的话，无非是向世人以及后人表明，商人是承接天命的。从现代考古的角度来看，关于商人的起源有很多种说法，比如"陕西商县说""河北说""环渤海沿岸说""豫东鲁西说"。20世纪末，张光直借着中美合作考古的契机尝试在以商丘为中心的豫东地区寻找"先商"的遗迹和证据。虽然投入了很多精力和经费，却没有什么有力的考古发现来证明此地为"先商"旧址。

但是，不管是什么样的学说或传说，殷人先祖契的存在应该是可以肯定的，而且号称"玄王"。《国语·周语下》中说："玄王勤商，十有四世而兴。"《荀子·成相》中也说："契玄王，生昭明。……十有四世，乃有天乙是成汤。"也就是说，从契玄王开始，传到第十四代，就是王天下的成汤。正是成汤灭了夏桀，建立了商王天下。

根据《史记·殷本纪》的记载以及后世两千年之后发现的甲骨文的相关材料，我们大概可以得知：商自成汤灭夏始，相传17世31王，分别是汤、太丁、外丙、仲壬、太甲、沃丁、太庚、小甲、雍己、太戊、仲丁、外壬、河亶甲、祖乙、祖辛、沃甲、祖丁、南庚、阳甲、盘庚、小辛、小乙、武丁、祖庚、祖甲、廪辛、康丁、武乙、太丁（即文丁）、帝乙、帝辛（商纣王），约600年的历史。

在这约600年的历史中，商都多次变迁，这是殷商历史的一个重要特点。其实，早在成汤灭夏之前，商人就屡屡迁都。《尚书序》中说："自契至于成汤八迁。汤始居亳，从先王居。"而《尚书·盘庚》

中说:"先王有服,恪谨天命,兹犹不常宁。不常厥邑,于今五邦。"后来汉代张衡在《西京赋》中说:"殷人屡迁,前八而后五,居相圮耿,不常厥土。"张衡的这个总结看起来比较精准。关于商都八迁之地有很多考证,但是并没有得出令人信服的定论。虽然国学大师王国维努力凑齐了八次迁都的地点,但是他自己也承认"上古之事,若存若亡",这实在是说不清楚,也不可信。成汤之后的五迁,也就是仲丁迁于隞,河亶甲迁于相,祖乙迁于邢,南庚迁于奄,而盘庚最后定都于殷地(今河南安阳小屯村附近),是比较清楚的历史事实。

至于商人屡屡迁都的原因,也是众说纷纭。有人认为商人迁都大多是因为自然生存环境发生了变化(比如躲避水灾),有人认为是因为商朝内部的政治权力斗争,也有人认为是因为商人受到了其他族裔的压迫而被迫迁徙,也有说是因为商人要寻求新的铜矿资源,还有说盘庚向北迁都可能是为了更接近马的产地[①]。现在我们可以确认的是,商人每次迁都的原因肯定并不相同,但是我们现在很难搞清楚商人每次迁都的具体理由,这需要大量的考古发现来证明。《尚书·盘庚》中记载了盘庚在迁都这个问题上的三次讲话。盘庚在搬迁前的讲话中说:"殷降大虐,先王不怀厥攸作,视民利用迁。……汝万民乃不生生,暨予一人猷同心,先后丕降与汝罪疾,曰:'曷不暨朕幼孙有比?'故有爽德,自上其罚汝,汝罔能迪。古我先后既劳乃祖乃父,汝共作我畜民,汝有戕则在乃心。"其大概意思是说商朝先王奠定了今天的王朝。如今,商朝不幸遭遇大灾,先王却没有出手相救,想让我们离开此地。如果你们心怀不满,拒绝服从我的迁都命令,先王就会从天上给你们降下惩罚。从这一段话里,我们至少看出两个问题。

---

① 此说见李硕:《翦商:殷周之变与华夏新生》,广西师范大学出版社,2022年,第186页。

第一，盘庚此次迁都，是因为当时的商人遭遇了大的自然灾害，具体是什么灾害，盘庚并没有提到。第二，有不少人不想搬迁，因此盘庚要搬出祖先来威吓这些拒绝搬迁的子民。也就是说，盘庚迁都也是遇到了不少阻力的。

不管怎么说，盘庚终究还是迁都成功了，将商朝国都迁至殷地，从此商朝也被称为"殷商"。

商人搬迁到了新都，一切都要从零开始。因此，盘庚向民众讲话说："无戏怠，懋建大命。"（《尚书·盘庚》）意思就是说你们不要再嬉闹懈怠了，大家应该齐心合力，一起去完成建造新都城的伟大使命。

先秦时期，生产力低下，营建一座新的都城自然是耗时耗力的。不过，只要驱使奴隶们埋头干活就行，他们有的是时间和精力。

和夏朝一样，商朝也是一个奴隶制的王朝，最高统治者被称为"王"，坐拥正中，统治四方。因此，《诗经·商颂·殷武》中说："昔有成汤，自彼氐羌，莫敢不来享，莫敢不来王，曰商是常。"大意是说成汤武力强大，殄灭夏桀，征服四方，远近都来朝拜，成为天下之王。从这句话中可以看出，在当时，成汤领导的商人在军事上比较强大，依靠武力征服四方并让其服从自己的统治和命令。

当然，在武力征服之外，殷商的诸王们还有另一个控制四方的武器：意识形态。根据甲骨文的相关记载，殷商的最高统治者称王，而在天上的至上之神，则称为帝，是一个高高在上、无所不能的万能神。殷商诸王十分厉害的统治之术就是在殷商诸王的列祖列宗和上帝之间建立了一种强关联。殷王祖甲之后，殷商便形成了一套完整盛大而又漫长的祭礼来祭祀先王，在这个过程中逐渐将天地自然之神和祖宗先王之灵融合在一起，而且逐渐将人与上天之间的关联集中在王一人的身上，从而让商王的权威得到了宗教意义上的支持。其最终的结

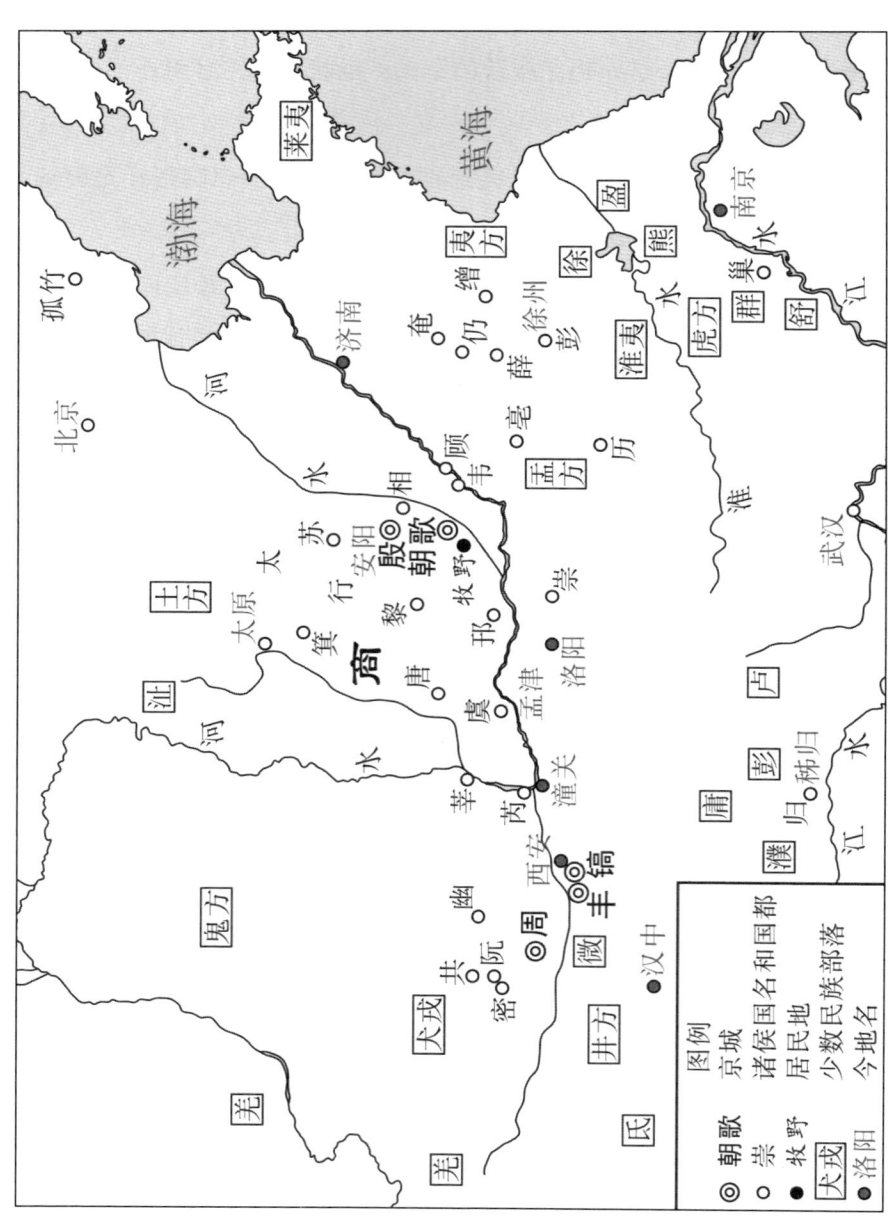

图1.1 商朝黄河、长江中下游形势图

果就是上天的至上之神称帝，是上帝，而人间的最高统治者商王也可以称帝，是下帝。因此，殷商后期的诸王除了称王之外，还可以称帝。殷纣王的另一个称呼就是"帝辛"，他的父亲称"帝乙"。

商王要通过系统的、长期的祭祀活动来向列祖列宗以及诸神献祭，从而获得祖先和诸神的庇佑。有什么事不顺心，要盖房子或是宫殿，甚至晚上睡不好，日常生活中的大事小情，商王们都要通过占卜来判断吉凶。比如商王武丁的王后妇好不幸早逝，武丁就要占卜询问："是上帝要娶妇好吗？还是汤（商汤）、大甲、祖乙、父乙要娶妇好？"①这些祭祀活动和占卜需要大量活人作为祭品，王公贵族去世了也需要大量活人来殉葬，两者分别称为人祭和人殉。

我们先了解一下人祭和人殉。人祭是一种宗教仪式，通常发生在一些重要场合，诸如权力交接或遇有灾害时，通过牺牲一些人（通常是奴隶或俘虏）的生命以祈求神灵的庇佑或解决问题。人殉是指将一些人活埋或死后将其葬在主人的墓地，以陪伴或服侍主人。人祭和人殉的主要目的是与神灵建立联系，通过献祭来获得神灵的恩宠。在殷商文化中，人们认为生命的牺牲可以换取神明的庇佑，维护国家的和平与繁荣。此外，人殉也被视为一种尊敬和服从君主或统治者的方式，表达了对权威的忠诚。

人祭和人殉反映了殷商时期社会的复杂性和宗教信仰的重要性。它们不仅展示了当时的宗教体系，还反映了统治阶层的权力和控制手段。同时，这些仪式也反映了当时社会的等级制度，因为只有特定的阶层才能享有这种牺牲仪式的待遇和殊荣。

在杀人这方面，历代商王是认真的，也是专业的。

---

① 李硕：《翦商：殷周之变与华夏新生》，广西师范大学出版社，2022年，第210—211页。

河南偃师二里头遗址，一些人认为是商汤的都城西亳。1959年在对该遗址进行发掘时考古人员发现了一些墓葬。在112号墓葬坑内，发现有人骨架4具，相互堆叠，骨骼不全，或无人头，或仅存肢骨，或仅有半个头和胸骨的一部分，还有的只有头和下肢骨。据推测这应该是一种人祭坑。[①]1960年到1964年，考古人员又在二里头遗址中发掘了几十座人祭坑。在河南郑州二里冈及其附近区域，考古人员在大约25平方千米的范围内，也发现有很多的人祭和人殉的相关遗迹。以上这些考古发掘的地方都是商代早期的人祭遗址。

商朝前期的这些遗址显示商朝前期人祭和人殉活动还比较少，商王迁都到殷地后的人祭和人殉的相关情况因为近代以来甲骨卜辞以及殷墟的发现则变得更加清晰，显示出这些祭祀活动更加规模化和系统化。卜辞和殷墟向我们呈现出的殷商是一个血腥的杀人王朝。武丁之后的历代商王的祭祀活动变得更加程序化，也更加频繁，而且他们还很喜欢在祭祀和人殉时宰杀活人以充当牺牲品。比如，在侯家庄西北冈1001号大墓，仅仅在4个墓道的夯土里，就发现人骨全躯2具，无头肢体61具，人头骨73具。而在这座大墓的东侧，另有人殉坑22个，共有68具残骸。[②]也就是说，仅仅在这座大墓里，殉葬的奴隶就有三四百人。据考证，这些躯体和头颅分离的尸骨往往都是被活活砍下脑袋之后再扔进墓坑的。

另外，在日常祭祀活动中，商王和商王朝的贵族们似乎很"享受"观看被献祭的俘虏或那些有罪的官员们在临死之际奋力挣扎并不断拼命呼号的场景。考古学者认为，殷墟宫殿区后岗H10圆坑就是一

[①] 胡厚宣、胡振宇：《殷商史》，上海人民出版社，2019年，第149页。
[②] 胡厚宣、胡振宇：《殷商史》，上海人民出版社，2019年，第158页。

个为了献祭专门修建的祭祀坑。在这个祭祀坑中，坑壁平滑，坑底坚硬，铺上了一层小石子和沙土，再垫上20多厘米厚的黄土，然后就开始杀人。第一轮杀了19人，只有2具尸骨是完整的，其余的大都支离破碎，有的被拦腰斩断，有的被砍断小腿，其中还有儿童4人。①这简直是太残忍了。但是，祭祀的大屠杀并没有结束。在垫上一些朱砂粉和红褐色的土之后，开始了第二轮屠杀，这一次杀了29人。然后又往尸体上铺了一层朱砂粉和小卵石，接着开始了第三轮屠杀，又杀了24人，其中全尸15具，单独人头7枚，无头躯体2具，约有青年男子6人、壮年男子3人和儿童4人。②在第三层尸体上撒了一些朱砂粉和其他东西后，祭祀者又杀掉了最后一个人。至此，才结束了这场惨无人道的人祭大屠杀。不过，这只是商人祭祀时的常规操作而已，商王和贵族似乎都已经习以为常了。可以想象到的是，在将这些活生生的人砍下头颅或剁下四肢或剖开胸膛甚或剁成肉酱后，那些在一旁观看祭祀的商王和贵族一定是颇为满意的。因为，他们认为这些发出骇人哀号声的血淋淋的祭品必然会让祖先和上帝满意，从而降福于殷商，保佑殷商生生不息、繁荣昌盛。

根据现有的甲骨卜辞统计人祭数量，目前有关人祭的甲骨1350片，卜辞1992条，合计献祭13 052人，另外还有1145条人祭卜辞没有记载具体的人祭数量。③因此，粗略估计，卜辞记载的人祭数量总数肯定超过1.4万。而这仅仅是根据已经发掘的甲骨统计出来的数据，尚不包括大量未挖掘到的甲骨以及大量无法统计到具体数据的人殉卜

---

① 李硕：《翦商：殷周之变与华夏新生》，广西师范大学出版社，2022年，第3页。
② 李硕：《翦商：殷周之变与华夏新生》，广西师范大学出版社，2022年，第6页。
③ 胡厚宣、胡振宇：《殷商史》，上海人民出版社，2019年，第170、172页。也见于李硕：《翦商：殷周之变与华夏新生》，广西师范大学出版社，2022年，第205页。

辞。以此推算，这应该是一个非常巨大的数字。值得注意的是，这些祭祀和人殉所需要的大量活人主要来自"羌"，在可以确定的人祭中，所用的羌人达7426人，武丁的一次祭祀竟然用羌人400名。[1]

羌人原本在殷商西北之地，以游牧为生，以羊为图腾。在甲骨文里，"羌"字就是一只在脖颈上套着绳索的羊。远在西北的小国恰是殷商国都祭祀所使用的羌人俘虏的主要提供者。通过向殷商提供羌人俘虏，远在西北的小国周和强大的商朝之间就发生了巧妙的关联，而周人伐商的宏大史诗就要开始在这片被羌人的鲜血染红的土地上上演了。

二、周原膴膴，堇荼如饴

虽然远在西北的周族为殷商王朝血淋淋的人祭和人殉提供源源不断的俘虏，但是周族本身也源起于羌人。所以，以现代人的眼光来看，周文王源源不断地给殷纣王提供羌人以供其屠杀的行为简直就是"羌奸"。

《诗经·大雅·生民》中是这样记载周族起源的："厥初生民，时维姜嫄。生民如何？克禋克祀，以弗无子。履帝武敏歆，攸介攸止，载震载夙。载生载育，时维后稷。"这段话的大概意思是，当初先民生下来，是因姜嫄能产子。如何生下先民来？祷告神灵祭天帝，祈求生子免无嗣。踩着天帝拇指印，神灵佑护总吉利。胎儿时动时静止，一朝生下勤养育，孩子就是周后稷。这个后稷，在周族人看来就是自己的祖先，其母姓姜，也就是说他们是羌人的后裔。后稷的"后"字意思是首领，而"稷"字则指的是当时的谷物，也就是说后稷不仅是周

---

[1] 胡厚宣、胡振宇：《殷商史》，上海人民出版社，2019年，第173页。

族祖先的名字，也是周族祖先的职业。由此可见，周人祖先是农业种植的一把好手，也意味着周人的祖先要么是中国农业的开创者，要么是当时非常善于农耕的人。①这一点也告诉了我们一个非常重要的信息，至少在周族先人生活的那个时代，他们生活的关中盆地的气候是非常有利于农耕的，至少是土地肥沃，雨水充足。根据近代以来的考古发现，周族先人的生活范围几乎遍及陕西全境，比如宝鸡、凤翔、岐山、扶风、眉县、武功、兴平、周至、长安、咸阳等处，尤以长安丰镐一带和扶风岐山一带人口最为集中。②

周族先人的生活遗迹遍及陕西全境，其原因大概是，在夏朝后期，后稷的儿子丢掉了农师的职位，同时为了避免成为商人的俘虏，只好带着一部分族人离开周原四处游荡生活。他们这样生活了大概11代之后，到了亶父（周文王祖父）这一代，周族人才从豳地回到周原这个族人起源地。这也就是为什么我们能够在陕西很多地方找到周族先人的生活遗迹，能挖掘到很多他们使用的器具。在游荡过程中，周族人给自己选择了一个新的姓——姬，此后周族人从姜姓变成了姬姓，也即将开启一个近800年的新王朝——姬姓周王朝。

那么，周族的部落和统治他们的商王朝有什么不一样的地方呢？至少，从目前的考古证据来看，在西周王朝之前的周族人墓葬里面没有发现人祭和人殉的现象。

这么看来，周族人好善良啊，至少周族的后人是这么认为的。据说，亶父之所以带领周族人从豳地回到周原，是因为他们受到了戎狄的威胁，而当时的周族人齐心协力支持亶父领导大家迎战戎狄人。但

---

① 司马迁在《史记·殷本纪》中说，后稷曾经在尧帝的手下担任"农师"，主要负责农业方面的工作。
② 许倬云：《西周史：增补二版》，生活·读书·新知三联书店，2018年，第89页。

是，亶父说，如果为了我的地位而和戎狄开战，必然会死不少族人，这是我不愿看到的。况且，土地和人民属于我还是属于戎狄，又有什么区别呢？所以，既然戎狄想要这块土地，咱们就搬迁走呗，不想走的可以留下，想和我一道离开的，咱们再找一个地方。亶父这么一说，大部分周族人肯定是感激涕零，一定得跟着走，毕竟不打仗就不会死人。于是，在亶父的带领下，周族人从豳地迁回了周原。当然，一定也有不少周族人不愿离开，留在了豳地。从这个故事来看，亶父比较仁义和善良，就像后来的文王长子伯邑考一样。

但是，我们会有一个疑问，就是自己不举行人祭和人殉活动的周族人是怎么成为殷商王朝人祭和人殉所需要的俘虏的提供者的？周族数代人（亶父、季礼、文王、武王四代人）又是怎么谋划翦商的宏伟事业并最终灭掉殷商进而重塑中华文明的精神内核的？

这就需要说一说亶父的故事了。

在那个时代，普天之下莫非王土，率土之滨莫非王臣。当时，正值殷商武乙王在西部大力扩张的时期，亶父想要率领族人迁回周原，是想迁就能迁的吗？

其实，我们简单一想就能明白，亶父之所以能够率众回到周原定居，应该是商朝的武乙王同意他们这么干，他们之间一定是达成了一定的协议。否则，以殷商当时的兵力，亶父等周族人胆敢擅自迁徙，肯定会遭到灭顶之灾。

他们之间达成的协议就是：亶父率领族人回到周原居住，周族成为替殷商王朝驻守西北的一个附庸小邦，并且要经常性地给殷商王都提供人祭和人殉需要的俘虏——羌人。[①]

---

① 关于这一点，李硕在《翦商：殷周之变与华夏新生》一书里有详细分析，具体可见李硕：《翦商：殷周之变与华夏新生》，广西师范大学出版社，2022年，第313—318页。

周原这个地方真是个好地方，土地肥沃，物产丰富，连种出的苦菜也甜如麦芽糖，正所谓"周原膴膴，堇荼如饴"。迁居到周原之后，亶父带领族人开始认真地开发这块沃土，使其成为偏居殷商西北的一个世外桃源。

日子就这么一天天地过去。

亶父有三个儿子，老大叫泰伯，老二叫仲雍，老三叫季礼。按道理，亶父应该传位给老大泰伯。但是，泰伯发现亶父很喜欢三弟季礼，想要把族长之位传给季礼。生性憨厚仁慈的泰伯不想让父亲亶父为难，也为了避免兄弟三人之间自相残杀，就带着老二仲雍离开周原，兄弟二人同避江南，定居在太湖边的梅里。到了梅里之后，泰伯一改自己王公贵族的奢华习性，放下身段，入乡随俗，断发文身，迅速融入当地百姓的生活中。《史记·吴泰伯世家》中提到，当时的土著居民多以入水捕鱼为生，因"常在水中，故断其发，文其身，以像龙子，故不见伤害"。同时，泰伯将自己从关中平原带过来的农耕技术传授给当地百姓，和百姓一起开荒，一起种地。为了让当地百姓脱离野蛮和愚昧，泰伯还教他们学礼识字，让他们启蒙开化。泰伯后来建立了吴国。

关于泰伯和仲雍为何离开周原，也许真实的情况并不像史书上记载得这么温和。第一种可能的原因：泰伯和仲雍二人对于亶父率领周族人成为殷商抓捕羌人俘虏的爪牙和打手的角色并不满意，因为这些被周人俘虏的羌人也是周族人的近邻，多多少少都有一些关系。况且，周人自己的祖先也是出身羌人，周族人这么干实在是太不仁义了。因此，泰伯和仲雍二人愤而离开周原而另立门户。第二种可能的原因：泰伯和仲雍的离开是亶父下的一步大棋。因为，翦商大业需要大量的铜矿资源来制造青铜武器，亶父派泰伯和仲雍离开周原到南方去是为了寻找铜矿资源丰富的地方，以便在扩张周族人势力的同时储备相应的铜矿资源。但是，从后来周武王翦商的实际情况来看，远在江南的吴地并没有帮上忙，可谓是一枚闲棋冷子，没有发挥什么作用。

那么，到底哪一种才是真实的历史情况？

在笔者看来，羌在殷商卜辞里出现的频率非常高，有时是殷商的敌人，有时则是商人的俘虏，而这些俘虏大多成了殷商王族祭祀的牺牲品。殷商为何如此痛恨羌人，因为羌人在商朝时也颇有力量，经常侵入商邑。因此，商王经常动员大量兵力进攻羌人。那么，为了保证战争的胜利，商王需要周族作为其支持者而不是反对者应该是可以理解的。在这种情况下，周族人需要为商王征讨羌人提供相应的支持，而且在商王撤兵之后还能替殷商将士抵挡羌人的进攻，并尽可能捕获大量的羌人贡献给商王以稳固周族人的地位，这应该也是可以理解的。而且，亶父和季礼时期，周族人势力还比较弱小，即使偶尔征伐疲惫有点抱怨，也绝不敢有造反之心而开始实施翦商的策略，也绝不敢派遣泰伯和仲雍到殷商控制的地盘去发展将来起兵造反的新势力。那样的话，简直是不把强大的殷商放在眼里，简直是不要命了。所以，笔者更愿意相信第一种原因：泰伯和仲雍对于周人成为殷商抓捕羌人的爪牙和打手的角色不满意，故而愤然离去。

亶父死了之后，季礼成为周族族长，开始更加认真地替商王卖命，不断外出去抓俘虏。季礼的工作让武乙王很满意，甚至获得了武乙王的赏赐，在殷商国都的近郊有三十里封地。武乙王三十五年，武乙王亲自统帅军队征伐关中。毫无疑问，季礼肯定也要率领周族士兵参与征讨，并且要干得比殷商士兵还卖力和出色。事实也正是如此，季礼取得的成果很丰硕，武乙王很满意。

后来，商王出意外了。

在一次征伐途中，武乙王离奇离世，据说是被雷劈死了。《史记·殷本纪》中说："武乙猎于河渭之间，暴雷，武乙震死。"

殷商的大王死在了周族人的地盘，这无论对殷商来说还是对周族人来说，都是一件大事。

武乙王死了之后，他的儿子太丁继位。文丁王在位可能只有11年，其间季礼继续卖力地替殷商征伐，去捕获更多的羌人俘虏，并被封为殷牧师，可谓是受尽商王荣宠。

有一年，季礼到殷商国都献俘。诡异的事情发生了：季礼被文丁王杀死了。更诡异的事情继续发生，很快文丁王也死了。至于为何季礼和文丁王先后死去，并没有太多的史料告诉我们更多的细节。有一种可能，季礼率领周族向东发展势力，文丁王为了遏制周族的势力，趁着季礼来殷都的机会，想办法直接将其处死了。[1] 还有一种可能是他们二人死于殷商高层的政治斗争，这是最大的可能。[2] 毕竟，在殷商的政治架构中，商王只是代表诸多王室贵族来统治这个国家的，商朝的国家组织、政权架构就是一个扩大了的大家族，商朝王室的贵族们对政权的影响力是非常大的。如果商王在某些方面侵犯了殷商贵族的利益而惹得他们不高兴了，随时将他干掉然后换一个中意的人当大王也不是没有可能。[3]

---

[1]《中国古代战争战例选编》编写组：《中国古代战争战例选编》（第一册），中华书局，1981年，第2页。此说也见许倬云：《西周史：增补二版》，生活·读书·新知三联书店，2018年，第84页。
[2] 李硕：《翦商：殷周之变与华夏新生》，广西师范大学出版社，2022年，第322页。
[3] 李硕认为，文丁王死了之后，帝乙王就改革了商朝的祭祀方式。老派宗教祭祀的是各种自然神，可以包含非商族起源的神灵。但是，以帝乙为代表的新派是更加保守的王族小群体，排斥一切没有商王族血统之人。因此，周族族长季礼在朝歌献俘时被新派力量杀死，然后他的支持者文丁王也被杀死，换上了帝乙。此说见李硕：《翦商：殷周之变与华夏新生》，广西师范大学出版社，2022年，第323页。

季礼死了之后，周人族长的位置由他10岁左右的儿子昌继承，或用我们更加熟悉的名字——姬昌，也就是后来的周文王，周武王的父亲。

在姬昌继任周人族长之后，周人继续按照惯例给商王祭礼提供活生生的羌人，殷商则委托崇国替商王管理周族这种附庸小邦。但是，姬昌再没有像他父亲季礼那样获得商王的重视和接见了，也没有进入殷商国都的权利了，除非是商王召唤其入都朝见。帝乙取代文丁成为商王之后，在接下来几十年的时间里，再也没有见到赏识周人的记录，至少现存的卜辞里没有看见类似的记录。

几乎被商王遗忘的姬昌似乎平静地度过了几十年的美好时光，他在岐山脚下的周原给自己修了一座宅院，有三排房屋，两进庭院，还有东西两侧厢房。按道理，几千年之后的我们应该没有机会见到姬昌的这座院子。但幸运的是，1976年，考古工作者在陕西岐山凤雏村的早周遗址上完整地发掘出了这座庭院。

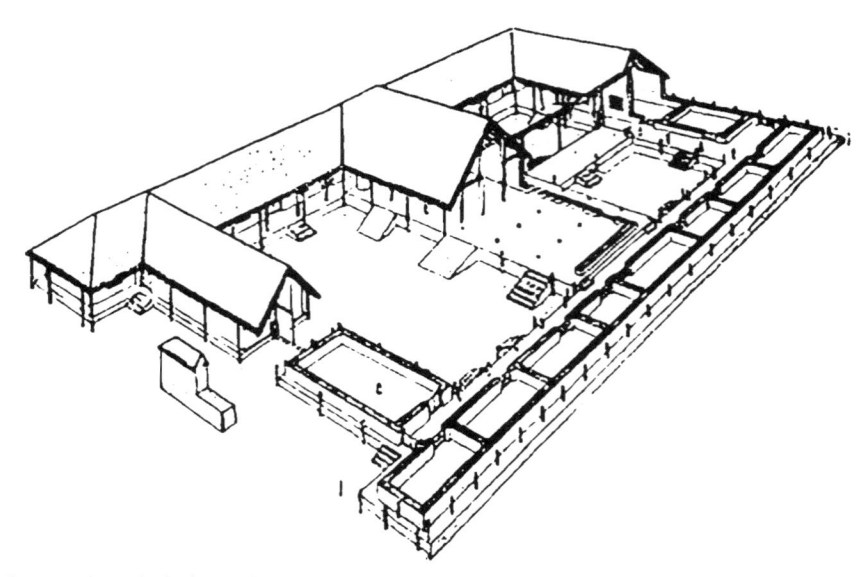

图1.2　文王大宅复原图

据考古发现和相关新闻报道，文王大宅采用黄土夯筑整座庭院基础，厚约 1.3 米，墙壁同样由夯土构成，厚度在 0.6~1 米之间。整座庭院为两进四合院结构，朝向北方，东西宽 32.5 米，南北长 45 米，总面积达 1469 平方米，相当于 3 个标准篮球场大小。庭院内分为 3 排房屋，包括两个进院和东西两侧的厢房，大门外矗立着一道影壁。整个台基以及室内的地面、墙面和屋顶内外都涂抹了 1 厘米厚的白灰砂浆，屋顶使用苇草代替椽子和望板，并抹上草泥以达到防水和保温的目的。

庭院的南侧第一排房屋为门房，门道宽 3 米。在门房和东西厢房之间设有小门，方便家人出入。穿过大门进入前院，两侧为厢房，庭院内设有三级台阶通往正厅，正厅是族长议事和接待宾客的场所。正厅的南侧可能没有墙壁，构成敞开式大厅，方便宅子的主人召集众人开会。

正厅后一条过道将庭院分为东院和西院，北侧房屋和东西厢房围绕着小院，作为族长家庭成员的起居之所。庭院东西两侧各有一排厢房，每排 8 间，使用面积在 11~16 平方米之间，都设有厨房，厨房内有一个宽约 1 米的灶坑。

前院和后院都有下水管道，以排放雨水。前院使用了 6 节套接的陶制排水管，后院则有石砌的下水道。

整座宅院四周紧闭，有影壁遮挡外界视线，注重隐私，并设有东西两个小门方便进出，体现了低调奢华、简约而不简单的特点，是中国建筑最为正统的四合院式布局之一。考虑到族长庞大的家庭人口，宅院虽然宽敞，但房间较小，难以容纳所有人居住。[1]

---

[1] 具体见李硕：《文王大宅：探寻岐山间的商周传说》，《新京报》2021 年 12 月 31 日 B08 版。许倬云：《西周史：增补二版》，生活·读书·新知三联书店，2018 年，第 76—77 页。

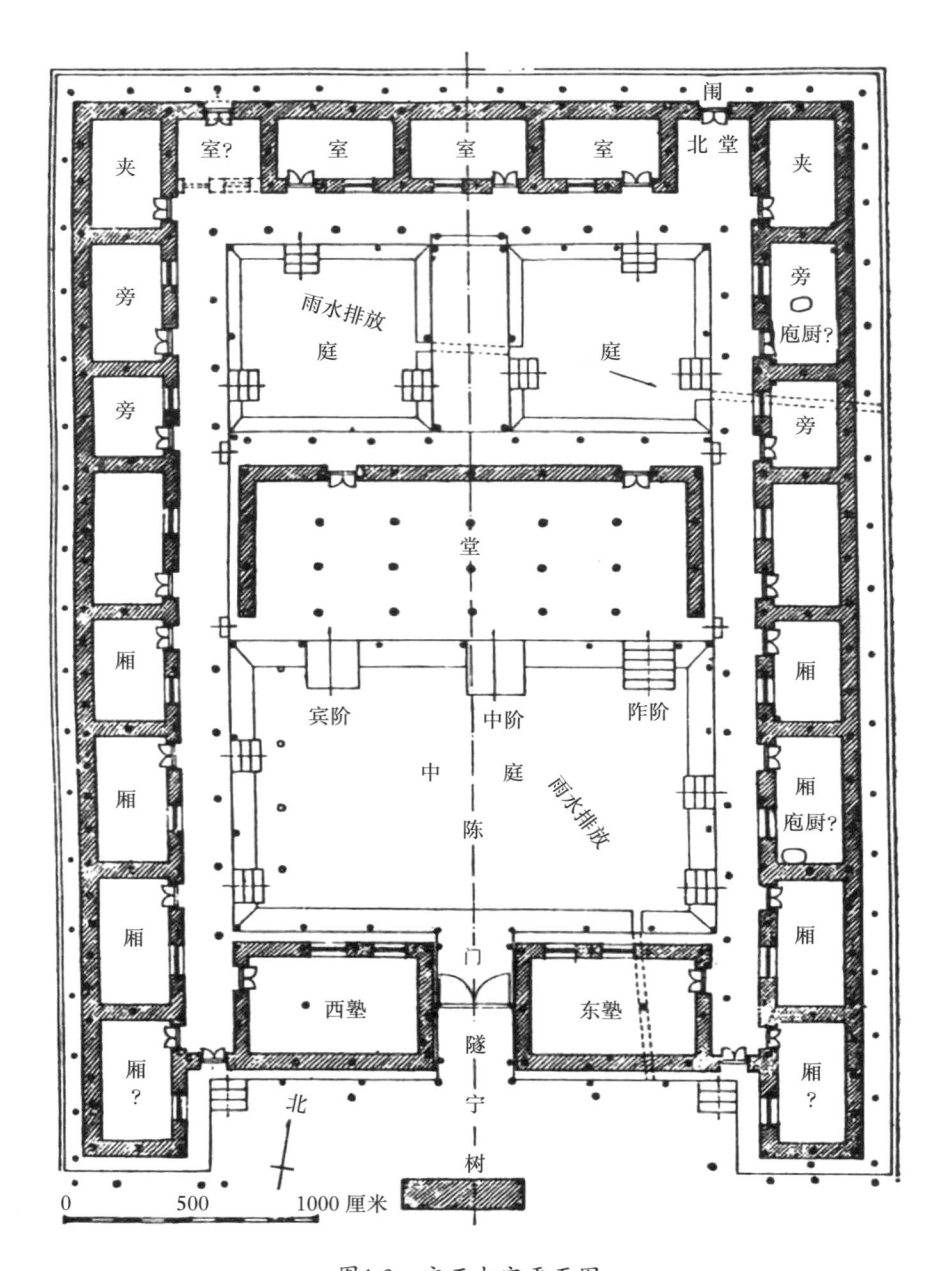

图1.3　文王大宅平面图

看来姬昌在周原这个地方小日子过得不错。但是，这座文王大宅并不是一座普通的宅子，在西厢房南起第二间的地下发掘出两个地窖，在两个地窖里埋藏着17 000多片甲骨以及其他器物，上面刻满了字体细若游丝的卜辞，而在这些缩微版卜辞里则记载着姬昌筹划翦商大业的巨大秘密。

三、文王在上，于昭于天

姬昌是在什么时候产生了翦商的想法并开始实施这个宏伟计划的？这个问题很难回答。第一，筹划翦商毕竟是谋逆，不太可能大张旗鼓或留下太直接的证据，否则周族小邦很容易就被殷商踏平了。第二，如今已经过了3000多年，为数不多的证据早就消散在漫漫的历史长河中了。借助从文王大宅里挖掘出来的甲骨卜辞的零碎信息，再结合史书的记载，我们可以大致勾勒出姬昌翦商大业谋划和实施的过程。

姬昌的父亲季礼作为周人族长的时候，殷商册封季礼为伯，季礼暴毙于殷都之后，姬昌自然而然继承季礼的爵位，殷商自然也会按照相关规程册封姬昌为伯。

姬昌在周地的工作似乎非常程式化：管理周族，和周边的诸多部落搞好关系或打打仗，打仗的目的一方面是扩大周族的势力范围，另一方面是抓捕更多的俘虏献给殷商。至于自己的业余爱好，姬昌似乎迷上了一种通神之术——占卜。但是，占卜这件事似乎是殷商王室贵族的特权，作为殷商西北的野蛮小邦的族长，姬昌学习占卜这件事有杀头之罪。因为与上天以及诸神、祖先沟通联系是垄断在殷商王室手里的权力，其他人不得染指。因此，我们也就理解了为什么姬昌要把甲骨放在地窖里，也明白了为什么要把卜辞刻得那么微小了。

虽然文丁之后的殷商诸王不太喜欢周族这个西北小邦，但还是要依赖姬昌源源不断地给王室提供羌人俘虏用来祭祀或人殉。所以，姬昌抓捕俘虏的工作还得继续好好做，干不好也会很危险。因此，姬昌非常关心抓捕俘虏这个工作进展得是否顺利，他便用偷偷学到的占卜之术来预测抓捕俘虏的成功概率。比如，在文王大宅西厢房下面的地窖中的一条卜辞（H31：3）就提到抓捕俘虏是否顺利的问题（"八月辛卯卜曰：其梦启；往西，亡咎，获其五十人？"大概的意思就是说：八月辛卯日占卜，做梦得到启示，往西方没有灾祸，能捕获五十个人吗？）。[1]

看来，替殷商抓捕俘虏这个工作，姬昌做得很用心也很专业，都用上占卜了。事实上，姬昌也确实做得比较好，以至于这个周族小邦被殷商大王冷落了几十年之后又重新得到了重视。殷商的最后一位王纣王帝辛竟然亲临周地打猎，应该在此时接见了姬昌。文王大宅里出土的一片甲骨上的卜辞提到了商王到周地打猎的事情，说："衣王田至于帛，王获田？"这里面的"衣"就是"殷"，这条卜辞的意思是："殷王来打猎了，到了帛地，殷王打猎会顺利吗？"想来这是姬昌在知道商王来周地打猎之后，不知凶吉，所以占卜并做了记录。商王到周地打猎应该感觉不错，因为姬昌获得了进入殷商国都的权利和机会。

这次去殷商国都，姬昌亲自押解了一批俘虏奉献给商王。为了保证这些俘虏能活着进入殷都，姬昌要将这些俘虏绑成一排押送，而且路上还要给他们提供饮食。

---

[1] 李硕：《翦商：殷周之变与华夏新生》，广西师范大学出版社，2022年，第351页。

姬昌继任周人族长已经几十年了，其间周族应该给殷商王室提供了数不清的羌人俘虏，但是姬昌还从来没有亲眼见过殷商王室是如何处置这些俘虏的。所以，这一次亲赴殷都献俘，姬昌总算是见到了这些俘虏的悲惨命运：被砍头，被剁掉四肢，被剥皮，被剖开胸腔腹腔，头颅被扔进大鼎熬煮，煮熟的躯体甚至被商人分食，残骸被扔进祭祀坑。而且，商人特别喜欢听那些倒霉的俘虏被虐杀时发出的哀号。他们觉得这些俘虏的哀号声越大，就越能让祖宗和神灵感到高兴和兴奋，因此《礼记·郊特性》里说："殷人商声，臭味未成，涤荡其声。"

这简直太残忍了。姬昌肯定深刻反省了自己和周族之前几十年的所作所为，也会深深内疚。

此次来到殷都，除了向商王献俘，姬昌还得以偷偷向殷都那些神职人员或占卜师学习真正的占卜技术——六十四卦占算，也就是"易卦"。

姬昌在殷都待了一段时间之后，竟然被纣王给投进羑里监狱，身陷囹圄。

至于姬昌被囚禁的原因，也是众说纷纭。《史记·殷本纪》中说："以西伯昌、九侯、鄂侯为三公。九侯有好女，入之纣。九侯女不憙（同'喜'）淫，纣怒，杀之，而醢九侯。鄂侯争之强，辨之疾，并脯鄂侯。西伯昌闻之，窃叹。崇侯虎知之，以告纣，纣囚西伯羑里。"也就说姬昌偷偷地感叹了一下纣王的虐杀行为就被崇侯虎告密，从而被囚禁。而《史记·周本纪》中则说："崇侯虎谮西伯于殷纣曰：'西伯积善累德，诸侯皆向之，将不利于帝。'帝纣乃囚西伯于羑里。"《殷本纪》和《周本纪》解释的被囚具体原因不太一样。但是，其中有一个因素是相同的，那就是崇侯虎是告密者。我们之前说过，殷商的王是代表殷商诸多贵族来统治整个国家的，在殷都当然会有诸多分属不同派别的贵族，而姬昌作为周族族长，自然而然会和诸多殷商权贵有交集或交往。因此，可以合理推断，姬昌卷入了当时殷都商朝王室贵族之间的权谋争斗或加入了某些团体，从而被纣王所忌惮，直接被关了起来。当然，当代史学中有一个更容易让我们接受的解释：周族势力越来越强大，纣王想要通过这种方式遏制周族的发展。这是一种比较容易理解和令人信服的解释。

姬昌被囚于羑里的时候也没闲着，他在潜心研究《易经》。而在监狱之外，姬昌的大儿子伯邑考①和另外两个儿子从周地带来了各种奇珍异宝，四处打探救出父亲的门路。人都是爱财的，殷都的商人贵族里总归是有人敢收礼，从而帮助伯邑考去觐见纣王。也有人说，伯邑考去求纣王宠爱的妃子苏妲己，苏妲己在纣王耳边吹了吹枕边风，于是纣王就给了伯邑考觐见的机会。事实如何不得而知，不管怎么说，伯邑考最终见到了纣王。

可能是纣王被伯邑考的真诚打动了，让伯邑考成为质子给他驾驶马车。再加上姬昌本身也确实没有犯什么十恶不赦的罪过，为了表达忠心，被释后姬昌还给纣王贡献了一块"洛西之地"。纣王不但释放姬昌回西岐周地，还赐予姬昌代商王征伐的权力，号称西伯侯。但是，纣王还是有些不放心，就想测试一下姬昌的忠诚，或一些别的什么未知的原因，纣王将伯邑考剁成肉酱做成肉饼赏赐给姬昌吃。困在

---

① 有的读者会觉得姬昌大儿子伯邑考的名字很奇怪，为什么他不姓姬？其实，姬昌的大儿子应该叫姬邑，其中的"伯"字表明他在家里排行老大，而其中的"考"字则表明他是早早过世的。之所以要加上一个"考"字，应该是因为周武王姬发意图向世人表明，自己的哥哥早已过世，所以他来继承王位是理所应当的，并不是什么大逆不道的行为。综上，姬昌长子姬邑因为死得过于忠烈和悲壮，后世（包括他的弟弟周武王姬发）在谈到他的时候往往尊称为伯邑考，慢慢就形成了伯邑考这一习惯性的称呼了。

朝歌7年的姬昌知道这是自己最后的机会了，所以根本没有任何犹豫也不敢有任何迟疑就大口吃下了用自己的儿子伯邑考的肉做成的肉饼，这才换得他和其他两个儿子安然返回周地。

姬昌乘坐马车离开了殷商国都，这次殷都之行让他坚定了一个信念：翦商不仅是必要的，而且是可以成功的。这个结论是他在羑里狱中经过多次反复占卜得出的可信结论，至少他自己是深信不疑的。

一个人，如果有了一个自己深信不疑的东西，他就一定会有无穷的力量和智慧。姬昌就是这样的人。

在回去的路上，姬昌肯定想了很多，也感慨万千。他的大儿子伯邑考被纣王杀了，并且被他自己吃了，而他之前给殷商抓了无数的羌人俘虏竟然都是那样的下场，这简直太残忍了。重要的是，困于殷商国都7年，他看到了殷商内部的虚弱。

姬昌不是一个人在战斗。他受困于殷都之时认识了一个人，名叫吕尚，也叫姜尚，就是后来《封神演义》里的主角之一姜子牙的原型。吕尚将会在姬昌返回西岐之后想方设法奔赴西岐，加入姬昌的翦商大业。

吕尚以前应该是羌族的一个部落首领，被俘后送到了殷都，随时准备受死。吕尚应该是聪明人，可能是想方设法逃脱了被献祭的命运，进而留在祭祀场所的附近成为一名屠夫。姬昌也许是在刚到殷都参观人祭现场的时候，因一个偶然的机会遇见了吕尚，两人一见如故，甚至聊得十分投机。

吕尚久居殷都，对殷都的各种政治派别和殷商王族内部的斗争应该有比较深入的了解，并且对姬昌的翦商事业是高度认同的。吕尚在殷都待了那么多年，见过太多的羌人被殷商王室无情地屠杀，他太想给自己的族人报仇了。

吕尚和姬昌还有一个约定：俩人要成为亲家。姬昌有个儿子叫周发，也可以叫姬发，吕尚有个适龄的女儿。于是，吕尚和姬昌定下一个婚约，也就是说，吕尚是未来周武王的岳父大人。

返回周地的西伯侯姬昌没有任何犹豫，立即宣布自己才是上帝授权的天下共主，自己才是天下应该爱戴的大王，自己才是天命所归。此后，西岐再无西伯侯，天下只有周文王了。

正所谓，文王在上，于昭于天。

四、孟津会师，牧野鹰扬

见过殷都太多人间惨案和政治阴谋的吕尚是一个善于权谋之人，也极富有战略思维，是周文王实施翦商大业的最佳帮手。可能是为了掩盖吕尚曾经在殷都做过屠夫的贱民历史，或是为了给吕尚加入翦商大业提供一个更好的契机，一个"姜（吕）太公钓鱼，愿者上钩"的故事就产生了，吕尚受到了极高的礼遇，顺利成为周文王翦商的最强助攻。

吕尚也把自己的女儿邑姜带来了，成为周文王次子姬发的夫人，未来将会成为周武王的王后。通过这一层关系，周文王和吕尚达成了最好的政治合作关系。此后，吕尚辅佐周文王的翦商大业可谓是不遗余力，甚至在未来的牧野之战中不顾自己年迈的身躯而亲自冲锋陷阵，奋勇杀敌。

政治联姻往往是最便利的寻找政治同盟的手段。

吕尚没有辜负周文王的礼遇，将来也不会辜负自己的女婿周武王。《史记·齐太公世家》中说："周西伯昌之脱羑里归，与吕尚阴谋修德以倾商政，其事多兵权与奇计，故后世之言兵及周之阴权皆宗太公为本谋。"

自从周文王宣布受命于天开始称王之后，事实上在中华大地上，西周和殷商以及文王和纣王的对抗关系已经形成。而此时的殷商纣王有更大的麻烦，根本无暇顾及已经称王的西周。因为，殷商王朝的东南方向东夷发生了大规模叛乱，纣王急于抽调大批的兵力去镇压东夷叛乱而无暇西顾。故而，称王的周文王并没有受到来自殷商的猛烈进攻，有机会休养生息，发展西周的军事、经济和政治力量，以备将来和殷商决战。

为了顺利翦商，周文王和吕尚采取了一系列行之有效的策略。首先，在西周各个方面都弱于殷商的情况下，周文王必须表面上恭顺纣王，麻痹他的心理。这是一种主动示弱。这不仅可以麻痹纣王，也可以争取到更多周遭邻邦的支持和帮助。毕竟，人们总是喜欢同情弱者的。因此，吕尚给周文王建议道："鸷鸟将击，卑飞敛翼；猛兽将搏，弭耳俯伏；圣人将动，必有愚色。"（《六韬·武韬·发启》）就是说在开始推翻纣王之前，要装作一副无所作为的样子。其次，在西周境内修德行善，广罗人才，进而达到发展生产和富民强兵的目的。这一点和纣王的暴虐无道形成了鲜明对比。因此，西周百姓对周文王无比爱戴和支持，不少殷商的人才逃离殷都，加入周文王翦商的阵营。而且，周文王还发挥自己祖上善于农耕的特长，重视农业发展，提高了周人的生活水平，逐步壮大了自己的实力。再次，最大化地争取同盟军，最大化地剪除殷商羽翼，也就是说要搞好统一战线，将自己的敌人变得少少的，将自己的朋友变得多多的，进而缩小殷商的生存空间。周文王利用纣王给予的征伐大权，逐一攻破邻国邦族，一步步剪除殷商羽翼。其中最为著名的战例就是周文王和吕尚亲率大军进攻殷商的支持者，也是周地的曾经管理者——崇。周军一举攻占崇城，扫除了将来周军向东进攻殷都的一个重要障碍。最后，善于使间，既能收集殷商的相关敌情，也能在关键时刻反戈一击，达到奇效。吕尚曾经在殷商都城生活多年，肯定培植了不少自己的羽翼和民间力量。因此，将这些人利用起来，使其为周文王的翦商大业服务，能够让周文王和吕尚源源不断地获得关于殷商国都的最新信息，进而做出相应的判断和决策。另外，居住在殷商国都的贵族们也不是铁板一块，一定会有纣王的反对者，与这部分人建立联系并形成同盟关系，也是至关重要的一步棋。但必须指出的是，殷商都城里纣王的反对者只是反对纣王，而不是要推翻殷商。周文王和吕尚恰恰是最大程度地利用了这些反对者的力量，从而在未来的牧野之战中能够占据最佳的主动地位。

周文王的这些策略是有效的，他受命于天以来，翦商的战绩不少：受命第二年伐犬戎，第三年征伐密须国，第四年灭黎国，第五年灭邘国（此地在今河南沁阳，距离殷商国都只有200多千米），第六年灭掉周的死敌——崇国。如果大家还有印象的话，当年向纣王告密而导致姬昌被囚羑里的人就是崇国的崇侯虎。《诗经·大雅·皇矣》中热情地歌颂了这次征伐崇国的军事行动："帝谓文王，询尔仇方，同尔弟兄；以尔钩援，与尔临冲，以伐崇墉。"意思就是，上帝告诉周文王，与你邻邦多商量，联合同姓诸侯国，用你钩梯攀缘上，临车冲车猛进攻，征伐崇国破城墙。征伐崇国的战利品也是非常丰富的："执讯连连，攸馘安安。……是伐是肆，是绝是忽，四方以无拂。"意即，捉来俘虏排成一排排，所获敌耳把刀都给割钝了。纵兵进击士气旺，顽敌全部消灭光，各国不敢再违抗。

可惜的是，周文王没有看到翦商成功的时刻，在迁都丰邑之后的第二年就去世了。

翦商的大任就落在了周文王的次子姬发的身上。在继位之前，姬发跟随周文王征战四方，可谓身经百战，参与指挥了大部分的征伐行动，无论在经验还是威望方面，姬发继任王位、完成翦商大业应该没有问题。

但是，继位之后的周武王似乎没有父亲周文王那般自信。毕竟，周文王掌握了占卜的核心技术，而周武王却不会；毕竟，周文王是受命于天，而周武王只是继承了父亲的衣钵和血脉而已。至于他周武王是否有上天的庇佑，他没有这个自信。因此，他常常担心上帝会继续保佑殷商而不保佑西周。殷商在几百年间给上帝贡献了那么多的祭品。翦商若不成功，整个周族将遭受灭顶之灾。周武王的担心也不是没有道理，从统治的疆域面积上看，西周要比殷商小很多，人口方面也是如此。在武器配备方面，西周的武器并不会比殷商的武器高级太多，周人在兵器方面比殷商多了一种剑，甲胄比殷商的稍微合身一点，周人的战车比殷商的稍微宽一点、长一点，但是这些对战斗力并没有什么根本性的影响。① 所以，周武王的忧虑也是可以理解的。

《逸周书·寤儆解》中记载了很多周武王这样的担忧。"维四月朔，王告儆，召周公旦曰：'呜呼，谋泄哉！今朕寤，有商惊予。欲与无□则，欲攻无庸，以王不足。戒乃不兴，忧其深矣！'"大意是，有一年四月的朔日，周武王心神不宁，召来周公，对他说道："愿天地保佑吧！我们的谋划泄露了！今天梦中醒来，我被商朝所惊吓。既无法与他们争辩，又没有能力打败他们。现在称王实在勉强，即便警戒防范也力不从心，真是忧愁难眠啊！"看到自己的哥哥这么忧虑，周公旦安慰周武王说："天下不虞周，惊以寤王，王其敬命！奉若稽古维王，克明三德维则，戚和远人维庸。攻王祷、赦有罪、怀庶有，兹丰福。监戒善败，护守勿失。无虎傅翼，将飞入宫，择人而食。不骄

---

① 许倬云：《西周史：增补二版》，生活·读书·新知三联书店，2018年，第97、101、102页。

不咎，时乃无敌。"大意是说，现在天下还没有都利于我们姬周。你在梦中被惊醒，不过是警示要敬天命。奉顺天命、遵循古代先例就可称王。要实现天、地、人三德的光明世界，就要遵循三者道德本则。要亲和远方的人们，就必须有具体行动，这就是把对祖宗神灵的许诺落到实处，震慑一切犯罪行为，用实在的福利救助广大民众。懂得借鉴、周全戒备者，才能立身于不败之地。善于保护、通晓防御，才能保全而万无一失。这就如虎添翼，能飞入城池，才可以任意宰割。所以，从来不骄不躁，而又乐善好施，才能所向披靡。周公旦的安慰应该是有用的，从某种意义上说，他应该是中国最早和最好的心理咨询师了。从周武王对翦商大业恐惧的心理就能看出这件事在他心中的重要性，也表明他一定能完成这个任务。要知道，成功就是要集中所有的意志力和能量去克服内心深处的恐惧。

为了顺利接过翦商大业的接力棒，或是为了借用父亲的名号来克服内心的恐惧，在继位之后，周武王沿用了周文王的年号，以期上天能继续护佑西周，完成翦商大业。翦商大业必须进行下去，而且必须取得胜利。

周武王继位后立即组织"观兵孟津"①，一方面检阅一下自己的军队实力，以坚定自己翦商的决心，一方面也想看看支持西周伐商的盟邦到底有多少个，看看成功的把握到底有多大。

在前往孟津观兵之前，周武王先带领众人到周文王墓地祭拜，求得周文王在天之灵护佑。同时，为了克服自己内心的恐惧，周武王还

---

① 历史久远，资料缺失，"观兵孟津"无法确定具体年份，有研究认为是在周文王受命后十一年，也有说十三年，也有说周武王自己纪元的第九年，还有说是周武王继位后两年。具体见许倬云：《西周史：增补二版》，生活·读书·新知三联书店，2018年，第109页。

带上了周文王的灵位随军出行。大军东出潼关，经由豫西通道而下，抵达现在洛阳北面黄河的孟津地区。一路上，那些早已不堪忍受殷纣王暴虐统治的西土众邦，纷纷随军而行或从其他地区赶赴孟津，以和周军会师共同伐商。据《史记·周本纪》记载："诸侯不期而会盟津者八百诸侯。"诸侯八百的数字可能只是虚张声势而已。因为在后来的牧野决战时，周军的同盟军只有8个西土邦国。所以，八百诸侯会盟孟津的说法是大为可疑的。

但是，不管来会盟的盟邦究竟有多少个，周武王翦商大业得到了很多人的支持，这是事实。有这一点，已经足够了。

当着众多盟邦首领和士兵的面，周武王发表了慷慨激昂的演讲，后来收录在《尚书·泰誓》中。

周武王先是指出纣王的罪行："今商王受弗敬上天，降灾下民。沉湎冒色，敢行暴虐，罪人以族，官人以世。惟宫室、台榭、陂池、侈服，以残害于尔万姓。焚炙忠良，刳剔孕妇。皇天震怒，命我文考，肃将天威，大勋未集。"其大意是，纣王受实在是太坏了，惹怒了上天，那就必须推翻他，但是，我的父亲文王大功未成而撒手离去。

周武王进而指出，虽然殷商纣王很强大，但是上天要诛灭他，我们一定会胜利的。"受有臣亿万，惟亿万心；予有臣三千，惟一心。商罪贯盈，天命诛之。"

我们相信，所有的听众听完周武王的演讲一定深受鼓舞，更加坚定了翦商的决心和信心。大家一致认为，那我们还犹豫什么？开打吧！

但是，周武王却声称"女未知天命，未可也"（《史记·周本纪》），也就是说天命告诉我还不到时候，先不用急，让纣王再快活两天。然后，他就让大家率领自己的部队回去了。

至于周武王没有趁着孟津观兵的热度伐商的原因，只有周武王或吕尚他们自己知道了。也许是本次孟津观兵就是为了了解自己的军队实力和在西土众邦中的支持率，根本就没有打算直接进攻殷商国都。也许是周武王被观兵过程中的某些神秘现象吓坏了，比如《史记·周本纪》中说："既渡，有火自上复于下，至于王屋，流为鸟，其色赤，其声魄云。"周武王率军渡过黄河之后，有一团火在武王的王帐外上下翻腾，并变幻成红色的鸟的形状。"天命玄鸟，降而生商"告诉了我们殷商的祖先来自何方。周武王在自己的王帐之外看到了红色的火鸟，再联想到殷商祖先，他内心的恐惧一定陡然而生。因此，进而认为天命未可也不是没有可能。

殷商国都对于来自西土的战争威胁并没有太大的反应。这一方面是因为殷商此时还正在忙着镇压东夷的叛乱，另一方面是因为此时的殷商国都内部早已经分崩离析，纣王已经无法有效地实施统治了。纣王挖了王叔比干的心，吓跑了自己的弟弟微子，一些高级贵族也纷纷逃往西土，"太师疵、少师强抱其乐器而奔周"（《史记·周本纪》）。也就是说，殷纣王的暴虐已经让殷商所有的贵族胆战心惊，时刻生活在恐惧之中，都在等待着剧变的发生。也许此时殷商很多贵族和平民都在准备着箪食壶浆以迎王师了。

周武王在等待最佳的伐纣时机。

派往殷商的间谍传来消息说殷都已经"谗慝胜良"了，周武王说不着急，再等等；间谍又回报说"贤者出走矣"，周武王说不着急，再等等；间谍再次回报说"百姓不敢诽怨矣"（《吕氏春秋·慎大览》），周武王说差不多了，开打。是啊，殷商内部高层生活在恐惧之中，有识之士都潜逃到了西周，殷商的老百姓也不敢说话和发表意见，这就是殷商该亡的时候了。

孟津观兵两年后的一个冬天，周武王下令兵发殷都。至于为什么周武王会选择冬天伐商，一个可能的原因是冬天黄河结冰，西周大军容易渡河。

吕尚先率领周军主力出发，过了黄河南岸之后安营扎寨，以等待那些一起伐商的盟国的到来。很快，来自各地的盟国，诸如庸、蜀、羌、髳、微、卢、彭、濮等各个方国的部队赶来加入伐商大军。随后，周武王率领后续部队从西岐出发，赶往黄河南岸和吕尚会合。

此时，伐商大军集结完毕，共计有甲士45 000人左右，战车300辆，还有虎贲军3000人，浩浩荡荡，渡过黄河之后就进入了殷商统治的核心地区，一起杀往殷都。大军沿途经过很多殷商的族邑，但是周武王伐纣大军懒得清理这些人数少得可怜的商人据点，这些商人族邑似乎也不敢袭击和骚扰周武王大军，那无异于蚍蜉撼大树，可笑不自量。渡过黄河又行军了6天，大军就来到了殷都城70里外的牧野（今河南淇县以南、卫河以北）。

牧野，这是纣王的兵败之地，也是周武王的立国之战，注定会彪炳史册。

牧野是商王朝养殖牛羊的草原，地势平坦，非常适合大兵团作战，也非常适合双方的战车驰骋。

在接到周军来犯的消息后，纣王应该是十分恐惧的。因为此时殷商大军正在镇压东夷，主力根本无法及时调回增援殷都。纣王匆匆忙忙组织了几万留在殷都的卫戍部队准备迎战周军，然后又将大量从东夷战场抓获而来的俘虏以及殷都的奴隶们武装起来，同时赦免了他们的奴隶身份以期增强战斗力。此时，迎战周军的殷商部队有17万人之多。也有人说是70万人，不过从那时的人口规模来看，这个数字应该是不可能的。随后，纣王犯了一个致命的错误，他将这些俘虏组成的

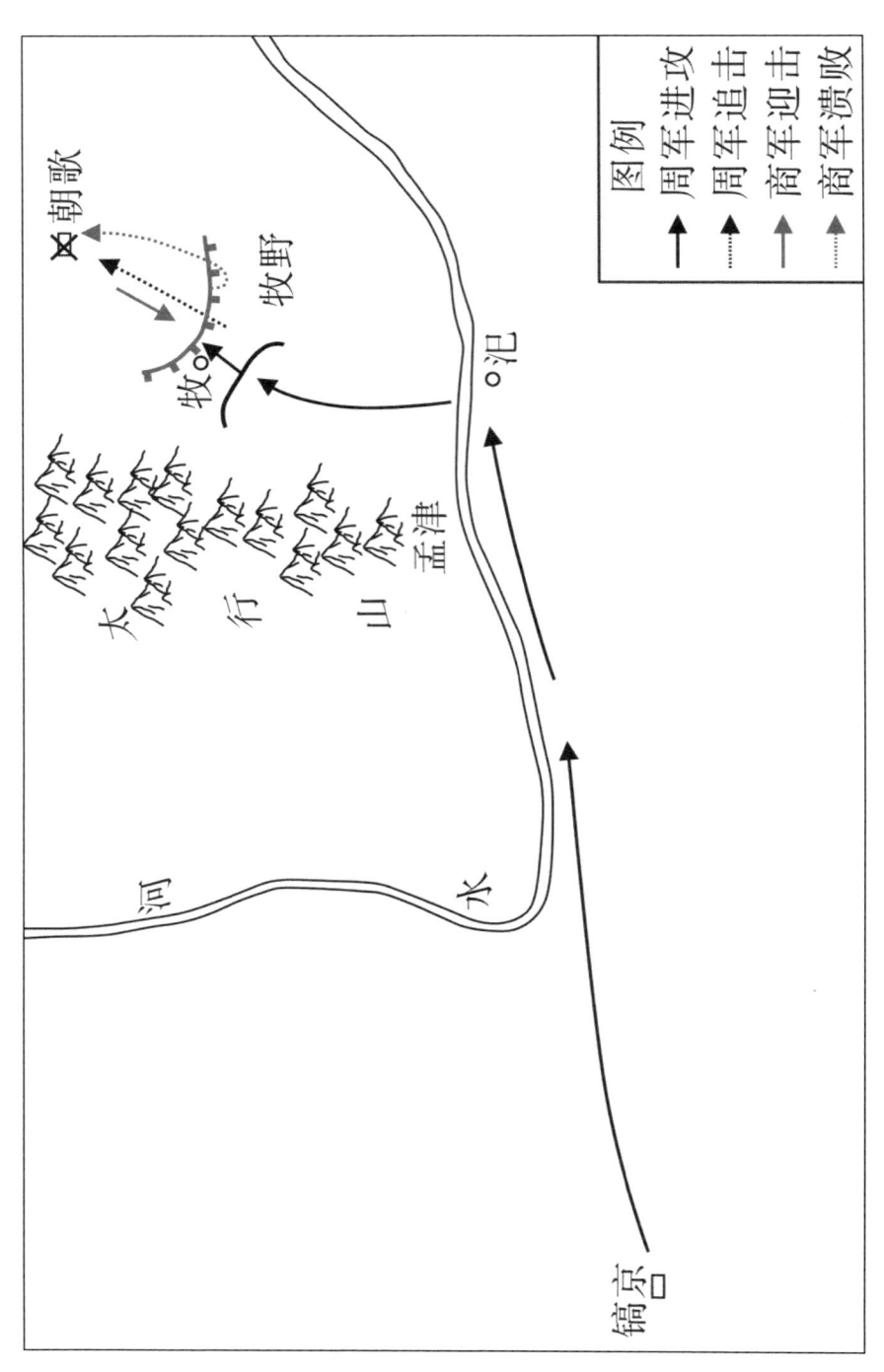

图 1.4 商周牧野之战作战经过示意图

队伍放在了队伍的最前面，殷商真正的部队藏在俘虏的后面。这一操作会导致致命的结果，一旦这些俘虏在战场上倒戈，纣王将不会有任何翻盘的机会。

决战开始了。

不足5万的周军对17万的商军。单从人数上看，商军具有碾压性的优势。因此，为了鼓舞西周军队的士气，周武王阵前发表了一次鼓舞人心的讲话。

部队集合完毕之后，周武王开始讲话了。

第一句话就是：来自西土的兵士们，辛苦了。["逖矣，西土之人！"（《尚书·牧誓》）]

然后一个一个点了麾下众将士的名字，从盟友到将领，从军官再到百夫长，一个不落，命令他们拿起自己进攻的武器。["王曰：'嗟！我友邦冢君，御事：司徒、司马、司空、亚旅、师氏、千夫长、百夫长，及庸、蜀、羌、髳、微、卢、彭、濮人。称尔戈，比尔干，立尔矛，予其誓。'"（《尚书·牧誓》）]

随后又列数了纣王的种种恶行：纣王宠信苏妲己这个妇人，祭祀不够虔诚，对待王族成员过于残忍（比干剖心），重用和放任道德败坏的恶人，欺压百姓，简直是罪行累累。["今商王受，惟妇言是用，昏弃厥肆祀，弗答；昏弃厥遗王父母弟，不迪；乃惟四方之多罪逋逃，是崇是长，是信是使，是以为大夫卿士，俾暴虐于百姓，以奸宄于商邑。"（《尚书·牧誓》）]

进而，武王强调说："我今天代表上天来惩罚纣王。今天的战斗，行军不超过六步或是七步就要停下，大家要走得整整齐齐，注意队形。今天的战斗，刺杀几次后还是要统一步伐。一起努力吧，各位将士，我们要像老虎等动物那样凶猛。这里已经是殷都朝歌的城郊，我们一旦失败就得重新被商人奴役。一旦有人不努力，大家是活不下去的。"["今予发，惟恭行天之罚。今日之事，不愆于六步、七步，乃止齐焉。夫子勖哉！不愆于四伐、五伐、六伐、七伐，乃止齐焉。勖哉夫子！尚桓桓，如虎如貔，如熊如罴，于商郊弗迓克奔，以役西土。勖哉夫子！尔所弗勖，其于尔躬有戮！"（《尚书·牧誓》）]

可以看出，最后一句话最能打动人。因为大家都知道，伐商必须成功，一旦失败，他们所有人都会成为纣王的俘虏和奴隶，都会被活活砍死，被剖腹挖心，被活活折磨致死。所以，伐商勇士们不会有任何迟疑和退缩。

伐商勇士们开始冲锋了。大家可能想不到的是，冲在最前面的竟然是已经年过六旬的吕尚。这场面太感人了，也太鼓舞人了。看到须发皆白的吕尚如此神勇，后面的伐商勇士没有任何理由贪生怕死。

但是，无论周军多么勇敢，纣王17万部队碾压过来，只有不足5万的周军也是有危险的。

命运的天平向周军倾斜了，冲在商军前面的奴隶和俘虏们最终倒戈了。也许，被纣王安排在最前面充当炮灰的奴隶和俘虏们觉得自己不应该再这样替纣王卖命了，将来胜利了还是会被纣王给活活折磨死。也许，吕尚和周武王早早就在朝歌发展了一些人，他们的任务就是等待这一时刻策动这些奴隶和俘虏倒戈一击。一时间，纣王的军队大乱，这些倒戈的奴隶和俘虏冲向了商军的中军，周军勇士则挥舞着长矛和青铜剑，杀向了乱作一团的商军。

周军就像热水冲向油脂，商军瞬间就被融化而分崩离析。战斗结束之后的牧野，到处都是血迹，用血流漂杵来形容一点也不夸张。

纣王随着失败的部队逃回了殷商国都。对纣王而言，一切都结束了，没有挽回的余地。他没有信心组织部队据城坚守以待勤王之师救援①，也没有逃往他地以图东山再起的勇气。牧野之战当天的傍晚，纣王登上鹿台，身边堆满了各种玉器珍宝，戴上5枚天智玉，然后一把火自焚而死，结束了成汤600年的江山。

此后，中华文明进入了新的历史时期，也重塑了中华文明的精神内核，延续至今。正如许倬云在《万古江河》一书中所言："周代的建立，并不只是后世中国历史上常见的朝代递嬗，也是整个文化体系与政治秩序的重新组合，并且从此奠定了中国文化系统的一些基本特色。"②

---

① 据宋杰教授研究，夏商周三代的城垒一般不具备长久防御的能力，原因大概有三：其一，由于生产力低下和建筑技术问题，三代时的城垒规模一般都比较小，不利于防御；其二，三代时的城垒一般有城无郭，不是密封式规划，根本无法有效防御；其三，当时的生产和贸易不发达，物资储备不足，不利于长期坚守。见宋杰：《中国古代战争的地理枢纽》，北京科学技术出版社，2022年，第651—659页。
② 许倬云：《万古江河：中国历史文化的转折与开展》，湖南人民出版社，2017年，第68—69页。

第二章

地处中原的郑国：春秋诸侯争霸的牺牲品

关于春秋诸侯之间的争霸，大多数人可能会比较熟悉所谓的春秋五霸，并对春秋五霸之间相互征伐的故事了然于心。但是，令我们很多人没有想到的是，在春秋五霸正式登上春秋的历史舞台之前，位于今河南腹地的一个小国——郑国——竟然首先成为春秋初期的中原小霸主。但是，好景不长，郑国很快就成为诸侯争霸的牺牲品，诸侯频频发动征伐郑国的战争。那么，郑国这个中原小国何以能够在春秋初期脱颖而出？郑国有何种政治优势？其地缘战略优势又有哪些？又为何成为春秋诸侯相互争夺的香饽饽？

公元前11世纪，来自今陕西关中的弱小周国击败了强大的殷商，中华文明进入了西周时代。西周源自中华文明的西北边陲地区，一直是过着小国寡民的日子，过的是优哉游哉，突然要统治东方如此大一块国土，必须搞出一些制度创新才可以。

西周是怎么创新的呢？

西周做出的制度创新是"封建亲戚，以藩屏周"，分封了周王室的子弟、亲戚、功臣以及亲信等一众人在各自的封地建邦立国。这项制度一直持续了几百年。公元前771年，西周灭亡，周平王东迁，中华文明进入了东周时代，而东周则又分为两个时期——春秋、战国。这是中国历史上大开大合的时代，原有的封建制度逐渐崩溃，新的帝国制度将在历经春秋和战国的数百年战乱之后得以脱茧而出，中华文明将会进入一个延续了两千多年的帝国时期。

春秋时期（约公元前770—公元前476年）是中国历史上的一个重要时段，以诸侯国之间的争霸为特征。这一时期之所以谓为春秋皆因孔子修订的《春秋》，这部书记录了从鲁隐公元年（公元前722年）到鲁哀公十四年（公元前481年）的历史，共242年。春秋时期的政治、军事和文化变革对中国历史产生了深远的影响。

春秋时期始于周室的东迁，周室王权逐步削弱，渐渐失去了对众多诸侯的有效控制和约束。各诸侯纷争不断，相互之间武力攻伐，形成了春秋霸政，其中齐桓公、宋襄公、晋文公、秦穆公、楚庄王相继称霸，被称为"春秋五霸"①。齐桓公提出"尊周室，攘夷狄，禁篡弑，抑兼并"（尊王攘夷）的思想，使得周天子在表面上仍然得到尊重。这一时期的诸侯争霸奠定了中国历史接续发展的基础，为战国时期和秦汉时期的统一创造了条件。

春秋五霸不断以"尊王攘夷"的口号来控制中小国家，对付其他较为强大的国家，在这个过程中，位于中原腹地的诸侯国往往首当其冲，成为大国相互争夺和控制的对象。一般而言，我们比较熟悉春秋

---

① 关于春秋五霸，一说指齐桓公、晋文公、秦穆公、宋襄公、楚庄王；一说指齐桓公、晋文公、楚庄王、吴王阖闾、越王勾践。

五霸之间相互攻伐进而依次称霸的故事。但是，很多人会忽略位于中原地带一个不起眼的小国——郑国，这个小国实则是春秋争霸战争的开启者，在春秋初期形成了"郑庄公小霸"，从众多诸侯国中脱颖而出。但是，随后不久，郑国就成为其他诸侯强国争霸的牺牲品，成为其他国家争抢的一块肥肉，并最后于公元前375年被韩国所灭。对于郑国这个春秋诸侯争霸的牺牲品，我们应该给予更多了解和关注，以期对春秋争霸能有一个系统和全面的认识。

一、郑国的东迁

郑国（公元前806—公元前375年）是周厉王姬胡之子、周宣王姬静之弟姬友的封国，其封地原本不在中原地带，而是位于周王室的国都镐京（今陕西西安市长安区）附近，都城棫林（今陕西渭南市华州区），应该是西周王室分封的最后一个诸侯国。周幽王时，郑国国君郑桓公姬友被任命为司徒，负责教化西周国民，努力使周朝百姓和睦相处。郑桓公因政绩斐然而深受周民的爱戴和称赞，正所谓"桓公为司徒，甚得周众与东土之人"（《国语·郑语》）。

然而，西周末年，在周幽王治下，整个宗周社会和周王朝的天下弥漫着一股大厦将倾之气。周幽王二年（公元前780年），西周故地曾发生一次大地震，泾水、渭水、洛水三条河流同时枯竭，岐山崩塌。《诗经·小雅·十月之交》一诗中也描述了一次可怕的天灾景象：日食和地震同时发生，百川沸腾，山冢崩摧，高岸为谷，深谷为陵，同时还有旱灾发生。这种景象简直太可怕了。天灾频发，这对极为敬畏上天的周人来说，意味着上天对周王室的统治不满而频繁示警。同时，周幽王可谓荒淫无道、暴虐成性，单单是他为了博褒姒一笑而

"烽火戏诸侯"就让人明白西周离覆亡的日子已经不远了。再加上西戎不断入侵，国都镐京时时不得安宁。面对上天的频繁示警以及随着周室衰微而发生的社会秩序大变动，作为周王室近亲的郑桓公深深为之不安。而且，郑桓公更为担心西戎的入侵会波及郑国的封邑。

对郑国的未来感到不安的郑桓公觉得自己应该做点什么。因此，郑桓公先去找太史伯，问道："王室多故，余惧及焉，其何所可以逃死？"就是说，现在周王室多变故，我担心灾祸降临到我身上，躲到哪里才可以免除一死呢？太史伯回答说："王室将卑，戎狄必昌，不可逼也。"其意思是，周王室将要衰败，四周的戎狄肯定会昌盛起来，不能接近他们。接着，在给郑桓公分析了他最好不要去什么地方之后，太史伯给郑桓公指明了郑国应该搬迁的方向和地盘："其济、洛、河、颖之间乎！"就去济水、洛水、黄河、颖水之间那一带吧！为什么要去这个地方呢？太史伯给郑桓公来了一番长篇大论，说："这一地带都是封为子、男爵位的国家，其中虢国和郐国最大，虢叔凭借着地理优势，郐仲依仗着地势险要，他们都有骄傲、奢侈、疏忽、怠慢的思想，而且贪婪冒失。您如果因为周王室遭难的缘故，送给他们一些财货然后把妻子儿女和剩余财物寄放到那里，他们不敢不答应。周王室日渐混乱而衰败，这些人骄侈贪婪，必然会背叛国君，您如果率领大周朝的民众，奉天子之命去讨伐他们的罪恶，没有不成功的。如果攻克了虢、郐两国，那么邬、弊、补、舟、依、黩、历、华八邑，就都是您的国土了。如果前面有华邑，后面有黄河，右面有洛水，左面有济水，主祭芣山和骓山，饮溱、洧两河的水，遵循旧法来守卫这片土地，那您的地位就可以稍稍稳固了。"（《国语·郑语》）

俗话说，听人劝吃饱饭。经过太史伯指点之后，周幽王九年（郑桓公三十四年，公元前 773 年），郑桓公决定将郑国的部分财产和人口先行转移至洛水东部的东虢（今河南荥阳）、郐（今河南新密市东南）的领地内，居住在虢、郐出于同宗之情以及忌惮郑国的强大而献出的10座城邑中。这些城邑也成为郑国东迁之后重建的基础。后来，戎狄入侵西周，国都镐京被攻破，郑桓公和周幽王都在骊山被杀，"犬戎杀幽王于骊山下，并杀桓公"（《史记·郑世家》）。郑桓公的儿子掘突随即率领战车300辆与赶来勤王的晋国、秦国、卫国的军队会合，杀往镐京，将戎狄的军队赶走。随后，为了躲避戎狄的不断侵扰，刚刚继位的周平王决定将都城东迁至洛邑。继郑桓公之位的郑武公掘突率兵与晋国、秦国等将周平王以及周王室护送至周室新都。周平王对郑武公在抗击戎狄入侵以及王室东迁的过程中给予的帮助和支持甚为感激，正所谓"我周之东迁，晋郑焉依"（《左传·隐公六年》）。因此，周平王就将郑桓公之前先行迁移的地方正式封给了郑国，并更加倚重郑武公，任命其为周王室的卿士，辅佐周王室执政，掌握周室的中枢大权，可谓位高权重。

郑武公于周平王二年（公元前769年）、周平王四年（公元前767年）分别灭郐、东虢，终于在溱洧流域地区重建郑国。此地因为是新建的郑国，所以后世称之为新郑。据考古发掘显示，郑武公东迁之后建立的郑国新都城遗址位于今河南新郑城区，东西长约5000米，南北宽约4500米，周长约20千米，地面上保有土坯城墙遗迹。新建的郑国疆域主体是郐、东虢贡献的十邑：虢、郐、鄢、弊、补、舟、依、𬣳、历、华。具体而言，郑国的疆域"东有汴梁，南包许昌，西距虎牢，北越黄河，略有今河南北部半省之中部，地处当时'天下'的中心，纵横约一二百里之间"①。值得一提的是，郑国吞并东虢之后，

---

① 王育民：《中国历史地理概论》（下册），人民教育出版社，1988年，第205页。

也将此地的一处险要之地——虎牢据为己有。虎牢在后面的一些章节中我们还会多次见到，尤其是在隋唐时期各方势力对洛阳的争夺过程中，虎牢关的归属尤为重要。占有虎牢之地，对于郑国的兴亡有着极大的战略意义，因为此地扼守着郑国西北边境，通过此地可以直达周王室所在的伊洛平原，可以加大对周王室的影响力甚至控制力。公元前375年，郑国为韩国所灭，丢失虎牢之险地也是重要原因之一。

二、郑国东迁之后所具有的战略优势

东迁之后的郑国很快就和以前的郑国有些不一样了。新建之郑国，居于中国之中，且为东西、南北往来之交通枢纽，农业条件优厚，商业贸易亦蒸蒸日上，再加上郑武公乃周王室卿士，执掌中枢大政，这些因素使郑武公主政下的郑国成为影响力与日俱增的诸侯国。郑武公还常常打着周王室的旗号征伐周边的诸侯小国以获取更多领土，从而扩大郑国的影响。面对郑国的征伐四方，周王室拿郑国也没有什么办法。具体而言，随着周王室东迁之后的郑国具有以下3个地缘战略优势。

其一，郑国位于周王室洛邑附近，为周王室所倚重，郑国国君作为王室卿士，在春秋初期的政治版图当中地位较高。郑国东迁之前，位于西周国都镐京附近，属于京畿重地；东迁之后，位于周王室都城洛邑附近，仍旧算作京畿地区。而且，从地理位置上来看，郑国的疆域甚至比周王室控制的疆域更加处于中心位置。郑国之所以在西周和东周时期都能在国都附近立国，一方面是因为郑国的始封君郑桓公姬友是周宣王的胞弟，也是周厉王的亲儿子，他们是直系亲属，放在身边以护卫周王室自然更让周王室放心；另一方面也是因为郑国的前两任君主对待周王室还算是恪尽职守，比较忠诚和勇敢。周王室面临外部入侵时，第一个能够赶来勤王的往往是郑国的军队。正是基于郑桓公和郑武公对周王室的忠心耿耿以及立下的汗马功劳，郑庄公以及东迁之后的郑国才有可能继续得到周王室的信赖和重用，才有可能继续担任王室卿士的职位，并凭此政治资本在春秋初期拥有较高的政治地位和权势。

其二，郑国位于东西、南北陆地交通线的交叉路口，为中原咽喉枢纽之地。在春秋初期诸多列国之中，郑国的地理位置极佳，东濒溱水，南临颍淮，西靠隗山，北靠黄河，位于中国腹地，可攻可守，且水陆交通便利，四通八达，为东西南北商旅往来和军事征伐必经之地。具体而言，位于中原咽喉之地的郑国刚好位于齐、晋、秦、楚等国的中间位置。从郑国往西，经虎牢便进入了周王室的伊洛平原，再穿过豫西通道便可进入秦国所在的关中平原；自郑国往东，沿济水、濮水、睢水则有数条通道通往曹、卫、宋、鲁以及更远的齐国等地；自郑国往南则可经方城隘口进入南阳盆地，再至襄阳，顺着汉水便可到达楚国国都郢（今湖北荆州）；而自郑国往北渡过黄河就进入了晋国的南阳（今河南修武）、河内（今河北中南部地区）。因此，郑国处于诸侯列国南北、东西交通的中枢地位，地缘战略位置极为重要。正如清代学者王葆指出的那样："郑之要害，尤在所先，中国得郑则可以拒楚，楚得郑则可以窥中国。"[1]

其三，郑国有较强的经济和军事实力。由于郑国地处中原地区腹地，属于开发较早的地区，人口众多，土地肥沃，农业发达，而且郑国开国几代君主都比较注重发展商业，推出了不少利于工商业发展的好政策，并和商人订立盟约，只要商人顺从统治，政府就会保护商人

---

[1]〔清〕顾栋高：《春秋大事表》卷二十六《春秋齐楚争盟表》，中华书局，1993年。

及其商业行为和商业财产。因此，商人在郑国可以安心搞经济和发展贸易，这就极大地促进了郑国商业的发达和繁荣，并给郑国提供了较多的财政收入。故而，郑国逐渐实现了国富民强，经济实力与周边其他诸侯国相比较为强大，自然具备了开疆扩土和称霸中原的实力。经济实力会直接体现到军事实力上。郑国的军事实力在当时的中原众多诸侯国里也是屈指可数的。具体而言，郑国的军队有以下几个特色：第一，创设鱼丽之阵，据《左传·桓公五年》记载："曼伯为右拒，祭仲足为左拒，原繁、高渠弥以中军奉公，为鱼丽之陈，先偏后伍，伍承弥缝。战于繻葛。"第二，创建三军，军队数量和质量都有保证。《左传·隐公元年》记载："大叔完、聚，缮甲、兵，具卒、乘，将袭郑，夫人将启之。公闻其期，曰：'可矣！'命子封帅车二百乘以伐京。"第三，郑国在车兵之外还有徒兵，战斗力较为强大。郑国徒兵在《左传》中就出现过三次。更为关键的是，郑国第三任君主郑庄公本人拥有高超的军队指挥艺术，善于谋略，不再执着于大方阵作战，而是善用奇兵，在春秋初的战争中几乎无人匹敌，可谓是一枝独秀，独领春秋初之风骚。

　　凡事都有其两面性。一个特征在某些场景下可能是优势，而在另一个场景下就有可能变成缺点。郑国居于中国之中，掌控通达四方的锁钥，当它经济、军事和政治实力较为强大时，其自身是相对安全的，也比较有利于其纵横捭阖、四处出击进而称霸中原。但是，一旦郑国内部出了问题，不再有像郑庄公那样有雄才伟略和战略野心的君主，国势必然会开始衰退，很快就会成为其他诸侯强国争相攻伐和夺取的对象，郑国成为诸侯国演武场的悲剧就开启了。因此，以上谈到的郑国所具有的战略优势，在其实力强大时可以称之为优势，而一旦郑国实力下降，就会成为其他诸侯强国入侵的原因。

三、郑国的崛起

我们先来看看郑国如何利用自身战略优势迅速在春秋初期成为中原小霸主。

郑武公二十七年（公元前744年），郑武公去世，郑庄公继位，同时也继承了郑武公作为周王室卿士的职位。郑庄公比郑武公还有野心和谋略，郑国将在郑庄公手中完成春秋初中原小霸主的霸业。我们先来看郑庄公其人。

郑庄公，生于郑武公十四年（公元前757年），姬姓，郑氏，名曰寤生[①]。从寤生这个名字来看，郑庄公似乎在出生时不太顺利，婴儿难产时最受罪的是生产的妈妈。因此，在郑庄公出生时颇为受罪的母亲武姜就不那么喜欢这个孩子，而更喜欢出生时顺利的弟弟叔段。据《左传·隐公元年》载："初，郑武公娶于申，曰武姜，生庄公及共叔段。庄公寤生，惊姜氏，故名曰'寤生'，遂恶之。"母亲对儿子有了偏见和喜好，这就为郑庄公未来的执政之路增添了一些不稳定因素。早在郑庄公被立为太子之前，武姜就多次希望立叔段为太子，而被郑武公所拒绝，这让武姜一直感觉不舒服。

郑庄公的一生给我们留下了不少成语，比如"多行不义必自毙""其乐融融""冒天下之大不韪"等等。"多行不义必自毙"这个成语与他和弟弟叔段之间的恩怨有关系。自从郑庄公继位为郑国君主，母亲武姜就不断给叔段争取各种利益，比如武姜要求郑庄公将京邑（在今河南荥阳市东南20余里）封给叔段（原本武姜要其给叔段一个更好

[①] 寤生有多重解释，一般比较认同寤生就是逆生，产儿足先出者为寤生，还有人认为寤生是指小儿出生时窒息不能啼哭。笔者比较认同第一种解释。

的封地——制邑，此为虎牢险地之所在，郑庄公没有同意）。叔段自称"太叔"，京邑的人称叔段为"京城大叔"（又作"京城太叔"），也可以理解为"京城第一弟"。叔段仗着母亲的呵护而肆意妄为，比如住在比都城还大的京邑，让其他边邑在听从郑庄公命令的同时也要服从自己的管辖，私自锻造盔甲武器，等等。叔段的所作所为明显是忤逆之举，并且有蓄谋造反的嫌疑。因此，很多人都劝郑庄公要及早决断免留后患。而郑庄公一直忍着不动手，只是不断地说多行不义必自毙。一直到郑庄公二十二年（公元前722年），叔段准备起兵造反并让母亲武姜在郑国都城做内应。结果，叔段要造反的事很快就被郑庄公侦知，随即举兵将叔段赶出了郑国。从中我们可以发现郑庄公有一个极为重要的品质：善于忍耐，并等待对手犯错。他虽然早早知道叔段的种种不轨行为，但是他一直隐忍不发，似乎一直在纵容对方犯更大的错以便最后一举歼灭。正所谓"姑息"是为了"养奸"，而"养奸"则是为了最后毫无顾忌地将其铲除。郑庄公的这种行为堪称老谋深算，工于心计。郑庄公继位时才十几岁。一个十几岁的孩子成了一国之君，他只能不断忍让以麻痹对手，在屈辱中让自己不断壮大，从而抓住机会给对手致命一击。这种品质，在诸侯混战的春秋时代是极为珍贵的。

另外，由于郑庄公拥有周王室卿士的身份，故而可以经常假借天子之名为郑国服务，使其发动的对外征伐经常是"以王命讨之"，占据政治高地，掌握了战争主动权。这一点也是郑庄公善于借力和精于谋略的例证。再者，郑庄公比较善于分析当时列国之间的战略分布态势，能够精准地区分敌人和朋友，制定了远交近攻的策略，每次打击都会集中在主要敌人身上，绝不全面作战和四面树敌，能够分清主次和先后顺序，往往是先弱后强，最后各个击破，最终成就了一番大业。

总体来看，郑庄公是一位富有智慧且善于指挥作战的君主，能够抓住有利的时机，充分利用各种资源为自己所用，可谓是天时、地利、人和，最终将小小郑国推向了春秋初期中原小霸主的地位。

从天时的角度来看，周平王东迁之后，周王室势力日趋衰微，威望不再，中原政治权势出现了"真空"，而当时的主要诸侯国大多忙于自己的国内事务而无暇他顾，比如晋国内部正在忙于权力争夺，秦国正在和戎狄作战，齐、鲁两国也正兵戎相见，楚国刚刚起步发展，尚无能力染指中原政治权势，而郑国周围的宋、卫、陈、蔡、曹等小诸侯国力量薄弱。

从地利的角度来看，郑国位于东西、南北交通干线的汇合地，是重要的交通枢纽，自然可以在势力强大时张弛有度，驰骋四方；而且郑国依山带河，西有虎牢险地，对于掌控中原政治局势，自有其便利之处。

从人和的角度来看，郑庄公继承了周王室卿士的职位，作为姬姓诸侯，和周王室的关系还是比较近的，国内又渐渐平定了弟弟叔段的谋反行为，稳定了国内政治局势，巩固了自己的统治地位。

实力强劲的郑国军队曾经在郑庄公率领下和鲁、宋、卫等国作战，还把善战的北戎军队打得找不到北，经常取得决定性胜利。更让人惊讶的是，作为周王室的近亲，郑庄公几乎终结了周王室所拥有的最后一点权威，使周王室开始丧失天下共主之地位，敲响了周王室衰亡的丧钟。

那么郑国和周王室之间到底有什么矛盾呢？

周王室和郑国之间的矛盾的起因其实很简单。随着郑国的政治、经济以及军事实力不断增强，郑国对日渐衰微的周王室不再那么恭敬，并且经常假借王室之名为郑国谋取私利，周王室渐渐无法容忍郑国这个王室近亲的傲慢、无礼和自私。因此,双方之间的矛盾越来越深,最后搞到了刀兵相见的地步。

正所谓,谦受益,满招损。

周平王在位之时,就对郑庄公作为周王室卿士的权力有所顾忌,试图限制和分散郑庄公的权力,出现了"王贰于虢"的想法,也就是打算任命虢君为卿士。但是,周平王的这个想法很快就被郑庄公知道了,郑庄公很生气,向周平王表达了自己的不满。周平王畏惧郑国的实力,就没敢公开承认,只能说根本没有这回事,不要听信传言。经此一事,郑庄公和周平王之间就出现了信任危机。为了化解这一信任危机,双方同意互相交换人质,因此就发生了历史上著名的"周、郑交质"事件,"王子狐为质于郑,郑公子忽为质于周"(《左传·隐公元年》)。这一事件则开始销蚀周王室天下共主的权威和地位。为什么双方相互交换人质会伤害到周王室的权威呢?道理很简单,周王室是天下共主,其权威和威信来自天命,无须向他人证明,根本不需要通过向自己分封的诸侯国送王子作为人质来表达什么诚意。因此,周王室向郑国派出人质这件事让周王室颜面尽失。双方虽然互换了人质,但相互之间的信任已经荡然无存,只是暂时缓和了矛盾而已。

更糟糕的事情还在继续发生。周平王五十一年(公元前720年),周平王去世,在郑国为人质的王子狐赶回洛邑奔丧,不幸悲伤过度而死(一说王子狐原本就死在了郑国),周平王之孙、王子狐之子姬林继位,是为周桓王。周桓王的父亲曾经作为人质居住在郑国或死在了郑国,这实在是周王室的耻辱。刚刚继位不久的周桓王对郑庄公的骄横跋扈更为不满,准备任命虢公担任右卿士来分郑庄公的权。随即,郑庄公开始反击,派出军队将原本属于周王室的一些麦子和稻禾给抢割了。后来,可能郑庄公也觉得自己做的事有点过分,主动向周王室示好并表示了歉意。只不过,周桓王在郑庄公已经主动示好的情况下做了两件激化双方矛盾的事:其一,周桓王五年(公元前715年),正式任命虢公为右卿士;其二,周桓王八年(公元前712年),强行用不属于周王室的12座城邑换取郑国的4座城邑。《左传·隐公十一年》记载:"王取邬、刘、芳、邘之田于郑,而与郑人苏忿生之田:温、原、缔、樊、隰郕、欑茅、向、盟、州、陉、聀、怀。"看来,周桓王也是空手套白狼手段的惯用者。面对周王室这种没有任何诚意的行为,郑庄公一时间也只好隐忍不发,任其胡来了事。

一系列不愉快事情的发生,让周王室和郑国开始背向而行,渐行渐远,直至最后决裂,兵戎相见。

郑庄公的忍让,在周桓王看来是郑国软弱可欺。因此,周桓王开始膨胀了,觉得可以给郑庄公致命一击。周桓王十三年(公元前707年),周桓王以郑庄公攻占许国并与鲁国自行交换许田为由,公开宣布剥夺郑庄公左卿士的职位。这一操作就等于和郑庄公撕破脸皮了。郑庄公觉得自己也没有什么可顾忌的了,从此不再去洛邑朝见周桓王,而周桓王认为不能惯郑庄公这个毛病,决定兴兵讨伐。当年秋天,周桓王亲自率领周、陈、蔡、卫联军对郑国发起了进攻,而郑庄公也决定给年轻的周桓王一次深刻的教训,亲率大军迎战。双方大军在繻葛(今河南长葛市东北)摆开阵势决战,影响历史进程的繻葛之战爆发了。

双方军队到达战场之后,各自开始排兵布阵。周桓王将四国联军分为左、中、右三军,左军由卿士周公黑肩指挥,陈国军队被安置在左军;右军由卿士虢公林父指挥,蔡国、卫国军队安排于此;而中军作为进攻的主力则由周桓王亲自指挥。与之相对应的是,郑国也将军队分成三个部分:中军、左拒、右拒(此处的拒是方阵的意思),中军由郑庄公亲自指挥，左拒和右拒分别由祭仲和曼伯（公子忽）指挥。表面上看，双方都是将军队分成了三个部分，并没有谁比谁更高明的地方。然而，郑国其实是做了具体问题具体分析的功课的。公子突分析了周室联军的组成情况，认为陈国正在发生内乱，其军队必然没有什么战斗力，因此，郑军可以首先攻击周室联军的左军，位于左军的陈国军队必败；而且，蔡国和卫国两国军队的战斗力也不是很强，也可以先行攻击之而避开周王室中军锋芒。公子突的建议就是先弱后强、逐个歼灭的作战方针。另外，郑国大夫高渠弥认为郑军在进攻时可以摆出"鱼丽阵"的阵型。具体而言，郑军进攻时两翼靠前突击而中军稍稍靠后，组成一个倒"品"字形，就像一张网一样扑向敌人；同时，要把战车摆在攻击队伍的前端，将步兵配置于战车的两侧和后方，从而让战车和步兵能够更好地协调作战，达到攻防自如的目的。郑庄公觉得大家说的都对，欣然采纳了他们的作战意见并按此部署下去。

郑国军队右拒首先进攻周军左军，陈国军队果然大败而撤出战场；郑国军队左拒则进攻周军右军，蔡国和卫国军队一触即溃，随即也纷纷退出战场。这里需要指出的是，春秋时期的战争一般不以杀伤敌人为荣，击败即可，而败军只要逃跑了，一般也会安然无恙，无性命之忧，这一点和战国时期的战争不同。换句话说，春秋时期的战争比较讲究礼节和仪式，不靠杀人取胜，而到了战国时期，各国之间动不动就动员几十万人参战，战争的结果往往也是数万甚至数十万将士战死沙场。在陈、蔡、卫国军队纷纷撤出战场之后，郑国军队三面合围冲向了周桓王亲自指挥的中军。战斗的结果没有悬念，周桓王率领的四国联军大败，周桓王自己还中了一箭。周王室的联军大败，郑庄公并未趁势赶尽杀绝，郑庄公说："君子不欲多上人，况敢凌天子

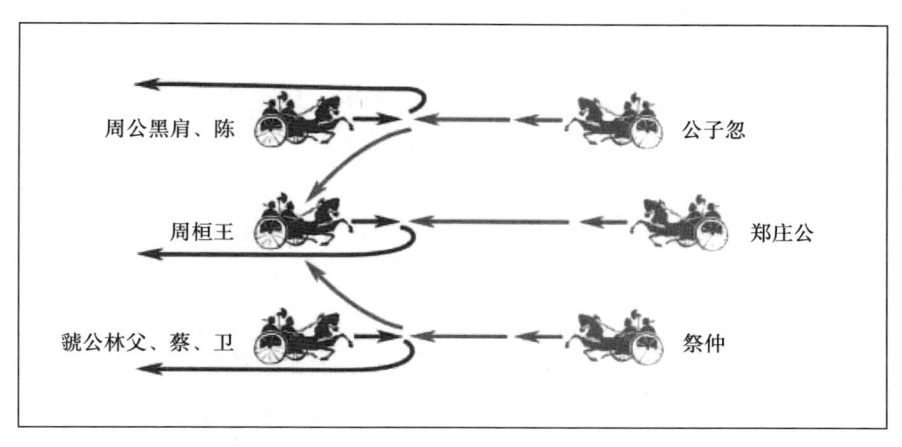

图2.1　繻葛之战作战经过示意图

乎？"(《左传·桓公五年》)看来，郑庄公还是比较念及与周王室的宗族情分以及周王室的面子的。

繻葛之战周王室惨败，周王室在诸侯心中的威信和权威荡然无存，此后再也没有任何一个周天子敢领兵出战了，西周开启的"礼乐征伐自天子出"的封建传统开始走向消亡。与之相对应的是，郑国则声威大震，中原众多诸侯暂时以郑庄公马首是瞻。郑庄公治理郑国的43年是郑国的极盛时期。从《左传》所记载的春秋初期的战争数量来看，春秋初期的战争中基本都有郑国的身影。比如，郑庄公在位期间，有记载的战争39次，而郑庄公亲自参与的就有23次，其中郑国主动进攻他国的有13次之多。在郑庄公的治下，郑国疆土，南建栎邑（今河南禹州），东建启封（今河南开封），北与卫、晋交错，西控巩、洛，胁宋迫许，威加北戎，常受王命伐叛臣，抗王命主公道，成为春秋初期小霸主。

然而，好景不长，郑国春秋小霸主的身份并没有维持太久。周桓王十九年（郑庄公四十三年，公元前701年），郑庄公去世，郑国很快就陷入了长达20余年的内乱，再也没有可能成为春秋诸侯霸主，因为齐国的实力已经远远超过了郑国，春秋第一任真正意义上的大霸主马上就要出现了，而郑国很快就会成为诸侯大国之间争霸的牺牲品。

四、争霸诸侯对郑国的争夺

郑国所具有的地缘战略优势，在郑国的强势君主郑庄公执政时期，可以使郑国成为称霸中原的小霸主。然而，郑庄公去世之后，郑国进入了四公子争夺国君之位的历史时期，国内政治极为混乱，导致国家实力大为下降。与此同时，齐、晋、楚、秦、宋等国纷纷崛起，而郑国恰好处于四战之地，几乎无险可守，夹于诸大国之间，可谓是诸侯环伺。在春秋时期的大部分时间里，诸侯争霸之时常常首先把郑国作为进攻对象，将"服郑"作为战胜其他强国而称霸中原的必要步骤和程序，郑国人民长达100多年的悲剧就上演了，前前后后经历了约80次的战争灾祸。正如杨伯峻先生所言："（春秋诸侯）欲称霸中原，必先得郑。当晋秦称霸时，郑为秦晋所争。今晋楚争霸，又为晋楚所争，国境屡为战场，自襄公以来，几至年年有战事。"[1] 不过，郑庄公之后的郑国历史并不都是被动挨打的，也曾经有过中兴时期。比如，在郑文公时期（公元前672—公元前628年），郑国实力有所增强，郑文公常常利用和其他诸侯会盟来改善郑国的处境，其参与的诸侯会盟达26次之多，与各国努力保持良好的外交关系。在这种情况下，郑国能把其他诸侯国进攻的危害降到最低，使不断进攻郑国的楚国和齐国经常占不到什么便宜便悻悻退兵。

---

[1] 杨伯峻：《春秋左传注》，中华书局，1990年，第988页。

下文将按照郑庄公之后郑国不同历史发展时期来大致梳理一下与郑国相关的战争的基本情况，借此我们就可以对春秋时期诸侯争郑的态势有一个比较清晰的认识。

第一阶段：郑庄公之后的政治混乱时期（公元前700—公元前673年）。 郑庄公之后，郑国陷于四公子争位的政治混乱时期。这一时期，郑国和宋、鲁、卫、齐、陈、蔡等国频繁交战，其中主要作战对象是宋国（表2.1）。

表2.1 郑国政治混乱时期战争情况

年份	交战双方	战争原因
公元前700年	鲁、郑伐宋	因宋无信，冬十二月，鲁、郑伐宋
公元前699年	郑联合纪、鲁战齐、宋、卫等	郑内部混乱，导致外患频发
公元前698年	宋、齐、蔡、卫、陈等攻郑	
公元前697年	鲁、宋、卫、陈攻郑	
公元前696年	鲁、宋、卫、陈、蔡攻郑	
公元前679年	郑伐宋	郑趁宋伐倪之际侵宋
公元前678年夏	齐、宋、卫攻郑	郑背盟侵宋，齐帮宋出头
公元前678年秋	楚攻郑	郑倒向齐，楚不开心

从表中我们可以发现，郑国几乎以一己之力和周边的诸侯国打了个遍，当然大部分情况下都是宋、齐、蔡等国进攻郑国，这主要是因为郑国处于四公子争夺君位，频繁和周边各国发生冲突进而引发战争。公元前678年夏季和秋季，齐国和楚国分别进攻了一次郑国，主要是因为齐、楚争霸而引起的对郑战争。公元前685年，齐桓公即位，

任用管仲为相进行改革，国力大增，开始了以"尊王攘夷"为口号的争霸战争；而此时的楚国也对中原地区虎视眈眈，先后占领了江汉平原和南阳盆地，已经成为齐国争霸的主要对手。因为诸侯之间争霸而进攻郑国的战争，郑国之后还要经历很多次。

第二阶段：郑文公时的休养生息时期（公元前672—公元前628年）。 公元前672年，郑文公即位，迅速稳定了国内政局并任用贤良之士来治国，奉行休养生息的政策，国力渐渐恢复。当时，齐、楚南北相争的局面已经形成，夹在二者中间的郑国在权衡利弊之后，奉行谁强就站谁一边的外交政策，最大限度地为郑国争取适当的生存空间。而争夺中原霸权的不仅仅是齐、楚，后面还有宋、晋以及秦等国，处于夹缝之中的郑国依旧选择了谁强就站在谁一边。正是因为郑国奉行这一外交政策，频繁在各诸侯强国之间左右摇摆，搞得自己里外不是人，经常被称霸强国嫌弃进而对其发动进攻，我们可以从表2.2当中清晰地看出郑国当时所处的尴尬境地。好在郑文公治国还算有些真本事，面对各诸侯强国的轮流征伐，倒也能勉强应付，诸侯强国也没有占到太多的便宜。齐桓公曾经对管仲说："诸侯有讨于郑，未捷。今苟有衅，从之，不亦可乎？"（《左传·僖公七年》）这句话多少能够说明，诸侯争郑似乎也没有占到太多便宜。

第三阶段：从郑穆公至郑简公的强盛时期（公元前627—公元前530年）。 在这一历史时期中，郑国内政局势相对比较稳定，经济、军事实力大为恢复。诸侯争霸的基本态势是晋、楚争霸，而郑国不幸又成为晋、楚争霸的争夺对象。值得注意的是，在这一历史时期，在晋、楚等国频频对郑国发动讨伐的同时，郑国竟然参与了约80场的对外战争，有时候一年内竟然对多国发动战争。具体而言，在这约80场战争中，主动进攻他国的有19场，其中有6场伐许、7场伐宋、

表 2.2 郑国休养生息时期战争情况

年份	交战双方	战争原因
公元前 667 年	楚攻郑	郑参加了齐桓公主持的诸侯会盟，楚不开心
公元前 666 年	楚攻郑	郑倾向于齐，楚还是不开心
公元前 659 年	楚攻郑	郑倾向于齐，楚还是不开心
公元前 655 年	齐、鲁、宋、陈、卫、曹等攻郑	郑叛齐，齐不开心
公元前 653 年	齐攻郑	齐国又不开心
公元前 638 年	宋、卫、许、滕伐郑，楚为郑报仇，"楚人伐宋以救郑"	郑倾向于楚，宋不开心
公元前 630 年	秦、晋攻郑	郑助楚攻宋，晋不开心
公元前 628 年	秦攻郑	秦欲灭亡郑，未战而退

2 场伐陈，还侵晋、蔡、卫等国各 1 场，以及袭诸侯师 1 次。此外，郑被伐 41 场，其中被救 16 场，郑打胜 5 场，楚无功而返 1 场，郑总计输掉了不到 20 场战争。[①] 因此，在发生如此之多战争的同时还能经受住晋、楚等强国的轮流征伐（公元前 588—公元前 547 年，晋、楚分别攻郑 14 次），至少说明一件事情：这一时期的郑国相对比较富裕和强盛，尚能够经得起战争的消耗和折磨，否则早就亡国了。值得一提的是，在郑简公时期，郑国因为有子产（？—公元前 522 年）主持郑国政务，自上而下推行了一系列政治、经济、外交改革措施，促进

[①] 蔚文、王小健：《以军事实力为基准的郑国历史分期》，《哈尔滨学院学报》，2018 年第 39 卷第 4 期。

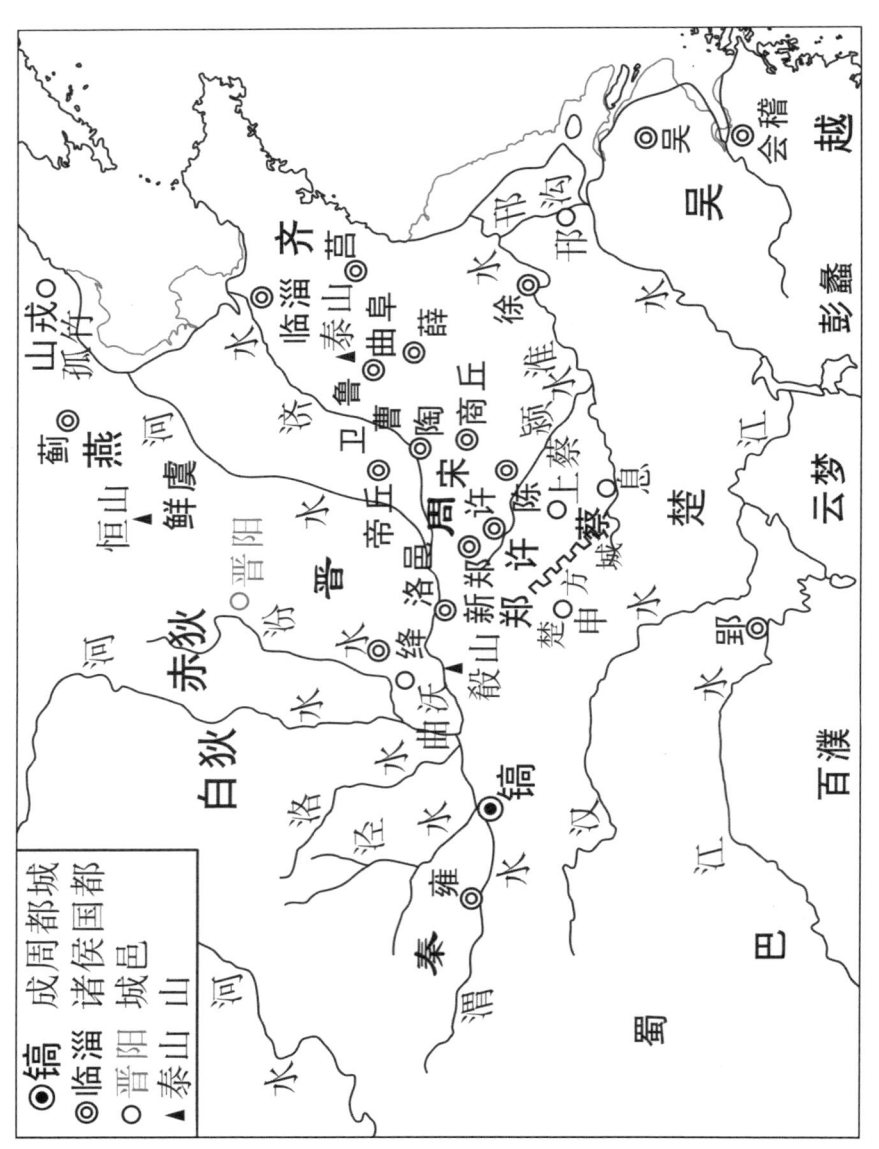

056　山河为证：地理视角下的中国史

图2.2　春秋中后期列国形势示意图

了郑国中兴局面的形成。公元前546年，晋、楚、齐、秦、宋、鲁、郑、卫、陈、许、曹、邾、滕、蔡等14个诸侯国的代表在宋国举行"弭兵之会"，与会代表约定：晋国和楚国两国共为盟主，各国共订盟约，不再打仗；除齐、秦二国之外，郑和其他各国一样都要向晋、楚纳贡。"弭兵之会"的本质就是晋、楚两国经年征战而分不出输赢，干脆大家平分中原霸权。不得不说，"弭兵之会"为中原各诸侯国提供了休养生息的机会，中原地区进入了相对稳定、和平的时期，也为争霸各国提供了继续备战的时间。

公元前522年子产去世，此后的郑国虽无外患，但内部政局不稳，"七穆争权"导致郑国内耗严重，国力大减，对外征战也是多有失败，很少取得胜利。宋、晋多次伐郑，而郑国只有两次伐宋的记录，面对晋国的进攻几乎无还手之力。随着国势日衰，郑国终究是要走到历史的尽头了。

公元前375年，韩国灭掉郑国。此时已经是战国时期，韩国终究也逃不掉被秦国灭亡的命运。

第三章

四塞之地的秦国：一扫六国的地缘战略谋划

秦国原本是一个普通得不能再普通的周王室附庸小国，它地处中华文明核心区之外的西北边陲。但是，在秦国历代君主的努力下，秦国一步步向东发展，并在富饶的关中地区扎下了根，最后定都咸阳。但是，仅仅占有被山带河的关中地区还不够，秦国又经过数代君主的努力，终于打通了东出和南进的自有路线，并占据巴蜀之地，形成了"西有巴蜀、汉中之利，北有胡貉、代马之用，南有巫山、黔中之限，东有崤、函之固"的地利之便，为秦国一扫六国创造了极为重要的地缘战略优势。

西周时期是王权第一，春秋时期是霸权第一，而到了战国时期则是强权第一。战国时期，哪个国家的实力强，哪个国家就有了强权，进而可以兼并他国完成一统天下之大业。魏国、楚国、齐国、赵国都曾有过自己的高光时刻，但是最后完成战国兼并一统天下的是秦国。

统一六国的历史任务之所以在秦王嬴政手中完成，是商鞅的彻底变法以及历代秦王坚持的结果，是推行惠民政策以争取民心支持的结果，是广为延揽和重用各国人才的结果，也是实行得当且有效的政治措施、军事谋略以及外交策略的结果，更是充分利用了关中雄厚的经济实力的结果。但是，我们不能忘记一个历史事实：在秦统六国的过程中，秦国据山河之固，控河山之险，攻防自如，进退有章，这是其他六国无法比拟的地理优势条件。也就是说，在统一六国的过程中，秦国占尽了地利之便，再加上天时和人和，足可以横扫宇内，一统四方。

那么，秦国为何可以占尽地利之便？秦国又如何利用这一优势完成兼并六国的历史任务？在这一过程中，秦国又经历过哪些战争和挫折？要回答这一系列问题，我们还要从秦国的历史源头讲起。

一、嬴、嬴秦、秦国

秦人先祖与之前的殷商先祖和周人先祖一样，都有一个美妙的神话传说。《史记·秦本纪》记载："秦之先，帝颛顼之苗裔孙曰女修。女修织，玄鸟陨卵，女修吞之，生子大业。大业取少典之子，曰女华。女华生大费，与禹平水土。"其大概意思是说，秦人的祖先，是帝颛顼的后代子孙，名叫女修。女修织布时，一只燕子掉下了一颗卵，女修吞了之后，生下了儿子大业。大业娶了少典的女儿，叫女华。女华又生下了大费（也叫伯益、伯翳、柏翳），大费曾经跟随禹平治水土。通过这样一个神话故事，秦人的祖先就直接跟三皇五帝关联上，历史变得更加悠久，血统也更加纯正和高贵，做的事情也是为万民谋幸福的大事业：治水。而且，这个大费还曾经为帝舜驯养鸟兽，鸟兽多被驯服，可谓是六畜兴旺，因此帝舜赐大费为嬴氏，这就是秦人祖先姓嬴的由来，帝舜赐姓，可谓是无上荣耀。

当然，这些神话传说似乎是不太可信的，而且秦人先祖传说与商人先祖的故事如出一辙。但这至少告诉我们秦人的祖先在远古时期应该是开化较早的氏族部落，而且善于驯化鸟兽，比较善于畜牧，有着较高的文明水平，这为秦人在后期的发展奠定了一定的历史基础。

夏朝建立之后，秦人的祖先大费就不受待见了，开始失去自己的权力，因而秦人的祖先就开始了漂泊不定的生活，"子孙或在中国，或在夷狄"（《史记·秦本纪》）。夏朝末年，秦人的祖先费昌率领族人"去夏归商"，并参加了商汤灭夏的鸣条之战（鸣条位于今河南封丘东）。就这样，秦人的祖先成了商朝的有功之臣，并成了辅佐和保卫商朝的有生力量，一部分部族成员在今陕西渭河流域中游一带替商朝守护着西北边疆。周灭商之后，因为嬴姓部族曾经效忠殷商而且其首领蜚廉曾为殷商灭国而殉死，这就使得嬴人在周朝成立之后并不受周人的欢迎和善待。在武王翦商成功之后，这部分嬴人以及其他一些居住在东方的嬴姓族人就被周朝迁到了更远的西部边陲，在今甘肃天水一带定居下来，成为春秋战国时期秦国的直接先祖。

这些长期受周人压迫的嬴姓族人过着朝不保夕的悲惨生活，要想部族继续生存和发展，就必须具有强大的生存能力和忍耐力。不过，好在他们拥有中原文化的同时还善于驯马驾车和骑射，这大概是因为他们在周朝的西部边陲和当地的戎狄互相往来而习得的技能。也有可能他们原本就是戎狄的一个分支，只不过因为更早地学习了中原文化，具备了复杂的文明基因。蜚廉子恶来的五世孙非子由于善于养马而得到当时的周孝王的重视。为了加强对周朝西北地区的统治和管理，周孝王将位于今甘肃清水县东北的秦地（秦城、秦亭）封给了非子，专门为周朝养马，令其"邑之秦"，并且允许非子接续嬴姓祭祀。

此后，这一支嬴姓族人就号曰"嬴秦"，至此，秦人的称呼正式形成，秦人也正式登上了历史舞台。

通过梳理秦人的早期发展史，我们可以看出，秦人自发轫之始就和西北的戎狄等游牧民族有着密切的往来、沟通和斗争，甚或他们原本就是戎狄，也正是在这种相互往来和融通的过程之中，秦人勇而善战的性格就根植于自身血脉当中了，这也为其将来能够以排山倒海之势横扫六国而一统天下埋下了最初的伏笔和引线。

凡事皆有因果。

秦人和周王室的缘分还在继续和发展。

在上一章中我们讲过，戎狄于公元前771年攻入镐京，周幽王被杀，郑桓公也同时殉国。但是，在这场灭国之祸中，发兵勤王的不只有郑武公，还有当时的秦襄公。秦襄公因为勤王有功并在后来的周王室东迁途中为其提供了保护，随即在周王室东迁之后收到了周平王签发的一张空头支票——将周人曾经的聚居地丰（曾为周人都邑）、岐之地封给秦人，并封秦襄公为诸侯。为什么说这是一张空头支票呢？原因很简单，这些地方虽然封给了秦人，但目前还在戎狄手中，秦人要想真正拥有这些地盘，必须靠自己用实力打回来。不过周平王封秦襄公为诸侯，这一点对秦人而言非常重要。虽然所谓的诸侯只是个名号，但正是这个名号使得秦国可以和周天子所封的其他诸侯国在法理上平起平坐。要知道，在这之前，秦人一直被居于中原的诸侯大国看作野蛮人，被其他诸侯国称为西戎。秦人替周王室打了那么久的戎狄，自己竟然也被视为戎狄，小丑竟然是秦人他们自己。

秦襄公八年（公元前770年），秦襄公正式建立秦国，可以和齐、宋、楚、晋等大国互派使者了。但是，这只是获得了周王室的官方认证，其他诸侯大国仍旧看不上这个诸侯新秀，不大愿意和秦国君主平起平坐，出现了"诸侯卑秦"的现象，这让秦国的君主一直到战国时期还感受到"丑莫大焉"。这一点在秦穆公二十八年（公元前632年）的城濮之战中表现得最为明显。在城濮之战中，齐国和秦国一同支持晋国与楚国作战，晋国一方最后取得了胜利。城濮之战结束一个半月后，晋文公在郑国的践土（今河南原阳西南）召集诸侯会盟。但是，让秦国倍感耻辱的是，此次晋文公召集的践土之盟，参加的不仅有晋国的同盟国——齐国、宋国，连鲁国、蔡国、陈国、卫国、郑国等这些中立国和战败国都有机会参加，而秦国作为参战方和胜利方竟然没有机会参加。也就是说，出力帮忙的时候秦国可以参与，但是该请客吃饭的时候，秦国连上桌的资格都没有。

这简直太窝囊了。知耻而后勇，知弱而图强！一个人当如是，一个国家亦当如是。此后，秦国历代君主发奋图强，开始了长达500年的向东进发的历史，也开始了一统天下的艰难历程。

历史的演进结果就是，秦国东出，诸侯皆输。当年被诸多诸侯鄙视的秦国成为东周权力争夺赛的最后赢家。

对当时的秦国而言，壮大本国实力的第一步就是要将周王室封给它的丰、岐之地夺回并真正拥有它们。这一目标是在秦文公（公元前765—公元前716年在位）时期完成的。秦文公十六年（公元前750年），秦文公终于夺回了被戎人占领的土地，并按照和周王室的约定，将岐山以东的土地归还给周王室，而岐山以西的土地则据为己有，且"收周余民有之，地至岐"（《史记·秦本纪》）。我们要明白，岐山以西的土地以前曾是周原，是周人的故居旧地，也就是周人发迹的地方，是关中最为富庶的地区之一。如今，这块富庶的地盘竟然归秦国所有了，而且还收留了众多有文化、有技术的周人，秦国借此迅速从游牧文明过渡到了农耕文明，秦国的政治、经济、文化和军事实力都大有长进。

又经过几代秦国君主的努力，到了秦武公时期（公元前697—公元前678年在位），秦国已经基本占有了西起今甘肃中部、东至华山一线的关中地带，到秦德公时期（公元前677—公元前676年在位），秦国迁都于雍（今陕西宝鸡凤翔南），并在此地定都长达200多年。秦国以雍为中心，迈开了向外扩张的步伐，很快就占有了今陕西中部以及甘肃东南一带。

秦国并不满足于只拥有关中地区这一块土地，而是有着更为宏伟的目标。为此，秦穆公（公元前659—公元前621年在位）制定了秦国"东进、西进、南进"的三大政策。

在东进方面，秦国于秦穆公十五年（公元前645年）在秦、晋韩原之战中俘获晋惠公，获得了晋国的河西之地（今山西、陕西两省之间黄河南段以西的区域，为陕晋要冲之地）；然而，在秦穆公三十三年（公元前627年）与晋国的崤之战中败于晋军，东进计划暂时受阻。而且，晋国利用自己所掌控的"崤函之险"将秦国死死地围堵在关中地区之内，使得秦国在整个春秋时期都无法将自己的势力延伸至中原地带。

在南进方面，秦国曾经攻占鄀国（今河南淅川南），但是由于与强大的楚国的战略利益和势力范围发生了冲突，南进暂时不利。

在东进受晋国限制而南进受楚国约束的情况下，秦国依凭自己的军事实力和地理优势，致力于西北方向的发展并取得了巨大的胜利，吞并召、芮、毛、毕、彭、密、彤、郇、杜、亳、梁等十余个小国，并打败戎狄的不少部落，"益国十二，开地千里，遂霸西戎"（《史记·秦本纪》）。

在秦穆公时期，秦国迎来了自己在春秋时期的全盛时期，为以后秦国进一步开疆拓土打下了扎实的根基。从秦穆公推进秦国"东进、西进、南进"三大政策的节奏来看，在春秋时期，秦国已经将自己的

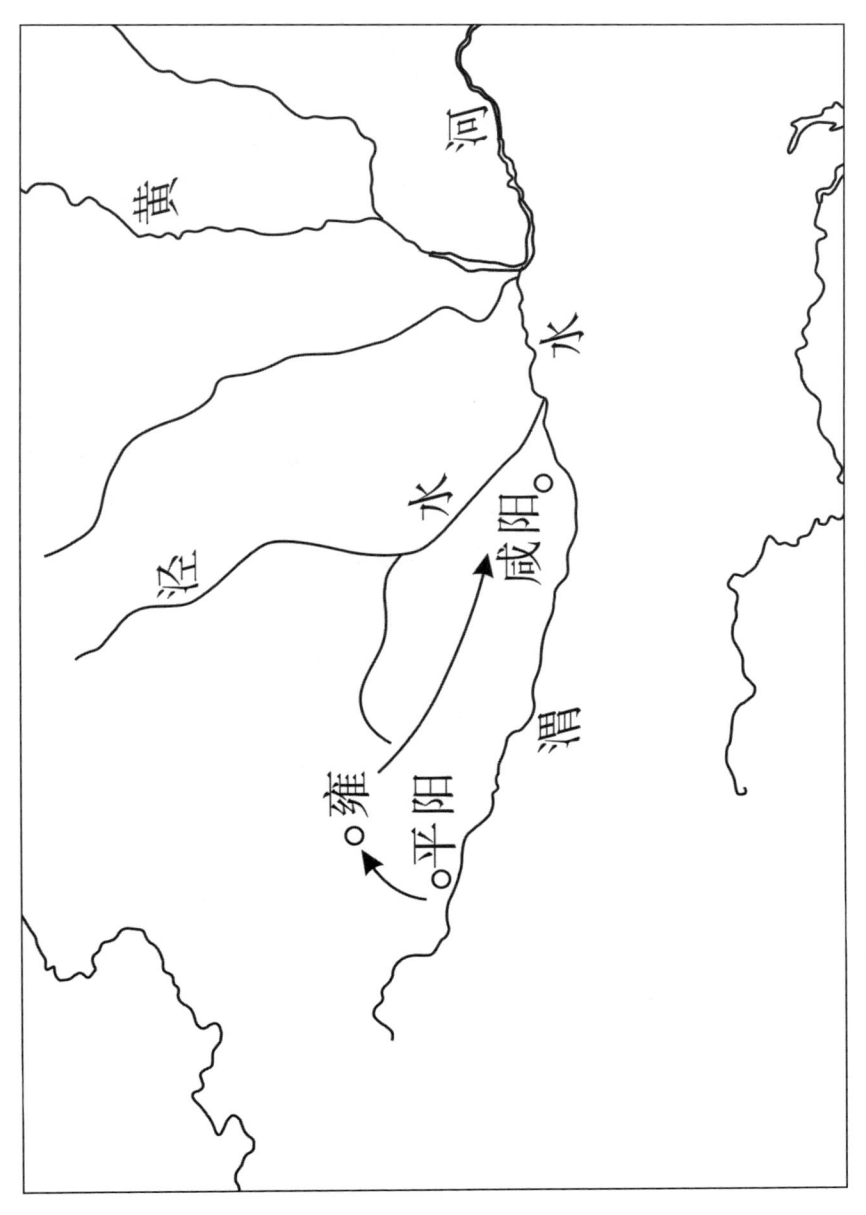

第三章 四塞之地的秦国：一扫六国的地缘战略谋划 065

图3.1 秦国迁都示意图

地利之便发挥到了极致。因为东进和南进暂时受阻，秦国便将西进作为自己的主攻方向。在西进的过程中，秦国之所以能够取得巨大的成就是因为戎狄对秦国造成的侵扰并不致命，这种侵扰反而给秦国征伐戎狄增添了更多的正义色彩。而秦国的军事力量和国力对戎狄能够形成绝对优势，可以将其一一击败并兼并他们的领土。秦国西进取得的巨大胜利，一方面使其避开了晋国和楚国的锋芒，另一方面则使秦国可以巩固自己的后方基地，为未来的东进和南进储备后备资源。

经过漫长的奋争和坚持，秦人的祖先实现了从部落到周王室附庸小国，再到独立的诸侯邦国的历史性转变。到了秦穆公之时，一个屹立于中华文明西北边陲的强大秦国已经可以和其他一众诸侯强国分庭抗礼了。可惜的是，秦穆公去世之后，秦国陷入了停滞不前的境地，秦国的东出事业陷入长达数百年的沉寂之中。

二、奋六世而不休的地缘战略规划

公元前453年，以韩、赵、魏三家分晋为标志，战国时期开始了。[①]春秋时期和战国时期虽然都是东周时代的一部分，两个时期的间隔也不算太大，但是有着完全不一样的气质和特征。比如，虽然春秋时期也有战争，但是大部分战争在很大程度上是礼仪性或是仪式性的，也比较讲究既定的规则，诸如不斩来使、不擒二毛等等。我们比较熟

---

① 关于战国时期的起始年份，有多种不同的说法，一说是公元前476年，一说是公元前475年，一说是公元前468年，还有公元前441年和公元前403年之说，各种说法各有其解释和理由。笔者更倾向于采纳公元前453年之说，在这一年，韩、赵、魏三家分晋，战国七雄自此登上历史舞台。学界虽然对战国时期的起始年份有争议，但是对于战国时期的结束年份毫无争议，都认同战国时期结束于公元前221年。这一年，秦始皇正式建立大一统的大秦王朝。

悉的一个成语叫"五十步笑百步",这个成语的原本意思是说,在战场上如果你打不过敌人,然后开始逃跑,只要跑了五十步之外,敌人就不应该再追赶了,如果你跑一百步显然就是多余,所以才会被只跑五十步的人笑话。由此可见,春秋时期的战争相对比较"文明"一些。战国时期的战争则不一样。这一时期的战争,规模空前庞大,过程更加血腥,结果也更加残酷,动不动就是斩首上万人,即使投降也有可能被坑杀(比如长平之战)的危险。因此,春秋时期具有更多的"文质彬彬"的气质,而战国时期则是你死我活的残酷斗争和无情打击了。

战国时期开始之后,秦国并没有立刻成为最强大的诸侯国,反而是来自中原地区的一个不算太大的诸侯国魏国首先称霸中原并接连对秦国展开进攻,秦国一直处于被动挨打的局面。

为何魏国可以首先成为战国初期的最强国?原因很简单,魏国是最先进行改革且改革比较到位的国家。其实,如果用一些关键词来描述战国时期的特征,改革或变法肯定是首先出现的词语,其后才是兼并、战争等其他词语。

也就是说,战国首先是一个改革图强的时期,是一个变法的时期,是一个社会大变革的时期,谁先改革谁就可能率先成为强大的国家。魏国,就是战国第一个品尝了改革或变法的胜利果实的国家。①

---

① 战国初期的魏国和春秋初期的郑国有些相似,两国都处于中原腹心地带,占有河东(今山西西部地区)、河南(今河南黄河以南地区)以及河内(今河南东部黄河以北地区),西边是秦国,东边是齐国,北边是赵国,而南边则是强大的楚国,属于典型的四战之地,几乎无险可守。在其他诸侯国尚未强大之时,魏国可以凭借自己的改革成果以及利用与赵国和韩国的友好关系四处出击,成就中原霸主之伟业。但是,一旦其他诸侯国强大起来,魏国就极易成为其他国家进攻的对象。而且,更加糟糕的是,魏国的河内和河东被韩国的上党隔开了,中间只有北面吕梁山和太行山之间的一条通道相连,一旦此通道被其他诸侯国拦腰截断,魏国就面临着被肢解的风险。魏国以后的遭遇,郑国当年也是完全都经历过的。

周定王二十四年（公元前445年），魏文侯任用法家李悝开始变法。在政治上，废除了建立在血缘宗法制度上的世袭制，按照能力和功劳的大小来任用和选拔官吏，并编制了我国第一部封建时代的成文法典——《法经》，借助成文的法律来维护国家的稳定和统治。在经济上，李悝实行所谓的"尽地力之教"[①]和"平籴法"[②]，前者可以提高单位土地面积的农业产量，后者则可以防止粮价暴涨。在军事方面，著名军事家吴起在魏国建立了"武卒制"，加强了对魏国士兵的选拔、训练和管理，同时提高了士兵的待遇，从而极大地提升了魏国士兵的战斗力。由此可见，改革和变法是一个国家强大的重要保障和推动力，自古以来，概莫能外。

变法之后的魏国实力大为增强，而位于魏国西面此时尚弱小的秦国则首先成为魏国的进攻对象。魏国进攻秦国的首要或主要目标就是要夺回在春秋时期秦国从晋国手中夺走的河西之地（魏国曾经是晋国的一部分）。此时的秦国国君频繁更换，国内政治不稳，在与魏国的战争中处于不利的地位。公元前419年到公元前408年，魏国发动了多次对秦战争，将河西之地全部从秦国手中夺回，秦国则被迫退回洛水地区，并沿洛水构筑防御工事，防止魏国再次西进。随后，魏国在河西地区设立了西河郡，并任命吴起为郡守，使得"秦兵不敢东乡"

---

① 李悝认为，在百里见方的范围内大约有9万顷土地，除去山川和村庄之外，还有600万亩耕地（约相当于现在的180万亩）。如果农民能够精耕细作，每亩可以增产粟（小米）3斗；反之就会减少3斗，那么600万亩耕地一进一出就会相差180万石粟。因此，李悝制定了三项具体的规定来提升单位土地面积的产量，进而使国家富强起来。具体见杨宽：《战国史》，上海人民出版社，2019年，第205—206页。
② 李悝认为，粮价无论太高或是太低都不利于国家的稳固和统治。因此，要把好年成分为上、中、下三等，坏年成也分为上、中、下三等，好年成时由官府按照好年成的等级出钱籴进一定数量的余粮，坏年成时由官府按照坏年成的等级平价粜出一定数量的粮食。具体见杨宽：《战国史》，上海人民出版社，2019年，第206页。

(《史记·吴起列传》)。随着魏国西河郡的建立,魏国占据了有利的地理位置,进可以攻入秦国腹地,守则有黄河天险,可谓是固若金汤,进退自如。

如果任由魏国长期这么进攻而秦国不做任何改变的话,秦国将永无出头之日,秦人东出大业几乎永无可能实现了,甚至还有可能被魏国灭国。因此,秦国需要一些变化,也需要一个人来推动这个变化。

此时,一个人出现了。公元前361年,秦献公去世,秦孝公即位。

在了解秦孝公的丰功伟绩之前,我们先来了解一下秦献公对于秦国的贡献。秦献公之前是秦国最为沉沦的时期,秦国一直处于被动挨打的境地。公元前384年,秦献公即位后,为了改善秦国的内乱不断且落后挨打的现状,开始效仿中原其他诸侯国进行社会变革。秦献公即位第一年,他立刻宣布秦国废除人殉制度,宣布"止从死"(《史记·秦本纪》),得到了全国大多数阶层的支持和拥护。秦献公做的第二件事情,就是立志收复被魏国占领的河西之地。为了表达自己的决心,秦献公于献公二年(公元前383年)将都城东迁至栎阳(今陕西西安市阎良区),以便更接近中原地区。秦献公于献公六年(公元前379年)在蓝田、蒲等地设县,县令由国君直接任命,这有利于加强中央集权和巩固王权。献公十年(公元前375年),秦献公还初步制定了秦国的户籍制度,将全国人口编入户籍,五家为一伍,称为"户籍相伍"。经过社会改革的秦国,国力有所增强,实力有所增加。因此,在秦献公时期,秦国和魏国也多有交兵,有胜有负,秦献公不能算作是无所建树的秦国国君。

但是,秦献公的作为和贡献肯定还不够。否则,秦孝公不至于一上台就为秦国落后的现状感到愧疚和耻辱,感到"丑莫大焉"。

秦献公去世时,秦国的东边被魏国夺走了河西之地,南边则被楚国死死拿捏，而秦国只能被动地向西发展，还被其他诸侯国鄙视，甚至不能参加中原各诸侯国的会盟。据《史记·秦本纪》记载："孝公元年，河山以东强国六，与齐威、楚宣、魏惠、燕悼、韩哀、赵成侯并。淮泗之间小国十余。楚、魏与秦接界。魏筑长城，自郑滨洛以北，有上郡。楚自汉中，南有巴、黔中。周室微，诸侯力政，争相并。秦僻在雍州，不与中国诸侯之会盟，夷翟遇之。"由此可见，秦孝公即位之时，秦国的处境简直是太惨了。

所以，秦国需要一个更有作为的君主彻底改变秦国被动挨打的局面，而秦孝公就是秦国最需要的那个君主，他就是秦国"奋六世之余烈"中的第一世。

然而，单单有一个雄心壮志的君主是不够的，秦国还需要一个能为秦国谋划霸业的能人良相。

此时，一个来自卫国的能人出现了。这个能人就是商鞅。

商鞅原本是卫国人，本名公孙鞅，也叫卫鞅，是魏国时任相国公叔痤的家臣。公叔痤病重之时，魏惠王说你要是有个三长两短，我们魏国该咋办啊？公叔痤说，没关系，我给你推荐一个人。随即，公叔痤给魏惠王推荐了卫鞅作为他的继任者，并叮嘱魏惠王说，如果不能让卫鞅当相国，那就杀了他，免得他将来成为魏国的敌人。但是，极度自信的魏惠王竟然没有任用卫鞅为相，也没有杀了他，反而让他离开了魏国。日后，魏惠王会为自己的决定后悔的。

在魏国得不到重用的卫鞅跑到了魏国的敌人秦国那里去寻找大展拳脚的机会，刚刚即位的秦孝公正急于改变秦国落后挨打的现状，一直求贤若渴。因此，秦孝公和卫鞅经过多次交流之后，开始了影响中国后世两千年历史的战略性合作。秦以后的王朝虽然大都号称独尊儒术，实则内里全是法家治国，正所谓外儒内法，百代皆行秦法是也。

因此，我们说秦孝公和卫鞅的合作影响了后世中国两千年一点儿也不夸张。

孝公六年（公元前356年），秦孝公任命卫鞅为左庶长，开始了第一次变法。卫鞅变法的主要内容可以归结为以下4点：其一，以魏国的《法经》为蓝本，制定并颁布了严苛的秦国法律，实行连坐法，轻罪用重刑；其二，奖励军功，禁止私斗；其三，重农抑商，奖励耕织，鼓励垦荒；其四，焚烧儒家经典，打击儒家的复古思想，禁止游说求官的行为。第一次变法之后，秦国立刻就变得不一样了，在对外战争中不断取得胜利，国威大震。秦孝公很开心，于孝公十年（公元前352年）升卫鞅为大良造（相当于相国兼将军的官职）。孝公十二年（公元前350年），卫鞅开始了第二次变法，其变法要点可归纳为：其一，废井田，开阡陌；其二，推行郡县制；其三，迁都咸阳（今陕西咸阳），秦孝公于孝公十二年（公元前350年）再将都城迁到咸阳，直到秦统一六国后，咸阳仍为国都；其四，统一度量衡；其五，按户按人口征收军赋；其六，废除残留的戎狄风俗，禁止父子兄弟同室居住。

经过两次变法之后的秦国彻底告别了往日落后挨打的处境。在经济、政治、军事、农田水利以及文化等方面都有了巨大的变化和进步。尤其是在军事方面，经过多年的发展，秦国军队已然发展成为"带甲百余万，车千乘，骑万匹"的强大武装集团。

有了殷实家底和强大军队的秦国再也不怕挨打了，反而开始打别人了。秦国第一个要进攻的对象，就是自己的死敌——魏国。

孝公二十一年（公元前341年），卫鞅率秦军攻魏，大胜之。

孝公二十二年（公元前340年），卫鞅再率秦军攻魏，并设计擒获魏公子卬，大胜魏军。经此一役，魏国交还了当年从秦国夺回的部分河西土地。卫鞅因此而受封于商（今陕西丹凤西北）、於（今河南西峡）十五邑，称商君。此后，卫鞅就成了商鞅。但是，对秦国的发展有重大贡献的商鞅并没有得到善终。在秦孝公去世之后，商鞅被秦国贵族诬害，死后被车裂。

商鞅被车裂之后，秦惠文王任用魏国阴晋（今陕西华阴东）人公孙衍为大良造，继续发动攻魏战争。秦惠文王六年（公元前332年），魏国将阴晋献给秦国以求和秦国修好。但是，秦国不会满足于获得魏国这么一点地盘。而且，由于拥有了阴晋这块地盘，秦国向东扩张就更方便了。就在当年，秦国再次派公孙衍率兵攻魏，历时两年，于公元前330年大败魏军于雕阴（今陕西甘泉南），俘获魏将龙贾，斩首魏兵8万。经此一役，魏国防守河西郡的主力部队几乎全军覆没，只好将河西之地全部献给秦国。秦惠文王十年（公元前328年），秦国又迫使魏国将河西西北的上郡全部献给秦国。雕阴之战是具有划时代意义的，因为这是三晋抗秦的第一次巨大失败，魏国失去了河西和上郡这两块关键的锁钥地区，而秦国则如愿以偿地控制了河西天险，从而可以据崤函之险和大河之利实现自由东出的梦想了。秦惠文王更元元年（公元前324年），秦相张仪再次出兵攻魏，将魏国的陕（今河南三门峡西）拿下，并将其作为秦国将来进攻中原的基地。同时，张仪在此地修筑了上郡塞，巩固和加强了上郡的防御能力。从此，秦国基本扫清了东出的障碍，以后可以比较自由地利用函谷关和豫西通道东出进攻中原了。为什么说是比较自由而不是全面自由呢？因为此时豫西通道的东段还暂时被韩国控制，秦国尚无法完全自由地东出。

但是，要想一扫六国，仅仅保证秦国东出的自由还是不够的，秦国的南面也必须有进出的自由和便利，而且还要在西边夺得更多的土地以扩大自己的关中大本营。

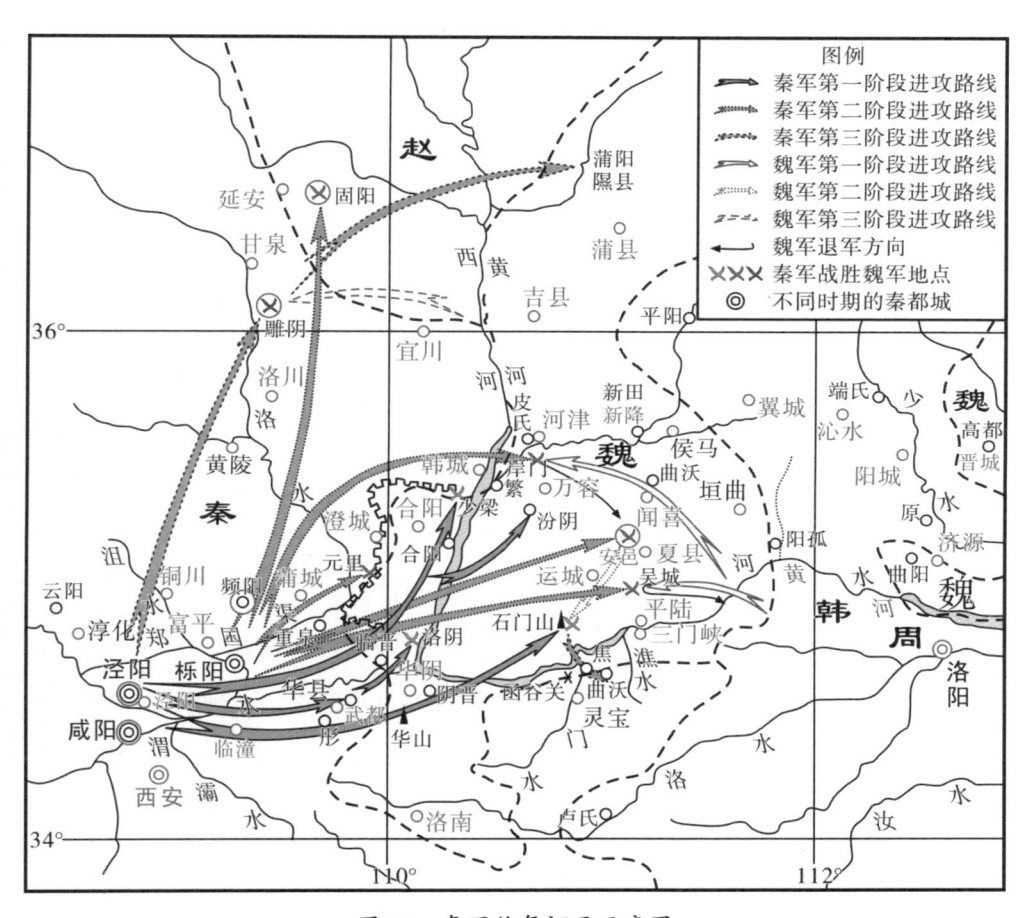

第三章　四塞之地的秦国：一扫六国的地缘战略谋划　　073

图3.2　秦国收复河西示意图

秦国西南方向的蜀国和巴国长期不合。更元九年（公元前316年），苴国想和巴国通好，这样搞得蜀国很不开心，于是，蜀国决定兴兵伐苴。苴国一看打不过蜀国，就立刻跑到秦国求救。此时，韩国正在准备进攻秦国。因此，对当时的秦惠文王来说，是先打韩国还是先打蜀国有点儿举棋不定。张仪主张先伐韩国，因为在攻打韩国时可以顺便拿下西周和东周，然后"据九鼎，案图籍，挟天子以令于天下"（《史记·张仪列传》）。与之相对的，司马错则认为张仪"攻韩劫天子"的方案不可取，主张先灭西南方向的蜀国。在司马错看来，攻取蜀国可以"得其地足以广国，取其财足以富民缮兵"，还可以达到"利尽四海"（《史记·张仪列传》）的目的。关键的是，司马错认为，夺取了巴蜀地区，就可以走水道直通楚国，"得蜀则得楚，楚亡则天下并矣"（《华阳国志·蜀志》）。进攻韩国，秦国会遭到齐国、赵国、楚国、魏国的围攻，再拿下西周和东周就会让秦国担上"恶名"，而如果进攻蜀国的话则可以获得"不贪""不暴"且"禁暴止乱"的美名，还可以占尽巴蜀之地的好处，打通通往楚国的道路，有利于秦国霸业。

秦惠文王觉得司马错说得没错，决定先行伐蜀。因此，更元九年（公元前316年），司马错、张仪等率兵从汉中经石牛道伐蜀。蜀王亲自率蜀军在葭萌关（今四川剑阁东北）迎战秦军。战争的结果是蜀亡国。随后，秦国顺道灭了苴国和巴国。经此战事，秦国占有巴蜀之地，疆土面积和人口大为增加，经济实力也大大增强。最重要的是，秦国占有巴蜀地区之后，可以顺着长江而下，直接进攻楚国都城郢城。如果秦国再从关中地区的武关发兵南下进攻楚国，则楚国会陷入秦国两面夹击的不利境地。楚国如亡，秦得天下则不久矣。更元十三年（公元前312年），秦国又派兵夺取楚国的汉中六百里土地，并在此设汉中郡，从而将关中地区和巴蜀地区连成一片。此后，秦国无论是东出进攻韩、赵、魏三国，还是南伐进攻楚国，都可以随性而为，在战略上可以始终处于主动地位，可谓是占尽地利之便。

在秦国的西北方向，义渠是西戎当中比较强大的一支。秦国在西南用兵巴蜀的同时，于更元十一年（公元前314年）大举进攻义渠，攻占了义渠25座城池，扩展了自己在西北方向的疆域，巩固了关中大本营。

秦武王三年（公元前308年），秦武王派兵进攻韩国的宜阳（今河南宜阳西北），以实现"车通三川，以窥周室"的目的。经过长达数月的进攻，秦军最终在武王四年（公元前307年）攻取宜阳，斩敌6万，并乘胜进攻韩国的武遂（今山西垣曲东南）并在此筑城坚守。秦国攻占宜阳的战略意义重大，秦国终于将自己的疆域扩展至中原地带，并完全控制了崤函之险，控制了豫西通道。在秦国攻占宜阳之前，韩国占有崤函之险的东段，而秦国则占有其西段，秦国无法完全自由地东出。但是，占有宜阳之后，秦国的东出之路已经完全打通并掌控在自己手中了。崤函之险究竟有多重要，我们来看清初军事地理学家顾祖禹在《读史方舆纪要》中对崤函之险的描述："自新安西至潼关殆四百里，重冈叠阜，连绵不绝，终日走硖中，无方轨列骑处。……古之崤、函在此，真所谓百二重关也。"[1]"其地皆河流翼岸，巍峰插天，绝谷深委，峻坂纡回。崤、函之险，实甲于天下矣。"[2]

秦武王在攻取宜阳之后，在周天子所在地洛阳和力士孟说比赛举鼎之时将自己的胫骨折断，随后不久死在周国。秦武王去世之后，秦

---

[1] 〔清〕顾祖禹：《读史方舆纪要》卷46《河南一·封城》，中华书局，2005年，第2091页。
[2] 〔清〕顾祖禹：《读史方舆纪要》卷46《河南一·山川险要》，中华书局，2005年，第2100页。

昭襄王即位。秦昭襄王是"奋六世之余烈"的第四个秦王，是秦始皇嬴政的曾祖父。

秦国历经数百年的发展，并"奋六世之余烈"，终于在关中站稳了脚跟，占据了河山险固的四塞之地，关中地区南有秦岭，西有陇山，北依黄土高原，东据华山、崤山以及晋西南之山地，有黄河环绕而过，可谓是山川环抱，四周关塞守卫（对于关中地区在中国历史上尤其是汉、唐时期的作用，后有专文论述）。不仅如此，秦国还占有巴蜀之地，可以充分利用巴蜀的人力、物力资源为秦扫六国的大业服务。贾谊在《过秦论》中对秦国几代君主的地缘战略谋划及其实施总结道："秦孝公据崤函之固，拥雍州之地，君臣固守，以窥周室，有席卷天下，包举宇内，囊括四海之意，并吞八荒之心。当是时也，商君佐之，内立法度，务耕织，修守战之备；外连衡而斗诸侯。于是秦人拱手而取西河之外。孝公既没，惠文王、武王、昭王蒙故业，因遗策，南取汉中，西举巴蜀，东割膏腴之地，收要害之郡。"（《史记·陈涉世家》）《战国策·秦策一》中对此也有类似论述，曰："西有巴、蜀、汉中之利，北有胡、貉、代、马之用，南有巫山、黔中之限，东有崤、函之固。"这么看来，秦国在一扫六国之前，在地缘战略上真是下足了功夫，实现坐拥地利之便，进而横扫天下。

三、秦扫六国而一统天下

在秦昭襄王之前，秦国也许有朦朦胧胧的扫灭六国的想法，但是肯定不够清晰和笃定。至少在秦孝公的时候，大家想的还是称霸的事，只不过是打来打去，战争越来越血腥，从刚开始的称霸变成了互相屠杀，而最后结局一定是只能留下一个最强大的国家，其他的诸侯

表 3.1 战国七雄兵力对比

七雄名称	兵力约数	时期
秦国	带甲百余万，车千乘，骑万匹。	秦惠文王时期（前337年—前311年）
魏国	带甲三十万（或三十六万），守边和后勤部队约十万，车六百乘，骑五千匹。	魏惠王时期（前318年—前296年）
赵国	带甲数十万，车千乘，骑万匹。	赵肃侯时期（前349年—前326年）
韩国	兵卒不到三十万。	韩宣惠王时期（前332年—前312年）
齐国	带甲数十万。	齐宣王时期（前319年—301年）
楚国	带甲百万，车千乘，骑万匹。	楚威王时期（前339年—前329年）
燕国	带甲数十万，车七百乘，骑六千匹。	燕文公时期（前361年—前333年）

国都得遭灭国之祸。但是，我们应该相信，肯定不只是秦国有扫灭他国的想法，其他国家诸如楚国、赵国、齐国等肯定也有类似的想法，只不过看谁有能力实现这个想法了。

在秦昭襄王即位之后，秦国扫灭六国并进而一统天下的梦想就完全变得清晰而坚定了。秦昭襄王在前世历代秦王为秦国打下的广大疆土之上，利用秦国所独有的地利之便和强大的军事实力，开始了大举扩张。秦国以被山带河的关中平原为战略基地，既可以选择东出，也可以选择南下，将关东六国戏弄于股掌之间。而且，由于秦军异常勇猛善战，兵器也更加先进，战略战术也更加灵活多变，秦国发动的战争规模变得空前庞大，战争结果也变得更加血腥。

下面是秦昭襄王及秦庄襄王时期秦国对其他国家发动的战争。看一看这个血腥的战争过程，我们就能明白为什么说自秦昭襄王开始秦国一扫六国统一天下的战略宏图变得清晰明了了。

秦昭襄王十四年（公元前293年），秦国大将白起在伊阙（今河南洛阳龙门）大破韩、魏军队，斩首敌军24万。从此，韩国和魏国再无崛起可能。

秦昭襄王二十七年至三十年（公元前280—公元前277年），秦军连续进攻楚国，楚国被迫迁都于陈（今河南淮阳）。

秦昭襄王三十二年至三十四年（公元前275—公元前273年），秦军两次围攻魏国都城大梁（今河南开封西北），并在华阳（今河南郑州南）大败魏、赵联军，斩首敌军15万。

秦昭襄王四十七年（公元前260年），白起大败赵军于长平（今山西高平），坑杀赵国降卒40万。赵国从此一蹶不振。

秦昭襄王五十一年（公元前256年），秦军夺取赵国二十余县，俘虏敌军9万。随后不久，秦军灭西周。

秦昭襄王四十八年至秦昭襄王五十年（公元前259—公元前257年），秦军与赵、魏、楚联军在赵国首都邯郸大战，秦军伤亡惨重，这也导致秦国统一六国的步伐推迟了。此后，秦国被迫采取远交近攻、分化瓦解、各个击破的战略方针，分化离间东方各国之间的关系，这一方针在秦国后来的统一六国的战争中发挥了关键性作用。

秦庄襄王元年（公元前249年），秦军又灭东周。自此，二周尽灭，周王室彻底退出了历史舞台。

秦庄襄王三年（公元前247年），秦军又夺取赵国37座城池。

在一片废墟和尸骨之上，一个崭新的秦帝国即将出现在人们面前。

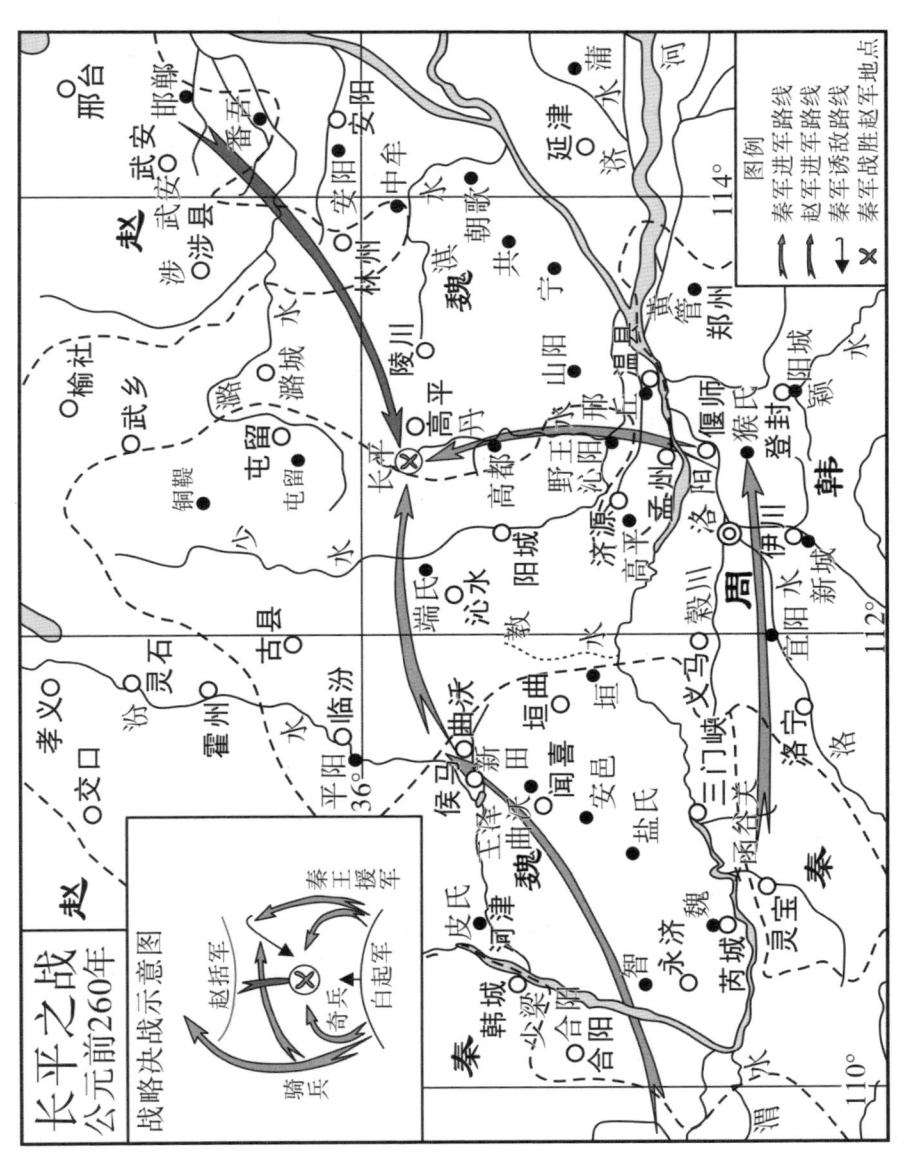

第三章　四塞之地的秦国：一扫六国的地缘战略谋划　079

图3.3　秦赵长平之战示意图

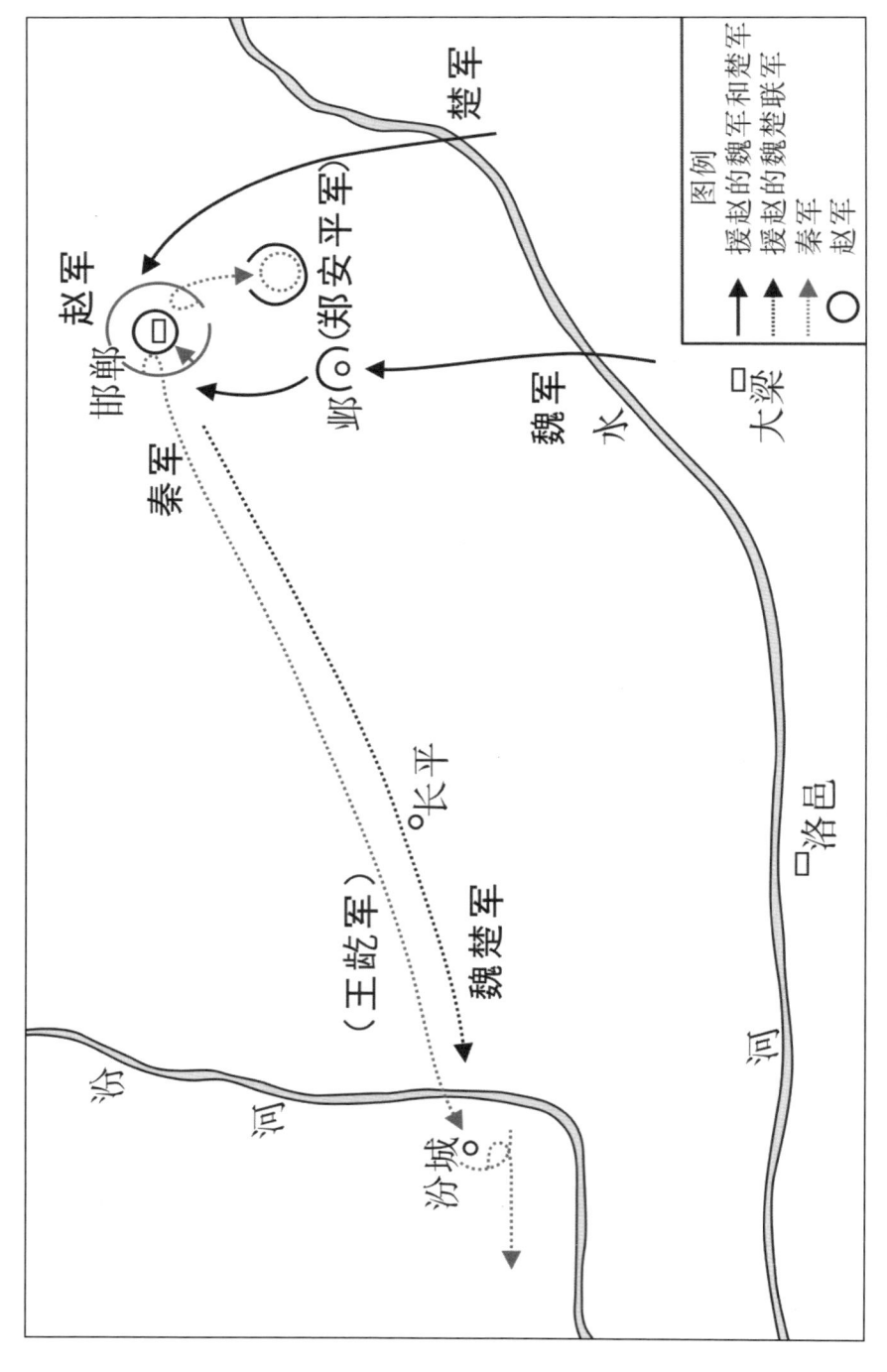

080　山河为证：地理视角下的中国史

图3.4　秦赵邯郸之战示意图

等到秦王嬴政即位之时，秦国已经夺取大半天下，嬴政将完成一扫六国的历史重任。届时，秦国将不再是秦国，而是大秦帝国；秦王将不再是秦王，而是秦始皇，中国第一位皇帝。

下面就让我们来看一看嬴政的功绩。

公元前247年，13岁的嬴政当上秦王。

公元前238年，秦王政在雍城蕲年宫举行冠礼，随即平定长信侯嫪毐叛乱。

公元前237年，秦王政免除吕不韦的相职，把吕不韦放逐到巴蜀，一代权相吕不韦自尽身亡。

公元前230年，秦灭韩国。

公元前228年，秦灭赵国。

公元前225年，秦灭魏国。

公元前223年，秦灭楚国。

公元前222年，秦灭燕国。

公元前221年，秦灭齐国，嬴政称帝，称始皇帝。

公元前219年，秦平定南方百越。

从此，秦始皇完成统一大业，秦国进入了君主的帝国时代。

秦国确实强大，秦军也确实能打，但是强大的秦军之所以能够在嬴政的统帅下一统天下，与吕不韦的精心谋划是分不开的。如果没有吕不韦，嬴政可能根本没有机会登上秦国的王位，更不可能统帅万千秦军一统天下。

那吕不韦到底是个什么样的人呢？

吕不韦是一个商人。既然是一个商人，做事情就要讲究商业回报，哪怕是搞政治，也要讲究回报率是多少。

据说，吕不韦曾经问他的父亲：种田有多少利润？父亲说：十

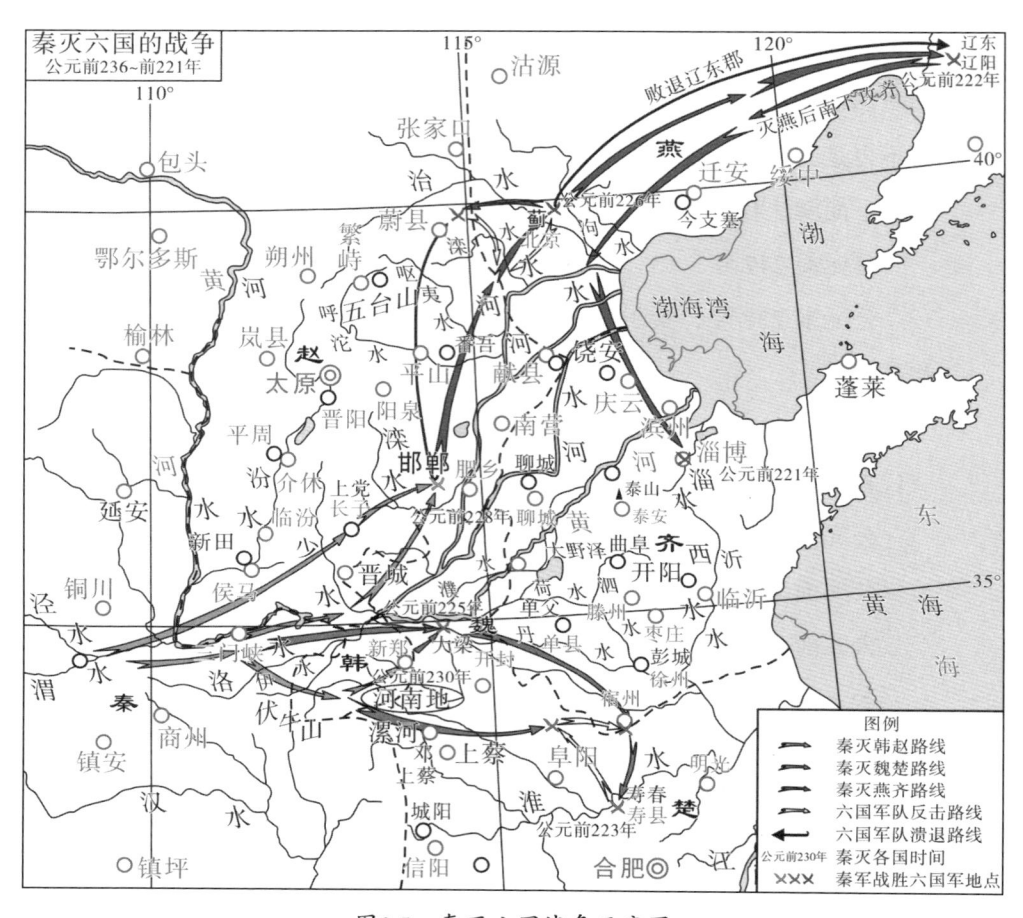

082　山河为证：地理视角下的中国史

图3.5　秦灭六国战争示意图

倍。吕不韦又问：那做珠宝生意呢？父亲说：百倍。吕不韦再问：扶植一个新君王呢？父亲说：那就无法估算了，简直一本万利。吕不韦说：我就是要做一笔这样的生意，而且必须做成。

吕不韦将自己的生意眼光对准了在赵国做人质的秦国公子异人。异人乃秦昭襄王之孙，太子安国君二十多个儿子中非常普通的一个儿子，非长非嫡，生母也不招安国君喜欢。

这样一个人，吕不韦为什么选中他作为自己政治投机的目标呢？

吕不韦有自己的想法。在吕不韦看来，所谓的奇货可居，就一定要是奇货，如果是太子本人，或是太子的嫡长子，怎么轮得上自己这样一个商人巴结和扶持，只有将异人这样一个非长非嫡的普通公子捧为国君，才能显示自己的价值。也就是说，进价极其便宜，但是经过一番包装和运作之后，售价奇高，那不就赚大发了吗？

搞清楚投入和产出的问题，剩下的就是抓紧落实，抓紧行动了。

吕不韦先花重金买通安国君言听计从的华阳夫人的身边人，和华阳夫人搭上线之后，说服没有子嗣的华阳夫人认领异人为儿子。对华阳夫人来说，自己没有亲儿子，认领一个听自己话的儿子，然后让安国君立他为嫡长子，将来两代秦王都是自己人，这样自己将来的日子也会好过很多。算清了这笔账，华阳夫人和吕不韦就愉快地达成了协议：异人改名为楚（因为华阳夫人是楚国人），华阳夫人认异人为儿子。这样，吕不韦的生意做成一半，剩下的一半只要等到异人（楚）将来即秦王之位，那就大功告成了。

公元前251年，秦昭襄王去世，太子安国君即位，即秦孝文王。让吕不韦高兴的是，秦孝文王身体不好，在位仅一年就去世了，随后公子异人（楚）即位，是为秦庄襄王。让吕不韦更高兴的是，秦庄襄王身体也不好，在位3年后去世，继承秦国大位的是吕不韦以前的女人、后来被异人看上的赵姬的儿子嬴政。嬴政年少即位，无法独立行使权力，因此，母后赵姬监国，吕不韦被尊为相邦，号称嬴政仲父，一时间权倾朝野。至此，商人吕不韦谋划的大生意大功告成，回报可谓是极其丰厚。

可能是吕不韦的儿子也可能是秦庄襄王的儿子的嬴政可不是一个一般的君王。嬴政从小和秦庄襄王一起在赵国为人质，尝尽了人间苦难，磨炼了这个少年君王。在继承王位之后，先是平定长信侯嫪毐叛乱，随后罢免吕不韦相位，知人善用，任用李斯、蒙恬等人，秦国国力、军力大增，在祖辈奠定的基础之上，迅速统一六国，平定天下，号称始皇帝。

秦王政九年（公元前238年），22岁的嬴政正式开始亲政。在一扫六国之前，嬴政先做了如下几件大事：其一，在政治方面，嬴政设法铲除了嫪毐集团和吕不韦集团，嫪毐被处死，灭三族，吕不韦于秦王政十二年（公元前235年）服毒自杀。通过铲除嫪毐集团和吕不韦集团，秦王嬴政稳固了自己的统治并为更多的贤能之士参与统一大业提供了可能。其二，在外交方面，秦国想方设法破坏关东六国合纵攻秦的计划。李斯以及尉缭都曾对秦王建议说，秦国要舍得花钱，对于关东六国的重要大臣，能收买就用重金收买，并让他们规劝各自君王奉行对秦有利的政策，不能收买的就派刺客刺杀。嬴政觉得他们说得有道理，一切准予照办。不管现在花了多少钱，将来横扫六国之后，各国的财富还不都是秦国的。其三，在军事方面，秦国制定并采用了各个击破的战略方针。关东六国如果合纵攻秦，总体实力必然超过秦国，因此，秦国必须想方设法对关东六国各个击破。嬴政和李斯、尉缭、陈驰、姚贾等人不断商讨，对于各个击破的大政方针当然没有异议，但究竟是先灭韩国还是先灭赵国一直没有达成统一的意见。最后嬴政采纳了李斯提出先灭韩国的方案。但是，在后来的操作中没有实现这一设想，反而赵国成为第一个进攻对象，秦军在灭赵国期间灭掉了韩国，随后进攻楚国，并在灭亡楚国的过程中灭掉了魏国和燕国，最后灭掉了齐国。

秦国一扫六国的具体过程在此不做赘述，我们只需要知道两件事情：其一，秦国的统一战争是必然的，也是血腥和残忍的，这一点毋庸置疑。但是从此之后，中华文明进入大一统的文化背景中。纵然之后千百年间有过多次的分裂和动荡，中华文明大一统的强大基因始终没有断裂，一直延续至今。其二，秦统一六国之后，关中地区继续成为正统王朝的统治中枢地区，一直延续至西汉以及隋唐；而作为政治中枢，关中地区也必然成为中华文明的核心发源和发展区，成为中华文明五千年历史长河中的璀璨明珠。

第四章

河西走廊：西汉反击匈奴的战略抓手

大汉王朝和匈奴之间的战争，是整个大汉王朝对外战争的重心和主线。在相当长的一段时间里，匈奴发展成为一个疆域比大汉王朝还要辽阔的游牧民族帝国，成为威胁大汉王朝边疆安全的主要对手。匈奴铁骑对汉朝的不断侵扰让汉朝上下都不得安宁，因此，彻底解决匈奴问题就成为汉朝建政之后几代帝王的奋斗目标。在汉朝实力不济之时，和亲政策是权宜策略。随着汉朝几代帝王推行休养生息政策，到了汉武帝时期，汉朝具备了武力解决匈奴问题的实力。在汉武帝的对匈自卫反击战中，位于辽阔西域和中原王朝之间的河西走廊成为最有效的战略抓手。

河西走廊，位于我国西部地区，地处黄河以西，祁连山和巴丹吉林沙漠之间，是一个北西—南东走向的狭长地带。因位于黄河以西，形如走廊，故得名河西走廊。河西走廊东西长约 1000 千米，南北最宽处近 200 千米，最狭窄处只有数千米。河西走廊的形成可追溯至 2

亿多年前，在缓慢的地壳运动中，周边的祁连山、天山和昆仑山逐渐隆起。约8000万年前，两次天崩地裂的造山运动形成奇峰怪岭，古地中海的暖流吹拂着河西走廊，呈现出四季如春的景象。然而，约4000万年前，喜马拉雅山的隆起导致河西走廊气候恶化，生态环境变得脆弱。

具体而言，河西走廊地处甘肃省的西北部，是祁连褶皱系的北祁连褶皱带中的过渡地带。地质上分为南部祁连山和阿尔金山断块、中部河西走廊拗陷、北部北山断带。这三个地质构造单元形成了河西走廊独特的地貌：南部是高山和谷底组成的祁连山山地和阿尔金山山地，中部是平原，北部是遭受风蚀的低山和残丘。

河西走廊属于温带、暖温带大陆性气候，表现为干燥少雨、昼夜温差大、光照充足等特征。夏季受东南暖湿气流影响，湿度较高，但由于干燥的气候难以形成云或致雨，南部祁连山区是唯一相对降水较多的地方。整体上，河西走廊被认定为名副其实的干旱区。由于气候干燥，河西走廊内无法形成河流。由祁连山融雪形成的石羊河、黑河和疏勒河三大内陆河形成了各自独立的水系，将河西走廊分成武威—民勤盆地、酒泉—张掖盆地和安西—敦煌盆地，孕育了各自独立发展的绿洲灌溉区。

河西走廊是人类活动的古老地区，已发现的古文化遗址表明，约5000年前已有人类活动，约4000年前进入农耕文明时代。历史上，河西走廊曾是多民族的迁徙地，包括羌戎、乌孙、月氏、匈奴、鲜卑、回鹘、党项羌等。河西走廊一直是多民族文化的重要交汇地。至今，这里仍然保留着多元文化，成为中华民族形成、融合与发展的历史见证。

大汉王朝和匈奴将围绕河西走廊，展开一番血雨腥风的争夺。

一、备受匈奴欺负的大汉王朝

公元前202年，刘邦建立大汉王朝之后，发现了一个严重的问题：大汉王朝处于"夷狄"的包围之中。大汉王朝的西面和北面是匈奴的地盘；大汉王朝的东北方向，主要有乌桓、鲜卑、夫余、肃慎、高句丽、朝鲜等部族；在大汉王朝的西北方向，则主要有西羌、月氏、乌孙等西域部族；而在大汉王朝的西南方向、东南方向以及整个岭南地区则分布着"西南夷"以及"百越"。可以说，大汉王朝疆域四周皆是不受自己控制的"夷狄"地区，大汉王朝能否稳定周边局势直接影响到大汉政权能否稳定和持续。

在大汉王朝周围的这些"夷狄"之中，尤以北方的匈奴游牧帝国和大汉的关系最为紧张，双方之间冲突不断，爆发多次大规模的战争。

匈奴原本是活跃在我国北方蒙古高原的游牧民族，兴起于今内蒙古阴山南北草原。相传，匈奴先祖淳维是夏后氏苗裔，经过上千年的发展，匈奴部族时大时小，时聚时离，经常南下侵犯中原政权。司马迁在《史记》中记载，自三代以来，匈奴就常为患害。春秋战国时期，匈奴进入奴隶社会，其部族势力不断壮大，渐渐统一，占领了蒙古高原并向南越过阴山，向黄河以南发展。因此，战国时期，秦国、赵国和燕国为了防御匈奴南侵，不得不在北部边界修筑长城。战国末期，赵国名将李牧率大军（战车1300乘、骑兵1.3万人、步兵5万人、弓箭手10万人）大破匈奴10万铁骑。秦统一六国之后，秦始皇派蒙恬率30万秦军北击匈奴，将匈奴撵出河套地区，使其退往漠北，十余年不敢再南侵。然而，秦汉之际，匈奴冒顿单于趁着刘邦和项羽争夺天下的时机，指挥匈奴30万之多的"控弦之士"（能够骑马射箭的战士），征伐四方：东灭东胡，占有了大兴安岭、辽河上游地区（今内蒙古东部和东北西部地区）；在西边，将原来占据河西走廊的月氏赶走并征服了楼兰、乌孙等20多个小国，占据了祁连山以及天山南北地区；在南边，兼并了楼烦王、白羊王，重新占据了河南地区（黄河河套地区）；在北边，击败了屈射、丁零、浑庾、鬲昆、薪犁等部，将势力延伸到今贝加尔湖一带。

匈奴的最高统治者称为单于，其下设左、右贤王（也叫屠耆王），左贤王统治左（东）部，右贤王统治右（西）部，贤王以下还设置有左、右谷蠡王，左、右大将，左、右大都尉，左、右大当户，左、右骨都侯等，共有二十四长。单于能够直接控制的军队有10余万，左、右贤王各领8万左右，其余首领则领兵数量不等。匈奴人长期过着游牧生活，逐水草而居，也有一定的手工业，可以制造弓箭、刀、铤等武器。匈奴成年男子几乎都擅长骑射，平时游牧打猎，战时上马即可听令出征。其实，一般的老百姓没有人愿意去打仗，如果自己能吃饱，为什么要冒着生命危险去抢别人的饭碗呢。匈奴常年游牧，如果没有天灾，一般来说也能过得不错，实在短缺的物资可以通过交换的方式从中原农耕民族那里获得。但是，一旦遇到雪灾或旱灾，或气候太适宜而导致自身人口增长过快，单纯的游牧生活无法满足需求之时，就会举兵南下，劫掠一番。而且，在好战的匈奴单于以及诸多匈奴贵族的鼓励下，匈奴人渐渐养成了具有强大机动能力的骑兵，并依靠他们南下掠夺人口、粮食、财物。因此，在游牧民族特有的生活条件和鼓励劫掠的思想的影响下，匈奴渐渐成为中原政权之大害。其实，如果当时有一个能够兼统中原农耕文明和西北游牧文明的中央政权居中协调（比如大辽、元朝以及清朝就是类似的政权），尚可以互相调剂生活物资以避免刀兵之祸。这要等到辽、宋时期才能看到契丹人建立的大辽有类似兼容并蓄的居中协调管理机构。

至西汉初年，匈奴的势力日渐强大，控制了中国西北部、北部以及东北部辽阔的疆域，形成了强大的全民皆兵式的游牧奴隶制政权，其控制地域之辽阔远超西汉王朝，其士卒战斗力之强劲也令汉朝士兵担忧。如果搞不定匈奴，大汉王朝能否撑得住？天下究竟是刘邦家族的还是匈奴的？这些问题的答案还真是有很大的不确定性。

大汉朝立国之初，刘邦在令百姓休养生息和巩固内部统治的同时，也对不断侵犯大汉边境的匈奴有一些自己的想法和行动。汉高祖六年（公元前201年）秋，匈奴发兵将韩王信围困在马邑（今山西朔州），韩王信很快投降并引领匈奴骑兵南下围攻晋阳（今山西太原西南）。眼看匈奴都打到门口了，刘邦马上组织大汉军队迎敌。汉高祖七年（公元前200年），久经沙场的刘邦亲率马步汉军32万，从晋阳北上迎敌。一开始，刘邦打了几场大胜仗。打了胜仗的刘邦开始飘了，觉得匈奴军队不过如此，再打下去必定能一举荡平匈奴。随后，刘邦派出小股侦察部队前往探听匈奴军情。匈奴首领冒顿单于的作战经验还是要比刘邦丰富一些，他决定引诱刘邦汉军深入进而一举歼之。因此，冒顿单于故意将那些精兵强将以及肥壮的牛马隐藏起来，让汉军派出的十余股侦察部队看到的都是匈奴老弱病残的人口和牲畜。刘邦获得这个虚假军情之后，立即亲自率领小股骑兵部队北进。在大军越过句注（今山西雁门山）时，从匈奴窥探军情回来的使节刘敬告诉刘邦，这是匈奴故意示弱以引诱汉军孤军深入，请他千万不要上当。急于一举荡平匈奴的刘邦已经听不进任何不同意见了，依然率领骑兵部队到达了平城（今山西大同东）。刘邦不等后续的大队步兵跟上，又率领骑兵部队向前突出到了白登山。眼看刘邦上当了，冒顿单于立刻率领40万匈奴铁骑将白登山团团围住。刘邦放眼一看，彻底蒙了，目之所及皆是匈奴骑兵，西向的匈奴骑兵是清一色白马，东面是清一色青马，北面是清一色黑马，南面则是清一色红马。匈奴骑兵的整齐军容让刘邦大为震惊。毕竟，在西汉刚刚立国之时，即使贵为皇帝的刘邦连4匹一样颜色的马也配不齐，将相都得坐牛车，"自天子不能具钩驷，而将相或乘牛车"（《史记·平准书》）。

刘邦在白登山足足被围困了七天七夜，最后不得不采用陈平所献之计策，花重金收买冒顿单于宠妃阏氏，使其说服冒顿单于放松了包围圈的警戒，并趁着天降大雾的机会率部偷偷撤离白登山。其实，这个说法还是有一些疑问的。冒顿单于已经将刘邦团团围住，而且动员了40万的兵力，难道会因为自己的爱妃说了一点儿好话就将死敌刘邦给放走了吗？因此，这一说法大概率是不太真实的，而真实的情况可能也比较简单，应该就是天降大雾刘邦趁机逃走了而已。

白登山之围后，刘邦知道了匈奴的真实实力，不敢再贸然兴兵迎敌了。但是，大汉王朝不敢再兴兵与匈奴面对面争锋，匈奴却进一步南下劫掠，这让刘邦很头疼。刘邦问计于刘敬，刘敬回答："天下初定，士卒罢于兵，未可以武服也。""陛下诚能以适长公主妻之，厚奉遗之，彼知汉适女送厚，蛮夷必慕以为阏氏，生子必为太子，代单于……陛下以岁时汉所余彼所鲜数问遗，因使辩士风谕以礼节……兵可无战以渐臣也。"（《史记·刘敬叔孙通列传》）刘敬的大意就是，天下初定，将士们疲于征伐，咱们武力可能搞不定匈奴，就不如将公主嫁过去，然后再给匈奴送上丰厚的礼物，等大汉公主生了孩子，就有可能成为太子。我们再将每年多余的物产送给他们一些，他们慢慢就懂事了，晓得了大汉的礼节，这样就可以渐渐使其臣服于大汉了。

刘敬的意思很简单，既然不能开战，那就只能求和了，求和的方式就是送大汉的公主和百姓的血汗钱来维持与匈奴暂时的和平。

刘邦思忖良久，觉得也没有更好的办法，只好依了刘敬的和亲之策。确实，就当时大汉和匈奴的军事实力和经济实力来看，大汉采取和亲以求得与匈奴的暂时和平是明智之举。也只有这样，才有可能让大汉王朝将精力集中于稳定内部政局，让百姓获得休养生息的机会。

此后，大汉奉行和亲政策长达60多年。但是，匈奴经常是娶了大汉公主不久之后又兴兵南下，根本就没有把双方的和亲约定放在心上。换句话来说，就是娶了媳妇之后，反手就把丈母娘家给抢了。同时，由于匈奴控制了河西走廊，可以随时经河西走廊威胁到汉朝的都城长安。汉文帝前元十四年（公元前166年），冒顿单于的儿子老上单于率14万骑兵一路杀到了彭阳（今甘肃镇原东南），而且匈奴骑兵侦察部队竟然杀到了甘泉（今陕西甘泉西南），距离都城长安只有200里了，一时间京师为之震动，满城惊愕。而且，匈奴不仅可以从西边劫掠大汉，还可以从北面给大汉以致命的威胁。汉文帝后元六年（公元前158年），匈奴3万铁骑攻入云中（今内蒙古呼和浩特西南），恣意抢掠，烽火连天直达长安。汉文帝只好派遣大军迎击匈奴，战事持续一个多月，匈奴军方才退出塞外。

从白登山之围到汉景帝末期，汉匈双方总共有6次和亲，但是匈奴发动较大的进攻竟然有十几次。因此，大汉王朝在执行和亲政策的同时积极组织防御，将匈奴南下袭扰的损失降到最低。为了能够在将来完成对匈奴的致命一击，大汉王朝做了多方面准备。比如，在汉文帝、景帝时期，汉朝采取了如下4种措施来反制匈奴。其一，在边关要塞配置边防军，并任命知兵的将领来担任边郡太守以固边疆，比如飞将军李广就先后任上谷、上郡、陇西、北地、雁门、云中等地的太守，率领由郡国兵和屯田兵组成的大汉边防军来应对匈奴的时时袭扰。其二，采取"以夷制夷"的方法来制约匈奴。晁错向汉文帝提出了"以蛮夷攻蛮夷"的策略。晁错献策说:"今降胡义渠蛮夷之属来归谊者,其众数千,饮食长技与匈奴同,赐之坚甲絮衣,劲弓利矢,益以边郡之良骑。令明将能知其习俗和辑其心者,以陛下之明约将之。即有险阻,以此当之;平地通道,则以轻车材官制之。两军相为表里,各用其长技,衡加之以众,此万全之术也。"(《汉书·晁错传》)晁错之计的大概意思就是要充分利用已经投靠大汉的且和匈奴有一样习性和战斗技能的"蛮夷",给他们相应的兵器,和大汉军队以及边民共同配合,这样就可以搞定匈奴了。汉文帝一听,觉得很有道理,遂取其计。其三,"徙民实边"。简单来说就是在边境要害之处建设防卫级别比较高的城邑,在这些城邑中修建房屋以及其他配套设施,提供一些激励政策以鼓励那些愿意迁移到这些城邑的人,比如有罪者免罪,无罪者奖励或免除其征役,或给他们提供一些基本的饮食支持,再选择一些有经验的官吏到此地任职,战时则选派有经验的良将到此地统率边民和边防军一起防御匈奴。其四,更重要的是,在文景时期,朝廷开始鼓励全国养马,以期建立可以和匈奴铁骑一较高下的大汉骑兵。汉文帝曾经颁布一项政策,如果养了一匹马就可以免除三个人的兵役(民有车骑马一匹者,复卒三人)。汉景帝时设立国家层面的养马苑,总共在全国建了36所养马苑,分布在北边和西边,并配以专门的官员和养殖人员,人数达3万之多,养马达30万匹。到汉武帝时期,大汉的养马苑已经养了45万匹战马,民间饲养的马匹更多,可以在战时为国家军队提供运输粮草物资等服务。

从汉高祖刘邦、汉惠帝刘盈、汉前少帝刘恭、汉后少帝刘弘、汉文帝刘恒,再到汉景帝刘启,大汉王朝将一个又一个公主(虽然很多是假公主)送到匈奴和亲,又将一批又一批的大汉百姓缴纳的财物送给匈奴贵族享用,却无法享受几年的和平时光。在此期间,一代又一

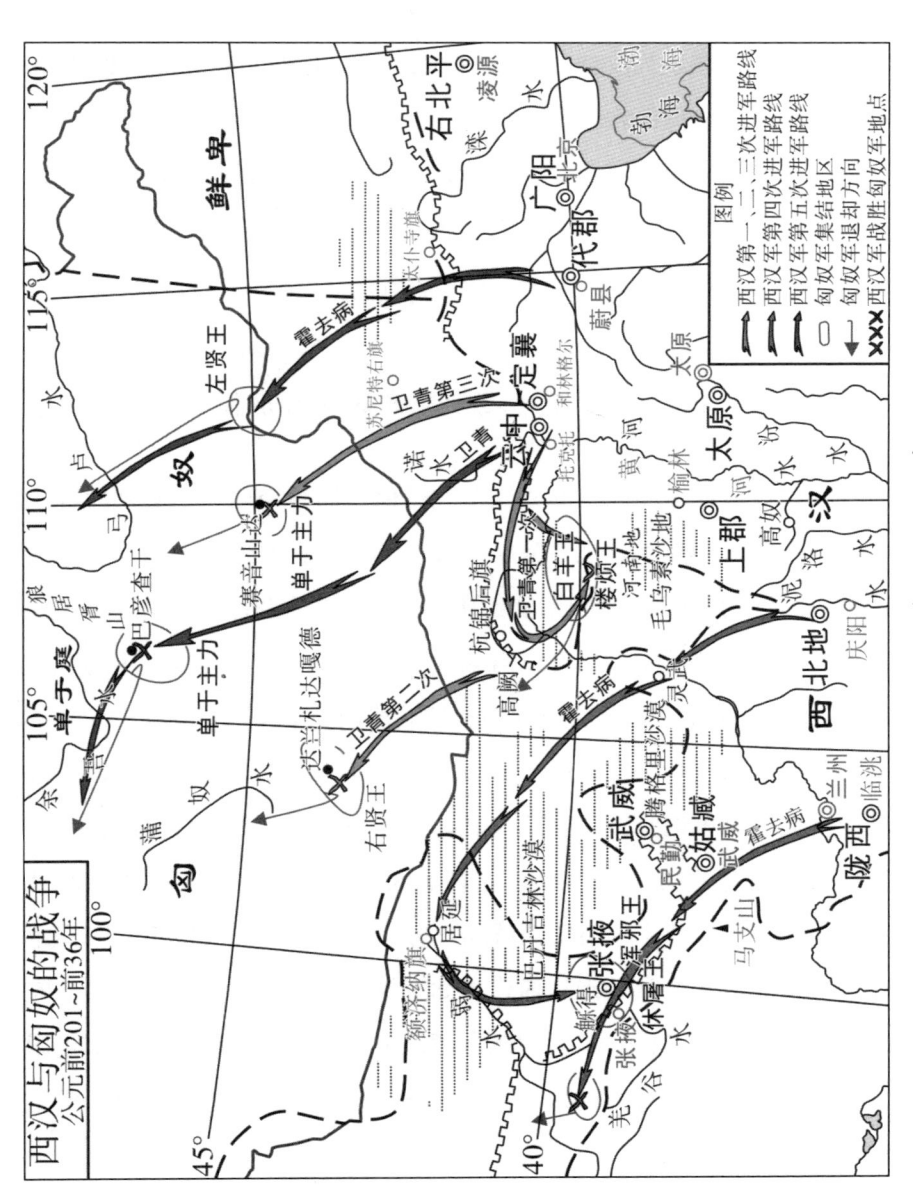

第四章 河西走廊：西汉反击匈奴的战略抓手 095

图 4.1 西汉与匈奴之间的战争

代大汉君王致力于休养生息，努力发展生产，稳固内部统治，逐渐民富国强，不受匈奴侵辱的日子一定会到来。

公元前140年，汉武帝刘彻即位，大汉王朝对匈奴持续长达40多年的反击和征讨即将开始。汉朝反击匈奴的战场，东起辽东，西至天山车师（今乌鲁木齐东南），北面从河套地区跨越阴山，一直到大漠以北；反击的重点和突破口就在连接中原政权和辽阔西域的狭窄通道——河西走廊。

二、河西走廊之于双方的战略价值

汉武帝要反击匈奴并彻底制服之进而控制整个西域，必须找到一个战略突破口和抓手。这个战略突破口和抓手就是连接中原和西域的通道——河西走廊。河西走廊恰似一支强有力的手臂，如果这支手臂掌握在大汉王朝手中，则可以自如地经营辽阔的西域地区。正如顾祖禹所言："欲保秦、陇，必固河西；欲固河西，必斥西域。"[1]

河西走廊位于中原地区、西域、青藏高原以及蒙古高原等四大区域交汇之地，可谓是四通八达，具体交通情况分述如下。东向，自河西走廊往东越过黄河，再经过陇右地区就可到达中原政权的核心地带——关中地区，主要有2条线路，分别是陇西道和安定道。张骞第一次出使西域主要就是走陇西道，此道较为平坦，沿途较为富足。安定道的开辟时间则比较晚，大概在西汉末年。西向，自河西走廊走阳关和玉门关可以直通西域，大概有5条通道，分别是南道（位于塔里

---

[1]〔清〕顾祖禹：《读史方舆纪要》卷63《陕西十二·甘肃行都司》，中华书局，2005年，第2972页。

木盆地以南、昆仑山以北，张骞第一次出使西域东归大汉时即走此道）、中道（自敦煌向西出阳关—楼兰—山国—危须国）、北道、新道以及伊吾道。南向，则可由河西走廊通往青海地区，主要有扁都口道、酒泉南山路等。北向可以通往蒙古高原，主要有2条通道，居延道和石羊河道，来自蒙古高原地区的骑兵或商人都可经此2条通道到达河西走廊，反之亦然。因此，河西走廊具备"天下要冲，国家藩卫"的特点，是政权角力的枢纽和锁钥地区。

正是基于以上情况，河西走廊对匈奴和大汉而言都极具战略意义，这是两者之间长达数百年的战争主战场，也是双方政治势力角力的大舞台。

对匈奴而言，河西走廊有如下重要战略意义。其一，河西走廊是匈奴右贤王的驻防地和统治中心，它还是西域通向中原的重要通道，是南下中原的天然门户。有效地控制这一地区，可以阻挡来自大汉王朝的军事进攻，保护匈奴在北方草原的安全以及在西域的众多属地。其二，河西走廊对匈奴政权而言有极大的经济意义。河西走廊地区水草茂盛，是天然的优良马场和牧场，可以为匈奴骑兵提供充足的战马，放牧牛、羊、驴骡、骆驼等牲畜，这对以游牧为生的匈奴而言极其重要。而且，河西走廊连接着西域，西域是相对比较富庶的地区，拥有丝绸、香料等珍贵物资。控制河西走廊，他们就能够对西域进行掠夺，获取更多的经济资源，增强自身实力。仅仅这一点，匈奴就绝不会轻易放弃对河西走廊以及西域地区的控制权，从而必须和大汉王朝展开数百年的争夺和战争。其三，河西走廊不仅是匈奴重要的畜牧业基地，也是其手工业的中心。之所以单独分析这一点，是因为匈奴的主要作战人员骑兵极度依赖弓箭。可以说，弓箭是匈奴对外战争的主要武器装备之一。制造弓箭需要大量的木材，而河西走廊丰富的林木资源可以给匈奴提供充足的木材。除此之外，河西走廊还可以为匈奴提供制造战车以及各种铁质武器、农具等的原料。

控制了河西走廊，匈奴向北可以直接通过额济纳河流域通道和单于直接联系，向南可以控制羌、氐等少数民族政权，联合向大汉施压，向西可以控制西域诸多小国，而向东则可直接杀向汉朝的统治中枢或富庶之地任意掳掠。因此，控制了河西走廊，就等于控制了通往西域以及其他方向的主要通道，匈奴进退自如，攻守皆宜，从而对中原施加有效威胁，迫使汉朝提供财物或达成有利的外交协议，在与汉朝的关系中占据有利地位。总体来说，河西走廊对匈奴的意义在于其是南下中原的军事通道、经济资源的获取途径、文化和政治交流的桥梁，以及对中原施加威慑的手段。

与之相对应的是，河西走廊对匈奴有多重要，对大汉王朝就有多重要，或者更甚。其一，河西走廊是大汉王朝通往西域地区的主要通道甚或必经之路，如果不把河西走廊从匈奴手中夺过来并加以有效管理和经营，而任由匈奴"右贤王"长期驻守于此，他可以通过河西走廊不仅控制西域地区的诸多小国，还会威胁关中平原和汉朝首都长安的安全。由此可见，对大汉王朝而言，掌控河西走廊具有双重政治意义。一方面，汉朝可以借此直接向西域国家传递政治意图，巩固对西域的影响力；另一方面，掌控河西走廊可以切断匈奴与西域的联系，从而瓦解匈奴通过该地区强化对羌族和西域影响力的企图，避免形成对汉朝不利的联盟。这一举措不仅稳固了汉朝在西域的主导地位，同时也削弱了匈奴在该地区的统治基础，为进一步扩展版图创造了有利条件。其二，从国防的角度看，河西走廊是中原北部的自然屏障，占有了河西走廊，相当于将大汉王朝的国防线西移，对于防御北方游牧民族袭扰具有重要作用。其三，从对外交往的角度看,掌握这一地区意味着对西域的贸易、文化和政治交往具有直接控制力。这对一个大一统的中央政权而言具有战略上的重要性。其四,从文化的角度看,河西走廊一直是汉文化与西域文化、北方游牧文化,甚至中亚文化交流的重要地带,通过军事控制这一区域,大汉王朝可以推动文化、宗教、商业等各方面的交流。因此,从匈奴手中夺回河西走廊的控制权,对于大汉王朝的政治、国防、对外交往和文化交流都具有极其重要的战略意义,也为后来丝绸之路的开辟提供了物质基础和现实可能。如果河西走廊一直控制在匈奴手中,大汉王朝绝无可能在未来开通丝绸之路,与西域、中亚、西亚以及欧洲的交流也不可能实现。

三、汉武帝反击匈奴的准备

汉武帝即位之后,他发现自己面对的内外形势与汉高祖时期完全不一样了。具体而言,大汉王朝内部政治、经济、军事等方面的主要问题都已经得到基本解决。在政治上,汉高祖剪除了异姓诸王,消除了他们对中央政权的威胁。汉景帝平定了吴楚"七王之乱",中央权威再次得到加强。在经济上,经过数代帝王推行休养生息政策,大汉王朝的经济得到了迅速恢复和提升,人口数量也有极大增加,到文景时期,百姓粮食足,国家粮仓满,府库财赋多,已经出现了繁荣富庶的盛世景象。在军事上,大汉王朝已经建立了强大的骑兵部队,国家养殖了几十万匹战马,民间的马匹也是数不胜数,出现了"众庶街巷有马,阡陌之间成群"(《史记·平准书》)的喜人景象。随着大汉王朝国家整体实力的增强,尤其是骑兵队伍的建设颇有成效,对匈奴已经产生了一些威慑和制约作用。到汉景帝时,匈奴掳掠的规模和频次已经有所缩小和降低，出现了"时小入盗边，无大寇"(《史记·匈奴列传》)的变化。

因此，汉武帝即位之时，大汉王朝在各方面都具备了反击匈奴的实力，整个大汉王朝蓄势待发，只待有雄才大略的汉武帝大手一挥，大汉骑兵就会冲向在辽阔的西域统治已久的匈奴部族。

大汉将士们，你们建功立业的机会来了。

但是，汉武帝在即位后并没有立即发动对匈奴的反击战，而是又做了长达12年的准备，在军事、政治、经济以及外交上精心谋划和筹备，等待着反击匈奴最佳时机的到来。

其一，军事方面的准备。①军事组织改革：汉初军制承袭秦代军制，全国军队分为京师军（禁卫军）和地方军（郡国兵）。汉武帝即位之后，对大汉军队进行了重组和改革，加强了中央对军队的掌控。京师军分为南军和北军两个部分，南军保卫皇宫，北军则卫戍京城；地方军则分骑士、材官和楼船，骑士包含骑兵和车兵，分布在西北各郡，材官是步兵，楼船是水军，可谓是兵种齐全。②边防建设：在北方边境加强了城防体系，修筑和巩固原有的秦长城，平整道路以方便大军行进，这些措施有助于稳固边疆并减少匈奴的掳掠。③加强建设骑兵部队并选拔相关将领：有什么兵器，就打什么仗！步兵的刀枪有刀枪的打法，骑兵的骑射有骑射的要领。对付匈奴来去自如的骑兵部队，大汉王朝也必须建立自己强悍的疾风般的骑兵部队。因此，大汉王朝在解决了马匹的问题之后，就在京师军和地方军中都建立了骑兵部队，并由皇帝下诏挑选善于骑射之术的"六郡良家子"为郎，担任皇帝的侍卫。在打猎或平时的训练中，汉武帝时时观察这些侍卫各方面的表现和水平，从中挑选将来能堪踏平匈奴大任的将才和帅才，比如后来名垂青史的卫青、霍去病都是出身于此。汉武帝还加强了军备建设，提高了军队的战斗力。他大力发展铁器军械，提高了士兵的装备水平，并以善于骑射的匈奴人做汉朝骑兵的教练，学习匈奴先进的骑兵作战技能，以应对未来匈奴骑兵的威胁。

其二，政治方面的准备。①加强中央集权：汉武帝采取了一系列措施，限制封建豪强的权力，强化中央政权。比如，汉武帝改变汉初任命功臣列侯担任丞相的惯例，反而任用出身布衣之人为丞相，并减少和降低了丞相的权限和地位，这就提高了汉武帝作为皇帝的权威，有助于更加高效地调动国家资源对抗外敌。②施行推恩令：进一步加强了汉朝的中央集权和皇帝的权威。③推行法治：通过修订法律、规章制度，确保社会秩序稳定，为国家的军事行动提供了稳定的内部支持。

其三，经济方面的准备。①加强农业生产：汉武帝采取了一系列措施促进农业生产，以确保国家有足够的粮食供应。比如，汉武帝元光六年（公元前129年），汉武帝下令发卒数万人修建漕渠，极大地便捷了长安的漕粮运输。充足的粮草对于维持军队的战备状态至关重要。②推行铸币制度改革：为解决财政问题，汉武帝进行了铸币制度改革，推行五铢钱，以增加货币的流通，支持军费开支。③推动手工业发展：通过发展手工业，提高国家的手工业水平，为军事生产提供必要的装备和物资。④增加税种以扩大国家税源：汉武帝元光六年（公元前129年），下令"初算商车"（也就是车船税）。

其四，对外交往方面的准备。①派遣张骞出使西域：为了打破匈奴的牵制，建元二年（公元前139年），汉武帝派遣张骞出使西域，拓展与西域诸多小国的外交关系。这一外交举措旨在削弱匈奴的外部力量，为日后对付匈奴提供战略上的支持。虽然张骞第一次出使西域没有达成既定的外交目标，但是其冒死带回来的关于匈奴的相关情报对汉武帝做出相应的正确决策大有帮助。②联络游牧民族：汉武帝还通过外交手段，试图与一些游牧民族建立友好关系，削弱匈奴对汉朝的封锁，从而降低其对汉朝的威胁。

汉武帝做了这么多的准备，似乎可以开始反击匈奴了。但是，汉朝内部对匈奴是"和"还是"战"仍旧存在分歧。

汉武帝元光元年（公元前134年），匈奴派人请求和亲，汉武帝要求大臣们对此进行讨论并给出意见。其实，汉武帝心里应该已经有了答案，他之所以交给大家讨论，是想看看朝臣们目前对匈奴的看法。

掌管王朝对属国之交往等事务的大行令王恢是主战派，他表态说，大汉与匈奴和亲这么多年，每次和亲之后没有几年，匈奴就背约来侵犯我们。所以，这次不能再答应了，应该兴兵讨伐之。但是，御史大夫韩安国反对王恢的意见，认为匈奴现在离我们大汉挺远的，不太容易打，即使打赢了，拿了他们的土地，也不能让大汉扩大多少，得了他们的百姓也不会让我们强大多少。但是，我们的将士奔行数千里去征讨匈奴，这会让将士和马匹疲惫不堪，如果匈奴全力反击，我们必败，这就太危险了。御史大夫这么一说，不少大臣都附议，还是同意和亲为妙。汉武帝眼看群臣大都不同意打仗，也不好霸王硬上弓，只好同意继续和匈奴和亲。

第二年，也就是汉武帝元光二年（公元前133年），雁门郡马邑一个富商叫聂一，他通过王恢给汉武帝提了一个伏击匈奴的计划："匈奴初和亲，亲信边，可诱以利致之，伏兵袭击，必破之道也"（《汉书·韩安国传》），并且愿意自己亲自去引诱军臣单于发兵。经过大臣们商量，韩安国等人还是反对以武力解决匈奴问题。但是，汉武帝决心一试，采纳了聂一和王恢之计。聂一跑到军臣单于那里说自己可以杀了马邑令丞并将马邑献给匈奴，匈奴可以将马邑全城的财物全部拿走。军臣单于竟然真的相信了聂一的说辞，亲率10万骑兵按照和聂一的约定进至武州塞（今山西左云县）。汉武帝则令韩安国为护军将军，李广为骁骑将军，公孙贺为轻车将军，王恢为将屯将军，共领兵30万准备伏击军臣单于的10万骑兵。他们具体的分工如下，韩安国、李广、公孙贺率主力部队埋伏在马邑一带的山谷里，王恢则率领一部军队出代郡西部，从侧后袭击匈奴骑兵的辎重，意图一举消灭匈奴10万骑兵。事情刚开始进行得很顺利，但是军臣单于越走越感觉不对劲。离马邑还有100里的时候，他发现路边的羊群牛群竟然没有人负责放牧，这让他很是怀疑。随即他派出侦察部队去捉了几个巡防雁门尉史，并从他们口中得知了汉军的计划。军臣单于因此立刻下令撤兵。几十万汉军在马邑苦等了很久，根本就没有看见匈奴骑兵，只好各自撤兵。

看来，这个世界上没有什么捷径，哪怕你是汉武帝也不行。

这次伏击失败表面上看是因为雁门尉史泄密，但是更深层的原因是汉武帝高估了这个计划的成功概率。大家可以想一想，汉朝几十万部队的调动，匈奴怎么可能什么都不知道？几十万人埋伏在边境的一个小地方，匈奴怎么可能发觉不了？这个计划本身就没有太高的成功概率，但是汉武帝竟然动用几十万的部队去实施一个本该机密的埋伏计划，真是徒增笑料尔。

不过，马邑伏击失败也有一个对汉武帝有利的结果：汉朝和匈奴的关系正式破裂，大家撕破了脸皮，开始打明牌了。通过这一事件，汉武帝清楚地告诉匈奴我们汉朝要开始反击了，而匈奴也明白自己缺什么就去汉朝抢的好日子到头了，除了准备迎战之外没有别的选择了。

四、汉武帝对匈自卫反击战

汉匈大战，一触即发。

从汉武帝元朔二年到征和三年（公元前127—公元前90年）长达近40年的时间里，汉武帝集中兵力，主动出击，组织了多次反击匈奴的战争。在整个反击战期间，双方投入兵力近百万之多，在人类战争史上也是空前未有的超大规模战争。其中，从汉武帝元朔二年到元狩四年（公元前127—公元前119年），汉武帝集中兵力发动了多次战争，规模较大的有三次，下面一一分述之。

其一，河南、漠南之战。

元朔二年春，匈奴右贤王、白羊王以及楼烦王盘踞在阴山、河套地区，并将这一地区作为匈奴骑兵侵扰关中地区的基地，不断掳掠上谷（今河北怀来）、渔阳（今北京密云）等地，杀戮无数。面对匈奴的不断侵扰和步步紧逼，汉武帝决定从匈奴手中收复河套地区和漠南地区，从而彻底解除匈奴对大汉都城长安以及关中地区的威胁。

汉武帝采取胡骑东进而汉骑西击的避实就虚的战略，命令车骑将军卫青、将军李息率部（具体兵力不可考）自云中出发，沿河套地区迂回西进，将盘踞在河套地区及其以南地区的楼烦王、白羊王的军队聚而歼之。卫青率领的骑兵部队乘胜直插高阙（今内蒙古杭锦后旗东北），然后在灵州（今宁夏银川以南）渡河南下，最后直达陇西地区。此一役，汉军斩杀匈奴兵2300余人，俘获3000余人以及牛羊百万头，大获全胜。卫青因战功显赫而被汉武帝封为长平侯，名噪一时。在收复了河套地区之后，汉武帝在此地设立朔方郡和五原郡。主父偃建议在此地实行军民屯垦，就地解决粮食问题，并将其作为将来对匈奴作战的战略基地。重新占领河套地区，对定都在关中地区的大汉王朝而

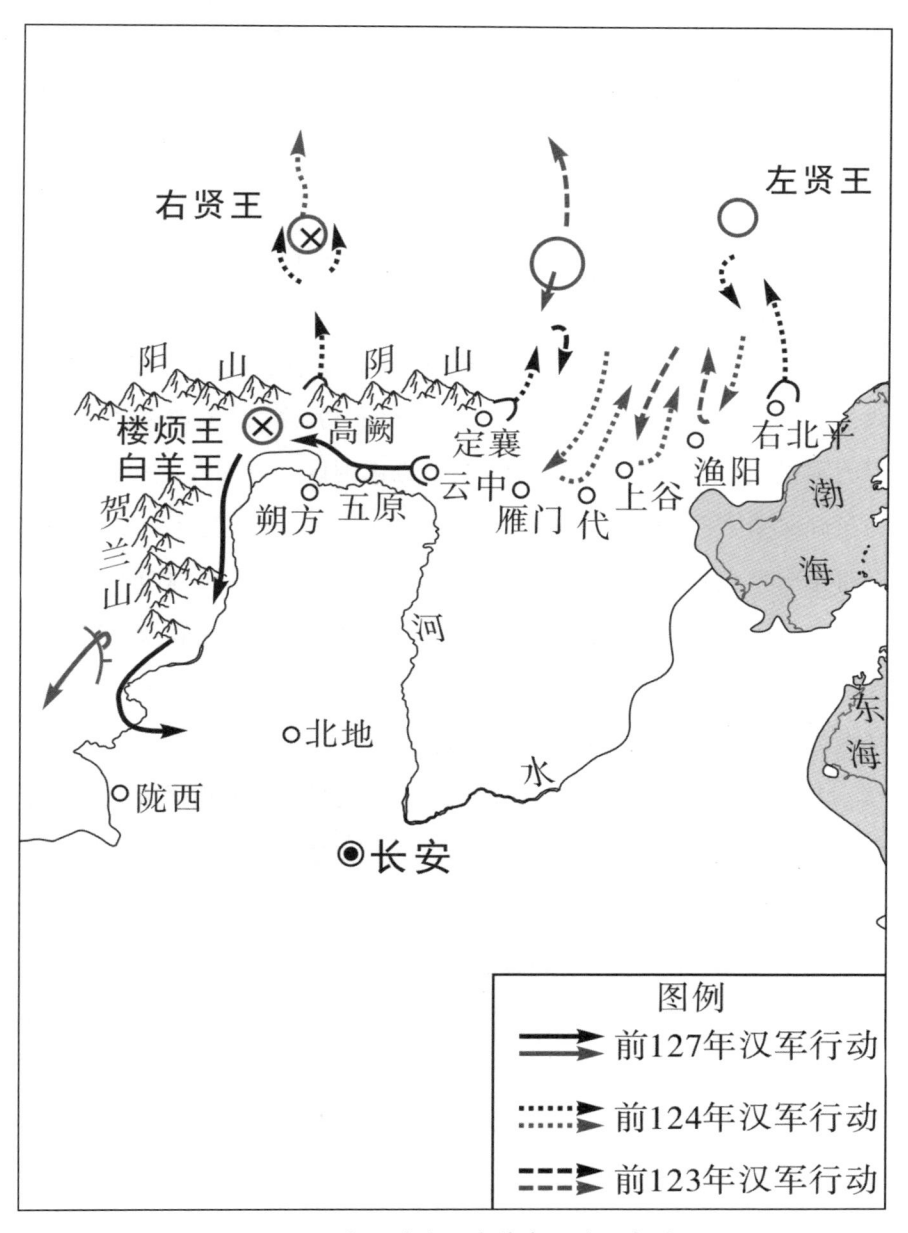

图4.2 河南、漠南之战作战经过示意图

言极为重要,因为此地是巩固王朝北部边防的重要地区,是关中地区的安全屏障,将来可以作为汉军深入阴山和漠北作战的新的出发点和优质战略基地。这场战役是汉军对匈奴作战的第一次重大胜利,彻底改变了大汉王朝被动挨打的耻辱历史。

然而,匈奴不会坐视河套地区被汉朝夺回而毫不反击。

汉武帝元朔三年(公元前126年)冬,匈奴军臣单于死去,其弟左谷蠡王伊稚斜自立为王,军臣单于之子于单投降汉朝。随后,自汉武帝元朔三年至五年(公元前126—公元前124年),匈奴多次出动数万大军进攻代郡、雁门、定襄以及朔方郡地区,以图夺回河套地区。为了确保朔方郡的安全,汉武帝决定再次反击。元朔五年,汉武帝命令将军李息和张次公领兵数万人,从右北平(今辽宁凌源南)出击以牵制东方的匈奴军队,而令车骑将军卫青率3万铁骑出高阙,同时指挥游击将军苏建、强弩将军李沮、骑将军公孙贺和轻车将军李蔡率兵从朔方出发,千里奔袭远在阴山以北的右贤王王庭。

卫青勇猛无比,率领大汉铁骑狂飙六七百里,夜间到达作战位置之后直接发起进攻。右贤王彻底蒙了,他以为他的王庭远在塞外,是绝对安全的。但是,不可能的事情竟然在卫青的率领下真的发生了。右贤王一看战局不妙,撒腿就跑。他跑得是真快,抛下了自己的儿子以及臣民,带着自己的一个爱妾以及数百名骑兵突围而走。卫青获知后立即命轻骑校尉郭成率几百骑兵紧追。但是,郭成率领的汉军苦苦追赶了数百里也没有追上右贤王,最终无功而返。汉军在此役中大有斩获,俘虏右贤裨王10余人以及其他俘虏15000人左右,还有牛羊等牲畜数十万头,卫青被汉武帝封为大将军以统率诸军。此次袭击右贤王的战役,达到了将匈奴分为东西两段的战略目的,也给了右贤王致命一击,基本上消灭了右贤王的军队。为了巩固之前战役的胜利以及反击伊稚斜单于的疯狂反扑，元朔六年（公元前123年）二月，汉武帝再次命大将军卫青率10万余骑，由定襄（今内蒙古呼和浩特南）北进，直接攻击伊稚斜单于。在此次战役中，票姚校尉霍去病第一次参加对匈奴作战，在没有主力掩护的情况下，率领骑兵800人深入大漠，歼敌2000余人，并斩杀了伊稚斜单于的祖父，俘虏了伊稚斜单于的叔父以及相国等人，展现了大汉新一代战神的勇猛无敌和过人胆识，被汉武帝封为冠军侯。这一年，霍去病才18岁。四月，汉军再次出定襄攻击伊稚斜单于，歼敌万余人而归。但是，此次进击伊稚斜单于之战，汉军也损失不少，前、右两军损失汉骑3000人。此次战役之所以有所损失，是因为汉军这一次还是从定襄出发，就不如第一次出击匈奴的突然性强，失去了出其不意攻其不备的可能，有所损失也是在所难免。

几次战役后，伊稚斜单于决定将匈奴军队、人口以及牲畜转移至大漠以北，试图引诱汉军孤军深入，而匈奴军可以逸待劳一举歼之。

其二，河西走廊之战。

经过河南、漠南之战后，汉武帝已经摸清了和匈奴作战的规律，大汉王朝北方边境也得以相对安全，终于可以和匈奴在河西走廊放手一搏了。

早在汉文帝初年，匈奴赶走了原居河西走廊的大月氏，将今酒泉地区封给了浑邪王，将今武威地区封给了休屠王。此后，河西走廊归匈奴浑邪王和休屠王统治，他们凭借自己的军力控制了西域诸国，并常常骚扰汉朝西部边境，对汉朝西部的安全造成了极大威胁。经过前文谈及的汉匈之战，匈奴在大漠以南的势力只剩下东边的左贤王以及河西走廊的匈奴军队。左贤王的军力较强但距汉朝较远威胁较小，浑邪王和休屠王军力相对较弱但对汉朝的直接威胁较大。

为了彻底解决河西走廊以及西域的问题，汉武帝先是派了张骞出使西域，帮助其了解西域诸国的情况以及探讨和大月氏联合夹击匈奴的可能。汉武帝建元二年（公元前139年），25岁的张骞带着汉武帝的重托以及大汉王朝"断匈右臂"的使命动身前往苍茫的西域。张骞从都城长安出发，过陇西郡，在河西走廊东北部的附近偶然遭遇匈奴小股骑兵并被俘，随后被送至单于王庭，之后被长期囚禁，并在匈奴娶妻，后于汉武帝元光六年（公元前129年）找机会逃向大月氏的方向，在经过大宛（今乌兹别克斯坦费尔干纳盆地）和康居国（今乌兹别克斯坦和塔吉克斯坦境内）之后，终于到达大月氏。但是，现在的大月氏小日子过得非常安逸，拥有了土地肥沃的阿姆河流域，水草丰美，物产丰富，不想再和匈奴打仗了，因此拒绝了张骞代表汉朝提出的和大汉一起夹击匈奴的建议。张骞苦劝无果之后只好动身回国，结果在回去的路上又被匈奴俘虏。汉武帝元朔三年（公元前126年）初，张骞趁着匈奴内部王权斗争再次逃走，经过千辛万险终于在当年回到长安。张骞此次西域之行，历时13载，出发时的队伍有100多人，回来时仅有张骞和其向导匈奴人堂邑父二人。虽然张骞此次出使西域没有实现汉武帝原定的和大月氏联合夹击匈奴的目标，但是张骞带回了很多反击匈奴以及未来经营西域所急需的各种情报信息。张骞将其沿途的见闻详细报告给了汉武帝，对葱岭东西、中亚、西亚，以至安息、印度诸国的位置、人口、城市、兵力、特产等，都做了比较详细的说明。张骞出使西域，为大汉王朝开辟通往西域的道路提供了详细的资料，也开阔了汉代时期人们的眼界，了解了西域的地理、物产、人文、风俗等信息，开拓了大汉王朝对外交往的新领域，也是中华文明第一次主动接触异域世界。《史记·大宛列传》载："于是西北国始通于汉矣，然张骞凿空，其后使往者皆称博望侯。"唐朝司马贞在《史记索隐》中称赞道:"西域险阸,本无道路,今凿空而通之也。"

张骞能活着回来,汉武帝很高兴;张骞能带回西域诸国的情况,汉武帝更高兴。汉武帝封张骞为太中大夫,并于元朔六年(公元前123年)又封张骞为博望侯。

赏罚分明,这是干成大事业的基本原则。汉武帝就是这样干大事业的人,让跟着自己卖命的人都有获得感和成就感。正所谓:"赏罚不信,则民无取。"(《管子·权修》)

在详细了解了西域诸国尤其是匈奴的基本情况后,汉武帝决定彻底打通大汉王朝通往西域的河西走廊,以河西走廊为抓手巩固西北之边防,并将大汉王朝的疆域向西域大力拓展。汉武帝元狩元年(公元前122年),匈奴又兵犯上谷,斩杀数百大汉子民。汉武帝觉得是时候彻底解决匈奴问题了,随即于元狩二年(公元前121年)春令冠军侯霍去病为骠骑将军,率1万名大汉铁骑长途突袭河西匈奴军。霍去病的骑兵部队行进的路线如下:自陇西出发向西北挺进,经金城(今甘肃兰州西北)、令居(今甘肃永登西),再越过乌鞘岭向河西匈奴军发起攻击。霍去病此次进击河西匈奴,其战果之显赫前所未有,汉武帝亲自下诏嘉奖曰:"骠骑将军率戎士逾乌盭,讨遬濮,涉狐奴,历五王国,辎重人众慑慴者弗取,冀获单于子。转战六日,过焉支山千有余里,合短兵,杀折兰王,斩卢胡王,诛全甲,执浑邪王子及相国、都尉,首虏八千余级,收休屠祭天金人,益封去病二千户。"(《史记·卫将军骠骑列传》)经此一役,大汉军队打到了今敦煌附近,河西走廊终于打通了。

但是,匈奴浑邪王、休屠王等率残部逃走,仍旧威胁着河西走廊的安全。当年夏,汉武帝决定发动第二次河西战役以彻底消灭河西匈奴军。此次战役部署如下:汉军兵分三路,合骑侯公孙敖率一部由陇

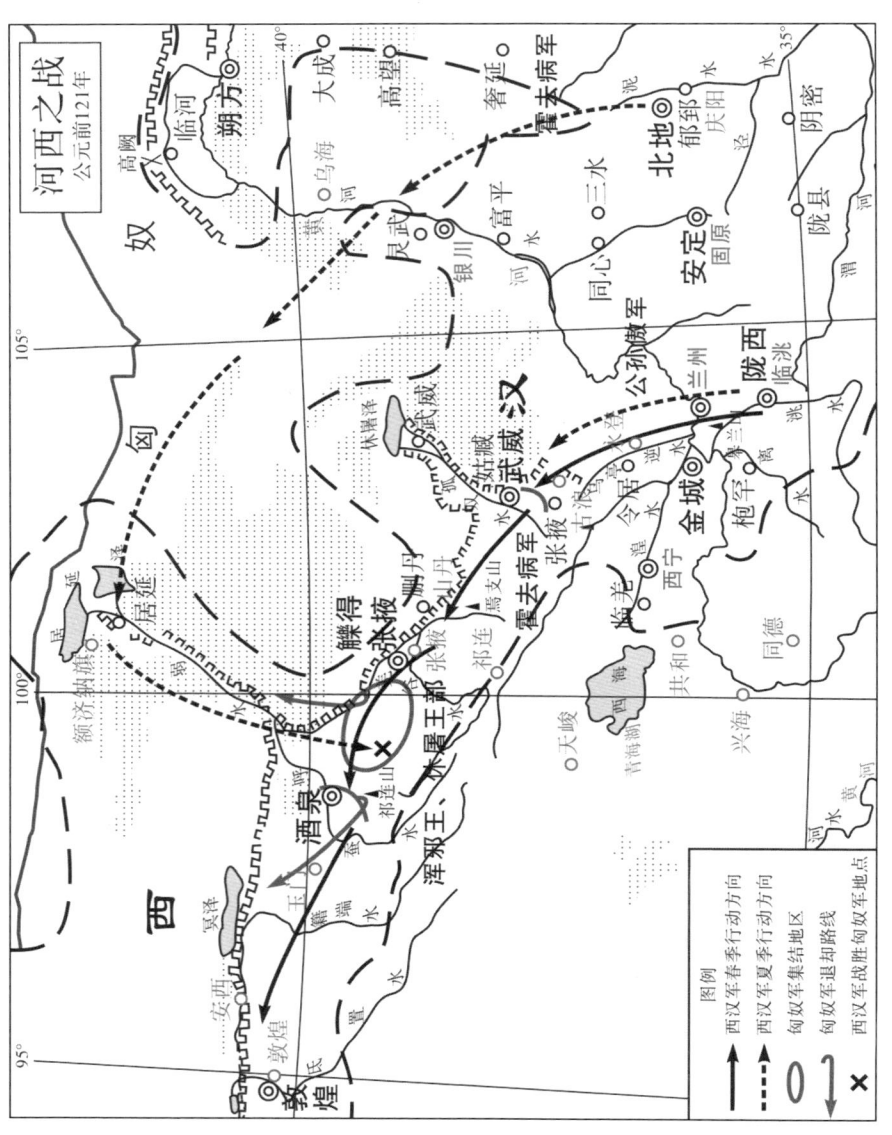

110　山河为证：地理视角下的中国史

图 4.3　河西之战作战经过示意图

西郡出发向祁连山突袭,骠骑将军霍去病率主力数万人由北地郡(今甘肃环县东南)出发,从北侧实施大迂回后和公孙敖会师祁连山,郎中令李广、卫尉张骞率万余骑兵从右北平出发进击匈奴左贤王以策应霍去病部。这个战略部署原本没有问题,但是无奈公孙敖进军途中迷失了方向,未能和霍去病的主力会师,这就导致霍去病只能率领精锐骑兵以极其快速的行军实施大迂回战略以达到预期目标。霍去病率领大汉骑兵精锐在今宁夏灵武渡河北上,越贺兰山,杀向西北,随即绕过居延泽后折向西南,经小月氏,再转向东南,终于进击至祁连山与合黎山之间的黑河流域(今弱水上游),与浑邪王、休屠王的军队展开激战。匈奴单桓王、酋涂王以及相国、都尉等2500人投降汉军,俘获五王及王母、单于阏氏、王子等59人,相国、将军、当户、都尉63人,歼灭匈奴军3万余人。[①]李广和张骞率领的汉军与匈奴苦战,互有伤亡,遂回归本部。经过第二次河西战役,河西匈奴元气大伤,只剩下十分之三的兵力了。当年秋,浑邪王和休屠王由于惧怕伊稚斜单于加害他们,决定投降汉朝。后休屠王后悔不想降汉,但随即被浑邪王除掉。汉武帝派霍去病率部前去受降,而不少匈奴兵看到汉兵人数众多又不想投降而意欲逃走。霍去病派精兵杀进匈奴兵营斩杀意欲逃走的匈奴兵8000人,稳定了局势。随即,霍去病接受了浑邪王率领的4万匈奴兵投降(号称10万),并遣浑邪王去朝见汉武帝。汉武帝将这些投降的匈奴兵分散安置在陇西、北地、上郡、朔方、云中五郡,号称"五属国"。

经此一役,汉朝消灭了盘踞在河西走廊的匈奴势力,并彻底切断

[①]《中国军事史》编写组:《中国军事史》(第二卷上),解放军出版社,1986年,第288页。

了匈奴与羌人之间的联系，进一步孤立了伊稚斜单于的势力，彻底打通了通往西域的道路，牢牢控制了河西走廊。随后，汉朝相继在河西走廊设置武威、酒泉、张掖、敦煌四郡（河西四镇），并不断从内地迁移大量民众和当地屯田军一起建设美丽的河西走廊。

其三，漠北之战。

汉朝在河西走廊之战中取得了巨大胜利，然而，连年征战，汉朝财政也有点捉襟见肘，对于彻底歼灭匈奴有点心有余而力不足。残存的伊稚斜单于觉得还可以再和汉朝一较高低，于汉武帝元狩三年（公元前120年）派骑兵数万人进攻右北平、定襄，试图引诱汉军北进大漠，在其疲惫不堪之时将汉军歼灭。

汉武帝决心再拼一把。经过整理币制、盐铁专卖以及加重商税等一系列措施，汉朝又凑够了下一次战争的钱粮物资，决定将计就计，再来一次出其不意，派大军深入大漠之北，以图全歼伊稚斜单于主力。

汉武帝元狩四年（公元前119年），汉武帝集中10万骑兵，令卫青和霍去病各领5万铁骑，分头向伊稚斜单于杀去。10万骑兵一起出击，最大的问题是后勤补给。为解决这个问题，汉军组织了数十万步兵为这10万骑兵提供后勤支援并动员了编制外的"私负从马"4万匹随军出征，分别在卫青和霍去病骑兵兵团之后提供后勤补给。

卫青和霍去病可谓是汉武帝时代的两大战神，对匈奴作战经验极其丰富。看来，汉武帝这次是把大汉朝的家底全押上了。

卫青部从定襄出发后，抓获匈奴俘虏问清了伊稚斜单于的真实方位，随即兵分两路，令李广、赵食其率部分汉军由东路前进，而卫青则率汉军主力北进千余里直接杀向伊稚斜单于。卫青到达漠北后就发现伊稚斜单于正严阵以待，随即命令用武刚车（四周及车顶用皮革做防护的古代战车）护卫汉军营地，并派出 5000 名骑兵迎战。伊稚斜单于则率万余骑兵杀向汉军。一时间，狂风大作，飞沙走石，厮杀声马叫声不断。卫青令汉军左右两翼亦投入战斗，汉军靠着人数众多包围了伊稚斜单于的部队。伊稚斜单于眼看被包围了，觉得再不跑就来不及了，率领几百匈奴骑兵突围而去。由于风沙太大，战场上两军谁也看不见谁，等到卫青抓了一个匈奴俘虏问话，才知道伊稚斜单于早就跑了。随即，卫青亲自率骑兵追赶，追了200多里也没有见着伊稚斜单于，只好率军继续进发。糟糕的是，李广、赵食其部迷路，毫无战果，李广自刎以谢大汉王朝。

霍去病率 5 万骑兵精锐出代郡，北进 2000 里，在漠北遭遇匈奴左贤王，大破之。俘获屯头王、韩王等 3 人，将军、相国、当户、都尉等 83 人以及其他俘虏 70 443 人。① 左贤王率残余的五分之一匈奴兵远遁漠北而去。

漠北之战，是汉武帝调集最多资源发起的最大一次反击匈奴的战役，其规模之大，战果之显赫，前所未有。但是，汉军损失也很大，数万大汉铁骑永远留在了漠北沙漠，派出去的14万匹马（包括10万匹战马和4万匹私人马）仅仅回来3万匹，战损惨重。此战消灭了匈奴主力，令匈奴远遁荒漠，势力渐微。此后，虽然匈奴和大汉之间还有零星作战，但是已经无法改变其日渐衰微的趋势，也无法改变汉朝占有河西走廊并借此打通通往西域通道的现实了。

将匈奴势力驱逐出河西走廊，并打通通往西域的通道，大汉王朝终于可以凭借河西走廊这一强有力的手臂在西域辽阔的疆域上擘画雄

---

① 《中国军事史》编写组：《中国军事史》（第二卷上），解放军出版社，1986 年，第 291 页。

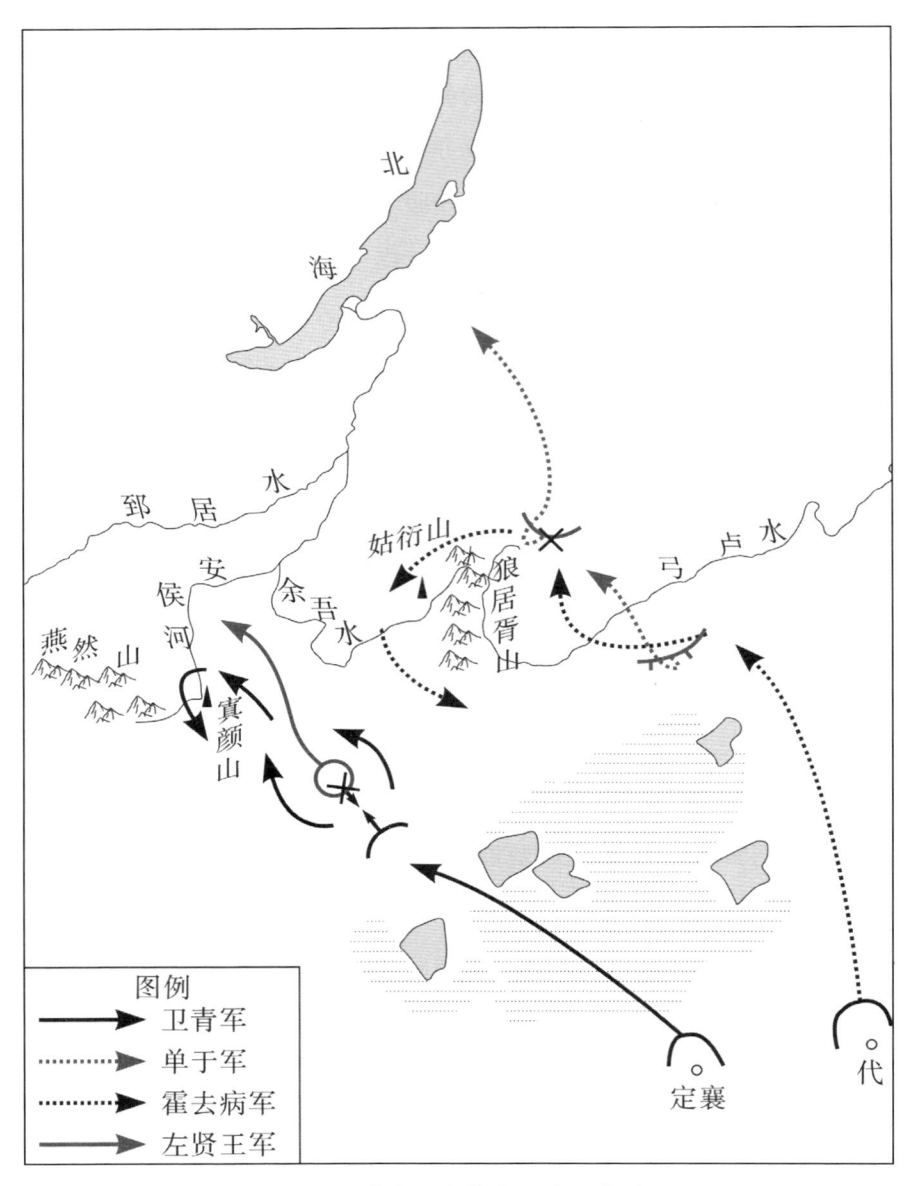

图4.4 漠北之战作战经过示意图

伟的蓝图了。正如顾祖禹所言："镇河山襟带，扼束羌、戎。汉武开河西，遏绝羌与匈奴相通之路，使不能解仇合约为中国患。刘歆言：'武帝西伐大宛，并三十六国，结乌孙，起敦煌、酒泉、张掖以隔婼羌，裂匈奴之右臂。'"[1]

---

[1]〔清〕顾祖禹：《读史方舆纪要》卷63《陕西十二·甘肃行都司》，中华书局，2005年，第2971页。

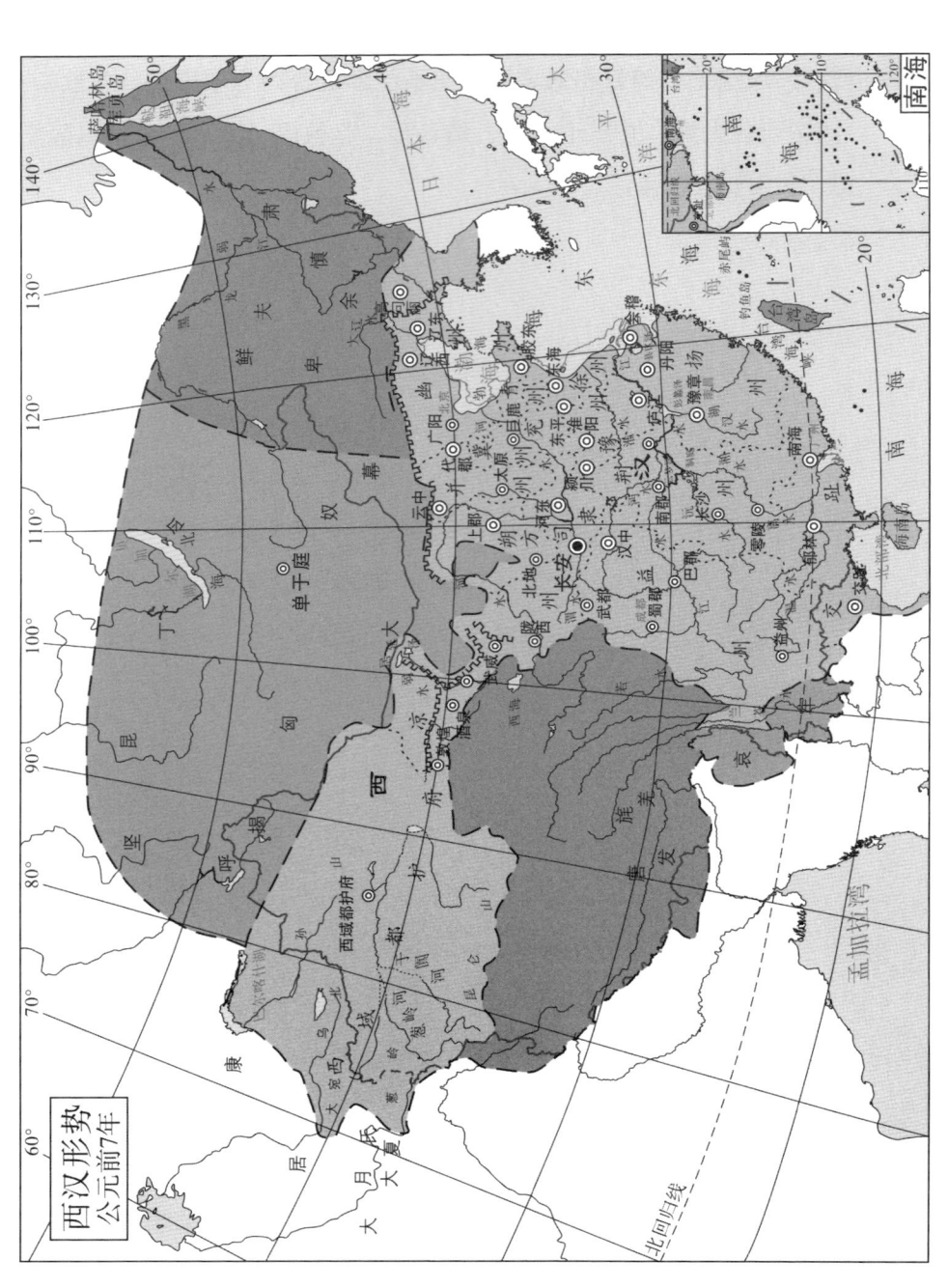

116　山河为证：地理视角下的中国史

图 4.5　西汉形势图（公元前 7 年）

第五章

汉中：蜀汉之"股臂"、曹魏之"鸡肋"

虽然我们常说三国时期魏、蜀、吴三国呈鼎立之势，但是蜀汉的力量在三国之中最为弱小，仅占有益州一地，而曹魏实力最强。蜀汉力量虽小，但是梦想却很大，以匡扶汉室为己任，对曹魏频频用兵。蜀汉对曹魏用兵的方向主要集中于汉中，双方围绕汉中的归属进行了长达50余年的争夺。那么，汉中为何成为蜀汉和曹魏争夺的焦点？这一地区究竟有何地缘战略价值？汉中对于蜀汉和曹魏又分别意味着什么？这些都是本章所要着重讨论的问题。

一、汉中的地缘战略价值

汉中，今陕西省汉中市，春秋时期为庸国所占，周匡王二年（公元前611年），巴、秦、楚合力灭庸国，此地分属秦、巴二国。战国时期，汉中成为秦、楚争夺的焦点地区，战国初属于秦国，后又为楚地。楚怀王十七年（公元前312年），秦"庶长章击楚于丹阳，虏其将屈匄，斩首八万；又攻楚汉中，取地六百里，置汉中郡"（《史记·秦本纪》）。楚怀王十八年（公元前311年），秦国为了"和楚"，将汉中的一半地区分给了楚国。到了楚顷襄王十九年（公元前280年），秦国又进攻楚国，楚国被迫将所占的汉中地区大部又割给了秦国。根据《汉书·地理志》记载："汉中郡，秦置。莽曰新成，属益州。户十万一千五百七十，口三十万六百一十四。县十二：西城、旬阳、南郑、褒中、房陵、安阳、成固、沔阳、锡、武陵、上庸、长利。"秦国将汉中郡的郡治设于西城（今陕西安康），大大加强对汉中地区的控制，切断了楚国军队西北方向的进军路线。可以看出，至少自春秋战国时期始，汉中就已经成为诸侯大国争夺的焦点，成为至关重要的战略枢纽地区。正如顾祖禹在《读史方舆纪要》中指出："夫汉中关川、陕之安危，立国于南北者所必争也。"[1]

到了秦汉之际，汉中地区的地缘战略价值进一步显现了出来。刘邦被项羽封为汉王之后，通过经营汉中，休养生息，厉兵秣马，实力大为增强，然后突袭三秦并夺取关中，最后成就一代帝业，建立大汉天下。可以说，汉中地区是刘邦与项羽争夺天下的战略基地，甚至可以说是刘邦建立大汉王朝的王兴之地。西汉末年，公孙述据有巴蜀之地，镇汉中，建元称帝。到了东汉时期，汉中郡所管治的地区由原来的十二县变成了九县（少了旬阳、武陵和长利三县），郡治迁移到了南郑（今陕西汉中）。东汉末年，五斗米道的第三代天师张鲁，相继袭杀汉中太守苏固、别部司马张修后，在汉中盘踞长达数十年，最后

---

[1]〔清〕顾祖禹：《读史方舆纪要》卷56《陕西五·汉中府》，中华书局，2005年，第2672页。

被曹操所收。随后，蜀汉和曹魏围绕汉中地区进行了长达50余年的争夺。

据宋杰教授粗略统计，从建安十九年（公元214年）刘备占领成都进而据有益州开始，到公元263年蜀国灭亡，蜀汉以汉中作为屯兵基地对曹魏发动的进攻多达8次，而曹魏方面大概发动了5次大规模的战役进攻汉中。曹魏景元四年（公元263年），钟会率大军攻入汉中，失去了汉中庇护的蜀汉政权随之灭亡。

汉中之所以成为蜀汉和曹魏争夺的焦点和锁钥地区，与汉中郡本身具备的地缘战略条件有着密切的关系。

第一，汉中是一个交通枢纽，以其为中心，有多条通往数个战略方向的交通要道。

蜀汉和曹魏之所以在汉中有长达50余年的争夺，第一个也是最重要的原因是汉中交通便利，可谓是四通八达，是川陕之间多条交通要道的必经之地，由此东出襄樊，西达陇右地区，正是《孙子兵法》所说的兵家必争之"衢地"①，极具战略枢纽价值。正是这个原因，蜀汉和曹魏之间的战事大部分发生在这个地区。

汉中地区的交通以郡治南郑为中心，向北通往雍州方向主要有3条道路，分别是褒斜道、傥骆道和子午道。蜀汉可以通过这3条道路翻越秦岭，然后抵达关中地区；反之，曹魏也可以通过这3条道路到达汉中地区。由汉中往南的益州方向，则有2条道路可以通往四川盆地，分别是金牛道和米仓道，可以到达成都或巴中地区。

其一，褒斜道。这条道路是一个长达五六百里的山谷，自汉代的

---

① 《孙子兵法》中对地形地貌的分类有九，曰：用兵之法，有散地，有轻地，有争地，有交地，有衢地，有重地，有圮地，有围地，有死地。而衢地就是指四通八达之地或多国交界且交通便利之地，是战略枢纽地区。

褒中县褒口始，经石门、三交城、二十四孔阁、赤崖，溯褒水河谷而上，出斜谷口就到了魏国扶风郡郿县的五丈原（今陕西岐山南，就是后来诸葛亮病逝的地方）。据《后汉书·孝顺帝纪》所述："褒斜，汉中谷名。南谷名褒，北谷名斜，首尾七百里。"褒斜道是由汉中到关中地区最短的道路，因此是连接巴蜀与关中地区的重要交通线路，也是重要的商品物资陆路运输线路。早在先秦时期，褒斜道就已经开通使用，秦时修有栈道，后来被刘邦一把火烧了，到了两汉时期又有修筑和维护，沿途设有官方驿站方便来往人员。东汉末年至三国时期，褒斜道的栈道以及驿站等设施不断遭到破坏、重新维护，始终是蜀汉和曹魏均可资利用的重要交通干线。

其二，傥骆道（骆谷道）。所谓傥骆道，因南口曰傥，在洋县北三十里，北口曰骆，在西安府盩厔西南百二十里，故名。其大致走向为：从现在陕西周至西南县城三十里的西骆谷上溯，翻越十八盘岭，过骆谷关，经厚畛子、佛坪、华阳，再经傥水谷南下到洋县为止，总长有四百多里，比褒斜道要短一点。傥骆道最靠近秦岭主峰太白山，途中要翻越太白山周围的五六座分水岭，人烟稀少，常有猛兽出没，再加上傥水和骆水之间水流短，缺水地带长，行船不便，可谓是汉中和关中之间最艰险的一条道路。虽然傥骆道行路艰险，但也是蜀汉和曹魏互为征伐的重要通道。蜀汉建兴八年（公元230年），曹魏将领曹真和司马懿率兵从诸道进攻蜀汉，曹魏先锋夏侯霸率军进入傥骆道。曹魏景元四年（公元263年），司马昭下令多路并进南征蜀汉，其中钟会由傥骆道伐蜀，此一战最终灭亡了蜀汉。

其三，子午道。此道是连接汉中和长安的重要道路，位于长安正南，因穿越子午谷，且从长安向南行的一段道路的方向是正南北向，因此得名。（在中国古代，人们根据地理方位将经线称为"子午线"，其中"子"代表北方,"午"代表南方。)《读史方舆纪要》记载:"子午道,今新开。南口曰午,在洋县东百六十里;北口曰子,在西安府南百里。有子午关,见长安县。通典:'汉中入长安取子午谷路,凡八百四十一里。'谷长六百六十里,或曰即古蚀中也。"[①]秦汉之际,刘邦被封为汉王之后从长安经子午道进入汉中。子午道道路险阻,崎岖难行,沿途有诸多重要关隘,比如子午关、腰岭关、饶峰关、黄金戍等,可以据险坚守,是防御重地。因此,在三国时期,子午道在曹魏和蜀汉的军事行动中发挥了重要作用,使曹魏能够迅速向汉中地区增兵并进攻蜀汉,当然也是蜀汉据险而守的重要线路。

以上是自汉中向北雍州方向的3条交通要道,我们再来看看自汉中往南通向益州方向的2条重要通道。

其一,金牛道。此道也叫剑阁道,是连接成都和汉中的交通要道,是川陕之间重要的行军通道。《读史方舆纪要》记载:"金牛道,自沔县而西南至四川剑州之大剑关口,皆谓之金牛道,即秦惠王入蜀之路也。"[②]诸葛亮曾花费了大量人力物力整修金牛道,其大概走向为:自汉中出发,由沔县西南行,过烈金坝,进入武丁峡,再穿七盘岭,经现在广元市的龙门阁、明月峡之后,最后经剑门、柳池驿到达成都。曹魏景元四年(公元263年),钟会就是自金牛道(剑阁道)攻下成都。此后,金牛道成为历代兵家攻取四川的主要通道。

其二,米仓道。此道自古就是一条重要的运粮通道,故而得名。其大概走向为:自汉中郡治南郑向南出发,溯汉水之支流濂水而行,

[①]〔清〕顾祖禹:《读史方舆纪要》卷56《陕西五·汉中府》,中华书局,2005年,第2669页。
[②]〔清〕顾祖禹:《读史方舆纪要》卷56《陕西五·汉中府》,中华书局,2005年,第2760页。

穿越米仓山（米仓山是千里巴山的主脉之一，绵延几百里，为川北的天然屏障），再沿宕渠水而行，即可到达巴中地区。但是，在历史上，巴中地区比较偏僻，经济不太发达，故此道未能成为川陕交通主干线，也没有大规模修整辟成栈道。因此，此道道路狭窄、曲折、险峻，不易通行。建安二十年（215年），曹操发兵进占汉中，张鲁就是沿着米仓道南逃至巴中。后来，刘备又派张飞和曹魏大将张郃在宕渠激战，张郃败走，张飞遂屯兵米仓山。

由关中进入巴蜀还有另一条重要通道——陈仓道。此道也叫故道、嘉陵道、散关道。陈仓道由长安沿渭水向西至陈仓（今陕西宝鸡东），翻越秦岭山脉西段的大散岭，然后向西南出散关（今陕西宝鸡西南），沿嘉陵江上游（宋以前称为故道水）谷道至今凤县，折西南沿故道水河谷，经今两当（汉故道）、徽县（汉河池）至今略阳（汉嘉陵道）接沮水道抵汉中，或经今略阳境内的陈平道至今宁强大安驿接金牛道入蜀。陈仓道地处关中、汉中以及巴蜀地区的核心位置，经此道可东进关中，也可以控制陇右地区，极具战略价值。历史上发生在此地的最著名的历史故事是韩信的"明修栈道，暗度陈仓"。刘邦在鸿门宴后，迅速翻越秦岭来到汉中，并用张良计策，烧毁身后的栈道，以向项羽表明自己永留汉中封地、不回关中的决心。养精蓄锐之后，刘邦决心要杀回关中。他任用韩信为大将军，采用韩信计策，假装重修烧毁的栈道，与此同时，军队主力则绕道陈仓道远路来到宝鸡，然后东进长安。"明修栈道，暗度陈仓"的故事是一个声东击西的经典古代战例。蜀汉建兴六年（公元228年），诸葛亮由此道出兵，出散关，进围陈仓。相比于褒斜道和傥骆道，陈仓道的交通价值稍微逊色一些，但是军事价值极大。

第二，汉中地势险要，易于防守方进行防御，而不利于进攻方进攻。

汉中地区因其易守难攻的地理特点和地势条件成为蜀汉和曹魏争夺的焦点地区。这个地区在军事战略上具有明显的防守优势，而进攻方则面临重重困难。

以下从 5 个方面详细阐述汉中地区的防御性特点。

地形地势：汉中地区的地形非常崎岖和险要。山脉、山谷、河流和森林交织在一起，形成了天然的防线。最突出的地理特点之一是蜀汉的褒斜山脉，该山脉绵延数百里，交通困难。这些自然屏障使得对汉中地区的进攻非常具有挑战性，而在这个地区进行防御则相对容易。

关隘和要塞：汉中地区拥有许多重要的关隘和要塞，如汉水、斜谷、陈仓等。这些地点都是军事战略上的关键点，可以被轻松地用作防御性堡垒。蜀汉和曹魏都努力控制这些关隘，以加强他们的防线，使对方难以进攻渗透。

气候：汉中地区的气候也对防守方有利。汉中地区地形比较复杂，也就意味着气候相对比较复杂多变，湿润多变的气候对进攻方的军队和物资供应构成了挑战。这种气候条件降低了进攻方的作战效力，同时也增加了维持军队的困难。

军队调动：由于地势险要和道路条件，汉中地区的军队调动受到了限制。道路狭窄、山路崎岖，使得军队的运输和调动变得缓慢和艰难。这为防守方提供了更多的时间来部署和准备，而进攻方则需要克服这些困难，使得进攻计划变得复杂。

粮食和补给：在汉中地区进行进攻需要足够的粮食和物资供应，进攻方需要依赖远距离的物资供应线，这些供应线容易受到袭击而中断，从而使进攻方的军队陷入困境。

总之，汉中地区的地理特点使其成为极具防御性的地区。这为蜀汉提供了坚固的防线，使他们能够有效地抵御曹魏的进攻。对曹魏来说，克服这些地理障碍成为一项极为困难的挑战。因此，汉中地区所具有的易守难攻的防御优势使其成为三国时期蜀汉和曹魏争夺的焦点地区。

第三，汉中位于蜀汉与曹魏的交界地带且有较为优越的农业条件，自然成为交战争夺的中心。

汉中位于蜀汉与曹魏的交界地带，因此四通八达的汉中自然就会成为两者交战和争夺的主场地。对曹魏而言，虽然占有天下大部分地区，其经济和军事重心应该都在中原地区，但是关中地区是其西部的经济和政治重心。从地理位置上来看，关中地区刚好与蜀汉隔着汉中南北对峙。因此，在刘备于建安十九年（公元214年）占领益州之后，曹操就立即意识到了汉中在抑制刘备势力发展方面的重要性，要尽可能占有汉中，以免落入刘备之手，留下后患。曹操于建安二十年（公元215年）趁刘备在益州立足未稳之际，率军赶走了张鲁，从而先于刘备占领了汉中。对刘备政权而言，仅占有益州一地，还天天梦想着匡扶汉室，无益于痴人说梦。而且，卧榻之侧岂容他人鼾睡，如果蜀汉方面不把汉中占为己有，那么曹魏可以随时经由汉中通往益州的几条战略通道进攻刘备政权，这就让自己处于一种随时被曹魏灭亡的危险状态。因此，出于维护现有的政权和为了将来的所谓匡扶汉室大业，蜀汉方面必须倾尽全力夺回汉中。

进而言之，在占有汉中之后，在蜀汉政权看来，孙吴政权在大多数情况下和自己是结盟关系，是用来对抗曹魏政权的，因为蜀汉一己之力根本无法与曹魏和孙吴同时对抗。蜀汉联合孙吴以抗曹魏，而汉中地区几乎是蜀汉进攻曹魏的最佳基地和进军路线（当然，蜀汉和曹魏在汉中东边的荆州方向也有过多次军事行动，但是相比而言，汉中地区才是双方争斗的焦点地区）。所以，蜀汉一直在琢磨怎么经由汉中进攻曹魏的关中，以实现其所谓匡扶汉室的政治理想。

因此，汉中因其位于曹魏和蜀汉的交界地带，不是被曹魏占领，就是被蜀汉占领，或是同时被双方分而治之。更进一步来说，汉中是维护蜀汉生存的生命线，同时又是曹魏攻伐蜀汉的主要进军路线，因此双方在这里发生了长达几十年的战事也是情理之中的事情了。

蜀汉和曹魏政治势力争夺汉中地区，除了因为这里交通便利和易守难攻，还因为这里有较为优越的自然条件，能够在后勤补给从后方运往前线比较困难的情况下自己生产出战争所急需的粮草。具体而言，汉中位于温暖湿润的亚热带气候与暖温带的过渡地带，年平均温度14~15摄氏度，降雨量丰富，年降水约800毫米。冬天不太冷，夏天不太热，河流不上冻，各种灾害天气也比较少，因此适合水稻、小麦、油菜等各种农作物生长。正是因为农作物种植条件优越，在秦、西汉时，汉中郡已有人口约36万，到了东汉时期，因为管辖的县有所减少（少了三个县），其管辖的人口有将近27万。简单来说，汉中不仅物产丰富，而且人口也不算少，再加上经由蜀道运输粮草实属不易，而汉中地区可以就地解决战争所需要的一部分粮草和人力资源，这就使得汉中的价值大大增加。这一点，对仅占有益州之地的蜀汉而言尤其重要，而对坐拥大半天下的曹魏而言则不是那么紧迫，这也是蜀汉和曹魏对汉中重视程度不同的重要原因，这个问题后面我们会详细分析。

在占有汉中之后，诸葛亮在此地大兴屯田，并鼓励农桑，以缓解蜀汉北伐曹魏所急需的粮草问题。诸葛亮去世之后，其继任者基本延续此项政策，以充分利用汉中地区的自然资源。正如克劳塞维茨所言:"地区和地貌同军队的给养是有关系的,它同军事行动本身也有十分密切而永久的关系,它对战斗过程本身,以及对战斗的准备和运用,都有决定性的影响……地形的作用主要表现在战术范围,但其结果则表现在战略范围。"[1]

处于蜀汉和曹魏交界地带的汉中地区因其具有丰富的自然资源、适宜的农业条件和重要的经济价值,使得它成为蜀汉和曹魏争夺的焦点和主战场。

二、蜀汉之"股臂"、曹魏之"鸡肋"

赤壁之战后,汉中成为曹操、刘备以及孙权三方势力关注的焦点,严格意义上来说是刘备和曹操(以及后来的司马氏)这两方势力争夺的焦点地区,孙权大多时候只是看热闹而已,作壁上观。但是,蜀汉和曹魏对汉中的重视程度其实是不一样的,换句话说,蜀汉和曹魏对汉中的依赖程度是不一样的,而这主要是因为蜀汉政权和曹魏政权各自控制的地区和实力不同。

可以说,在三国时期,蜀汉是最弱小的,这个弱小一方面指的是军事实力和经济实力,另一方面就是字面上的意思,蜀汉真的很小,统治的面积在三国里面是最小的。蜀汉在巅峰时期,其所控制的地区大概如下:①蜀汉都城成都。成都是蜀汉的政治和文化中心,也是蜀汉的都城。成都地区在蜀汉统治下得到了特殊的重视。②川东和川南。蜀汉控制了四川盆地的大部分地区,包括成都平原和周边的川东

---

[1]〔德〕克劳塞维茨:《战争论》,中国人民解放军军事科学院译,商务印书馆,1982年,第464—468页。

和川南地区。这一地区是蜀汉的核心领土，也是其经济和军事实力的重要支撑。③巴蜀地区。巴蜀是蜀汉政权的重要地区，包括今重庆、贵州和陕西一部分地区。这一地区在蜀汉时期是重要的军事和经济基地。④汉中地区。汉中地区位于四川盆地以北，是蜀汉和曹魏争夺的焦点之一。⑤南中地区，包括今湖南和广西一部分地区。这一地区在蜀汉政权中发挥了重要作用。蜀汉不过占有四川和重庆以及周边一些地方，天下十三州，仅占有益州一州而已。

正是因为蜀汉过于小巧玲珑，对蜀汉而言，汉中可谓是"股臂"，甚至说是生命线都不为过。当曹操攻入汉中而张鲁败走巴中之时，蜀将黄权向刘备指出："若失汉中，则三巴不振，此为割蜀之股臂也。"（《三国志·蜀志·黄权传》）如果说黄权说得还算含蓄的话，蜀汉太守杨洪则说得更为直接："汉中则益州咽喉，存亡之机会，如无汉中则无蜀矣，此家门之祸也。"（《三国志·蜀志·杨洪传》）谋士法正也曾经对刘备说："曹操一举而降张鲁，定汉中，不因此势以图巴、蜀，而留夏侯渊、张郃屯守，身遽北还，此非其智不逮而力不足也，必将内有忧逼故耳。今策渊、郃才略，不胜国之将帅，举众往讨，则必可克。克之之日，广农积谷，观衅伺隙，上可以倾覆寇敌，尊奖王室，中可以蚕食雍、凉，广拓境土，下可以固守要害，为持久之计。此盖天以与我，时不可失也。"（《三国志·蜀志·法正传》）从以上刘备方面的言论可以看出，在蜀人看来，汉中郡对定都成都的刘备政权是至关重要的，可谓是唇亡齿寒的关系，几乎是关乎蜀汉政权存亡的"咽喉"或"股臂"，要想保住蜀汉政权，就必须占有汉中并在汉中稳稳扎根，这一点对蜀汉政权的长远发展大有裨益。

正是因为蜀汉政权上下都充分意识到汉中的重要性，当曹操于建安二十年（公元215年）打败张鲁而占有汉中之时，刚刚占领成都不

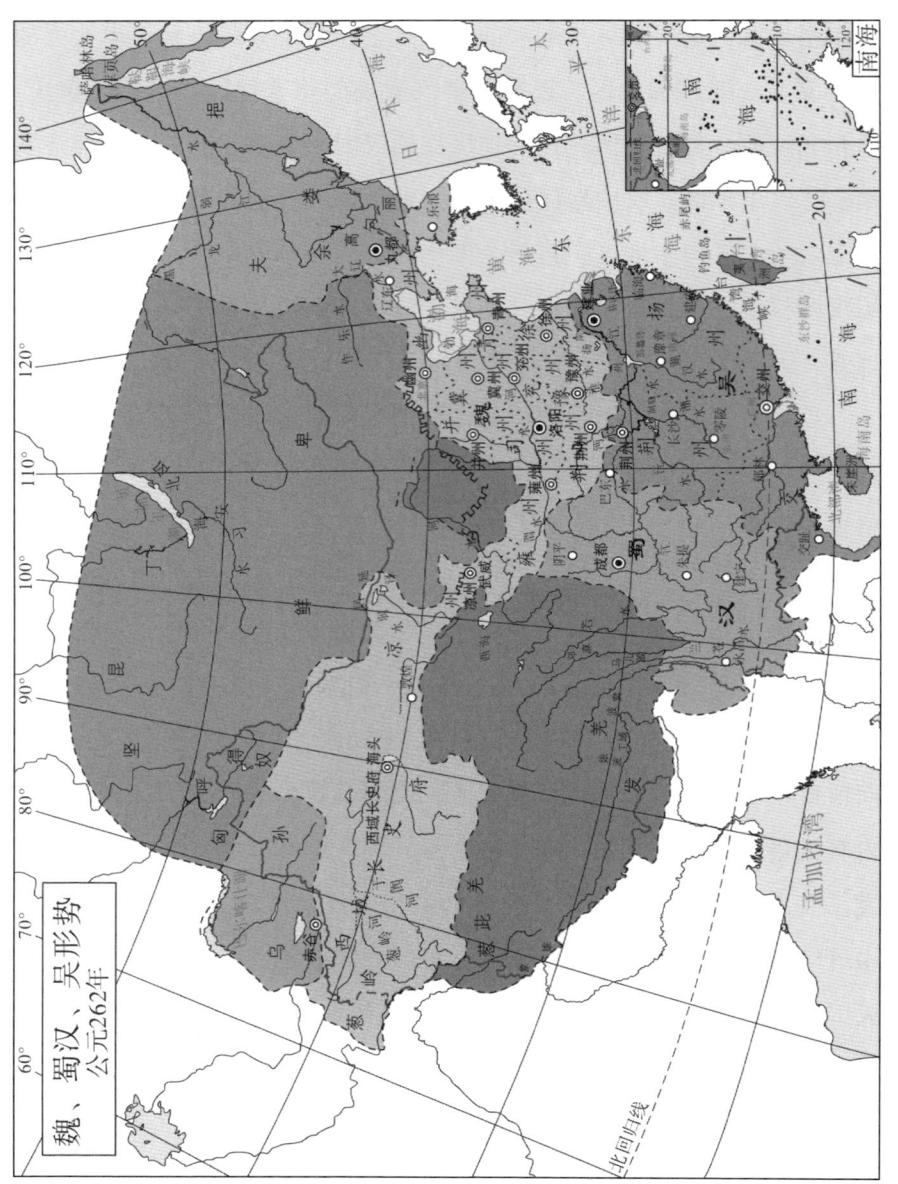

128　山河为证：地理视角下的中国史

图 5.1　魏、蜀汉、吴三国形势示意图

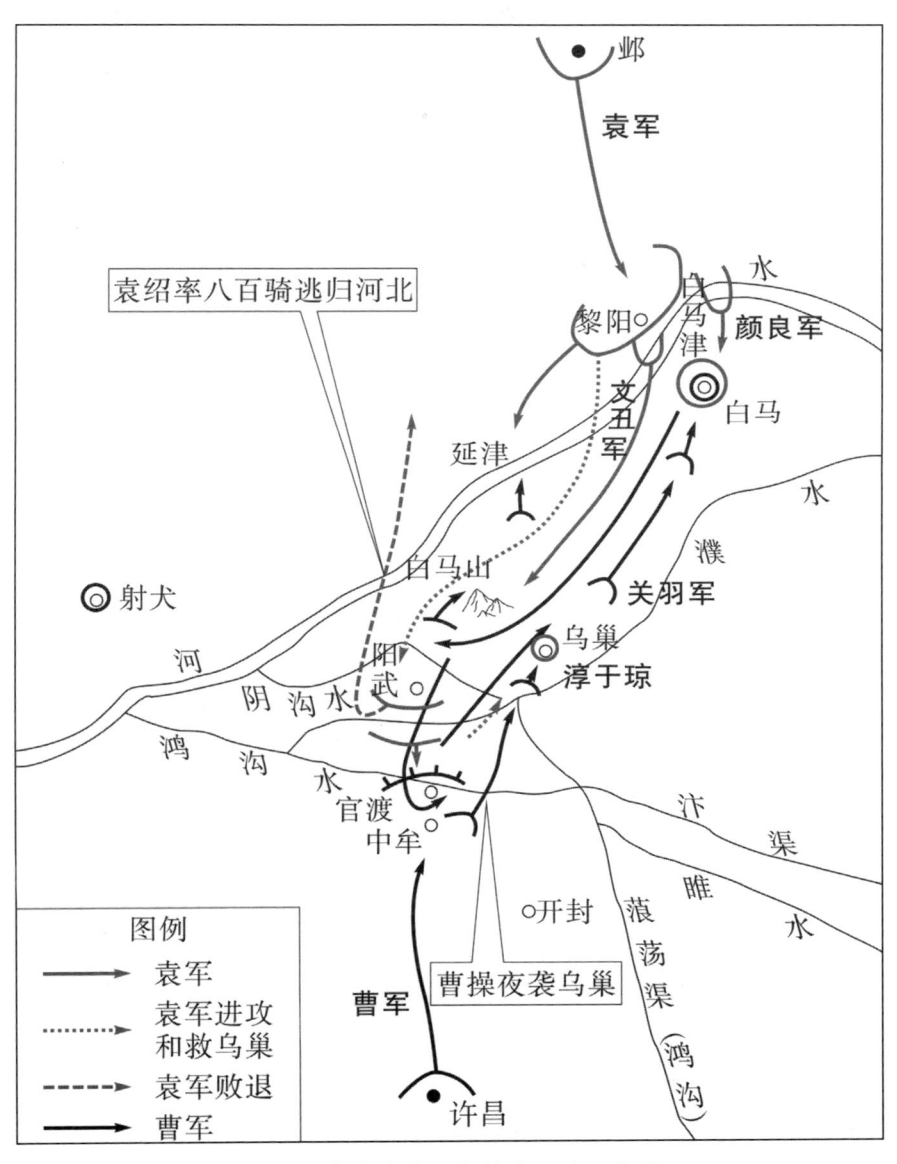

第五章 汉中：蜀汉之"股臂"、曹魏之"鸡肋" 129

图5.2 袁曹官渡之战作战经过示意图

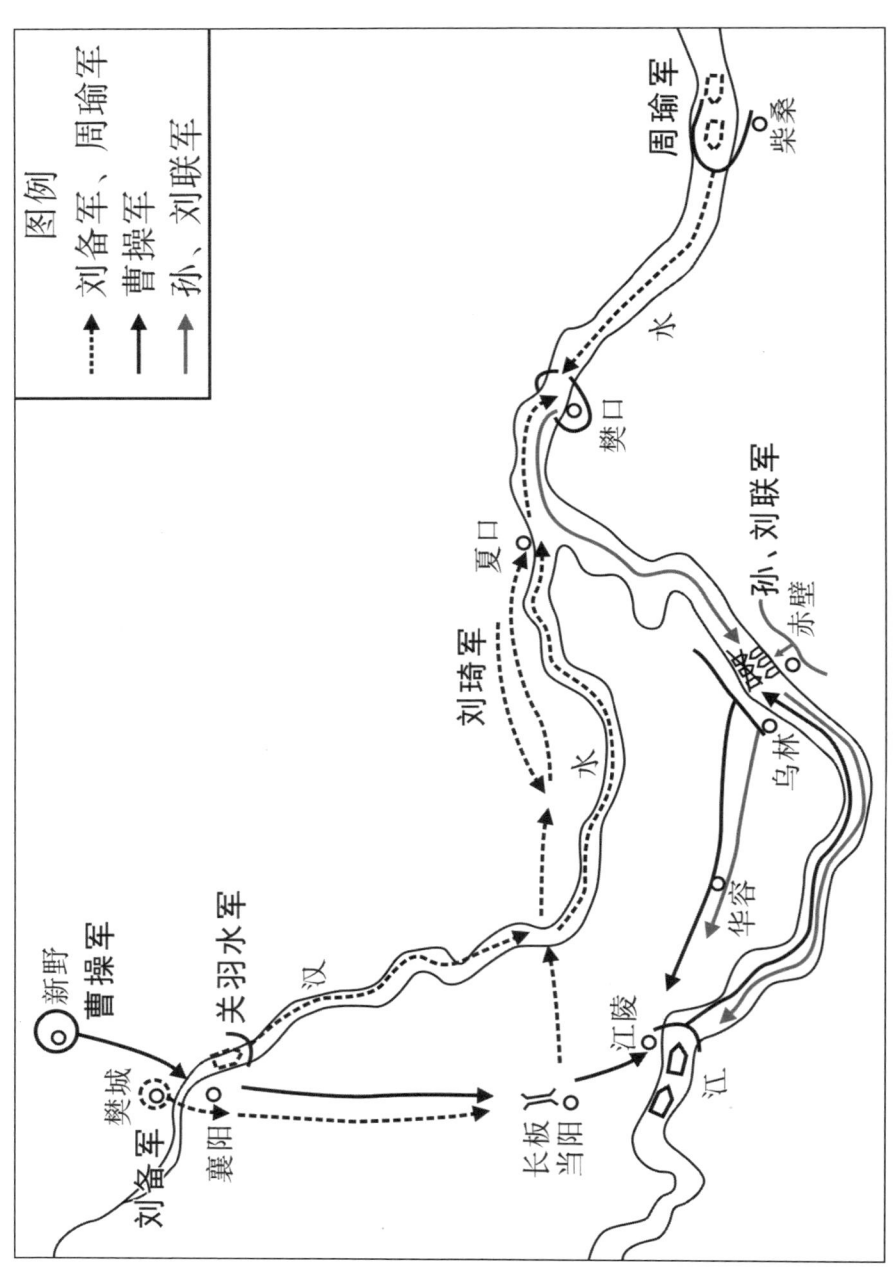

130　山河为证：地理视角下的中国史

图5.3　赤壁之战作战经过示意图

久的蜀汉政权大为紧张，感觉受到了严重的威胁。因此，刘备赶紧向东边的孙权求和，割让长沙、江夏和桂阳给孙权，将兵力收回蜀地以迎曹军。此时，虽然曹军占有汉中，但是对刘备方面有利的是，曹操并未将主力留下防守汉中，而是将主力撤回中原，留下夏侯渊和张郃屯于汉中守卫而已。因此，刘备在经过两年的精心准备之后，除了留下关羽镇守荆州、诸葛亮留守成都以外，几乎调用了手下所有猛将和谋士于建安二十二年（公元217年）利用曹军主力不在汉中且守将才略不足的有利机会发兵北伐，成功地将汉中这块风水宝地从曹魏手中抢了回来，并同时打通了通往中原荆襄之地的通道。刘备此次亲自发动的汉中战役称得上是刘备本人战争生涯的巅峰之作，为蜀汉政权的根基稳固提供了相对较大的辗转腾挪的空间。完全占领汉中郡后不久，刘备即自称为汉中王。

在占有汉中之后，蜀汉政权高度重视汉中的防御和建设，无论是刘备，还是诸葛亮以及后来的蒋琬和费祎，都在汉中苦心经营，以求得汉中的稳定，并使其成为北攻曹魏的基地。

与蜀汉将汉中视为"股臂"不同的是，曹魏将汉中视为"鸡肋"。为什么会有如此大的差异？原因很简单，曹魏比蜀汉强大。曹魏和蜀汉不一样，可谓地大物博，财大气粗，天下十三州，曹魏占有九州（司、幽、冀、并、凉、豫、兖、青、徐）之地。具体而言，曹魏政权占有的主要地区包括中国北方和中部的广阔领土，其核心领土主要包括：①曹魏都城洛阳。洛阳是曹魏政权的国都，也是曹魏的政治和文化中心。洛阳地区在曹魏统治下得到了特殊的重视。②北方平原。曹魏占据了中国北方广阔的平原地区，包括今河北、山西、河南等省份。这些地区是曹魏的主要经济区和粮食生产基地。③中部地区。曹魏政权还控制了包括陕西、山东、湖北在内的中部地区，这些地区对巩固曹魏的统治起到了重要作用。④西南地区。曹魏政权控制了西南一部分地区，包括今重庆和四川的一部分地区。⑤不仅如此，曹魏政权还占据了东北地区的一部分，包括辽宁和吉林等地。因此，小小的汉中地区，远离曹魏的统治中心，要不是蜀汉总是凭借此地骚扰曹魏，曹魏可能还真不会太在乎这个弹丸之地。但是，从另一个角度讲，汉中对曹魏也不是不重要。因为，作为蜀汉的敌对一方，既然汉中对蜀汉那么重要，那么只要占据汉中，也就扼住了蜀汉的股臂，就可以随意拿捏蜀汉了。而且，从地理位置上，汉中离成都不算远，一旦攻克汉中，灭掉蜀汉就是顷刻之间的事情了。

因此，汉中之于曹魏政权就是一个"鸡肋"般的存在了。

这个"鸡肋"的说法，也是源自曹操进攻汉中时留下的典故。很多读者在中学时应该学过一篇选自《三国演义》的课文，叫《杨修之死》。其故事梗概如下：曹操率兵进攻汉中，但是久攻不下，心情烦闷，想收兵又怕被蜀汉士兵嘲笑，因此一时犹豫不决。正在烦闷之时，军营中的厨师给曹操送了一碗鸡汤补补身子。曹操看见碗中有几块鸡肋，因此有感于怀。恰巧此时，夏侯惇进来问夜间的口令，曹操随口就说："鸡肋，鸡肋。"然后夏侯惇就给传令官说，今晚的口令是"鸡肋"。曹操的行军主簿杨修是个大聪明，他一看军营中传的口令是"鸡肋"，就立刻想到了曹操真实的想法。因此，他告诉大家，可以收拾收拾东西回家了。有人就把这事给夏侯惇说了。夏侯惇就问杨修："公何收拾行装？"杨修扬扬得意地说："以今夜号令，便知魏王不日将退兵归也：鸡肋者，食之无肉，弃之有味。今进不能胜，退恐人笑，在此无益，不如早归，来日魏王必班师矣。故先收拾行装，免得临行慌乱。"夏侯惇一听，杨修你可真是个大聪明，说得对，我也回去收拾收拾，赶紧撤。曹操看见兵将都在打包东西准备回家，就很纳闷，我也没让你们撤兵啊，你们咋这么大胆呢？找来夏侯惇询问，夏侯惇就说："主簿杨德祖先知大王欲归之意。"曹操就火了，我都不知道要撤兵，他咋知道的。叫来杨修对质，杨修这个大聪明又摇头晃脑地给曹操解释了一遍。曹操大怒曰："汝怎敢造言乱我军心！"随即喝刀斧手推出斩之，将首级号令于辕门外。当然，曹操讨厌杨修也不仅仅是因为这个事，可能更主要的还是因为杨修卷入了曹魏政权内部的政治斗争，曹操找了个借口杀了他而已。

不管曹操到底为何杀了杨修，《杨修之死》这个故事都告诉我们一个基本的事实：在曹操眼里，或是在曹魏政权看来，汉中就是一个"鸡肋"，食之无味，弃之可惜。

具体而言，汉中地区对曹魏而言相对较远，位于核心地区的西南方向。曹魏政权的核心地区位于中国北方，维护对汉中的控制可能需要投入大量的军事资源，而不一定能获得相应的战略收益。相对于曹魏的核心地区，汉中地区的资源和农田相对有限，难以满足曹魏广大领地的需求。因此，曹魏可能认为维护汉中地区并不值得过多投入资源。总之，汉中地区对蜀汉而言是关键的边界地区，具有重要的军事和资源价值，因此被称为"股臂"。而对曹魏而言，由于其相对较远和资源有限，汉中地区被认为是"鸡肋"，即无法充分利用或维护的地区。这种不同的战略视角导致了两个政权对汉中地区的评价和重视程度不同。

三、魏蜀在汉中的军事拉锯

正如上文所言，汉中对蜀汉而言是"股臂"，是"咽喉"，而对曹魏而言不过是"鸡肋"而已。所以，在双方长达几十年的汉中拉锯战中，蜀汉一直是比较主动和积极的姿态，而曹魏则相对比较被动和消极。可以说，经由汉中积极发动对曹魏的征战，几乎是蜀汉的一种生存方式和生活状态了。曹魏在大多数情况下被动迎战，到了最后实在忍不了直接就通过汉中进兵益州将蜀汉灭亡了，终结了双方在汉中多年的战争拉锯状态。

1. 刘备和曹操的汉中之争

曹操自从起兵逐鹿中原之时，就已经意识到关中、陇右等地的军事价值了，他曾担心袁绍"侵扰关中，乱羌、胡，南诱蜀汉"（《三国志·魏志·荀彧传》）。建安十六年（公元211年），曹操进兵关中，在付出了死伤万余人的代价之后赶走了马超和韩遂；随后，曹操又命夏侯渊扫除了长期盘踞在陇右地区的地方势力，基本平定了关陇地区。为了维护关陇地区的稳定，与关陇地区接壤的汉中地区就进入了曹操关注的视野，尤其是在刘备占有益州之后，曹操对汉中地区就更为关切了。因此，建安二十年（公元215年），趁着刘备领兵东下和孙权鹬蚌相争之时，曹操率领夏侯渊、夏侯惇、张郃、徐晃等大将领兵10万余人自陈仓出散关，向汉中进发，并于当年七月攻破阳平关。盘踞汉中多年的张鲁眼看顶不住曹操的进攻，随即仓皇逃往巴中；当年八月，曹操率军进占汉中郡治南郑，并向张鲁等人发出劝降书；十一月，迫于形势，张鲁率部向曹操投降，张鲁本人及其五子皆为列侯；十二月，曹操留下夏侯渊、张郃等人镇守汉中，自己率兵撤回邺城。其实，如果曹操再努力一把率兵进攻益州，将刘备势力一举歼灭也不是没有可能。当时曹操的司空仓曹刘晔和丞相主簿司马懿都力劝曹操一鼓作气拿下益州。但是，曹操考虑到经由汉中攻蜀，行军和粮草运输都是大问题，而且刘备手下还有众多文臣猛将，一时打下来也不容易。因此，曹操认为"人苦无足，既得陇右，复欲得蜀"，拒绝了刘晔和司马懿的建议。曹操担心的问题都是很实在的问题，但是没有乘机一举拿下巴蜀，这可能是曹操继赤壁之战后的又一大败笔，这也给他的后人曹丕等人遗留下了麻烦。

曹操领兵攻下汉中并派兵驻防，这让刚刚据有益州的刘备大为紧张，那些刚刚投降刘备的益州本地士民一时间也人心惶惶，不少人还人心思变，"蜀中一日数十惊，备虽斩之而不能安也"（《三国志·魏志·刘晔传》）。因此，为了稳固自己在益州的地位和统治，也为了维护益州之地的安危，刘备必须倾尽全力从曹操手中夺回汉中。因此，刘备于建安二十年（公元215年）六月与孙权讲和，并在当年十二月将张郃击败，收复了巴山以南的失地，从而使巴蜀的局势暂时缓和下来。

建安二十二年（公元217年），谋臣法正给刘备献策攻取汉中，在益州站稳脚跟的刘备觉得法正说得有道理，在掂量了下自己的实力之后，决定利用曹操将主力调回中原而汉中守备不力的条件彻底解决汉中问题，并打算夺取汉中之后，在此地奖励耕种，积蓄力量，伺机再图光复汉室大业。

当年冬天，除了没带诸葛亮和关羽之外，刘备几乎倾蜀汉举国之力率领诸将领精兵6万余向汉中进军。刘备将兵力分为东西两路，东路军为蜀军主力，约5万人，由刘备亲自指挥，以法正为谋，部将有赵云、黄忠、魏延等，走金牛道，计划在占领阳平关之后进入汉中地区；西路军由张飞、马超等人率领偏师1万余人沿陈仓道北上，经过武兴，进驻下辨，以达到阻击曹魏方面从陇西和陈仓方面赶过来的援军并保护益州门户——白水和剑阁——的目的。曹操听闻刘备几乎倾巢而出要进占汉中，随即派大将曹洪、曹休领兵自陇西向张飞部进击。

建安二十三年（公元 218 年）四月，刘备遣陈式率兵攻打马鸣阁道，以绝汉中与曹魏许都的联系，但是被徐晃击败，蜀军死伤颇多。看来陈式是个假把式，打仗并不好使。随后，刘备再次派兵攻破马鸣阁，随即亲自引兵攻打阳平关及广石等地，张郃和徐晃竭力防守。刘备眼看久攻不下，发书向留守在成都的诸葛亮求援。诸葛亮随后几乎将能调往汉中前线的蜀军全部调出，并积极调运粮草以支援刘备。这样一来，刘备在汉中的兵力就占据了上风。眼看汉中战事胶着，七月，曹操不顾北方代郡、上谷等地的叛乱，亲率大军赶往支援，于九月到达长安，随时准备向汉中进发增援。

建安二十四年（公元 219 年）一月，刘备率军南渡沔水，在定军山居高临下安营扎寨，而夏侯渊则率军在定军山下扎营。夏侯渊做好了防备刘备夜间偷营的准备，但是刘备听取法正之言，命黄忠从定军山上杀出，杀了个夏侯渊措手不及，夏侯渊兵败阵亡。定军山一战，曹军折损大将夏侯渊，气势上就不如以前那么猛了。三月，曹操亲率大军 10 万从褒斜道增援汉中。刘备知道曹操来者不善，但是明白曹军远道而来，粮草运输困难，势必寻求速战速决，因此，刘备选择坚守不出而据险力守，并派军不断骚扰曹操的运粮路线，以打乱曹操作战计划。

曹操久久不能取胜，因此全军士气低落，也不断有士兵逃走，这导致曹操意识到不能再这么耗下去了。五月，曹操遣张郃镇守陈仓，曹真驻守下辨，然后自己率领剩下的曹军灰溜溜撤回长安，刘备则占领南郑，占有了汉中郡。然而，此时刘备只是占有了汉中郡的西部，东部的西城、上庸、房陵等地仍旧在曹操手中。随后，刘备派自己的养子刘封和孟达一起，攻占房陵、上庸和西城，将汉中郡全部地区据为己有，在关中与益州之间建立了一个战略缓冲地带，确保了益州的绝对安全，并且还打通了通往荆襄地区的道路，为将来逐鹿中原增加了一种可能（但是，他们很快就丢失了这样的机会和可能），也为蜀汉的几十年基业打下了坚实的基础，三分天下格局最终形成了。后来的刘禅之所以能够稳稳地在成都当皇帝，还真应该好好谢谢自己的父亲刘备。刘备这么努力，才有了刘禅的未来。不过，刘备现在有多努力，刘禅将来就有多颓废。

经过汉中之战，刘备占有了汉中的土地，暂时保证了益州的安全，而曹操则将汉中的大批民户迁走，在撤兵时"拔汉中民数万户以实长安及三辅"（《三国志·魏志·张既传》），获得了长远发展的人力资源，有助于曹魏国力的提升。同时，放弃汉中地区之后，为了防备蜀汉自汉中的各个要道进攻关中和陇右地区，曹魏采取了点、线、面结合的防御方式，在蜀汉可能的进兵通道诸如褒斜道、傥骆道、子午道等各个关隘重点部署兵力。而且，在东起长安西至陈仓这一条线上的长安、郿县以及陈仓等战略要地，部署机动部队，形成对各重要关口的有效支援应急能力，进而形成关中平原和陇右山地能够互相支援的战区，从东西两面形成对汉中地区的防卫体系并在关键时刻构成战略威胁态势以兵进汉中。总而言之，汉中之战后，曹魏形成了积极稳妥的防御战略，"但坚壁拒守以挫其锋，彼进不得志，退无与战，久停则粮尽，虏略无所获，则必走矣。走而追之，以逸待劳，全胜之道也"（《三国志·魏志·明帝纪》），谓之"汉中攻略"。

可以说，汉中之战，刘备获得了暂时胜利的快感，曹操则获得了长远胜利的潜质。

2. 诸葛亮的五次攻魏之战

建安二十四年（公元219年），拿下汉中之后，刘备于当年七月在沔阳称汉中王，留下魏延为汉中都督、镇远将军兼汉中太守来总体负责当地军政事务，随后领蜀军主力撤回成都。

总体而言，魏延在镇守汉中期间采取的是一种成功有效的防御策略。他向刘备保证，如果曹操举全国之力进攻汉中，那就请刘备亲自前来将他们打回去，但是如果曹操派了 10 万人来进犯汉中，我魏延一个人就能将他们赶走。为了能够守住汉中，魏延将大部分兵力分别派驻在汉中各个关键节点以据险力守，而他自己则驻在南郑这个汉中交通枢纽，以便在曹魏军队入侵之时能够利用各个要道迅速支援汉中边境关隘地区。魏延这种"实兵诸围"的防御策略能够在遇到敌情时先坚守外围，拒敌于国门之外，然后再派兵支援，将来犯之敌赶出汉中。后来的诸葛亮、蒋琬以及费祎都在汉中采取这种策略，总体是有效的。可惜的是，费祎之后的姜维废弃了这种策略。更加可惜的是，在魏延镇守汉中之时，因为没有太多兵力照顾汉中郡的东西侧翼，再加上一些策略失败，结果汉中郡东边的西城、上庸、房陵三地失于曹魏之手，导致蜀汉失去了一条通往中原的要道，同时也加重了汉中郡的防御困难。

从公元 219 年到 227 年，汉中地区总体态势稳定，没有发生大规模的战争，汉中人民总算是度过了几年安稳日子。然而，这种安稳日子很快就结束了，因为诸葛亮要以兴复汉室的名义发动北伐了。

蜀汉建兴六年（公元 228 年）至建兴十二年（公元 234 年），诸葛亮 7 年内 5 次兴兵北伐，经由汉中各要地，多次进攻陇右以及关中地区，可谓是殚精竭虑，鞠躬尽瘁，只是事不遂愿，最后病故于五丈原，到死也没有让蜀汉军队走出汉中进入曹魏统治的陇右和关中地区。

我们首先来解释为什么诸葛亮要倾全国之力经由汉中北伐曹魏。

当年，刘备三顾茅庐请诸葛亮出山的时候，诸葛亮在"隆中对"中给刘备描绘了一幅"汉室可兴"的宏伟蓝图。诸葛亮给刘备说：

"如果能占据荆、益两州，守住险要的地方，和西边的各个民族和好，又安抚南边的少数民族，对外联合孙权，对内革新政治；一旦天下形势发生了变化，就派一员上将率领荆州的军队直指中原一带，将军您亲自率领益州的军队从秦川出击，老百姓谁敢不用竹篮盛着饭食，用壶装着酒来欢迎将军您呢？如果真能这样做，那么称霸的事业就可以成功，汉室天下就可以复兴了。"简单来说，要想光复大汉王朝，刘备首先要占有荆州和益州两个地方，对内改革，对外开放，搞好与周边少数民族的关系，和孙权结盟，一旦时机成熟，咱就兵分两路，一路大将从荆州出来逐鹿中原，刘备亲自率军从益州出，经汉中出击秦川，那老百姓还不都来相迎，汉室不就复兴了吗？

诸葛亮认为，刘备要想匡扶汉室，必须据有荆州和益州这两个地方。但可惜的是，关羽大意失荆州之后又被孙权斩首，刘备为了给关羽报仇发动了夷陵之战，结果被孙吴打败，几乎家底尽失，导致蜀汉彻底失去了据有荆州以及将来从荆州杀出逐鹿中原的机会。所以，留给蜀汉的选项就只有一个了，那就是蜀汉凭借益州之地，以攻代守，经由汉中北伐，如果能够占据陇右之地，形成对曹魏长安的两路夹击攻势，夺取关中，再凭据关中之地和曹魏决战，那么就有可能复兴汉室。而且，当时魏蜀吴三国并立，基本态势就是魏强、蜀弱、吴孤，蜀汉要想活下去就必须联合孙吴，然后主动进攻曹魏，运用"惊前掩后，冲东击西"的战术，隐蔽真正的作战意图，使曹魏疲于应付，以使蜀汉国祚长久，甚至有朝一日光复汉室。

这就是诸葛亮匡扶汉室的梦想，也是刘备匡扶汉室的梦想。

为了实现这个梦想，诸葛亮没有办法不殚精竭虑，没有办法不鞠躬尽瘁。但是，北伐说起来容易，做起来难！经由汉中进攻曹魏的关中地区或是陇右地区，这是对蜀汉国力的巨大考验，必须准备好精干的士兵、善于山地战的良将以及充足的粮草和辎重才能成行。因此，诸葛亮先是在蜀汉进行了各方面的改革，内修德政，依法治国，务农殖谷，外和孙吴，平息南中，精兵简政，同时研制先进的战争装备（比如先进的连发弓弩以及木马流车等），等到一切就绪之后兴兵北伐，北定中原。

曹魏黄初七年（公元 226 年），曹丕在三次攻吴失败后病死，孙权乘机向曹魏进攻，虽然没有什么大的收获，但是牵制了曹魏十数万的兵力。因此，诸葛亮认为，匡扶汉室的时机差不多到了，遂于蜀汉建兴五年（公元 227 年）三月向刘禅上了一道出师表，说"今南方已定，兵甲已足"，自己"当奖率三军，北定中原"。刘禅很高兴，授予诸葛亮北伐攻魏的全权。随后，诸葛亮统兵约 10 万（号称 20 万）进驻汉中，同时命长史张裔、参军蒋琬管理蜀汉政务，命前将军李严驻守江州（今重庆嘉陵江北岸），命护军陈到驻守永安（今重庆奉节）以防东吴。完成了相关安排和准备之后，建兴六年（公元 228 年），诸葛亮正式开始了长达 7 年的北伐曹魏。

诸葛亮第一次北伐的战略部署如下：命镇东将军赵云和扬武将军邓芝率兵由斜谷北上经由箕谷进攻郿县（今陕西眉县东），但这是诸葛亮的疑兵之计，诸葛亮亲自率蜀汉主力部队西出祁山，进攻曹魏的陇右地区。由于曹魏和蜀汉多年未战，惊闻蜀汉大军杀来，曹魏刚开始有点蒙，遣曹真率主力驻守郿县迎击赵云部。曹魏没想到的是，诸葛亮率领的才是蜀军主力，并且已经兵不血刃连占南安、天水和安定三郡。魏明帝曹睿英明神武，立刻派遣张郃率 5 万步骑迎战诸葛亮主力。诸葛亮的计划是一方面准备进攻尚未投降的广魏和陇西，从而占领整个陇右地区，一方面集中一定兵力迎战曹魏张郃援军。曹魏张郃率兵杀往街亭（今甘肃庄浪东南），这直接威胁到了蜀军的侧后安全。

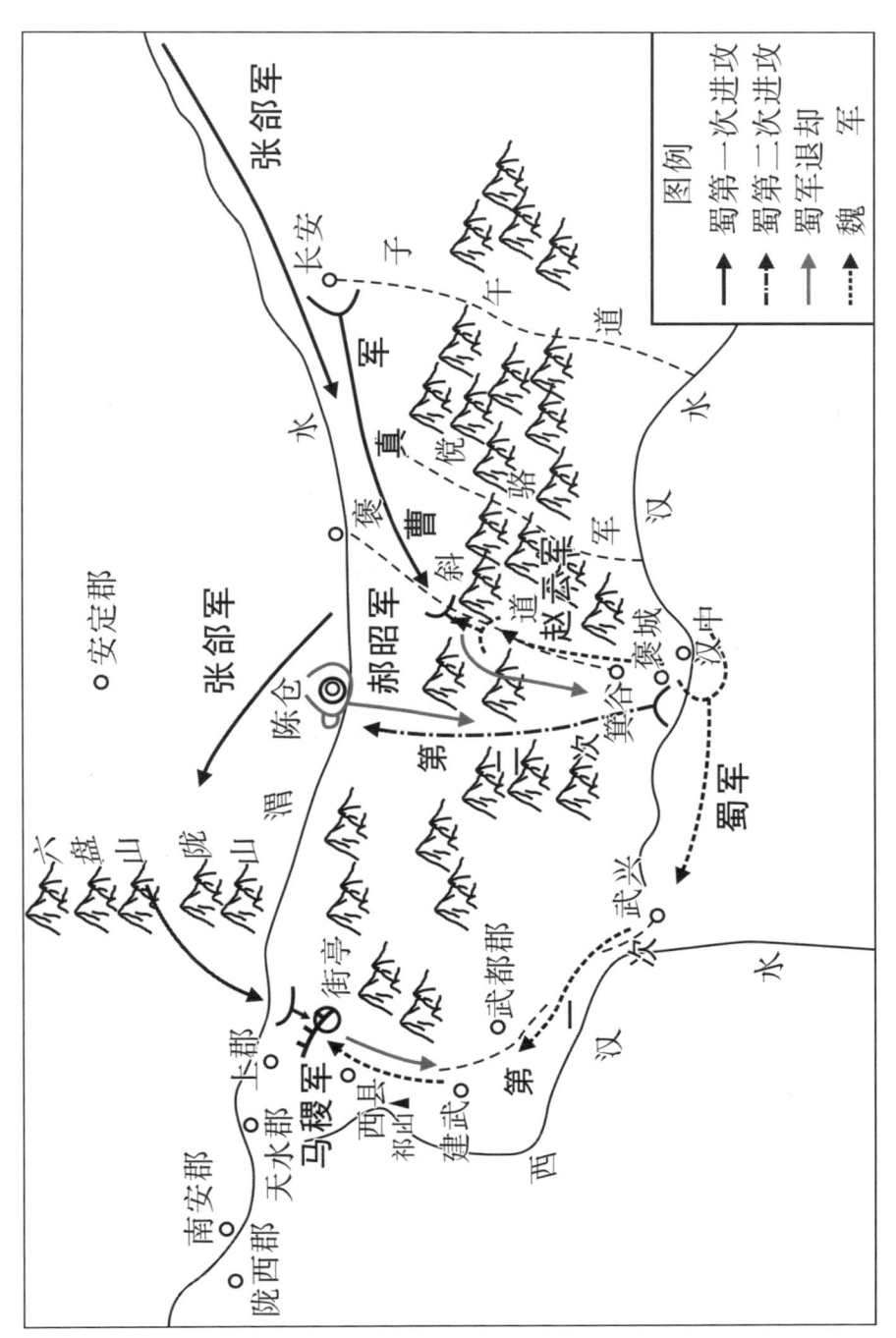

第五章 汉中：蜀汉之"股臂"、曹魏之"鸡肋" 141

图5.4 蜀军第一、二次北攻曹魏示意图

此时，诸葛亮做了让其后悔一生的决定：派遣马谡去守街亭。后面的故事我们都很熟悉了：马谡不听诸葛亮的安排导致街亭失守，导致蜀军主力侧后受到威胁，进一步夺取陇右地区的战机已经失去，进而导致了诸葛亮第一次北伐失败。

马谡不听诸葛亮的安排，导致他不仅失去了街亭，也失去了自己的生命，随后就被诸葛亮挥泪砍了脑袋[①]。等诸葛亮退兵之后，魏军在张郃和曹真的率领下迅速收复了天水、南安和安定三郡，而且断定诸葛亮的下一次进攻方向必然是陈仓，因此在陈仓布下重兵，重点加强了此地的防御工作。

建兴六年（公元228年）五月，孙吴开始向曹魏进攻，并于当年八月大破曹军于石亭，曹军主力调往东部前线增援。诸葛亮一看，趁着曹魏主力东援、关中兵力空虚的机会再次兴兵北伐，让曹魏两线作战，这就一定能成功。因此，当年十二月，诸葛亮率兵出散关向陈仓进攻。曹魏预测到了诸葛亮的主攻方向，早就在陈仓做好了充足的准备迎战蜀军。曹魏在陈仓的守将是郝昭，率领仅仅1000多魏军死守待援。蜀军数万部队多次进攻均无突破，与曹魏守军相持20余日。这个时候，曹魏方面已经派出张郃率援军向陈仓方面运动，而诸葛亮发现因为仓促起兵，蜀军带的粮食已经不够吃了，不得不赶紧退兵。诸葛

---

① 我们往往认为马谡是一个只会纸上谈兵的庸才，诸葛亮是用人不当，才导致了第一次北伐失败。但是，大家要知道的是，当时诸葛亮让马谡在占据街亭之后当道扎营以迎曹军，而街亭地形并不险峻，不是一个容易防守的地方。因此，在实地勘察之后，马谡决定兵上麦积崖，抢占制高点，居高临下据险而守，这在战术上可能也没有错。马谡错就错在不了解当地的水流走向，结果被曹魏张郃部断了水源，最后导致兵败。我们往往以成败论英雄，失败了做什么都是错的，成功了做什么都是对的，这是一个不太好的价值倾向，我们要学会具体问题具体分析。街亭之战，蜀军之所以失败，真实原因应是蜀军单兵作战素质差，步兵多，骑兵少，而曹魏则骑兵多且精，战斗力也强过蜀军。照这样看来，无论谁去守街亭，哪怕是诸葛亮自己去，蜀军估计也会输。

亮第二次北伐攻魏失败。但是，诸葛亮第二次攻魏也不是一无所获，在退师返回汉中途中，设伏杀死前来追击的魏将王双及其魏军。

建兴七年（公元229年），诸葛亮第三次兴兵攻魏，派陈式出阳平关进攻武都（今甘肃成县西）、阴平（今甘肃文县西北）二郡，曹魏雍州刺史郭淮领兵前往救援，被诸葛亮领兵在建威（今甘肃西和北）给堵回去了。这一次北伐，诸葛亮总算有点收获了，蜀汉占领了武都、阴平二郡，然后诸葛亮率蜀军主力回到汉中。面对蜀汉三番两次的军事进攻，曹魏也是不堪其扰，觉得总得回击一下才好。于是，曹魏太和四年（公元230年）七月，魏国大司马曹真认为蜀汉连续多次入侵边境，可以借势讨伐之，如果多路并进，一定能大胜。魏明帝曹睿觉得曹真说得有道理，命司马懿部沿汉水向西城，张郃率兵出子午谷，曹真则从斜谷进兵，形成多路进发汉中的态势。我们之前说过，汉中地势险要，山路崎岖，各个关口易守难攻，再加上诸葛亮准备充分，曹魏各路兵马进兵不顺，最后不得不于当年的九月退兵，蜀汉魏延则在大败郭淮部之后胜利返回汉中。

建兴九年（公元231年）二月，诸葛亮再次兴兵北伐，命李严督运粮草，他自己则亲率大军向曹魏的陇右地区杀去。蜀汉在上次北伐中已经占有武都和阴平两地，因此这次北伐诸葛亮将攻魏的基地前移至武都和阴平两地，并使用了自己最新的发明成果——木牛来运输粮草。毕竟，将士们吃得饱才能打胜仗嘛！这一次，诸葛亮觉得自己能赢。他以一部分蜀军围攻祁山，而主力则保持机动状态，伺机与曹魏援军决战。曹魏这边则派出了司马懿迎战，司马懿指挥张郃、郭淮等人由长安西进，向祁山增援。等到司马懿率主力到达祁山之后，诸葛亮已率主力围攻上邽（今甘肃天水），因此司马懿暂时放弃救援祁山而挥师向上邽杀来。司马懿是一个很聪明的人，他知道诸葛亮率大批蜀军来犯，粮草必然不济，他只需要牵制住诸葛亮主力就好，不用与之交战，等到时间一久，蜀军没粮食吃了，自然就会退兵。因此，司马懿坚守不出，不与蜀军交战。后来，张郃实在没忍住，去跟蜀军干了一仗，损失了几千人之后不再主动寻战。司马懿就这么一直跟诸葛亮耗着，看谁熬得过谁。事情的变化来自蜀军内部。诸葛亮命令李严督运粮草，但是那个时候阴雨连绵，李严觉得运输困难，就假借刘禅之名给诸葛亮下令退兵。诸葛亮毕竟是一个忠臣，蜀汉皇帝刘禅的命令还是要听的，遂撤兵退回汉中。等到回去之后，发现是李严假传圣旨，怒不可遏，将李严罢官废为平民，流放梓潼郡。

诸葛亮总结前四次北伐都没有大的成就的主要原因还是自己没有准备好，因此他下定决心必须在准备完全充分之后再兴兵北伐。为此，他专门研制了流马，也就是改良之后的木牛，是一种便捷的人力四轮车，用来转运粮草，并在国内休士劝农，教兵讲武，增强蜀国的经济实力和军队战斗力。三年之后，也就是建兴十二年（公元234年）二月，诸葛亮觉得差不多了，集结10万蜀汉兵将，第五次北伐攻魏。这次攻魏，诸葛亮选择的进军路线是经褒斜道突进至渭水后寻机与魏军决战。但是，蜀军出斜谷之后发现魏军早就在渭水南岸严阵以待了。而且司马懿采取的是老办法，知道蜀军粮草运输困难支撑不了太久，只要坚守不战，诸葛亮就拿他司马懿没有办法。诸葛亮见司马懿又玩这一招，干脆屯兵五丈原，一面分兵屯田，一面和司马懿对峙。这一对冤家就这么对峙了100多天，其间无论诸葛亮怎么侮辱司马懿的人格以激怒司马懿出兵决战，司马懿就是坚守不出。诸葛亮眼见和魏军决战无望，可谓是身心俱疲，身体渐渐无法支撑下去了，当年八月病逝于五丈原。蜀汉丞相归天了，第五次北伐自然无果而终。

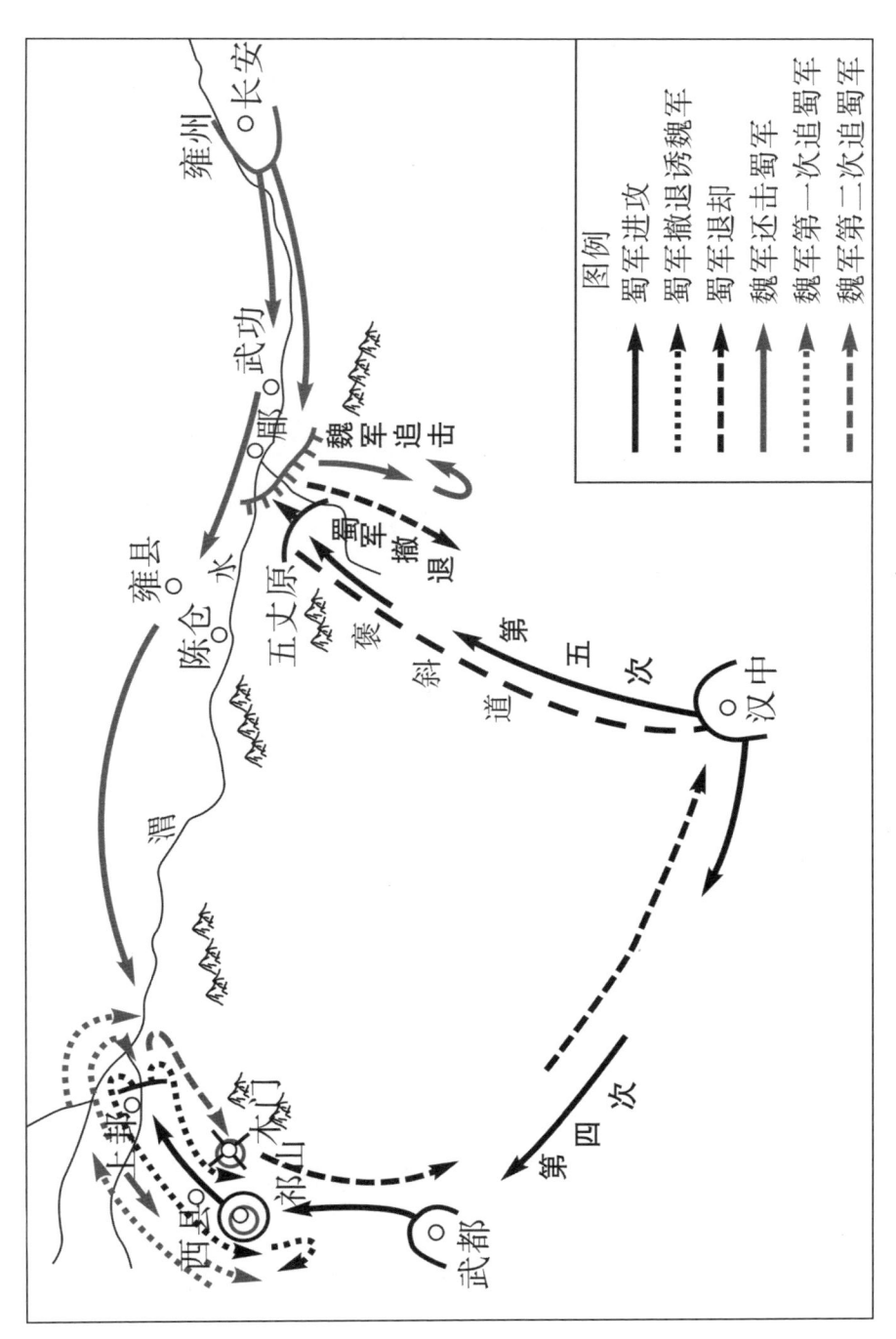

第五章　汉中：蜀汉之"股臂"、曹魏之"鸡肋"　145

图5.5　蜀军第四、五次北攻曹魏示意图

表 5.1　诸葛亮五次兴兵北伐攻魏大事表

北伐次第	北伐时间	北伐部署
第一次北伐	公元 228 年春	佯称由斜谷进攻郿，命赵云、邓芝为疑兵，据箕谷，诸葛亮亲率主力出祁山，意图夺取陇右。
第二次北伐	公元 228 年底	诸葛亮率兵出散关，围陈仓。
第三次北伐	公元 229 年春	诸葛亮派将军陈式出阳平关攻取武都、阴平。
第四次北伐	公元 231 年春	诸葛亮命李严负责粮草运输，亲率大军出祁山，以攻取陇右为目标。
第五次北伐	公元 234 年春	出褒斜谷，突进至渭水附近以图与魏军主力决战。

诸葛亮这五次北伐，无论他个人有多努力，最后都是失败的，空耗了蜀汉国力，也耗尽了自己的生命，最后油尽灯枯，在五丈原含恨离去。诸葛亮五次北伐失败的原因有很多，比如不敢出奇兵，比如用人不当（马谡和李严），比如蜀军作战能力欠缺，再比如粮草不济等。但是，诸葛亮北伐失败的最重要原因是政治原因，大汉政权早就灰飞烟灭了，曹魏的治理能力不知比汉献帝强多少倍，汉朝的情结早就在世人的心中消散了，因此，诸葛亮所谓"兴复汉室，还于旧都"的梦想和口号根本无法打动人，只不过是他自己或是刘备的梦想，只落了个出师未捷身先死，长使英雄泪满襟。

四、汉中最终还是决定了蜀汉的灭亡

诸葛亮去世之后，其继任者蒋琬和费祎在内政上基本维持诸葛亮的治国理念，对外与孙吴交好以抗曹魏，但是在军事上基本偃旗息鼓，停止了对曹魏的征伐，维持了大概20年的和平时间。当然，曹魏也不是坐等着蜀汉北伐而被动挨打，在条件具备之时，也会兴兵南进，试图一举消灭蜀汉。蜀汉延熙七年（公元244年）三月，魏将曹爽率兵10万进攻汉中，被蜀军打败。再加上曹魏内部事情也比较多，内部斗争比较严峻，一时半会儿顾不上蜀汉。

既然汉中地区对蜀汉如此重要，那么，只要严格遵守之前既定的汉中防御策略，也不再兴兵讨魏，蜀汉政权多维持几年也是有可能的。

在诸葛亮时代以及后来的蒋琬、费祎时代，蜀汉在汉中的边防部署策略都是充实兵力坚守汉中外围秦岭的各个要隘，以抵御外敌的进攻。事实证明，这一策略是十分有效的。但是，延熙十六年（公元253年）正月，费祎被假意投降的魏人郭循刺杀，蜀国的军事大权由姜维接掌。随后，蜀国命运的齿轮就开始了作死的转动了。

在姜维继任大将军之后，他认为重兵防守外围各要隘只能抗拒敌人于国门之外，而不能有效歼灭敌人。因此，他做了一个违背既定防御策略的决定：在敌人进攻时，将驻守在外围的兵力都收缩回来，退守汉寿、乐城二城，使来犯之敌进入汉中平地，同时派重兵驻守各个重要关隘以抗拒魏军，然后派出得力游击部队侧击敌人的空虚之处。那么，一方面魏军无法攻克重兵把守的关隘，一方面疲于应付蜀汉游击部队的骚扰，再加上粮草不济，必然疲乏，此时蜀汉各关隘的守军一起和游击部队进攻魏军，必大获全胜。姜维的策略简单来说就是诱敌深入，然后待敌军粮草不济，最后给予致命一击。这个策略听起来很有道理。但是，这种策略只有在蜀汉的兵力充足、国力强大且曹魏进攻部队人数不多时才有效，可以达到很不错的歼敌效果。即使在曹魏进攻人数较多时，只要蜀汉在这种袋形阵地的底部配备重兵，能够抵挡住魏军的主力进攻，也有可能等待魏军疲乏之时配合强大的游击部队一举歼灭之。实际上，蜀汉总兵力也就 10 万人左右，国力就那么一个益州几十万人的家底，而且姜维带领蜀汉的主力部队远屯沓中（今陕西舟曲以西、岷县以南），在汉中这个主要防御阵地上并未配备重兵，也没有强大的机动部队。因此，姜维的这种放弃汉中外围各要点防御的策略无疑是开门揖盗，自取灭亡而已。但是，后主刘禅竟然同意了姜维的这个策略。

这个决定最后确实导致了蜀汉的快速灭亡。

在曹魏政权内部，自魏明帝曹睿驾崩后，年仅 8 岁的齐王曹芳被立为傀儡皇帝，由大将军曹爽和太尉司马懿辅政。最初，出身于曹魏宗室的曹爽独揽大权，排挤司马懿。司马懿对此有一个绝招：装病示弱。司马懿的装病让曹爽一时放松了警惕，但随后司马懿发动了高平陵事变，诛杀曹爽及其同党，掌控了曹魏朝政。司马懿去世后，他的儿子司马师和司马昭相继执政，并且秘密策划篡位，有意替代曹魏。司马氏父子一方面削弱曹氏家族的势力，得到士族的支持，另一方面致力于吸纳各方人才和移民屯田，继续推行曹操的政策，发展水利和农田。因此，在司马氏兄弟的领导下，曹魏政权保持了政治上的相对稳定，经济实力和军事实力逐渐强大。在对外军事方面，自从公元 247 年到 262 年，司马氏率领曹魏军队先后 9 次击退蜀汉大将军姜维的进攻，也打退了来自孙吴的 4 次大规模攻魏行动，还于曹魏甘露二年（公元 257 年）五月，剿灭了诸葛诞的叛乱，消灭了曹魏内部最后一支反对司马氏的势力。

曹魏景元三年（公元 262 年），司马昭审视当时的局势，认为蜀汉已经"师老民疲，我今伐之，如指掌耳"，而"吴地广大而下湿，攻之用功差难"（《资治通鉴·魏元帝景元三年》）。因此，司马昭制定了"今宜先取蜀，三年之后，因巴蜀顺流之势，水陆并进"（《晋书·文帝纪》）再灭东吴，统一全国的战略计划。然而，朝廷内部邓艾等人都多次反对，认为时机未到。只有司隶校尉钟会坚定支持司马昭，与他一同策划了灭蜀的军事行动。因此，司马昭任命钟会为镇西将军，负责准备攻打汉中进而灭蜀。同时，为了迷惑蜀国，司马昭令青、徐、兖、豫等地督造战船，故意宣扬要首先进攻吴国。姜维获悉了这一消息后，急忙上报给刘禅，建议在阳安关口和阴平加强防守。然而，刘禅被一些巫术言论所误导，认为魏军不会进攻，不予重视姜维的建议，还保密不让朝廷大臣知情，以至于延误军机。

曹魏景元四年（公元263年）五月，司马昭正式下诏发兵18万灭蜀。司马昭的基本战略部署是：18万魏军分三路南下，西路军3万余人由邓艾指挥，通过狄道（今甘肃临洮）直接向姜维的地盘沓中进攻；中路军3万余人由诸葛绪率领，从祁山出发向武街（今甘肃成县西北）、桥头（今甘肃文县东南）进发，以切断姜维自东向南的退路；东路军则由钟会率领主力12万人，从斜谷、骆谷、子午谷直接进军汉中。姜维很快就准确地判断出了曹魏的进军方向，因此给刘禅上表说："闻钟会治兵关中，欲规进取，宜并遣张翼、廖化督诸军分护阳安关口、阴平桥头以防未然。"（《三国志·蜀志·姜维传》）如果刘禅听从姜维的建议，就可以为姜维驻在沓中的蜀军主力回援提供充足的时间，而阴平守军又能据险抵挡邓艾，进而减缓曹魏的进军速度，给蜀汉赢得一定的时间。但是刘禅听信宦官黄皓的诬言，拒绝了姜维的建议，错失了提前部署的战机。

等到钟会和邓艾率领曹魏部队分别由骆谷和沓中进兵时，刘禅才匆匆派廖化等援军支援阴平，同时派张翼和董厥防守阳安关口。但是，这个时候已经有点晚了。虽然蜀军陷于被动，但是仍旧奋力抵抗，将曹魏部队挡在了阳平关。阳平关是川陕之间诸多交通要道的交

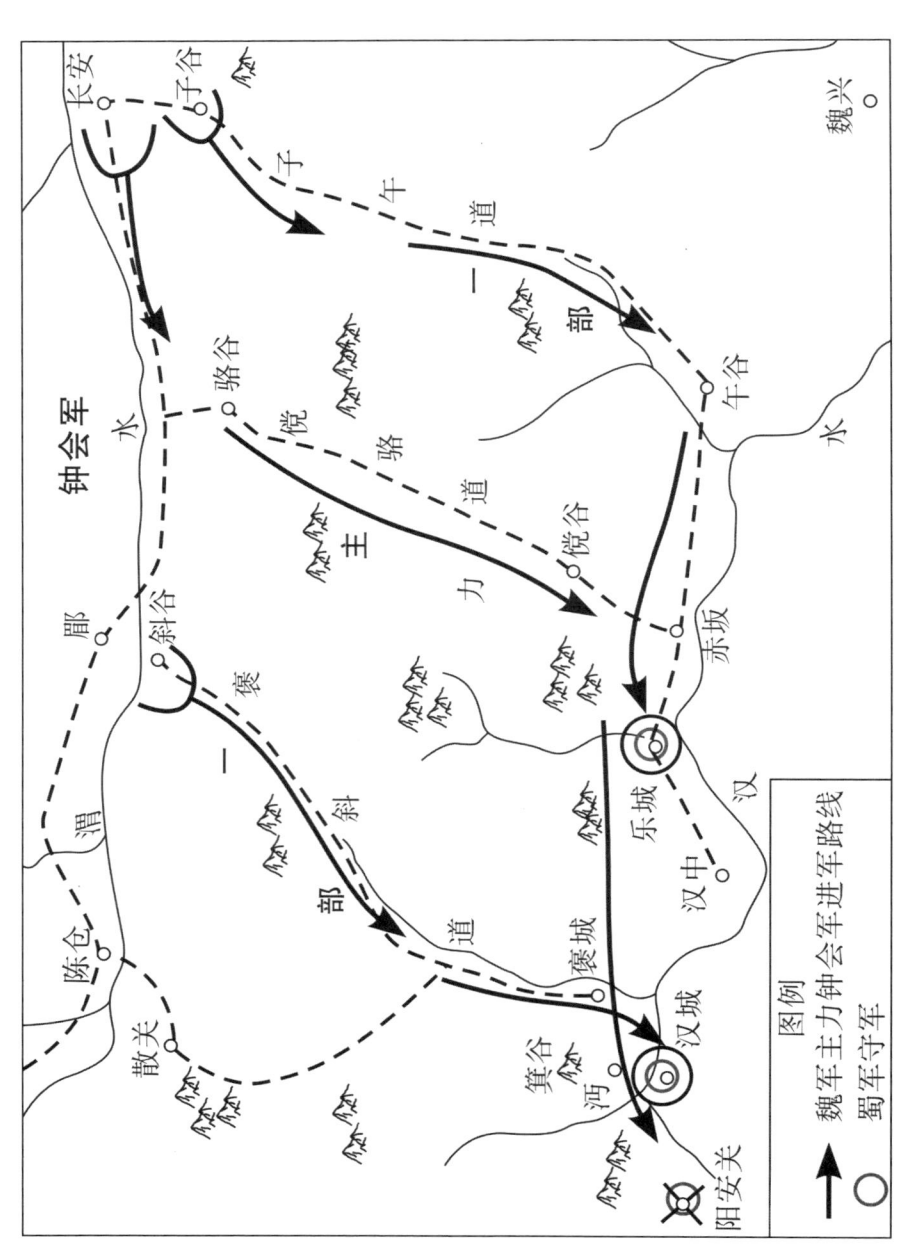

图 5.6 魏军主力钟会军袭取汉中示意图

第五章　汉中：蜀汉之"股臂"、曹魏之"鸡肋"　151

汇之地，有褒斜道、子午道和傥骆道在阳平关交汇入川，且又是汉中郡治南郑之门户，战略位置非常重要。钟会率10万曹兵进攻乐城却久攻不下，因此命荀凯领兵万余人进攻汉城，命李辅率万人围攻乐城，然后自己亲率剩余大军杀向阳平关。此时，蜀军在汉城和乐城各有守军5000左右，阳平关守军则有2万余精兵，且粮草充足，准备充分。因此，蜀军在阳平关附近牵制住了钟会的10万大军。在这样的情况下，只要蜀军守将意志坚定，能够团结如一，坚守不出，待到曹魏粮草耗尽兵心不稳之时再主动出击，定能大获全胜。但是，此时的阳平关两名守关主将傅佥和蒋舒却发生了问题。蒋舒原本是武兴督，因故被解除职务后贬到了汉中前线，因此早就心怀不满，有了叛逆之心。而傅佥作为守关主将，本应坚守阵地，等待时机成熟再出关迎战曹魏，但是耐不住蒋舒的蛊惑而违命出战，最后导致阳平关失守，粮草辎重等储备也被钟会一股脑全给缴获了。此后，蜀汉就门户打开，无险可守了。

攻破阳平关的曹魏大军在钟会的率领下杀向了剑阁——蜀汉国都成都的东北大门。姜维立刻率领所部蜀军千里回援，和廖化、张翼等人一起据剑阁之险死死守卫着蜀汉江山。对远道而来的曹魏大军来说，他们面临的问题还是在攻打阳平关之时的问题，那就是粮草储备不支持在这里和蜀汉部队打持久战。姜维等人料定曹魏粮草不多，就是要打持久战，待到曹魏部队粮草匮乏之时，再和汉城、乐城的蜀军一起杀出，全歼来犯的曹魏大军。

如果没有奇迹发生的话，钟会和邓艾率领的曹魏大军就要无功而返了。

但是，没有奇迹，那就创造奇迹。邓艾实在受不了曹魏大军耽搁在这里而无法向成都进发，因此他提出了一个奇兵之计："今贼摧折，

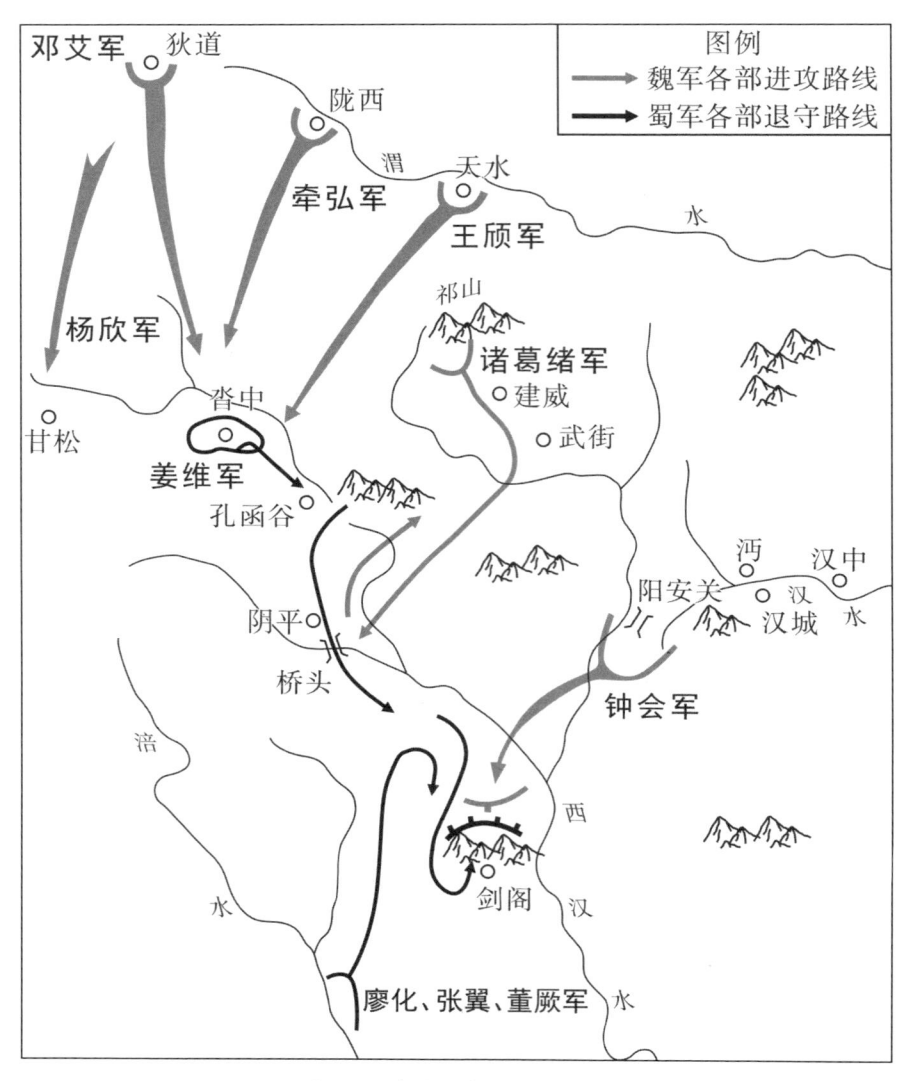

图5.7 姜维退守剑阁示意图

宜遂乘之，从阴平由邪径经汉德阳亭趣涪，出剑阁西百里，去成都三百余里，奇兵冲其腹心。剑阁之守必还赴涪，则会方轨而进；剑阁之军不还，则应涪之兵寡矣。军志有之曰：'攻其不备，出其不意。'今掩其空虚，破之必矣。"（《三国志·魏志·邓艾传》）也就是说，邓艾计划自己率一支奇兵翻越险绝之道奇袭成都，然后大破蜀军。后来邓艾也确实成功了。但是，不得不说，邓艾这个计划有冒险的成分，也有失败的可能。不过，这个世界上如果没有冒险精神，哪来的人类的各种创新和进步呢。邓艾赌对了。其实，当邓艾率领部队出现在诸葛亮的儿子诸葛瞻守卫的涪县时，诸葛瞻最好的策略仍旧是据险死守，以待姜维调兵遣将，寻机歼灭邓艾的这支奇兵，根本没必要选择出城死战。也许是为了维护父亲诸葛亮的声誉，也许是对姜维的计划有不同意见，诸葛瞻竟然选择了出城迎战，终于让急于决战的邓艾找到了取胜的机会。诸葛瞻鲁莽迎战，以至于蜀汉丧失了最后翻盘的机会，使姜维的策略彻底失败，蜀汉的命运齿轮转到了尽头。

曹魏和蜀汉几十年的汉中之争，终以蜀汉失败而结束。诸葛亮如何也想不到，竟然是自己的儿子弹奏了蜀汉灭亡的最后一曲。

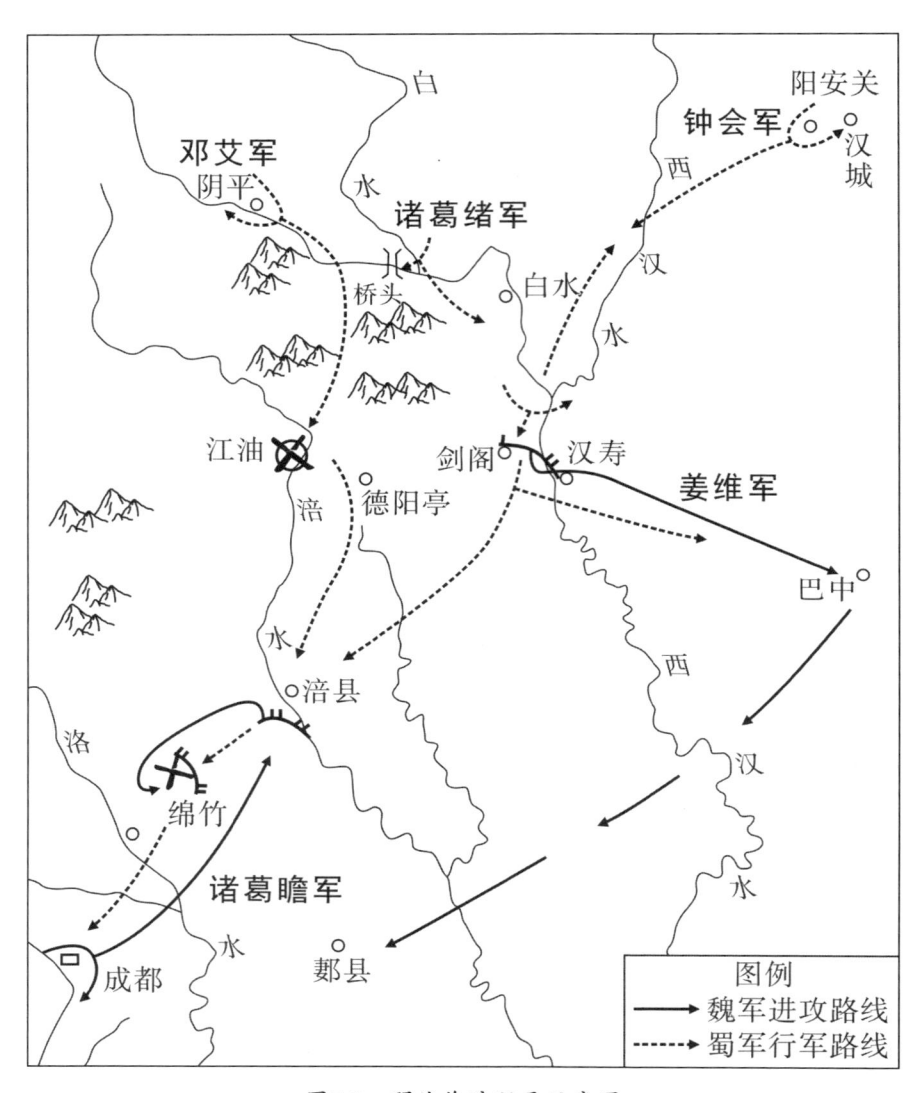

图5.8 邓艾偷渡阴平示意图

第六章

合肥：孙吴和曹魏的争夺热点

三国时期，曹魏控制的疆域最为广阔，实力也最为强大，孙吴和蜀汉经常结盟来对付曹魏。这就使得曹魏不得不经常处于两线作战的境地：在汉中和蜀汉进行激烈争夺，也在东线与孙吴围绕合肥的归属有长达数十年的争夺。在大多数情况下，实力较为弱小的孙吴竟然是进攻方，而曹魏则是防守方。当然，二者的攻防态势也经常有翻转的时候。那么，合肥究竟有哪些魅力会让孙吴梦寐以求？孙吴和曹魏在合肥前线各自的战略布局如何？逍遥津之战中，为何孙吴十万大军难以攻克只有几千人守卫的合肥城？以上诸多疑问都是本章所要着重讨论的问题。

三国时期，魏、蜀、吴三国长期对峙，魏强、蜀弱而吴孤，三个割据政权你来我往，互有攻守，一时间，中华大地好不热闹。然而，我们很多人往往比较关注蜀汉和曹魏在汉中方向的争夺，而忽略了孙吴和曹魏在淮南地区尤其是围绕合肥之归属所进行的长达几十年的争夺。孙吴和曹魏的合肥之争，其战争规模之宏大，其战略谋划之诡谲，其争夺时间之漫长，一点儿也不亚于蜀汉和曹魏的汉中之争。根据《合肥通史》之统计，在三国时期，自公元194年至268年，曹魏和孙吴在江淮地区以合肥为中心展开了26次之多的争夺攻防战，几乎每3年就会有一次战争爆发。根据宋杰教授统计，孙吴军队在公元208年至278年，共对曹魏（以及后来的西晋）发动过34次进攻，其中合肥——寿春方向的进攻为12次，占总数的35%。我们经常认为蜀汉的北伐曹魏对三国鼎立起到了至关重要的支撑作用。其实，从对曹魏战略布局的影响以及维持三国鼎立的现状等方面来看，孙吴在合肥方向对曹魏的进攻可能发挥了更为重要的历史作用。

那么，在三国时期，合肥为何对曹魏和孙吴都如此重要？

一、合肥的战略枢纽地位

合肥，地处江淮丘陵地区中部，现在是安徽省会，是一座有着悠久历史的城市，号称有3000多年的建城史，有2100多年的县治史和1400多年的府治史，自古就是环巢湖流域的一个重要城市。合肥因东淝河与南淝河均发源于此而得名，《水经注》云："夏水暴涨，施合于肥。"在古代典籍中，"合肥"之名最早出现在司马迁的《史记·货殖列传》中："合肥受南北潮，皮革、鲍、木输会也。"其实，早在2000多年前，合肥所在的区域就以"输会型"的城镇而载入史册，《汉书·地理志》载"寿春、合肥受南北湖，皮革、鲍、木之输，亦一都会也"，是中国古代战争史上各方政治势力统一中国而必争之地，有"铁打庐州"之称。曹魏和孙吴围绕合肥之所以展开了长达几十年的争夺，大概有如下3个原因：其一，此地乃交通要道，是南北水陆交汇之要冲；其二，此地水土肥沃，利于农业垦殖，能为双方的军事对峙和冲突提供丰富的资源（主要是粮草方面）；其三，正是因为前两个原因，合肥对于曹魏和孙吴两国的国防安全至关重要。下面分而述之。

第一，合肥地处淮南中心，是南北水陆交通的枢纽之地。

从地理上看，合肥位于江淮的中心地带，是诸多南北水陆交通线汇集的枢纽地区：从合肥北上可经寿春到达淮河之滨；自合肥南下越过巢湖，即可进入长江流域，而向西南而行则可抵达皖城（今安徽潜山）；自合肥向东，沿着江淮丘陵南麓而行，过了大、小岘山则可到达长江北岸的重要渡口——历阳的横江渡；从合肥向西，经六安之后便可达到豫州南部诸郡。[①]合肥地区水陆交通依托淮河，北通黄河，南连长江，是南北水陆交通交汇的关键节点。这一地理特点使得控制了合肥就意味着掌握了南北交通的要冲，对于军事行动和物资运输具有极大的战略价值。

正是合肥便利的水陆交通，使其成为古代军事争夺之锁钥地区，尤其是在南北政权军事对峙之时。因此，顾祖禹将合肥称为"淮右噤喉，江南唇齿"，指出"自大江而北出，得合肥则可以西问申、蔡（今豫东南唐河、汝南一带），北向徐、寿（今江苏徐州以及安徽寿县一带），而争胜于中原；中原得合肥则扼江南之吭，而拊其背矣"。[②]曹魏和孙吴为了确保军事行动的灵活性和资源的迅速调配，合肥成为两国争夺的焦点。

[①] 宋杰：《中国古代战争的地理枢纽》，北京科学技术出版社，2022年，第246—247页。
[②]〔清〕顾祖禹：《读史方舆纪要》卷26《南直八·庐州府》，中华书局，2005年，第1270页。

第二，合肥周边农耕条件优良，便于农垦以资军用。

合肥地区水土肥沃，适宜农业发展。这一特点使得合肥成为良好的军粮产区，能够为军队提供丰富的粮草资源。在古代战争中，军队的行动能力和持续性很大程度上取决于粮草的供应。曹魏和孙吴争夺合肥，其背后的核心动机之一就是确保有足够的军粮供应，以维持军队的作战力量。

军事对峙需要大量的物资支持，而合肥地区的农业产出能够为占领方提供充足的粮食，支撑军队在该地区留驻。因此，合肥的农业资源在曹魏和孙吴的战略考量中扮演了重要角色，双方争夺合肥也成为农业生产与军事竞争相互交织的典型案例。

第三，合肥对曹魏和孙吴两国的国防安全都至关重要。

赤壁之战，曹军大败，而孙、刘联军获胜，此战的结局对曹魏而言是丧失了长江沿线的战略要地。而且，蜀汉控制了西边的巴蜀之地——益州，进而控制了汉中地区，荆州以东地区则为孙吴所掌控。因此，曹魏守住东线防御的中心城市合肥就成为其军事布防的重点，因为这关乎曹魏东线的战略安全。如果孙吴大军突破曹魏的合肥防线，则可以合肥为北进中原的跳板，就有了和曹魏争夺天下、问鼎中原的战略基地，进攻曹魏的战略中心地区诸如许昌和洛阳就变得更加便利。为了维护东部战线的稳定和曹魏的国防安全，曹魏以及后来的西晋必须将孙吴大军阻挡在合肥以南地区。正是因为合肥对于曹魏的国防安全如此重要，孙吴才会一而再、再而三地数十年如一日发动多轮主动进攻以夺取合肥地区，为自己的北进提供一个坚实的跳板和基地。

孙吴基本的统治区域位于太湖流域，其都城大多数时间都设在建业（今南京），与曹魏的统治区域中间隔着淮水以及淮南的广大地区。因此，合肥所在淮南西部地区是孙吴的统治中心——江东的外围屏障，是抵御曹魏进攻的战略防线上的重要一环。自古以来，守江必先守淮，一旦不能将战线稳定在合肥地区而使曹魏军队与其隔江对峙，那么孙吴所依凭的长江天险就不再是固若金汤了（后来的南宋政权也面临着同样的守江必先守淮的问题，后文再详细讲述）。单单从国防的角度来讲，如果孙吴要稳定自己的政权和巩固自己的统治，就必须通过控制江北和淮南地区从而将曹魏大军抵挡在自己的统治中心的外围，进而缩短自己防线以便用兵。所以，为了达到以上所言的进攻和防守两方面的战略目的，孙吴就必须倾尽全力将以合肥为中心的淮南西部地区据为己有，才能确保江东安然无虞。李焘后来在《六朝通鉴博议》中对此评论说："吴之与陈，虽皆守江，吴围合肥，陈攻寿春，所争常在于淮甸。"其大意是，吴和陈虽然都在竭力守卫长江，但是吴国围攻合肥，陈则进攻寿春，其实他们都是要争夺淮南地区而已。

因此，控制合肥以及周边地区对曹魏和孙吴两国的国防安全至关重要。合肥一旦被敌方占领，可能导致南北联络线的中断，对国家安全构成直接威胁。曹魏和孙吴在合肥地区的争夺实际上是对国家战略安全的争夺。在这一地区构筑坚实的军事防线和军事据点，有助于稳固自己的势力范围，同时削弱敌对势力的威胁。因此，合肥的争夺超越了地理和资源的争夺，更是国家安全战略层面的博弈。

总体而言，曹魏和孙吴对合肥的争夺涉及地理战略、资源利用和国家安全等多个层面的考量。这场争夺不仅是军事行动，更反映了当时政治、经济和军事层面的复杂关系，影响着各方势力的战略决策和历史的最终走向。

二、曹魏以合肥为中心的江淮防务

　　曹魏和孙吴的合肥之争与曹魏和蜀汉的汉中之争有一个极其重要的相似之处：在大多数情况下，孙吴是进攻方而曹魏是防守方（当然，曹魏也决不甘心被动挨打，一有机会也会主动进攻东吴），就像蜀汉多次主动北伐曹魏一样。原因其实也非常简单，在三国鼎立的大多数时间里，合肥是为曹魏以及后来的继任者西晋所占有的，但是合肥因其锁钥地位对孙吴的立国又很重要，只有据为己有才能安心，所以孙吴才频频发动攻魏战争以图占领此地。对曹魏而言，虽然和孙吴、蜀汉的接壤疆界绵延千里，但是它并不需要处处设防，只要在几个关键战略地区抵挡住孙吴和蜀汉的进攻即可，比如合肥、襄阳以及我们前文所述的祁山等地。正如魏明帝曹睿所言："先帝（曹操）东置合肥，南守襄阳，西固祁山，贼来辄破于三城之下者，地有所必争也。"（《三国志·魏志·明帝纪》）因此，在暂时还无法消灭孙吴的情况下，曹魏在以合肥为中心的江淮防务方面颇下功夫，以切实抵抗孙吴的数十年进攻。等到灭亡蜀汉之后，西晋在成熟时机发动凌厉攻势迅疾灭亡孙吴，正所谓"王濬楼船下益州，金陵王气黯然收"，才彻底解决了合肥方向的麻烦。

　　在大三国时期，早在曹操据有合肥以及淮南地区之前，盘踞在江淮一带的政治势力一直是袁术这个大魔头。建安四年（公元199年），袁术在吕布和曹操的相继围攻下吐血而亡，江淮地区一时间出现了短暂的权力真空期，成为曹操以及孙策等政治势力争夺的热门地区。正如前文所述，曹操看中了占有合肥对其南下和东进的便利，而孙策也相中了占有合肥对其北上和西进的有利态势。因此，孙策在平定江东之后火速西进江淮，打败庐江太守刘勋。但是，此后孙策将上游的刘表视为自己的主要敌人,而没有派兵驻守江北,这就给了曹操占据合肥的机会。此时的曹操正忙着和袁绍打官渡之战,暂时无暇与孙策对战,因此一边与孙策联姻以表友好,一边命刘馥为扬州刺史治合肥,为其经略江淮。

刘馥是一个非常能干的地方长官,自建安五年(公元 200 年)至建安十三年(公元 208 年),在任 8 年,硬是将频遭战争破坏的合肥建成一个人民安居乐业且较为富足的繁盛治所。《三国志·魏志·刘馥传》曰:"馥既受命,单马造合肥空城,建立州治。"也就是说,刘馥受命后,单枪匹马来到合肥这座空城,在那里建立了扬州的新治所(原治所在历阳),并建立相应的行政管理机构。同时,刘馥积极安抚和稳住梅乾和雷绪等地方武装势力,使他们安心驻扎,其后他们也陆续归顺曹操,且向朝廷缴纳贡赋。刘馥在当地大行恩惠与教化,百姓非常满意他的治理措施,有数万名以前因避乱而到附近州郡流浪的江淮人又回到原居地,"数年中恩化大行,百姓乐其政,流民越江山而归者以万数"(《三国志·魏志·刘馥传》)。随着人口渐长,刘馥又汇聚儒人雅士,兴办学校,进行大规模屯田,修建芍陂、茹陂、七门、吴塘等土坝蓄水灌溉稻田,使官府和百姓都有了粮食储备。

具体而言,这一时期曹魏方面在合肥的军事防务有如下措施。其一,大兴屯田之风,同时兴修水利,以扩大屯田的质量和产量。其二,就地招募壮丁组成防卫部队以应对孙吴方面的来犯。但是,这些地方部队明显不如曹魏的正规军,所以,在东吴第一次进攻合肥之后,曹操派张辽率 7000 人正规军进驻合肥,并很快就打了一场漂亮的以少胜多的经典战役——逍遥津战役。其三,将扬州治所从历阳移至合肥,并以合肥为中心重新构建了扬州的防御体系。其四,尽量将合肥的防线往南推至长江沿岸,占领了皖城、历阳等关键城池,一方面保障了合肥的安全，另一方面也加大了对东吴的战略威慑。因此，毫不夸张地说，刘馥经略扬州，极大地提高了合肥在农业、经济以及军事方面的实力，给曹操建成了一个较为稳固的抗吴据点，并在东吴于建安十三年至十四年（公元208—209年）对合肥的首次进犯中经受住了考验。此后，合肥在曹魏的整体国防战略中的地位日渐提升，并迅速成为抵抗孙吴进攻的前沿堡垒。

建安十三年（公元208年），刘馥去世，是年冬，孙权兵进合肥试图攻陷之。得益于刘馥之前的精心准备，合肥守军拼死抵抗，孙权进攻月余而未能攻破合肥城。后来，扬州别驾（州刺史的佐官）蒋济设计迷惑孙权，让孙权以为曹魏援军将至而不得不主动退兵。孙权第一次进攻合肥失败之后，曹操为了保证合肥方向的安全无虞，曾4次率军巡查合肥防务并迅速加强和夯实了合肥的防务能力以应对未来东吴更加猛烈的进攻。其具体措施如下：其一，颁布法令，安置流民，抚恤伤亡者；其二，进一步扩大屯田，迅速恢复生产，提升本地的经济水平；其三，恢复地方行政组织，并选贤任能，提升当地的治理水平；其四，稳定合肥周边局势，派猛将张辽扫平周边的地方叛乱势力，同时将大批民众迁走以形成江淮之间的无人区，增加东吴进军合肥的难度；其五，由于此时的曹魏面临着西线对蜀汉以及东线对孙吴的两面作战的情况，曹魏主力和蜀汉在汉中进行争夺时往往无法将主力调往东线增援，曹魏确立了邻州相救的制度，一旦扬州的合肥有事，周边的兖州、豫州或是临近的寿春守军可以迅速出击增援之；其六，也是最关键的一条，派遣张辽与乐进、李典等将领率战力强劲的7000人正规军驻扎合肥，切实增强了合肥的抗吴能力。邻州相救制度一直持续到魏太和六年（公元232年）。

公元229年，孙吴自武昌迁都至建业并不断增强对曹魏的进攻，

表 6.1　曹魏兵制

兵役制度		世袭兵制为主，辅以征、募兵制
兵种		骑兵、步兵、水军
军队体制	中军	武卫营、中领营、中护营、中坚营、中垒营、越骑校尉营、屯骑校尉营、步兵校尉营、长水校尉营、射声校尉营
	外军	征（镇）东将军；征（镇）南将军 征（镇）西将军；征（镇）北将军
	州郡兵	州置州牧，郡置都尉，掌管军事
屯田制	军队屯田	在营的兵士分班轮种，耕战结合，不交税
	军护屯田	未服役的士兵和现役士兵的家属屯田，按分成交租，战时，应服役及预补兵士即从军

而合肥所在淮南西部地区再次成为孙吴进攻的重点。从公元230年至258年，东吴和曹魏在合肥方向发生了多次大战，其战争规模和作战时间均超过以往战役。因此，曹魏在合肥方向的防务又有了新的调整和部署。具体调整有如下4点。

其一，舍弃合肥旧城，选址重建新城。虽然刘馥建设合肥城花费了大量精力和心血，但是这座合肥城有一个致命的缺点，就是离施水（即南淝河）太近。合肥城离水太近的结果就是方便了孙吴的进攻和撤退。这是因为孙吴方面的强项是水军，一旦要进攻合肥便乘船而来，下船就可以立刻进攻合肥城，一旦进展不顺，又可以立即坐上船返回，可谓是来去自由。这一点让曹魏很头疼，后来，扬州主将满宠觉得不能再这么便宜孙吴的军队了，应该舍弃旧城，找一个离水远的地方建设新城，这样就在一定程度上削弱了孙吴水军的优势。《三国志·魏志·满宠传》记载："合肥城南临江湖，北远寿春，贼攻围之，得据水为势；官兵救之当先破贼大辈，然后围乃得解。贼往甚易，而兵往救之甚难，宜移城内之兵。其西三十里有奇险可依，更立城以固守，此为引贼平地而掎其归路，于计为便。"于是，曹魏就舍弃了原来的合肥城而重新选址造了一座新合肥城，耗时约3年，始于魏明帝太和四年（公元230年），建成于青龙元年（公元233年）。据现代考古研究确定，满宠建的合肥新城位于今合肥市西北郊大约15公里的地方。合肥新城建成，对于增强曹魏的抗吴能力大有裨益，且在当年就发挥了作用。据《三国志·魏志·满宠传》记载："其年，权自出，欲围新城，以其远水，积二十日不敢下船。"也就是说，合肥新城建成之后，孙吴的强大水军当年就来犯了，但是面对防守坚固的合肥新城，孙吴水军竟然20天不敢下船登陆作战。

其二，调遣中军加入支援合肥抗吴前线的队伍。曹魏军中战斗力最强的当属中军这种精锐部队。此前，曹魏中军一直是驻守许昌以及洛阳，或是前往汉中前线抗击蜀汉，而在东线合肥前线抗击孙吴的往往是诸州的地方部队或是边军，战斗力不如中军强大。因此，为了应对孙吴一而再、再而三地对合肥的进攻，曹魏开始动用洛阳附近的中军来抗击孙吴。青龙二年（公元234年）诸葛亮再次北伐，作为对蜀汉的配合，孙权又亲率10万大军进攻合肥新城。曹魏先是派遣几千人的先遣部队支援合肥，随后魏明帝曹叡亲自率中军杀往合肥。只不过，不久之后诸葛亮病死五丈原，蜀汉北伐成功无望，搞得孙权无心再战，几乎是望风而走。由此可见曹魏中军战斗力之凶猛异常。据《三国志·魏志·明帝纪》记载："（青龙二年）五月，太白昼见。孙权入居巢湖口，向合肥新城，又遣将陆议、孙韶各将万余人入淮、沔。六月，征东将军满宠进军拒之。……秋七月壬寅，帝亲御龙舟东征，权攻新城，将军张颖等拒守力战。帝军未至数百里，权遁走，

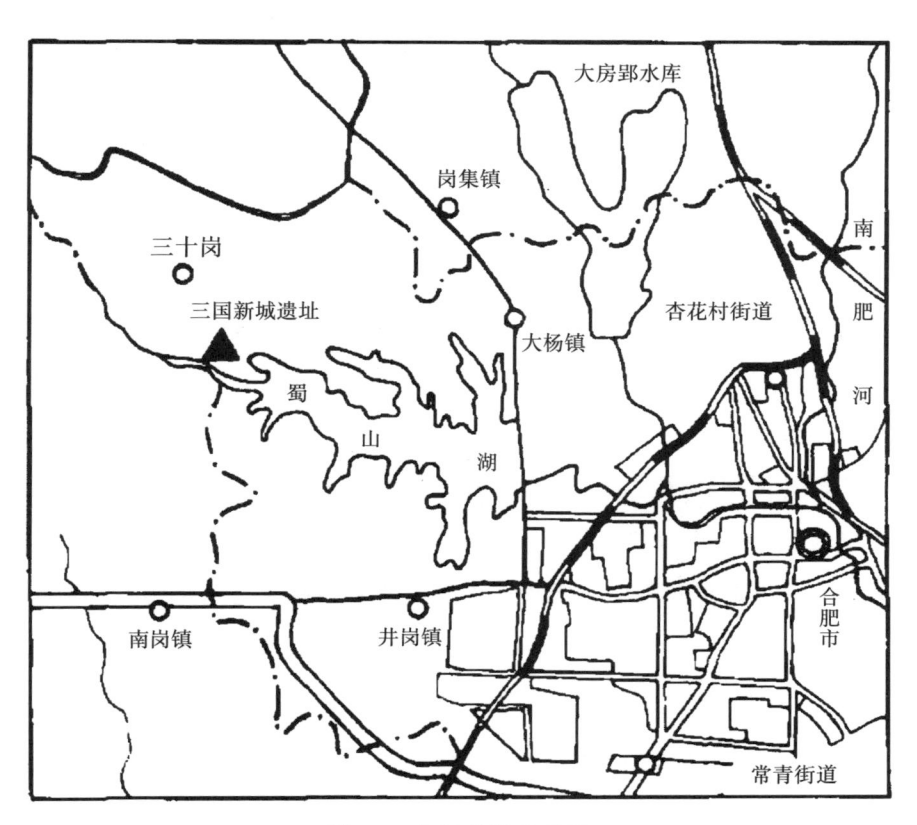

第六章 合肥：孙吴和曹魏的争夺热点　165

图6.1　合肥新城示意图

议、韶等亦退。"此后，每次合肥战线有事，曹魏或是后来的西晋都会派遣中军增援前线以抗孙吴。

其三，调整扬州驻军的分休制度，以保证东线战场的兵力配备。曹魏在扬州的驻军大多来自北方（曹魏的根基在北方），而按照规定这些北方士兵有定期回乡休假的权利，但是北方士兵从扬州回到北方修整就会导致曹魏扬州前线兵力空虚，孙吴往往就会趁机攻魏，这就搞得曹魏很被动。比如，正始二年（公元241年），"吴大将全琮帅数万众来侵寇，时州兵休使，在者无几"（《三国志·魏志·孙礼传》）。因此，为了扭转这种被动局面，保证扬州淮南前线的兵力配备，邓艾向朝廷建议，将曹魏在淮南的屯田官兵的休假制度修改为"十二分休"，"令淮北屯二万人，淮南三万人，十二分休，常有四万人，且田且守"（《三国志·魏志·邓艾传》），也就是说每次只允许驻军的十二分之一返回北方休假，剩下的士兵继续屯田守卫，这样就保证了淮南前线有绝大部分的守卫兵力，从而降低了孙吴趁着北方士兵回乡修整的机会攻魏的概率。

其四，将大量士兵调往淮南、淮北，并大力兴办屯田事业，切实解决大军征伐所需粮草和物资供给。曹魏的统治根基和中心在许昌、邺城以及洛阳等地，距离淮南战线较远，一旦东面的合肥前线有战事，往往需要从中原调兵前往支援，同时也需要调拨大量粮草以供军队消耗。因此，将大量士兵调往两淮并建立军屯组织，闲时耕种，有事出战，既能解决调兵问题也能解决后勤供给问题，可谓是一举两得。而且，为了保证粮草的稳定供应，曹魏利用两淮地区优良的农业资源，兴建大型粮仓来储备粮食以供大军行动所需。曹魏的这些措施极大地增强了合肥前线粮草自足能力且还有余力供应援军，据《晋书·食货志》记载："每东南有事，大军出征，泛舟而下，达于江淮，资食有储，而无水害。"对付孙吴的进攻已经绰绰有余，只待将来时机成熟一举南下，完成统一大业。

但是，在孙吴和曹魏（西晋）对峙的后期，孙吴常常绕过合肥而在芍陂、安丰甚或寿春附近与曹魏作战，导致曹魏经常不得不将守卫合肥的兵力调往其他战场以阻敌兵，合肥的防务经常出现松弛的状况。总体而言，曹魏在合肥的防务安排比较有效地抗击了孙吴数十年的进攻，导致在整个三国时期，出现了"终吴之世，不得合肥"的情况，也就是说吴国一直到被西晋灭亡也没有真正得到过梦寐以求的合肥，这也反映了曹魏（西晋）经营合肥防务的成功。

三、孙吴与曹魏（西晋）相争合肥的经典战役——逍遥津之战

虽然孙吴"终吴之世，不得合肥"，但是我们不能否定孙吴与曹魏相争合肥的意义，对于一个弱国而言，进攻也许是一种最好的防御（这一点在蜀汉与曹魏的汉中之争中也有体现），也给蜀汉的崛起提供了一个机会，促成了三国鼎立局面的最终形成（当然我们也绝不应该否定赤壁大战的作用）。纵观孙吴与曹魏（西晋）在合肥方向对峙的几十年，双方你来我往发生了大大小小几十场战争，在这几十场战争里，比较著名的一场战役逍遥津之战，是中国历史上颇为有名的以少胜多的经典战役。

我们先来看逍遥津之战双方的兵力情况：孙吴方面是孙权亲自领兵10万，参战的将领有吕蒙、陈武、甘宁、凌统、潘璋、宋谦、徐盛、丁奉、蒋钦、贺齐等，可谓是倾巢而出；而曹魏这边的主将是张辽，还有李典、乐进等曹魏名将，张辽能调动的部队只有区区7000

人，曹魏主力远在汉中，不太可能分兵救援。我们再重点对比双方领兵主将：孙权乃东吴之主，继承了其父兄孙坚、孙策的勇敢、善战的优良品质，决策时果敢坚决，在作战时往往能够身先士卒，冲在战斗第一线，经常是"登城先入，众乃蚁附"，绝不会畏难退缩；但是他同时也继承了父兄的轻敌冒进和喜欢冒险的性格特点，做事不够老成持重，常常深入险境而不自知。张辽乃曹操手下名将（曾为吕布手下大将），与徐晃、张郃、于禁和乐进号称"五子良将"，他作战勇敢、善于骑战、谋略出众、胆大心细，性格坚忍不拔，且重情重义，在普通士兵中也颇有名声，为曹操立下累累战功，官渡之战中有着出色战绩，并在白狼山之战率领先锋大破乌桓，战功卓著。单单从兵力对比以及领兵主将的层次来看，东吴占尽上风，拿下合肥应该不在话下。毕竟，东吴10万对曹魏7000，即使张辽、乐进、李典等人再能打，似乎也无力对抗十万大军。

但是，世间很多事情往往不按照我们想当然的那个方面发展，正所谓你不要以为你以为的就是你以为的。

孙权以为这次自己可以取胜。因为，他觉得自己这次进攻合肥的时机简直是千载难逢。此前，由于刘备集团霸占着原本属于孙吴集团的荆州不还，导致孙权大为恼火，孙权决心要和刘备集团决裂，武力夺回失地。因此，建安二十年（公元215年）春，孙权和刘备各自排兵布阵，互派大军对峙，一时间孙刘大战有一触即发的危险。恰恰在此时，曹操率大军进攻汉中，刚刚占据益州不久的刘备怕自己大本营被曹操给端了，因此赶紧割地求情，以求孙权谅解，双方达成的和议内容为：以湘水为界，平分荆州，江夏、长沙和桂阳归孙权，而南郡、武陵、零陵则归刘备，双方罢兵各忙各的。刘备一俟和孙权达成和议，立即调大军回防，和曹操大军在汉中展开争夺。

对孙权而言，刘备主力和曹操主力在汉中争夺厮杀，这不正好给了他夺取合肥的大好时机吗？因此，趁着曹操用兵汉中，孙权亲率10万大军，浩浩荡荡杀往合肥以图占领此战略枢纽之地进而逐鹿中原。但是，这里有一个疑问：孙权大军是否真的有10万之众？虽然，无论是孙权自己还是曹操方面都说孙权大军有10万之众。比如，《三国志·魏志·张辽传》中记载："太祖既征孙权还，使辽与乐进、李典等将七千余人屯合肥。……俄而权率十万众围合肥。"这似乎告诉我们孙权就是带了10万大军进攻的合肥。但是，在赤壁之战这么重要的大战役中，孙吴方面才派了3万大军参战而已。《三国志·蜀志·诸葛亮传》记载："权大悦，即遣周瑜、程普、鲁肃等水军三万，随亮诣先主，并力拒曹公。"而在孙权和刘备的另外一场大战——夷陵之战中，孙吴方面派出的兵力为五六万人而已。而且，在赤壁大战之前，孙权对诸葛亮说"吾不能举全吴之地，十万之众，受制于人"，大概可以推断孙吴的总兵力也就10万人而已。那么，在孙吴占据的疆土和人口都没有显著增加的情况下，孙吴的总兵力也不大可能有大幅增加。我们还可以合理推断，孙权除了派出大军进攻合肥之外，必然会留出部分兵力驻守东吴各个战略要地，不可能倾巢而出，率领全部兵力去进攻合肥。所以，孙权进攻合肥的兵力必然少于10万，最多也就是五六万而已，号称10万之众，不过是虚张声势。这一点和曹操有点像，当年赤壁大战，曹操号称80万大军，其实也不过二三十万。所以，在三国时期的大战中，虚张声势以恐吓对方是常规的操作而已。但是，也有人会有疑问，孙权自己吹自己有10万大军是为了虚张声势，这一点可以理解，但是为什么曹操方面也说孙权有10万大军？其实原因很简单，本次大战曹魏方面大胜，无论是张辽这些一线战将还是后方的官员甚至曹操本人都愿意相信曹魏一方以区区7000人打败了孙吴10万大军，虚报战果以彰显其战功，这是非常容易理解的。

不管孙吴大军是10万人还是五六万人，一个基本的事实就是孙吴士兵数量远远多于曹魏在合肥的守军。为了叙述方便，我们姑且承认孙权率领10万大军进攻合肥。

孙吴大军虽然人数众多，但是有一个致命的缺点：他们太累了。要知道，孙权率领大军原本是要在荆州前线和刘备蜀军决一死战的，只不过在双方签订了和约之后，孙权率领大军在返回江东的过程中转道杀向了合肥。古代打仗，普通士兵行军全靠双脚，这一来一回好几千里，不断安营扎寨，不断启程赶路，干的又是卖命的活儿，简直是生死疲劳。因此，等到孙权率大军赶到合肥城下之时，大军早已疲惫不堪。接下来就出现了一个奇怪的现象，孙权大军在合肥城下驻扎许久，竟然没有一次像样的攻城行动，"权守合肥十余日，城不可拔，乃引退"（《三国志·魏志·张辽传》）。宋杰教授认为，孙权大军之所以出现这样的状况，主要是因为孙权大军此举只不过是为了配合刘备和曹操相争汉中的战略支援行动，做出一个进攻的姿态，以引曹军主力从汉中撤退进而给刘备解围，而孙权之所以这么做是因为刘备割让领土必然附加了互相战略支援的条款。① 宋杰教授自有其道理，但是在本人看来，孙权之所以愿意率领所谓10万大军进攻合肥，一方面是为了配合刘备在汉中的行动，做做样子给刘备看，另外一方面也确实觉得曹操主力都在汉中，如果能顺便拿下合肥当然最好，拿不下当然也不吃亏，张辽区区7000人不会对他有大的伤害。

但是，孙权想错了。

因为三国时期的战争都是你死我活的战争，不可能如过家家一

---

① 宋杰：《逍遥津之战杂议》，《吕梁学院学报》，2023年第13卷第5期。

般，尤其是对于张辽这种名将，有机会不消灭别人，就会被别人消灭。即便孙权有做做样子给刘备看的想法，张辽也绝不敢这么想。如果张辽也是做做样子防御一下，可能真的就被孙权大军给消灭了。故而，面对孙吴10万大军，张辽一定会全力以赴。

认真对待每一次可能的机会，是一个人成功的关键。人生没有彩排，战场没有假设，必须全力以赴才能达到最好的状态和取得最大的胜利。

面对孙权的所谓10万大军和诸多孙吴名将，张辽、乐进、李典这些合肥守将刚开始肯定也会慌张。但是，好在远在汉中的曹操早有安排，早早就派护军薛悌给张辽他们送去了密函，并且叮嘱一定"贼至乃发"，也就是等到孙权率领"贼军"们打到跟前了才能打开看。看来曹操早就科学预见了合肥战场的未来发展态势，也早早做好了精心部署和安排，只等孙权率兵来犯了。孙权果然来了，而且几乎是倾巢而出。张辽说那咱也别客气了，把曹丞相的密函打开看看吧，看看丞相如何在汉中战场来科学远程指导我们在合肥的战役。曹操在密函上写道："若孙权至者，张、李将军出战；乐将军守护军，勿得与战。"（《三国志·魏志·张辽传》）其意思就是说，若孙权率军来犯，张辽、李典两位将军出城迎战，乐进将军守城；护军薛悌不得与敌人交战。大家一看，觉得曹丞相的指示有点不着边际啊，孙权率10万大军来犯，我们7000人守城都费劲，还能出城作战？而且还不是全部出城作战，还要留一部分兵力交给乐进守城，那这不是白白送死吗？但是，张辽再深入一想，就立刻明白了曹丞相的良苦用心。曹操密函给出的作战方略其实是要求张辽他们采取积极防御的策略，不能凭借合肥坚城固守。因为，孙权大军若真要攻城的话，张辽他们率领7000守军是守不了多久的。而且，最重要的是，曹操率大军远在汉中作战，根本抽不出兵力来支援合肥战争，因此只能靠张辽他们积极防御，主动出击，才有可能化被动为主动，给孙权来一个措手不及，也许还能争得一线生机。明白了曹操的意图之后，张辽就开始给乐进和李典做战前动员了："公远征在外，比救至，彼破我必矣。是以教指及其未合逆击之，折其盛势，以安众心，然后可守也。成败之机，在此一战，诸君何疑？"（《三国志·魏志·张辽传》）也就是说曹丞相正率军在外作战，等他率领的援军到达时，孙权军必定已攻破我们了。所以曹丞相是在告诉我们在敌军集合完毕前去攻击他们。我们先发制人挫败了敌人的气势，就可以安定军心，然后可以顺利守城。成败之机，就在此一战，各位还有什么疑惑？李典和乐进都觉得张辽讲的有道理，都同意这么办。

因此，张辽等人连夜募集800名精兵组成敢死队，并杀牛让大家美美地吃上一顿，好好睡上一觉，养精蓄锐，等到第二天黎明就开城出战。第二天，太阳刚刚升起，张辽就率领800名曹军勇士出击了。孙权率领的所谓10万大军一时蒙了，被张辽的敢死队搞得阵脚大乱。只见张辽一马当先，大声喊叫："我张辽来也，我张辽来也！"张辽身后的敢死队也是奋力拼杀，竟然一直冲到了孙权的帅旗附近，搞得孙权赶紧逃向一座较高的丘冢以避张辽风头。张辽对着孙权喊道，你下来啊！孙权对着张辽喊，就不！你上来呀！此时，孙权卫队已经将孙权保护起来，张辽一时间也冲不上去和孙权决一死战。但是，800人对数万人，人数还是太少了。很快，张辽他们就被孙吴军队给层层包围了。张辽一看，见好就收吧，赶紧撤。于是，张辽率领敢死队开始往回撤。等到张辽撤出包围圈，发现只有几十人跟着杀了出来，大部分敢死队成员还在包围圈里呢！此时，被孙吴军队围困的曹军敢死队一看张辽跑了，觉得自己被抛弃了，便一起大喊，张将军是不要我们了吗？"将军弃我乎！"几百人同时大声喊，让张辽觉得就这么跑回合肥城有点不好意思，对不起这帮昨晚一起吃牛肉的兄弟们。因此，张辽又率领众人杀回包围圈，将剩下的敢死队成员救出并回到了合肥城内。

此一战，张辽率 800 名勇士主动出击，战果颇丰，斩杀孙吴将领数人以及普通士兵无数，而且几乎将孙吴主帅孙权逼到了绝境，这对孙吴大军的心理冲击是巨大的。

孙权率领大军在合肥城下盘桓了多日，也发动了小规模的进攻，发现也没啥便宜可占的。而且，此时军内还有瘟疫横行，再加上孙权本来就没有太坚定的信心和决心拿下合肥城，遂决定退兵。张辽等人一看孙权要率领军队撤退，立刻开城率兵追击。此时，孙权的鲁莽和冒险的性格特点又差一点葬送了自己的性命。在撤退的过程中，孙权让大军后队变前队，前队变后队，依次通过在逍遥津临时搭建的桥梁然后登船撤退，但是作为主公的孙权竟然亲自留下来断后，身边的护卫人员也不算太多。孙权作为主帅，又是主公，各种仪仗肯定是最为鲜艳和显眼，这就给张辽的追兵提供了最为明显的追击目标。张辽率领合肥守军杀向了孙权的断后部队，并且顺利地将孙权等人包围。张辽为了将留下断后的包括孙权在内的东吴军彻底消灭，派人将渡口仅剩的桥梁毁掉，断了孙权等人的退路。一时间，孙权似乎要命丧逍遥津。不过，孙权身边的护卫毕竟都身经百战，面对张辽等曹将的追击也是奋力保护主公孙权撤退。孙权只好快马加鞭，奔向已经被破坏的桥梁，竟然安然跨过桥梁，然后上了船，这才算是逃出生天。

其实，如果张辽能够快速认出孙权的话，孙权这次肯定是插翅难飞的。孙权安然回到战船之后，觉得自己命好大，不喝一杯真对不起自己，于是开始和众将饮酒庆祝自己顺利脱险。将领贺齐看孙权还是这么不长记性乱冒险，觉得应该劝劝他，就对孙权说："至尊人主，常当持重。今日之事，几至祸败，群下震怖，若无天地，愿以此为终身诫。"（《三国志·吴志·贺齐传》）贺齐的意思是，你作为吴军主帅和我们的主公，应该稳重一些才好。今天这件事，差点咱就小命不保，我们都吓得瑟瑟发抖了，希望主公能以此为戒。孙权看贺齐一把鼻涕一把泪地说得这么真诚，也不好驳斥，只好说，太不好意思了，以后绝不会了，"大惭！谨以克心"。只是，孙权这不是第一次冒险，也绝不是最后一次冒险。

此次逍遥津战役，张辽等以区区7000人大破孙权的10万大军，而且"几复获权"，差点将孙权拿获。如果此次战役真的将孙权擒获，后面就没有所谓的三国鼎立的故事了，整个中国的古代史就都要重写了。对于张辽取得的巨大胜利，曹操无疑是非常高兴的，"太祖大壮辽"，后来加封张辽为征东将军。

建安二十一年（公元216年）曹操进攻孙吴路过合肥时，还专门带人到张辽曾经战斗过的地方走了一遍，每到一处"叹息者良久"，仍旧惊叹于张辽率800人竟然击退了孙吴10万大军，张辽真乃旷世将才也。黄初六年（公元225年），曹丕为追念张辽等人在合肥御敌之功，下诏曰："合肥之役，辽、典以步卒八百，破贼十万，自古用兵，未之有也。"（《三国志·魏志·张辽传》）可见，曹魏数代君王都无法忘记张辽曾经为他们立下的不世之功，时不时都得念叨几句以资纪念。确实，即使在整个中国战争史上，张辽此次在逍遥津的战绩都是无人可敌的，是前无古人后无来者的。所以，清代学者赵翼评价说："其以少击众，战功最著者，如合肥之战，张辽、李典以步卒八百破孙权兵十万。"[1] 晚清名臣曾国藩将逍遥津之战和后来的陈仓之战相提

---

[1]〔清〕赵翼：《陔馀丛考》，中华书局，2019年，第1156页。

并论："孙仲谋之攻合肥，受创于张辽；诸葛武侯之攻陈仓，受创于郝昭，皆初气过锐，渐就衰竭之故。"①

逍遥津战役结束之后，军事上大受挫折的孙吴改变了原先主攻淮扬徐州的方略，在外交上由联刘抗曹变成了联曹制刘，并决定完全占领荆州，以实现"限江自保"；而大获全胜的曹魏一方则大大稳固了其在江淮一带的战略安全地位，处于一种进可攻退可守的有利态势，从而使自己能够比较集中地在汉中等地和蜀汉周旋。

虽然逍遥津之战孙吴大败，但并不意味着孙吴彻底放弃了占据合肥的想法，孙吴和曹魏围绕合肥的拉锯战绝没有结束。从长远来看，曹魏和孙吴在合肥的争夺和拉锯，给刘备扩展自己势力、建立蜀汉以及经营汉中提供了极大的战略掩护和支援。曹魏在汉中与蜀汉争夺时要时刻防备着孙吴在合肥方向发动进攻和骚扰。因此，我们可以得出一个结论，在促进形成三国鼎足之势方面，孙吴在建安十三年（公元208年）之后围攻合肥的战事也许要比诸葛亮北伐更为有意义。

---

①〔清〕曾国藩：《曾国藩全集》，岳麓书社，2012年，第518页。

第七章

东都洛阳：隋炀帝的梦幻之城

在中国古代史上，洛阳曾经多次作为王朝的都城，比如东周和东汉，再比如曹魏和西晋。但是，经过三国、两晋、南北朝长达数百年的战争破坏，到隋朝初期，洛阳已经是破败不堪，往日作为王朝都城的威仪和繁华早已不在。令人震惊的是，隋炀帝登基之后做的第一件大事就是修建东都洛阳。新的洛阳城建成之后，洛阳就成了隋炀帝的梦幻之城，并专门以洛阳为中心开凿了绵延数千里的大运河，洛阳成为隋朝甚至之后唐朝的一个至关重要的锁钥地区。隋炀帝为何营建东都洛阳？为保卫洛阳，他做了哪些防御部署？隋朝末年，各方势力围绕洛阳这个锁钥地区又有怎样的争夺和拉锯？本章试图较为系统地回答以上诸问题。

一、隋炀帝为何营建东都洛阳

东汉之后,中国陷入分裂状态,历经三国、两晋、南北朝,战乱纷仍,民不聊生。隋文帝杨坚重新实现了大一统局面。和秦朝一样,隋朝也是二世而亡,只有短短的38年。但就在这38年中,隋朝为后世的封建王朝留下了丰厚的遗产,比如开凿了沟通中国南北的大运河,开创了影响中国读书人命运的科举制度,确立了成熟的封建官僚制度——三省六部制。一些制度历经唐宋时期不断完善,一直持续到明清时期;隋朝时期开凿的沟通南北的大运河,第一次连接了中国南方和北方,影响延续至今。可以说,隋朝的建立不仅使中国在形式上统一起来,而且第一次在文化和文明的血脉上实现了融合和统一。

仁寿四年(公元604年)七月,隋文帝杨坚驾崩,杨广即位,年号为"大业"。

大业元年(公元605年),刚刚给先皇办完丧事的杨广便决定营建东都洛阳,10个月的时间即告竣工。

即位之初就立刻营建新都,这就给后人留下了无尽的想象空间。有人说,他是为摆脱父亲杨坚及其背后的关陇集团在长安的"影子",另辟天地;也有人认为,他是出于战略考量,期望重塑国家中心格局。

那么,对于隋炀帝而言,营建东都洛阳究竟有着怎样的考量与得失呢?

要理解隋炀帝为何决意迁都洛阳,必须先分析隋朝所面临的复杂历史背景和战略困局。

统一天下后,隋朝的首都长安(大兴城)本应成为大隋帝国的中心,但实际上,它逐渐暴露出难以适应时代变迁的诸多不足。而洛阳,作为"天下之中"的枢纽,在政治、经济和军事上的优势,使其成为隋炀帝重塑隋朝政治格局的关键。

其一，长安的困局：关中已非"天下第一福地"

隋文帝选择长安（大兴城）作为都城，是沿袭了秦汉时期"都关中以控天下"的传统定都逻辑。关中作为农业发达的地区，自古便有"关中自给，四方无虞"的美誉，我们后文将对此地作专门论述。然而，这种辉煌在隋朝初年已显疲态。自东汉以来，北方连年战乱，尤其是西晋"永嘉之乱"后，中原地区的大量人口南迁，不仅使关中人口锐减，还导致经济发展停滞。长安虽然地处关中，但其粮仓和交通能力已不足以支撑一个庞大的帝国统治所需。比如长安的供粮体系完全依赖于地方粮仓，而这些粮仓的资源来自黄河中下游和江南地区，长距离的运输增加了帝国运转成本。开皇十二年（公元592年），"京辅及三河，地少而人众"，隋朝首都的老百姓已经开始吃不上饭了，而到了开皇十四年（公元594年），关中大旱，粮食不济，隋文帝只好亲自"率户口就食于洛阳"。因此，美国学者熊存瑞指出："尽管现存的文献对于关中地区食物短缺和炀帝试图建造洛阳城之间的联系没有提供结论性的证据，但毫无疑问，首都不容乐观的形势可能迫使炀帝迁都。"另外，长安的地理位置也存在隐患。虽然它背靠秦岭、易守难攻，但其封闭的地形使得对外联系相对不便。长安处于西北边陲，距离中原和江南这些经济发达的地区较远，不利于统筹全国资源。而且，隋炀帝曾经做过10年的扬州总管，对南方可谓是情有独钟，而关中地区是关陇集团的大本营，他死去的哥哥——废太子杨勇就是关陇集团曾经支持的对象，这也让在长安的隋炀帝显得格格不入，且处处受制于人。所以，对于隋炀帝而言，长安不再是他的福地，而是他竭力想摆脱的地方。因此，即位之初就立刻决定营建东都洛阳，表明了隋炀帝努力摆脱关陇集团的影响的决心。

其二，中原的吸引力：洛阳的居中优势

相较于长安的地理和经济劣势，洛阳的战略价值显得尤为突出。自古以来，洛阳就被称为"天下之中"，拥有得天独厚的地理位置。从战国到东汉，洛阳始终是各大政权争相建都的首选之地。这种偏爱绝非偶然，而是基于以下几个关键因素：①洛阳所具有的交通优势：水陆贯通，四通八达。洛阳位于黄河中下游，连接南北的主要交通干线——大运河和黄河干流交汇于此。《隋书》卷3《炀帝纪上》记载，仁寿四年（公元604年）七月，隋文帝驾崩，隋炀帝即位后十一月癸丑，下诏书曰："洛邑自古之都……控以三河，固以四塞，水陆通，贡赋等……今可于伊、洛营建东京，便即设官分职，以为民极也。"洛阳因其地理位置成为隋朝全国交通网络的枢纽，有效联结了北方的黄河流域和南方的长江流域。大运河的开凿进一步增强了洛阳在物流体系中的核心地位，这使得南方的粮食和物资能够迅速运抵洛阳，再由此分发至全国。②洛阳是经济资源的"天然中转站"。东汉以后，尤其是三国两晋南北朝时期，江南地区的经济发展开始超越北方，成为全国财富积聚的重要区域。洛阳刚好处于南北经济交流的关键地理位置，通过迁都洛阳，隋炀帝能够更便捷地控制江南的资源。通过漕运系统，江南地区丰富的经济资源，比如南方的稻米和丝绸，便可以源源不断地输送到洛阳。③洛阳具有极高的军事战略价值。洛阳的地势极为适合防守和军事调度，其"居中而固"的地形便于快速向四面八方派遣军队，能有效应对突厥等北方势力的威胁。同时，洛阳靠近中原，便于中央更快速地镇压山东、河北等地的叛乱。④洛阳还可以得到强大的经济腹地的支持。洛阳附近的三河（黄河、洛河、伊河）平原，自古以来就是农业重地，盛产粮食、棉花等。这将为洛阳的建设提供充足的物资支持。

其三，南方崛起与北方衰落：经济重心的转移

东汉末年的战乱，使北方的经济遭受重创。而南方，尤其是江南地区，却因大量北方移民的到来而得以迅速开发。南迁的中原士民不仅给江南地区带去了先进的耕作技术，还促进了当地的经济结构转型。东晋及南朝时期，江南已经从一片荒凉的土地发展为"地广野丰，丝绵布帛之饶"的富庶地区。面对这种"南方经济崛起、北方经济疲软"的发展局面，长安作为偏居西北的都城，越来越难以满足统御全国的需求。而洛阳位于中原腹地，更靠近江南，又不远离北方，算得上是最理想的选择。正如经济史学家傅筑夫所言："一个政权应当把首都建在什么区域内以及在这一区域之内把都城定在某一地点，虽然要考虑多种因素，但首先考虑的则是经济因素。"因此，随着经济重心的逐渐南移，对于隋朝而言，营建东都洛阳，在一定程度上顺应了社会经济的变迁。

其四，北方边疆的威胁：突厥问题与边疆防御考量

隋炀帝营建东都洛阳的另一重要动因是北方边疆的安全问题。隋朝初年，北方草原日益强大的突厥，对中原王朝一直虎视眈眈。而长安靠近西北边疆，一旦遭遇外敌，首都极易陷入危急状态。迁都洛阳则可以很好地解决这一安全问题，而且也便于加强中央对中原的统治，同时还能为隋朝进一步掌控南北提供战略基础。对北方来说，洛阳靠近黄河，能够快速支援边疆，防御突厥等外敌的威胁。这种"进可攻，退可守"的地理特性，使洛阳在战略布局中占据了绝对优势。

其五，政治与文化：中原的正统性与权威

《史记》曰："夫三河在天下之中，若鼎足，王者所更居也。"这种光环使得洛阳的地位远高于其他城市。迁都洛阳，无疑为隋炀帝的统治增添了一层合法性和文化认同感。所以，迁都洛阳，实际上也可

以看作是隋炀帝巩固皇权的一种方式。在这座城市的建设过程中，他亲自参与规划，将宫城、皇城和外城层层分明地布局，以凸显皇帝的至高无上。同时，洛阳的"天下之中"地位，也强化了"天子以中治天下"的政治理念。

因此，隋炀帝迁都洛阳的决定，虽发生在即位之初，但并非一时兴起，而是对复杂历史背景的深思熟虑后的举措。长安作为隋朝的都城，虽有其历史价值，但在经济、交通、军事和文化上，已无法与时代需求相匹配。而洛阳凭借其优越的地理位置、交通条件和历史光辉，成为重塑隋朝重心的最佳选择。隋炀帝用营建东都洛阳的方式，试图将国家重心从西北拉回到中原，重新确立中原作为王朝核心的地位。虽然这一决策在执行过程中加剧了隋朝财政和民生的困顿，但从地理与战略的角度来看，这确实是一项合理且具有远见的选择。

可以说，洛阳的重新崛起，既是时代的选择，也是隋炀帝一手打造的"硬核奇迹"。

但是，不得不说，营建东都洛阳是一场牵动全国经济、政治与文化命运的重大抉择。这一决策直接推动了隋唐时期洛阳的崛起，也对后世王朝产生了深远影响。但是，纵观隋炀帝在位期间，可以说"成也洛阳，败也洛阳"。

从积极的一面来看，隋炀帝营建东都洛阳起到如下三个方面的历史作用。

其一，强化全国资源调度：洛阳成为隋朝的"神经中枢"。迁都洛阳后，这座新都立刻成为全国资源调配的中枢。凭借洛阳优越的地理位置和发达的交通网络，隋炀帝以洛阳为中心在全国范围内建立了一个高效的物流与财政体系。洛阳作为大运河的核心枢纽，连通了江南经济发达地区与北方农业重地，彻底改变了隋朝的物流体系格局。

南方的稻米、丝绸和其他商品通过水路源源不断运至洛阳，而北方的铁器、马匹等重要资源也经由洛阳向南输送。《隋书》记载，大运河开通后，"南粮北调，贡赋皆至洛阳"。这种物流体系不仅支撑了隋朝的财政所需，还加强了中央对地方经济的控制。正如前文所言，洛阳周边的三河平原历来是中原粮食的主要产地，迁都洛阳后，这些资源能够更高效地为隋朝提供支持。在隋炀帝的多次军事行动中，洛阳充当了粮仓和军需补给中心的角色。例如在三征高句丽时，大量军粮和物资从洛阳出发，直接运往前线，展现了这一新都在军事后勤中的核心作用。

其二，政治与军事的战略支点。迁都洛阳极大地提升了隋朝的政治和军事效率，特别是在国家治理和边疆防御方面。相比于偏居西北的长安，洛阳的"居中"位置使其更容易统筹全国事务。无论是发往南方的政令，还是对北方边疆的统治，洛阳都能更快速地响应和落实。以隋炀帝多次巡游为例，他从洛阳出发，不仅方便南巡，还能对东部地区的地方事务进行直接干预，从而强化中央集权。在军事防御上，洛阳靠近黄河中游，既可以向北抵御突厥等外敌，也便于东部军事力量的调度。隋炀帝在位期间，曾多次以洛阳为军事调度中心，来应对北方的边疆威胁和中原地区的叛乱。大业十一年（公元615年）八月，隋炀帝巡行北部边塞，被突厥始毕可汗率数10万人马围困于雁门。雁门之围后，隋炀帝回到洛阳便重新部署边防工作，进一步强化了中原的安全屏障。

其三，迁都洛阳还将这座古都推向了文化与城市发展的巅峰。作为"天下之中"，洛阳不仅是隋朝的行政中心，更成为南北文化交流的桥梁。一方面，洛阳自古以来就是中原文化的摇篮，周、汉等多个王朝都曾以此地为都。隋炀帝将洛阳重新塑造成政治和文化的中心，实际上是一次历史传统的复兴。另一方面，隋朝在洛阳营建了宏伟的宫殿群、市场和庙宇，规模仅次于大兴城，这也使洛阳成了中华文明的标杆。作为南北交汇的中心，洛阳见证了隋朝时期文化的融合与传播。通过大运河，南方的文人学士、佛教文化与北方的儒家思想在洛阳交汇，促进了文化多样性的繁荣。最后，隋炀帝在洛阳的规划中采取了"轴线对称、礼制分明"的设计模式。这种城市规划不仅影响了洛阳的布局，还成为唐朝长安、宋朝汴梁的建城模板。武则天称帝之后，更是称洛阳为"神都"，将其地位推向了历史巅峰。

当然，我们不能忽视的一点是，营建东都洛阳也加剧了隋朝内部的社会矛盾，成为王朝迅速衰落的导火索之一。

其一，迁都洛阳和开凿大运河耗费了大量人力，据《隋书》记载，隋炀帝每月动用役丁 200 万，造成大量劳工"僵仆而毙"。如此沉重的劳役负担，加剧了民间的不满，为隋末农民起义埋下了伏笔。

其二，迁都洛阳的确促进了经济交流，但短期内高昂的建设费用却让隋朝的财政不堪重负。无论是洛阳的城市建设，还是大运河的开凿，如此浩大的工程都使隋朝元气大伤。当民间的怨愤最终爆发时，隋炀帝的统治也随之崩塌。

当然，在决定营建东都洛阳时，隋炀帝并没有想到自己的王朝会那么短命，他只是根据大隋的战略需要发布了营建东都洛阳的命令。

隋炀帝是在仁寿四年（公元 604 年）十一月三日从大兴城动身前往洛阳的，两地之间的路程需时十来天，也就是说，他到达洛阳的时间是在十一月十五日左右。6 天之后，隋炀帝向全国发布了营建东都洛阳的诏书。

负责整个工程的是隋炀帝的老朋友和政治盟友——杨素，此人心狠手辣，执行力极强，杨素的副手是隋朝最著名的建筑学家和设计大师宇文恺。他们二人配合非常默契，宇文恺负责设计，杨素负责执行和落实。这里还需要提一下，杨素还有一个副手，那就是杨达。杨达这个人本来没什么可说的，但是，杨达把自己的女儿嫁给了来自太原的木材供应商武士彟，也就是中国第一个也是唯一的女皇帝武则天的亲爹。历史就是这么凑巧，杨达做梦也想不到，自己苦心营造的洛阳城将来的主人是自己的外孙女武则天。

设计大师宇文恺不仅是隋朝著名的建筑师，更是中国古代建筑规划的革新者。他曾主持大兴城（隋长安城）的建设，将周礼中的"井田制"理念融入城市设计中。洛阳城的规划，是他在大兴城基础上的进一步升华。宇文恺在设计洛阳城时，充分结合了实用性与礼制的象征意义。洛阳城严格按照轴线对称布局，以宫城为核心，周围环绕皇城、外城，层次分明。这种设计不仅凸显了皇权的至高无上，也体现了隋朝对周礼的高度重视。宫城正中的太极殿，是皇帝处理政务和举行朝会的地方，象征着中央权力的核心。宇文恺在洛阳城的设计中，特别注重交通的便利性和功能分区的合理性。城内的街道呈棋盘式布局，以南北主轴为中心，东西辅路交错分布，确保了物流与人流的高效流转。同时，洛阳城依托洛水而建，城市主干道沿河而设，既便利了交通，又提供了充足的水源供给。宇文恺在城市内设有大型的水利设施和灌溉系统，为城市的可持续发展提供保障。

洛阳城的建成速度，堪称古代中国建筑史上的奇迹，从605年初动工，到年底竣工，仅用了10个月的时间，就完成了一座能容纳百万人口的大型城市的建造。

东都洛阳建成，北拒邙山，南对伊阙，洛水贯都，可谓具河汉之象。只是我们永远无从确知这数百万的工匠有多少能够活着亲眼见到这座洛阳新城，因为在修建新城的过程中，"役使促迫，僵仆而毙者，

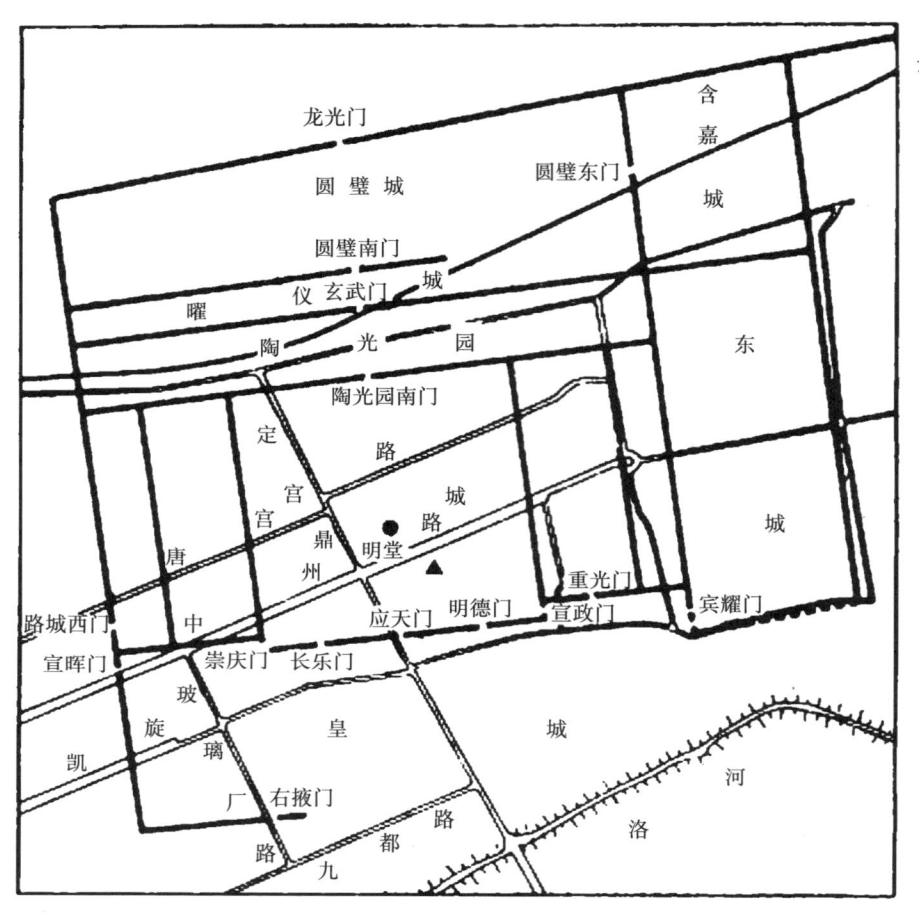

图7.1 隋唐洛阳宫城城垣发掘示意图

十四五焉"。也就是说，工程辛苦，10个工人中，有四五个会死在这一劳役中。这么算下来，一座洛阳城，百万劳役命，简直是人间炼狱。

东都洛阳城建成后，隋炀帝终于可以名正言顺地离开陈旧古板的大兴城，来到洛水河畔的东都洛阳，终于可以呼吸到一丝自由和富足的空气了。

但是，虽然东都洛阳城有那么多的优点，但是它也有一个致命的缺点：从战争的角度来看，洛阳城是一个"四战之地"。

那么隋炀帝又是如何部署东都洛阳的军事防御体系的呢？

二、东都洛阳的军事防御体系

隋炀帝杨广是一个做事情很讲究的人，在营建东都洛阳之前，他就已经开始考虑这座梦幻之都的防御问题了。大业元年（公元607年）十一月，在下令营建东都之前，他先行下诏征调几十万民夫，修建了起于关中东北部的龙门（今山西河津）、止于关中东南部的上洛（今陕西商洛商州区）的长堑，从东、南、北三面呈弧形将洛阳环抱起来。据《隋书·炀帝纪上》记载："发丁男数十万掘堑，自龙门东接长平（今山西高平）、汲郡（今河南卫辉），抵临清关（今河南新乡东北），度河（黄河），至浚仪（今河南开封）、襄城（今河南襄城），达于上洛，以置关防。"隋炀帝下令修建的这条长堑，长达千里，将洛阳以及关中进出关东地区的水陆通道尽然包围，并沿这条长堑设置关防。依据东面、南面以及北面3个方向不同的地形，关防的设置也有所不同：就东面而言，地形开阔，没有可以据险而守的险隘，而且又横跨黄河，所以，东面的关防设置就比较密集，仅在黄河的各重要渡口就设置了临清关、白马关和金堤关；北面地处山西高原，山川险峻，南北的通道主要有两条——西线由太原经绛郡（今山西新绛）到河东，东线则由太原经长平（今山西泽州高都镇）至洛阳，因此在西线的太平关和东线的长平关设置关防就足以确保洛阳北面安全；南面的防线主要凭借是东西方向的伏牛山脉，其东端设鲁阳关，西端设武关，并且在贯穿伏牛山脉的水道之上设置朱阳关来控制这条水路（经淅水进入南阳盆地最后汇入丹江）。就这样，隋炀帝将原来隋文帝时期构建的环绕关中的防御体系外围扩大到关东的洛阳外围地区，以保将来的东都洛阳安全无虞。

可以说，此千里长堑是东都洛阳的第一道外围防线。在做了如此安排之后，隋炀帝立刻下旨命杨素、宇文恺和杨达开工建设这座洛阳新城。

在古代冷兵器时代，一座城市的防御体系中的外围防御当然很重要，但城市本身的防御功能构建才是城市守卫的核心。毕竟，真到了天下大乱敌人攻城之时，城市的城防工事才是守城将士依靠的主要防御手段。因此，杨素等人设计建造的新洛阳城就颇为用心，分为外城（郭城）、皇城、宫城以及其他配套的小城，构成了以皇帝居住的宫城为核心的多层防御体系。——具体分述如下。

郭城：郭城是整座洛阳城的外沿城垒和外围防线，由坚固的夯筑城墙构成，其规模宏大，包围整座城市。根据考古发现，这座洛阳城的郭城周长达27.5千米，平面接近方形，东城墙长约7300余米，南城墙长约7290米，北城墙长约6130米，西城墙长约6770米。城墙高大而坚实，上设有角楼、敌楼等军事建筑，以便观察四周动向和进行防御。城墙周围设有护城河，提高了防御能力。郭城的主要作用是抵挡外敌入侵，为都城提供坚实的外围防线。

皇城：皇城位于郭城的西北角，南临洛水，其城墙也是夯筑而成，但是内外层饰以青砖，城墙高约 11 米，底宽 11 米，顶宽约 6 米，周长约 7.5 千米，是隋炀帝统治的政治中心。皇城内修建了宫殿、官署等重要建筑，并在东、西、南三面开有 6 座城门，分别是南面三门（正南为端门，端门东侧为左掖门，西侧为右掖门），东面设太阳门，西面二门（南侧为丽景门，北侧为西太阳门）。皇城的规划更加精致，内部街道布局有序，宫殿建筑宏伟壮观。皇城不仅是政治活动的中心，同时也是文化艺术的聚集地，反映了当时皇室的尊崇和统治地位。

宫城：位于皇城中间偏北的方向，也叫"紫薇城"，是皇城内的重要区域，专门为皇帝和其家族所居住。紫薇城东墙长约 1270 米，西墙约 1275 米，北墙约 1400 米，南墙约 1710 米，整个周长约 5.6 千米，城墙宽在 15~16 米间，具备强大的防御能力。宫城内修建了皇宫、东宫、御苑等建筑。东宫位于紫薇城的东部，为太子住所，利用宫城的部分城墙自成一小城。宫城的布局追求舒适和安全，宫殿之间通道宽敞，庭院景致优美，同时加强了内部的安全措施，以防范内乱和突发事件。

配套小城：除了主要的郭城、皇城和宫城，东都洛阳还配套修建了一些小城，比如东城（内设百官衙署）、含嘉城（曾为东都洛阳屯兵之地）以及宫城的三重隔城，由南向北依次为陶光园（玄武城）、曜仪城、圆璧城。这些小城增强了整座城市的军事战略防御功能，实际上可以看作是皇城的卫城，增加了敌军攻城的难度。这些小城作为洛阳城的补充防御设施，同时也是军事驻守和物资储备的地方，以确保城市的全面安全和稳定。

总体而言，东都洛阳的城市布局经过精心设计，各个区域的功能明确，相互配合，形成了一个稳固而有序的整体。这种城市布局不仅满足了军事需求，也展现了隋炀帝强大的政治权威和统治雄心。也就是说，隋炀帝是真正把东都洛阳作为自己的家来建设的。但是，新的洛阳城建好之后，隋炀帝大部分时间都乘坐庞大的游船沿着大运河南巡或是北巡，或是忙于帝国的征战攻伐，并没有在精心修建的洛阳城里待太长时间。

为了确保东都洛阳的绝对安全，隋炀帝又精心构建了环绕伊洛盆地的第二道外围防线。

从军事地理的角度来看，洛阳所在的伊洛盆地具有"四险之国"和"四面之地"的双重特点：伊洛盆地北有黄河和邙山，南面是熊耳诸山，西连崤山，东依嵩山，也有一些河山拱戴的特征，比较有利于军事防守；但是，伊洛盆地是一个相对比较开放的盆地，多条河流流经本地区的山川，切割出了一条条对外交通的通道，这就又非常不利于防守了。因此，与关中地区相比，洛阳所在的伊洛盆地的山河形势远远谈不上险峻和稳固，必须在千里长堑之内再为洛阳城构建第二道外围防线，才能让隋炀帝彻底放心。因此，在洛阳北面，以河阳为洛阳北方门户，设河阳都尉，控扼洛阳北方的河阳津渡口。在洛阳东面，以虎牢为门户设置虎牢都尉，控扼洛阳东方的成皋关。隋炀帝在这两个地方设置都尉，牢牢控制虎牢关和河阳津，就分别掌控了东路洛阳与华北平原的交通以及与河内、河北以及山西等地的交通，处于一种进退自如的主动态势。而在洛阳南面，有多条通道可以进出伊洛盆地，比如大谷、伊阙、辒辕这3条通道，这就让洛阳南面的防御显得更为紧迫和重要。因此，隋炀帝在洛阳南部设置了两层防御体系：第一是设置关防，第二是设置军府。具体而言，洛阳南部的关防包含设置在鲁阳、郏城和新郑的关官，鲁阳关控制着从江汉地区进出洛阳的重要通道——三鸦道，而郏城和新郑则是洛阳进出黄淮平原的战略通道，均可以据险而守。为了进一步保证洛阳南面的安全，隋炀帝设置在河南郡的 12 处军府有 5 处位于河南郡南部，分别是：柏林府、公路府、镮辕府、伊川府以及箕山府，能进一步有效控制从伊洛盆地南部进入洛阳的镮辕道、大谷道、伊阙道这 3 条重要通道。而且，由于镮辕道过于重要，隋炀帝沿着镮辕道依次排列柏林府、公路府以及镮辕府这三处军府，以加强此道的防御能力，进而加强洛阳南部防线的防御能力。

在隋炀帝决定要修建东都洛阳之后，洛阳的城防建设就同时展开了，仅仅在外围就构筑了两道防线，并将洛阳城本身建成坚不可摧的城垒，内设多重城池，将皇帝所在的宫城紧紧包围在核心。如果有敌人来犯东都洛阳，必须先打破两重外围防线，才有可能进攻到洛阳城下，而到了洛阳城下之后，还有多重城防体系需要攻破，这就给皇帝进行战略调度提供了一定的反应时间。而且，由于洛阳西面与关中地区相通，一旦洛阳方向有事，隋炀帝随时可以从关中调派精锐参与洛阳城防，而一旦关中有事，洛阳守军可以迅速支援关中的大兴城，从而形成了东都洛阳和都城大兴城之间互相呼应的防御体系。

另外，为了进一步巩固东都洛阳的防御体系，在加紧洛阳城防建设以及外围防线建设的同时，隋炀帝在洛阳布下重兵保卫东都和自己的安全。一般来说，如果隋炀帝在东都洛阳居住和办公，会有大约 20 万人的部队守卫着他的安全，包括禁军十二卫以及其他作战部队。隋朝开国以来，为了确保关中地区的粮食供应，在洛阳和附近地区修建了大型粮仓，诸如含嘉仓、河阳仓、黎阳仓等。东都建成之后，为了确保居住在洛阳的庞大的皇族、官员、驻军以及居民的粮食安全，隋炀帝又增设了几座大型粮仓，比如城内的子罗仓，可以储藏 20 万石的盐以及将近 50 万石的粳米，再比如城外的回洛仓和洛口仓，都是储量巨大的粮仓，后者的储藏容量竟然达到 2400 万石（洛口仓约有 3000 窖，每窖储量约 8000 石），不仅可以供应东都洛阳，还可以转运至大兴城，甚至更远的涿郡等地。

在隋炀帝命令下，一座新的洛阳城拔地而起，水陆交通极其便利，粮食等物资供应充足，城市的防御体系完备，隋炀帝终于可以安心享受自己的帝王生活了。

但是，洛阳的粮仓建设有一个致命的缺点：大部分粮仓都位于洛阳城外，一旦有事，敌人会先行占领粮仓，令洛阳成为一座孤岛。这样的戏码在隋朝末年一再上演，在安史之乱时同样的剧本又在洛阳演了一遍。

三、隋末各方政治势力对于洛阳的争夺

隋炀帝并没有享受多少年的太平日子。因为隋炀帝先后营建东都洛阳，开通大运河，八次全国巡游（四次北游，一次西巡，三次南巡），三次东征高丽，为了彰显所谓的国力还一味地向其他少数民族政权炫富，终于将隋文帝攒下的家底给败光了，耗尽大隋的人力、物力和财力，惹得天怒人怨，终致天下大乱，刀兵四起。

东都洛阳作为隋朝和隋炀帝的统治中心，成为隋朝末年各方政治势力誓死争夺的重点地区。围绕洛阳城的归属，各方政治势力你来我往，在洛阳城内外鏖战多年，最后李世民率兵攻占了洛阳，新建的大唐王朝最终占有了隋炀帝修筑的这座梦幻之城。

1. 礼部尚书杨玄感起兵进攻洛阳

东都洛阳经受的第一次进攻来自隋炀帝自己的身边人——隋朝礼部尚书杨玄感。杨玄感原本是杨广的亲密战友，杨玄感一家对杨广击

图7.2 隋朝末年形势图

败太子杨勇而登上皇帝宝座是有巨大功劳的。杨玄感的父亲就是大名鼎鼎的司徒、尚书令、楚国公杨素,可谓是隋朝的开国功臣和护国柱石,在帮助隋文帝杨坚建立隋朝以及帮助隋炀帝杨广登上大位这两件大事上都发挥了重要作用,而且东都洛阳城就是杨素亲自监督修建的。那么杨玄感作为杨素的儿子为什么要起兵反对自己和父亲曾经支持过的政权和皇帝呢?原因很简单,主要有两个方面:其一,隋炀帝上台之后清洗关陇集团,影响到了杨玄感等人作为关陇贵族的利益;其二,杨素和杨玄感一家功劳太大,以至于让隋炀帝觉得没有安全感,反过来,也让杨玄感没了安全感,为了获得安全感就必须先干掉对方,而杨玄感选择了先下手为强。

杨素虽然对隋炀帝夺嫡登基大有功劳,但是深受隋炀帝忌惮,搞得杨素忧惧而死。隋炀帝听说杨素病死了,私下里高兴得不得了,给身边人说:如果杨素自己不死,我也会灭了其族的(使素不死,终当夷族)。作为杨素的长子,杨玄感在各方面的能力也是不差的,身材魁梧,相貌英俊,爱好读书,善于骑射,可谓是文武双全,在关陇贵族里颇有声望。父亲杨素对隋炀帝的忧惧,作为儿子的杨玄感自然是感同身受。而且,隋炀帝登基之后的种种倒行暴政,一方面苦了天下百姓,一方面也让杨玄感这些关陇贵族感到岌岌可危。所以,杨玄感早早就埋下了要反抗隋炀帝的念头,一心想干掉隋炀帝而立他人为帝。但是,在没有遇到好的机会的情况下,杨玄感也只能暂时忍耐。

人一旦有了想法,就会将其转化为行动。

早在大业五年(公元609年),隋炀帝御驾亲征吐谷浑,命杨玄感陪同。杨玄感原本想利用大雨将随行队伍冲散的混乱状态发动兵变诛杀隋炀帝,但是被他的叔父杨慎给劝住了。杨慎认为,隋朝"士心尚一,国未有衅,不可图也"(《隋书·杨玄感传》),也就是说现在四海升平，国内稳定，民心还在隋炀帝这边，即使在这里干掉了隋炀帝，我们也无法稳定局势，最佳时机还没有到来，再等等吧。大业七年（公元611年）隋炀帝第一次进攻高丽，负责督运粮草的杨玄感就偷偷做了些手脚，导致隋炀帝兵败而归。《资治通鉴·隋炀帝大业九年》记载："帝伐高丽，命玄感于黎阳督运，遂与虎贲郎将王仲伯、汲郡赞治赵怀义等谋，故逗留漕运，不时进发，欲令渡辽诸军乏食；帝遣使者促之，玄感扬言水路多盗，不可前后而发。玄感弟虎贲郎将玄纵、鹰扬郎将万石，并从幸辽东，玄感潜遣人召之，二人皆亡还。"虽然隋炀帝第一次东征高丽失败的原因有很多，但是杨玄感延误粮草运输并暗中从前线召回两位将军肯定也是其中原因之一。大业九年（公元613年），隋炀帝再次发动对高丽的战争，并且再次御驾亲征，率领隋朝大军在辽东作战，杨玄感仍旧负责在黎阳为隋炀帝督运粮草。这次杨玄感决定给隋炀帝以致命一击，决心起兵。既然起兵了，就得给自己找一个好的理由，肯定不能说是为了自己，一定要说起兵是为了天下黎民苍生，这样就占据了道德制高点。因此，在动员船夫和运夫8000人起兵之时，杨玄感声称："主上无道，不以百姓为念，天下骚扰，死辽东者以万计。今与君等起兵以救兆民之弊，何如？"（《资治通鉴·隋炀帝大业九年》）一时间从者如云，很快就拉起了一支10万人的队伍，挑起了反对隋炀帝的大旗。

杨玄感起兵之后，曾为隋炀帝左亲侍的李密赶来投奔。在隋末唐初，李密也是一个名人。李密的曾祖父是李弼，曾是西魏八柱国之一，其祖父李耀，曾为北周太保、邢国公，而其父亲李宽，为隋朝上柱国、蒲山郡公。所以，李密也属于关陇贵族，而且其个人资质也非常好，文武双全，曾经宿卫隋炀帝宫中。但是，有一次隋炀帝看见自己的警卫部队里的李密，觉得这个小伙子"瞻视异常"，说白了就是看起来不对眼，就让人想办法劝李密自己称病引退了。因此，从这个角度来看，李密和隋炀帝也是有一点私人恩怨的。

李密看同为关陇贵族出身的杨玄感起兵反隋了，就立刻赶来投奔，并给杨玄感的进军方向提了3个层次的建议："天子出征，远在辽外，去幽州犹隔千里。南有巨海，北有强胡，中间一道，理极艰危。公拥兵出其不意，长驱入蓟，据临渝之险，扼其咽喉。归路既绝，高丽闻之，必蹑其后，不过旬月，资粮皆尽，其众不降则溃，可不战而擒，此上计也。"杨玄感听了李密说的上策之后，没有表态，对李密曰："更言其次。"李密接着说："关中四塞，天府之国，虽有卫文升，不足为意。今帅众鼓行而西，经城勿攻，直取长安，收其豪杰，抚其士民，据险而守之。天子虽还，失其根本，可徐图也。"杨玄感似乎还没有听到自己想听的，接着说："更言其次。"因此，李密又献出了自己的下策："简精锐，昼夜倍道，袭取东都，以号令四方。但恐唐祎告之，先已固守。若引兵攻之，百日不克，天下之兵四面而至，非仆所知也。"不得不说，李密提供的3个计策中，第一个绝对是有战略远见的，而且也是最有可能实现推翻隋炀帝的计划。但是，杨玄感稀里糊涂选了第三个下策。在杨玄感看来，"今百官家口并在东都，若先取之，足以动其心。且经城不拔，何以示威！公之下计，乃上策也"，也就是先攻下东都洛阳再说，这样既可以震慑百官，又可以鼓舞人心，剩下的就交给时间，让我们做时间的朋友吧。其实，杨玄感之所以选择李密的下策来作为自己的进军方向，应该是他觉得自己的兵力有限，先就近拿下一座重要城池再说，进军关中和进军幽州，对自己而言都太远了，还是家门口方便。

因此，杨玄感向守备森严的东都洛阳进军了，这就开始了隋末诸多政治势力对洛阳的第一次争夺。正在攻打高丽的隋炀帝听说杨玄感造反了，立刻率兵赶回镇压，并同时从全国调集兵马，全力围剿杨玄感部。杨玄感起兵的时候，由于其口号是反对隋炀帝暴政，得到了不少百姓和普通士兵的支持。当时，镇守东都洛阳的是越王杨侗，派出精兵迎战杨玄感。由于起兵仓促，杨玄感所率士兵的装备都很差，只有单刀柳楯等轻武器，没有什么重型铠甲。但奇怪的是，迎战杨玄感部的隋朝正规军竟然和杨玄感所部一有接触便大败而归，逃走的路上还丢盔弃甲，将各种军械物资丢下留给杨玄感部。很快，杨玄感的部队到达洛阳城下了。但是，面对守备森严和重兵把守的洛阳城，杨玄感的非正规军感到无能为力了，而且，隋炀帝调集了越来越多的兵马向杨玄感压来。经过几轮激战，杨玄感觉得攻占洛阳无望，随后决定西取关中。但是，由杨玄感来选择进攻方向的时机已经过去了，现在是隋炀帝选择在哪里歼灭杨玄感的时候了。

有时候就是这样，一旦做出错误的选择，那么做出正确选择的时机就错过了，历史不会再给你第二次机会了。

由于接连打败仗，杨玄感被隋朝士兵追着打，最后只剩几十人仓促逃向上洛（今陕西商县）。杨玄感的最后时间终于到了，穷途末路的杨玄感让弟弟杨积善将自己砍死，然后弟弟再自杀。但是，砍死哥哥杨玄感的杨积善还没来得及自杀就被隋朝士兵擒获了。

杨玄感起兵反隋仅仅持续两个多月就失败了，这与他没有听从李密正确的计谋有关，也与大隋当时不该灭亡有关。但是，杨玄感起兵反隋点燃了隋末农民大起义的烈火，各地狼烟滚滚，隋炀帝逍遥快活的日子不长了。

2．李密率领瓦岗军争夺洛阳

正如前文所述，李密曾经跟随杨玄感起兵反隋。在杨玄感兵败被杀之后，这个曾经的关陇贵族后裔只好四处流亡，在河北、山东等地的起义军之间进行游说，准备伺机投靠势力强大的义军。经过仔细考察和慎重选择，李密觉得瓦岗军力量最强，遂投靠了瓦岗军。

瓦岗军在隋末的农民起义军里简直是神一样的存在。

为什么这么说？因为瓦岗军是隋末诸多农民起义队伍中战斗力最强的队伍，给东都洛阳造成的威胁最大。瓦岗位于东郡治滑台（今河南滑县）之南，北临黄河，西北有白马山，附近东南有濮渠，南有汴水和通济渠，北面不远还有永济渠，位于河南、河北交界地区，有漕运之便，可以供瓦岗军随时打劫隋朝漕运物资以供己用。大业七年（公元611年），东郡法曹小吏翟让因犯事被判处死刑，后被狱吏偷偷放走，逃至瓦岗创业，单雄信、徐世勣也相继加入，队伍不断壮大。徐世勣告诉翟让，咱要大发展，就得靠抢，但是咱不能抢咱们老家东郡的东西，得抢别人的，正所谓"东郡于公与勣皆为乡里，人多相识，不宜侵掠。荥阳、梁郡，汴水所经，剽行舟，掠商旅，足以自资"（《资治通鉴·隋炀帝大业十二年》）。所以，瓦岗军的发展主要靠抢劫邻近水路隋朝漕运物资以及对附近荥阳诸郡的攻取，渐渐成为河南地区战力最强劲的农民起义军。

大业十二年（公元616年）十月，李密正式加入瓦岗军。作为关陇贵族后裔，李密毕竟是见过世面的人，对瓦岗军天天忙着抢点粮食物资这种小事不太感冒，觉得不会有大发展。于是，李密向翟让建议：皇帝昏庸暴虐，民怨沸腾，大隋主力皆在辽东，杨广又身在扬州，因此瓦岗军应该趁机发展自己，要做大做强，趁势"席卷二京，诛灭暴虐，则隋氏之不足亡也"（《旧唐书·李密传》）。翟让听了李密的建言之后，觉得自己的格局突然大了，梦想和目标更高远了，决定将消灭隋朝暴政作为瓦岗军的政治力量，要"亡隋之社稷"。

翟让又问，那第一步该怎么走呢？李密告诉翟让，要实现消灭隋朝暴政这个远大理想，首先应攻取洛阳外围据点，然后攻取洛阳，随后进军关中，夺取大兴城。具体而言，第一步应该先攻取荥阳。"今兵众既多，粮无所出，若旷日持久，则人马困敝，大敌一临，死亡无日。未若直趣荥阳，休兵馆谷，待士马肥充，然可与人争利。"（《隋书·李密传》）李密给翟让的谋划整体上来看是有战略远见的，先进攻荥阳可以解决瓦岗军的粮食问题，也可以对东都洛阳形成直接的威胁。翟让深以为然，随即发动大海寺之战，歼敌无数，击毙河南道十二郡讨捕大使张须陀，并攻占荥阳。此一战，为瓦岗军的大发展奠定了坚实的基础，虎牢关以东的河南诸郡县，有大半投降了瓦岗军。取得巨大胜利的翟让觉得李密不愧是将门后裔，遂令李密别统一军，称"蒲山公营"。

第二年，李密又建议翟让夺取洛口仓，彻底解决瓦岗军粮食问题并吸引更多民众加入瓦岗军，同时也达到切断洛阳一个重要粮源的目的。李密对翟让说："今百姓饥馑，洛口仓多积粟，去都百里有余，将军若亲帅大众，轻行掩袭，彼远未能救，又先无豫备，取之如拾遗耳。比其闻知，吾已获之，发粟以赈穷乏，远近孰不归附！百万之众，一朝可集，枕威养锐，以逸待劳，从彼能来，吾有备矣。"（《资治通鉴·隋恭帝义宁元年》）确实，洛口仓离洛阳有一百余里之远，如果瓦岗军去攻击洛口仓，洛口仓的守军基本上不足为虑，而且洛阳根本来不及做出反应。于是，大业十三年（公元617年）二月初九，翟让、李密亲率精兵7000余人，经过阳城（今河南登封东南），越过方山（今河南登封东北），从罗口（今河南巩义西南）向洛口仓进发，并顺利夺取之，实现了预定的战略目标。东都洛阳留守杨侗获悉洛口仓被占之后，大为震惊，随即派出虎贲郎将刘长恭率2.5万人由洛阳东进，意图歼灭瓦岗军。瓦岗军在石子河（洛水支流，在今河

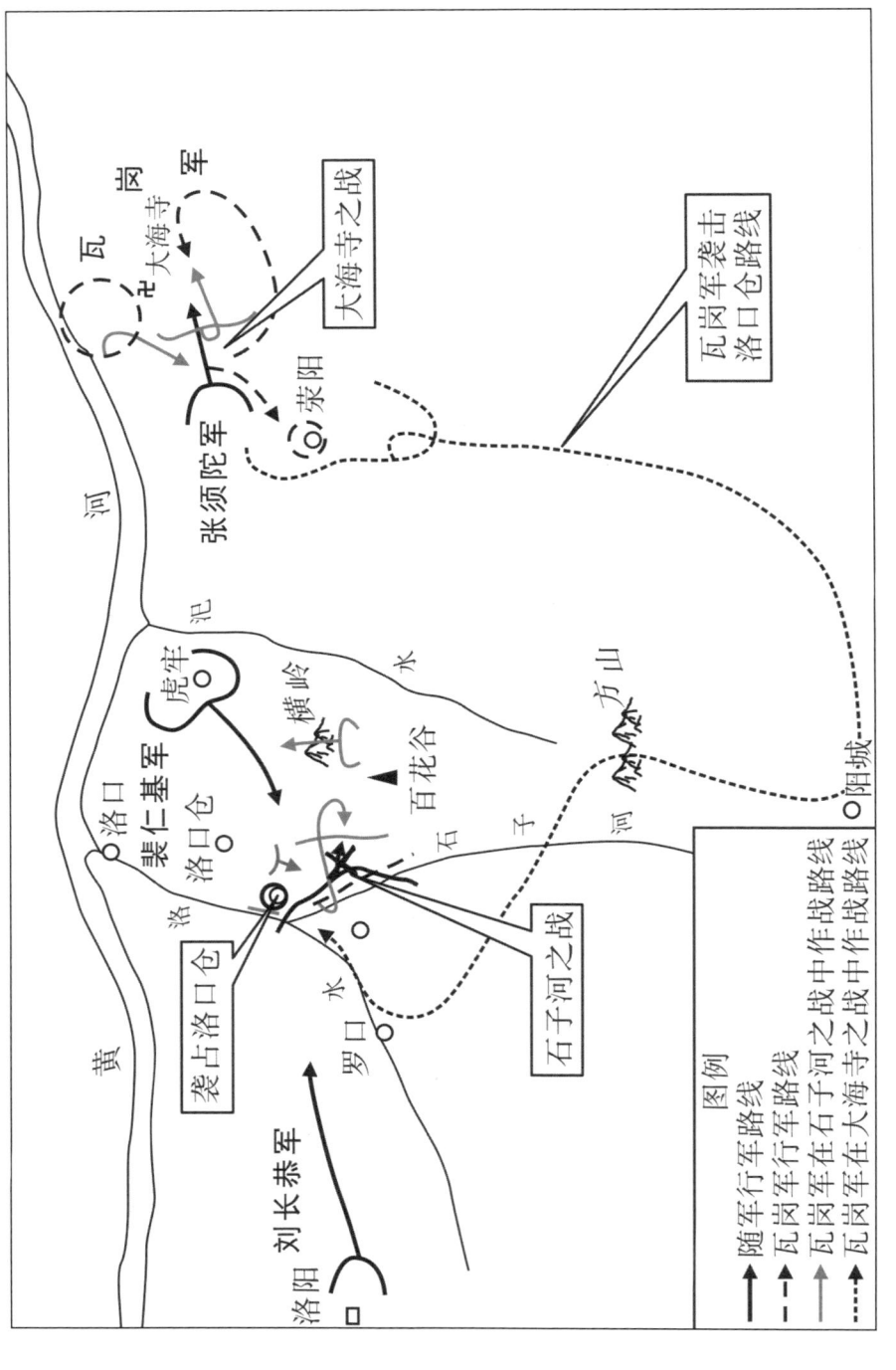

图7.3 大海寺之战、石子河之战示意图

南巩义东南）东岸列阵迎敌。翟让正面迎击不利，而李密所率瓦岗军从侧面痛击刘长恭，歼敌大部，剩余溃逃，瓦岗军缴获大批辎重，声势大振。经此一役，翟让觉得李密真是个人才，觉得让李密领导瓦岗军更合适。随后，翟让等推李密为主，称魏公，建立了瓦岗政权。一时间，从者如云，不绝如流，瓦岗军人数达数十万，秦叔宝、程咬金等人也纷纷加入。李密对自己的手下则大封官爵，使其各领其军，准备和隋朝大干一场。可以说，占领洛口仓是瓦岗军发展过程中的一个重要转折点，获得了坚实的群众基础，对东都洛阳产生了巨大的战略威慑。

大业十三年（公元617年）四月，瓦岗军派裴仁基、孟让领兵2万余人袭击回洛仓东仓，收获颇丰。此时，柴孝和（原隋朝巩县长）向李密建议要尽快西去长安，进而占领整个关中，以便号令四方。其具体方案是让翟让、裴仁基等继续率兵在东都洛阳和隋军周旋，而由李密亲率精锐，火速攻占长安，然后将其作为基地再"长驱崤、函，扫荡东洛"。之前李密给杨玄感出了一道有3个选项的选择题，但是杨玄感选择错了。这次柴孝和给李密也出了一道选择题，有2个选项。李密这时有自己的担心。如果洛阳久攻不下，那些起义军是否还会继续跟随自己干下去？把这些起义军留在河南以待时机，又怕他们自己跟自己打起来，"各竞雌雄"，不再听自己指挥。其实，李密担心的本质就是怕自己率兵去了关中，他是否还能控制得住留在河南的瓦岗军以及其他起义军。因此，李密考虑再三，还是做了一个跟杨玄感一样的选择，坚持先重兵围攻洛阳，仅派少量兵马由柴孝和率领西进。随后，柴孝和率领少部分兵力西进，很快兵败而归。李密则率瓦岗军主力先是以左骑、右步、中列强弩的横队战法大战隋兵，很快攻占回洛仓，逼近了洛阳城近郊。

但是，李密忘记了一个事实，东都洛阳的防御体系是隋炀帝精心构建的，布置有层层重兵，怎么会让他轻易攻取。因此，在和隋军精锐部队的接触中，瓦岗军连续作战失利，最后只能退回洛口。为了保证洛阳的安全，隋炀帝于当年七月派江都通守王世充率江南隋军精锐以及将军王隆、太常少卿韦霁、虎牙郎将王辩、河内通守孟善谊、河阳都尉独孤武都等率各部兵马总计5万余人增援洛阳；同时令涿郡留守薛世雄领兵3万前往洛阳支援。九月，各路援军除了王隆部和薛世雄部没有到达洛阳之外，其他各部均已到达指定位置，听候洛阳留守杨侗统一指挥。

当年九月，李密率瓦岗军再次逼近洛阳，杨侗令刘长恭、王世充等率兵10余万迎敌，结果在黑石被瓦岗军重创。大业十四年（公元618年）正月，王世充重整兵力再次进攻瓦岗军，又在洛南被瓦岗军几乎全部歼灭，龟缩在洛阳，不敢再出战迎敌。此时，瓦岗军30万众屯集在北邙，南接洛阳上春门，准备对洛阳发起强攻。但是，隋军凭借洛阳城的坚固城防，一时间也能坚持下来。

就在瓦岗军和隋军在洛阳对峙的时候，原来隋朝的唐国公李渊在太原起兵，经过权衡利弊，决定先攻取关中，再图洛阳，进而问鼎中原。也就是说，李渊做对了隋朝末年这道选择题，先行占领了关中，利用关中山河拱戴的形胜之地来和瓦岗军争夺大隋天下了。

李密率领的瓦岗军夺取天下的战略窗口期正在一点点缩小。

大业十四年（公元618年）三月，隋炀帝被宇文化及杀死在江都，宇文化及随即率领隋军主力杀向长安；五月，李渊在长安称帝，建立唐朝；同在五月，杨侗在洛阳称帝。

杨侗决定利用瓦岗军来对付宇文化及，因此派人以太尉的高位去拉拢李密，没想到李密竟然答应了。李密率瓦岗军开始替杨侗卖命和

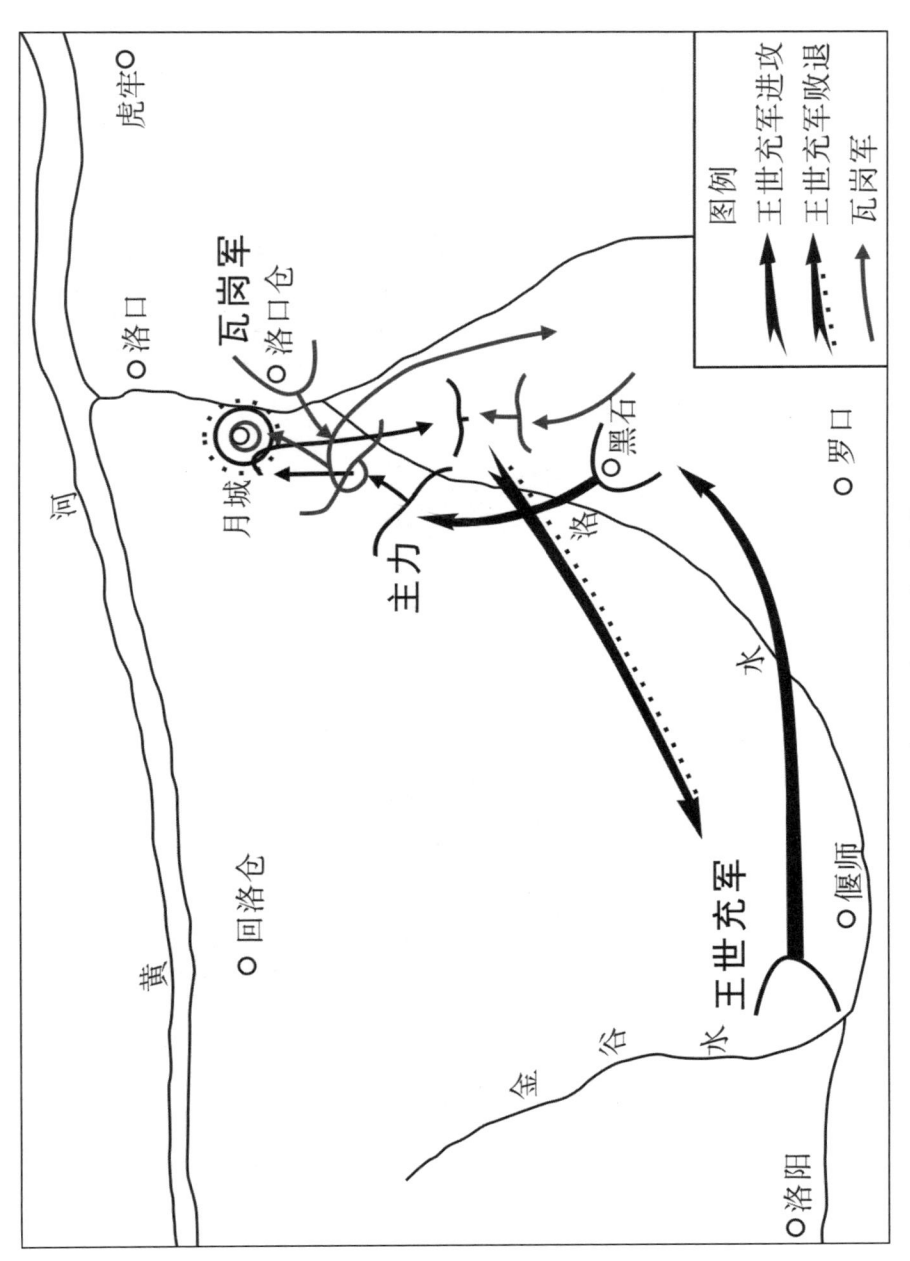

图 7.4 黑石之战示意图

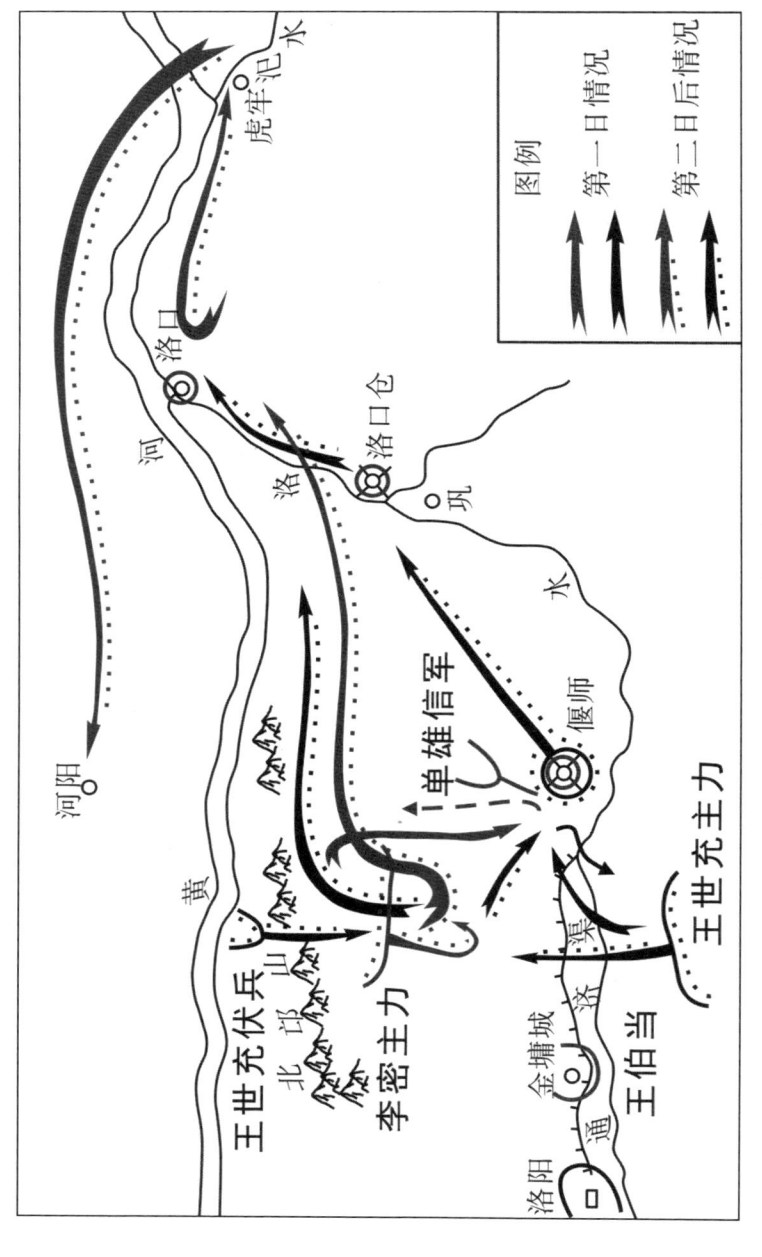

204　山河为证：地理视角下的中国史

图7.5　北邙之战示意图

宇文化及部作战。经过一番苦战，瓦岗军取得了一些胜利，但是实力也大为受损。此时，洛阳城也发生了政变，王世充取得了洛阳的控制权，随即派兵向瓦岗军杀来。李密率领瓦岗军经过一番苦战，战局不利，最后不得不率领 2 万余人向西入关中，投降了李渊。从此，瓦岗军逐渐解体，最后消散于历史的长河之中。

瓦岗军到最后也没有攻入洛阳城。

瓦岗军的失败有很多原因，其中重要的一个原因是长期重兵困顿于洛阳，而没有效仿当年刘邦先行占领关中，进而徐图中原。但即使瓦岗军攻占了洛阳，面对四面强敌，再加上洛阳本身在军事上的一些劣势，又能守多久呢？

3. 李世民夺取洛阳城

最后率兵攻入洛阳城的人，是在隋末战局中做对了选择题的李渊的儿子李世民。

武德三年（公元 620 年）七月初一，李世民统率 10 余万唐军东进，向王世充占据的洛阳杀来。七月十三日，李世民命李建成在蒲州屯兵，以保证东进唐军的侧翼安全，同时命礼部尚书唐俭到并州去加强北面防务。王世充惊悉李世民率大军向洛阳杀来，随即加强了洛阳外围防线以及城郭的防御体系，精选各地精兵至洛阳协助守卫，并置四镇将军严守洛阳四城。王世充命齐王王世恽守南城，楚王王世伟守宝城（皇城东南），太子王玄应守东城（皇城之东），汉王王玄恕守含嘉城，鲁王王道循守曜仪城，并同时加强了洛阳四周各重要城镇的防守，而王世充则亲率 3 万精兵，准备迎击李世民率领的唐军。

李世民率唐军到达洛阳近郊后，命行军总管史万宝自宜阳攻占龙门（今洛阳城南）以阻断洛阳南面的对外交通，将军刘德威自太行山南下攻河内以阻断洛阳北面之对外交通，左卫将军王君廓自洛口切断洛阳粮道，怀州总管黄君汉自河阴进攻回洛城，而李世民则亲率主力屯于北邙，形成了对洛阳的包围圈。在围攻洛阳的同时，李世民利用王世充和窦建德之间的矛盾，使得王世充在河南郡的大部分州县都归顺了大唐，王世充在河南仅仅拥有偃师、巩县、虎牢、平洲等地，渐渐成了孤家寡人。

困兽犹斗，王世充虽然被团团围住，但依然有和李世民的唐军决一死战的决心。武德四年（公元621年）二月十三日，李世民率军到达青城宫（洛阳西禁苑内），准备强行攻城。还没等李世民的唐军整顿完毕，王世充竟然率2万精兵出城主动迎敌。在混战中，李世民坐骑被流矢所伤，他还和主力部队失去了联系，幸亏有其他唐军将领解救才得以逃脱。二月下旬，李世民率领唐军开始强攻洛阳宫城，王世充拼死抵抗，各种弓弩和抛石机连续向唐军射击，以至于唐军连续进攻10余日而无法攻克洛阳。李渊看洛阳久攻不下，就打算让李世民撤兵回关中。但是，李世民认为，必须继续围攻下去，否则"今若旋师，贼势复振，更相连结，后必难图"（《资治通鉴·唐高祖武德四年》）。在李世民看来，如果现在不一鼓作气拿下洛阳，以后等王世充实力有所发展就更难攻下洛阳城了，所以，必须坚持下去。

有时候，只要努力的方向对了，持之以恒就能取得最后的胜利，而李世民就是这样的胜利者。

在李世民率领唐军久久无法攻克洛阳之时，王世充所期待的窦建德的10万援军正在向洛阳进军，接连拿下管州（今河南郑州）、荥阳等地并屯兵于虎牢东的东原一带，准备向李世民的唐军进攻。

一方面是王世充力守的洛阳久攻不下，一方面是窦建德的援军已逼近洛阳，一旦让双方联手，李世民所率唐军的下场将不堪设想。因此，经过权衡利弊，李世民做出了兵分两路的决定，以达到"一举两

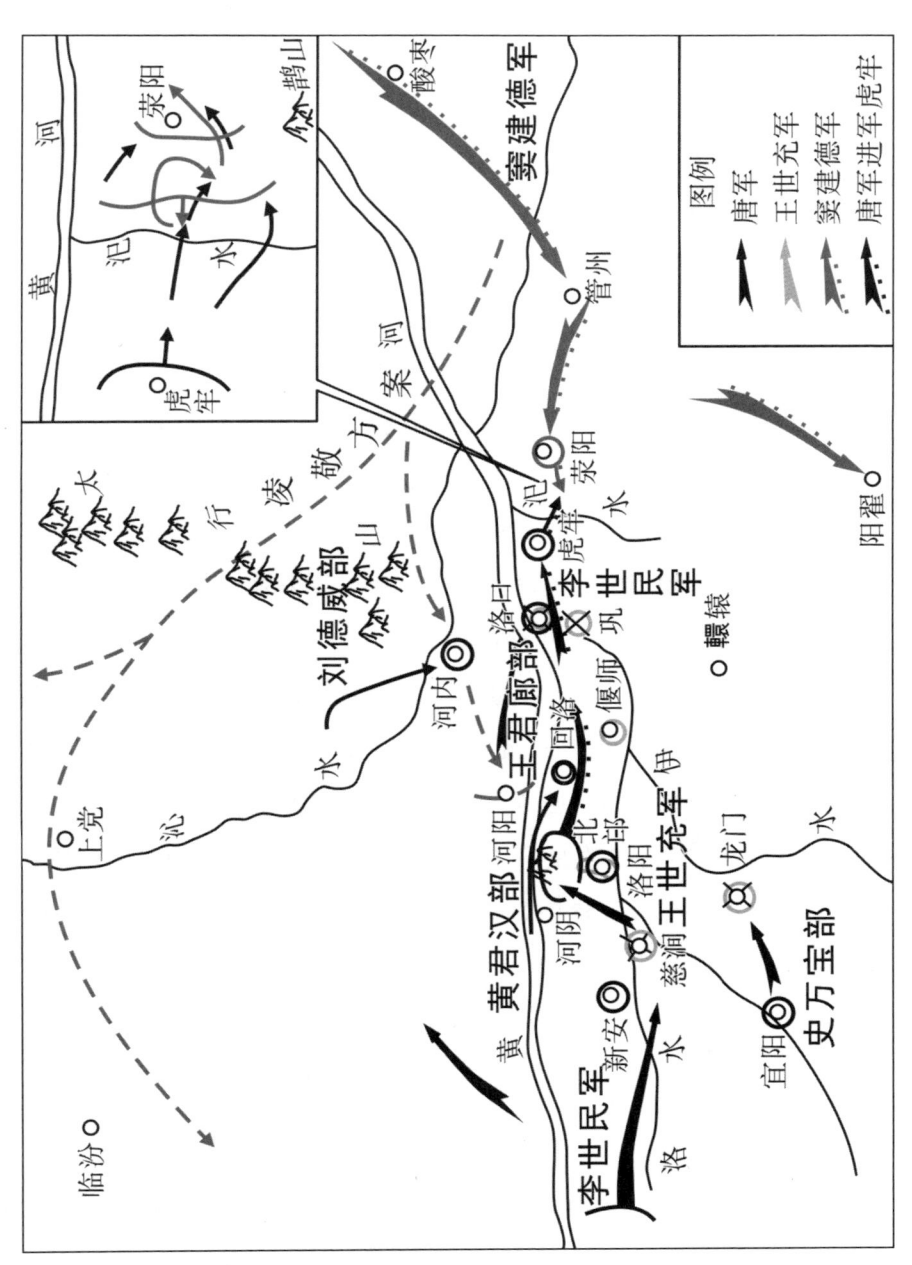

第七章 东都洛阳：隋炀帝的梦幻之城 207

图7.6 唐军围攻东都洛阳、虎牢示意图

克"的目的。李世民说："世充兵摧食尽，上下离心，不烦力攻，可以坐克。建德新破海公，将骄卒惰，吾据武牢，扼其咽喉。彼若冒险争锋，吾取之甚易。若狐疑不战，旬月之间，世充自溃。城破兵强，气势自倍，一举两克，在此行矣。若不速进，贼入武牢，诸城新附，必不能守；两贼并力，其势必强，何弊之承？吾计决矣！"（《资治通鉴·唐高祖武德四年》）因此，李世民让李元吉等继续围攻洛阳，自己则亲率精兵3500人迅速赶往虎牢迎战窦建德。经过一番苦战，李世民所率唐军将窦建德部击溃，俘获窦建德军5万余人，窦建德被俘，其妻率数百骑兵逃回河北。至此，窦建德部基本被唐军消灭。

消灭了窦建德部，李世民基本上击溃了王世充拼死抵抗的决心。五月初九，王世充献城投降，唐军接管了王世充的所有军队。攻克了洛阳，就等于占领了中原地区。又经过数年的苦战，到武德七年（公元624年），唐军基本统一了全国。

在唐军和王世充的洛阳之战中，王世充打算据险力守，但是低估了李世民的作战水平和耐心，也高估了洛阳城防体系的防御能力。要知道，一旦敌人逼近洛阳城下，将城外的大型粮仓悉数占领之后，一座洛阳孤城是守不了多久的。王世充最后还是没有搞清楚洛阳和长安的区别。在和平年代，洛阳是一个享乐的好地方，而到了战争年代，长安才是进退可据的宝地。

第八章

潼关：大唐帝国面对叛军的最后防线

安禄山起兵反唐，这让唐玄宗李隆基很意外。关中的东大门潼关被叛军攻陷之后，唐玄宗就不得不立刻逃离自己在长安的安乐窝。也就是说，面对安禄山的叛军，大唐帝国的最后防线竟然是小小的潼关。安禄山为何会造反？潼关何以能决定大唐的生死？潼关的地缘战略价值何在？围绕潼关的争夺，唐军和安禄山的叛军都做过哪些布局和谋划？唐军为何最后丢失了潼关？回答好这些问题，会让我们对潼关这个锁钥之地的军事地理价值有一个更为直观和系统的理解和认识。

潼关，对大唐帝国很重要，在某种程度上决定着大唐的生与死，可谓是大唐帝国的命门所在。早在大唐立国之初，唐军据关中自潼关东出，很快就平定天下，统一全国；而在玄宗时期，安禄山发动叛乱，在半年时间就相继攻破洛阳并进而破潼关而入关中，玄宗皇帝立刻西逃入巴蜀，正所谓"渔阳鼙鼓动地来，惊破霓裳羽衣曲"，潼关一被攻破，李隆基和杨玉环就只能"此恨绵绵无绝期"了。

可以说，以安史之乱为分界线，此后的大唐和之前的大唐就已经不是一个大唐了，整个大唐王朝的气质和内涵已经完全变了。在安史之乱中，即使安禄山攻入并占领了东都洛阳，唐明皇李隆基和杨玉环照样可以天天在西京长安一起欣赏霓裳羽衣曲。但是，一旦潼关陷落，一切就变了。因此，可以毫不夸张地说，面对来自内部的叛乱，潼关是大唐的生死线。据有潼关，则关中在，大唐气数还在，而一旦潼关失守，关中则危，大唐帝国走下坡路的速度就越来越快了。也即，潼关，其实是大唐帝国的最后防线，一旦失守，长安则守无可守。

一、安禄山的叛乱

安禄山为什么会叛乱？

先来看看安禄山这个人的基本情况。安禄山小名叫"轧荦山"，在突厥语里是"战斗神"的意思，说明安禄山自小就比较能打，动手能力较强。其父是康国人（就是以前的大月氏），母亲是突厥人，后来父亲死得早，安禄山的母亲就改嫁给一个安国人（都城位于今乌兹别克斯坦布哈拉），因此后来改姓安。作为混血儿，安禄山语言能力较强，据说会六种民族语言（也有说会九种语言），再加上比较能打，能够摆平各种事，性狡黠，爱钻营，做过柳城（今辽宁朝阳）的"蕃事牙郎"，也就是管理边境贸易的小吏。后来，幽州节度使张守珪见安禄山机灵能干，将其和史思明一起收在门下，令他们为"捉生将"（一种低级军官的名称，和特种侦察兵类似，主要是从敌占区抓获活的敌人）。安禄山把这个工作干得风生水起，常常是三五个人一起出去就能擒获几十名契丹人给张守珪。因此，安禄山不断得到张守珪的重用，官职也逐渐升迁，从捉生将到衙前讨击使，再到平卢兵马使，并于开元二十九年（公元741年）被唐朝任命为幽州节度使副使兼平卢军使，押两蕃（指奚和契丹）、渤海、黑水四府经略使，天宝元年（公元742年）又升为平卢节度使，天宝三载（公元744年）兼范阳节度使，天宝十载（公元751年）又兼任河东节度使，同时兼领闲厩、陇右群牧以及群牧总监，掌管着大片土地的军政、财政和民事大权以及大唐全部马匹的调度和使用。范阳、河东、平卢三镇的兵力总数达183 900人，占当时大唐全部兵力的三分之一。

这是安禄山起兵造反之前他自身的势力和实力，已经具备了随时可以造反的能力。

我们再来看看安禄山成长时期的唐朝是一个什么样的王朝。

唐玄宗时期的大唐也分为两个时期，开元年间的大唐，乃是繁华盛世，等到了开元之后的天宝年间，则是金玉其外败絮其中了。唐玄宗即位之初，努力想做一个像太宗皇帝那样的圣主。因此，唐玄宗一上台就任用姚崇、宋璟、张说等干练能臣，委以重任：姚崇熟悉吏治，颇有见识，也熟悉边防事务；宋璟则刑赏无私，能够直言不讳，给唐玄宗提了不少好的建议；张说则善于用人之长，能够替大唐发现更多的人才并合理使用。可以说，在大唐的宰相当中，前有房、杜，后有姚、宋。这些治世之能臣为大唐的繁荣和发展提供了有效的人事和制度保证，而唐玄宗本人则努力向唐太宗学习，勤政、纳谏、好贤且宽容。因此，大唐很快盛世再现，出现了"赋役宽平，刑罚清省，百姓富庶"的盛世景象，被后人称为"开元之治"（公元713—741年）。

天下承平日久，繁华日盛，唐玄宗对自己打理下的大唐帝国很满意，觉得自己也该享受一下这繁华大唐了。因此，唐玄宗逐渐放松了对自己的要求，不再励精图治，也不太能听进去忠臣的逆耳谏言了，每天就想听点让自己开心的话。唐玄宗开始亲小人、远贤臣，在内廷宠信高力士等宦官，在外廷则重用奸臣，比如李林甫和杨国忠等人，日渐骄奢淫逸，不再打理朝政，"遂深居禁中，专以声色自娱，悉委政事于林甫"。在唐玄宗和大臣们励精图治的时候，唐朝一些内在的矛盾和隐患可以得到有效遏制。但是，一旦唐玄宗开始奢靡，奸臣当政，这些矛盾和隐患就会被无数倍放大，从而让这个看似繁花似锦的大唐变得千疮百孔而不堪一击。

当时的大唐都有哪些矛盾和隐患呢？各方面有很多：官员人数暴增，官僚机构臃肿，财政入不敷出，土地兼并严重，均田制遭到破坏，农民负担过重，府兵制度受到破坏，等等。在这些矛盾和隐患中，尤以军事方面的问题最为致命。

唐朝初年，朝廷施行的是府兵制，这些府兵平时在家乡务农，农闲时接受相应的军事训练，轮流到京师担任宿卫，战时则自备甲衣应召出征，保家卫国。战争结束后，普通士兵各回各家，而统兵将领则回朝听差，正所谓"兵散于府，将归于朝"。全国设置有600多个折冲府，大多数设在京师长安附近，仅在关中一道就有200多个，加上邻近的河东以及河南的折冲府，总数达500多个。也就是说，大唐全国约80%的折冲府位于国都长安附近，这些折冲府的士兵平时归中央十二卫和东宫六率统领，一旦边疆有事，由朝廷统一派遣将领领兵出征。而那些边防将帅一般由素有名望的朝廷重臣担任，且"不久任，不遥领，不兼统"，如果军功卓著，则由朝廷征召进入朝廷中枢担任宰相，美其名曰"出将入相"。因此，在府兵制的制度下，朝廷能控制全国绝大部分的军队，领兵将领也很难拥兵自重。但是，随着大唐官僚体系的膨胀，越来越多的官员拥有皇帝赏赐的封地，再加上唐朝对买卖土地的限制较少，土地大量兼并到少数地主手中，导致普通农民根本无田可种。而且，随着唐朝人口增加，人均拥有的土地锐减。在这样的情况下，朝廷渐渐无田可授，贫苦农民耕种的土地越来越少，但是府兵的负担却因为朝廷的边防战争越来越多、越来越重。这些府兵应召出征时需要自带甲衣、粮草和武器，负担极重，而当这种负担达到一定程度无法承受时，这些府兵只好逃亡以逃避赋税和兵役，因此，府兵制所依赖的府兵兵源就越来越少，以至于无法满足正常的宿卫所需，进而无兵可交。这一问题在高宗时就已经显现，武则天时则开始采取募兵、发奴以及就地组织团练的方法来解决兵源问题。到了玄宗时期，大唐与突厥、契丹、吐蕃以及南诏的战争越来越多，折冲府根本无兵可交，只好施行募兵制来募集士兵以满足京师宿卫、边防戍卫和对外战争的需要。因此，大唐的士兵从流动的府兵变成了职业的雇佣兵，这些士兵与统兵将领的关系越来越密切，而与朝廷的关系则越来越疏远，逐渐就形成了武将专兵的局面。

最为要命的是，玄宗时期，奸相李林甫把持朝政达19年，和内廷宦官勾结以欺君，堵塞了大臣向皇帝谏言的通道，使得唐玄宗几乎对朝政一无所知，任由李林甫摆布和欺骗。李林甫为了保持自己的相位，向皇帝建议让少数民族的蕃将担任边防将帅，而这些蕃将一般不认识多少汉字，军功再大也不可能进入朝廷中枢为相，因此这就断绝了边防将帅"出将入相"的门路。《资治通鉴·唐玄宗天宝六载》记载，李林甫给唐玄宗上奏："文臣为将，怯当矢石，不若用寒畯胡人，胡人则勇决习战，寒族则孤立无党，陛下诚以恩洽其心，彼必能为朝廷尽死。"李林甫的建议恰恰满足了唐玄宗既要边将立功又要避免他们与廷臣结党的想法。因此，玄宗皇帝觉得李林甫太为自己的江山考虑了，真是大唐好宰相。此后，唐朝任命了大批的蕃将为边帅，比如哥舒翰、高仙芝、封常清以及安禄山等人。安禄山的官位能够不断升迁，担任三镇节度使，在一定程度上来说，都是李林甫和唐玄宗一手造成的结果。

时日渐久，原本好端端的大唐帝国出现了皇帝荒淫且糊涂、官员腐败且昏庸无能、纲纪废弛、民不聊生的末世征兆。安禄山经常到长安去面圣，在长安待久了，见了那么多人，对大唐的情况和家底摸得还是很清楚的。安禄山作为大唐帝国的节度使，地方大权在握，掌握着大唐三分之一强的兵力，眼睁睁看着唐朝已经糜烂至此，如果心里没有一点儿别的想法其实也是不太正常的事情。

有时候，只要自己足够强大，就可以让坏人不敢乱动坏心眼。但是，一旦自己表现出虚弱的一面，就会让一些心怀叵测之人有了乘人之危的想法和行动。

去了几次长安的安禄山渐起反心，觉得自己完全可以给外强中干的唐王朝致命一击，然后自己来当皇上。

安禄山是一个特别能装的人，即使自己早有反意，仍能装作对唐玄宗以及大唐帝国无比忠诚，对唐玄宗和杨贵妃极尽谄媚之能事，甚至不惜认比他小得多的杨贵妃当养母。在中国历史上，这种自损人格以获得政治收益的人最可怕。而且，安禄山一有机会就向唐玄宗表忠心，说自己"臣长蕃戎，宠荣过甚，无异材可用，愿以身为陛下死"。唐玄宗一看，安禄山是一个多么好的孩子啊，知道自己得到宠幸已经很多了，而且还愿意为我去死，忠臣啊忠臣。因此，虽然后来很多人都提醒唐玄宗小心安禄山造反，连宰相杨国忠以及太子李亨都说安禄山必反，但唐玄宗一点儿都不相信，仍旧相信安禄山绝对忠诚。

安禄山为了造反成功，做了精心的谋划和大量的准备。其一，**派遣亲信常驻长安，帮助其搜集大唐中枢重要信息和情报**。天宝六载（公元747年），安禄山派遣其手下将军刘骆谷常驻京师，"伺朝廷隙"；

天宝十一载（公元752年），安禄山又秘密派遣其结拜兄弟户部郎中吉温到长安打探最新情报，一旦有重要消息或是情报，立刻遣快马飞禀安禄山，"信宿（两昼夜）而达"。有了这样的情报系统，安禄山对朝廷的一举一动可谓是了如指掌。可以这么说，安禄山的情报人员相当于三体世界派往地球世界的质子，可以随时窥探朝廷中枢的一举一动。其二，**为将来的造反积极准备各种战备物资**。比如，天宝六载，安禄山以抵御外敌为名筑雄武城，实则专门储藏各种兵器；到天宝十载（公元751年），从全国公然挑选的优良战马已经达到了数万匹，可以说将全大唐的优质战马据为己用，并储备了大量的粮草和军械。其三，**积极培养党羽和亲随，秘密扩大反唐的骨干力量**。至天宝十载，安禄山身边有史思明、高尚等反唐将领，还有契丹等少数民族的义子八千人作为其反唐先锋的"曳落河"（壮士）。天宝十三载（公元754年）二月，安禄山为了收买人心，向朝廷奏准其所属部下中的500人为将军，2000多人为中郎将，并于次年二月将其所属部队中的32名汉人将军全部替换，免得将来造反时这些汉人不听调遣。

至此，安禄山完成了反唐的全部准备。该动手了，而远在关中长安的唐玄宗还毫无察觉。

二、东都洛阳的沦陷

安禄山做好了反唐的各种准备，起兵反唐只需要一个契机或是借口。

安禄山给自己起兵反唐找的借口是"清君侧"，以讨宰相杨国忠为名发兵洛阳和长安两京。安禄山为什么要以讨杨国忠为名而不以讨"口蜜腹剑"的李林甫为名？因为安禄山是李林甫一手培养、扶植成长起来的，李林甫对安禄山的拿捏很到位，搞得安禄山对李林甫是又怕又恨又没办法。李林甫的政治手段相当毒辣。在这一方面，主要靠着本家妹妹上台的杨国忠完全没法比，杨国忠只想借着权势捞钱而已，没有任何政治权谋。所以，安禄山根本看不上靠裙带关系当上宰相的杨国忠，而杨国忠也觉得安禄山根本不可信，经常和唐玄宗说安禄山要叛变。但是，李隆基被安禄山哄得一愣一愣的，根本不相信他会造反，甚至达到了"有言禄山反者，上皆缚送"的程度，也就是说谁跟皇上说安禄山要造反，皇上就把谁给抓起来送有司惩处。因此，为了证明安禄山会造反，杨国忠命京兆尹搜查了安禄山在长安的府邸并捕杀了安禄山家客李超等。

天宝十四载（公元755年）十一月九日，安禄山最后决定起兵，统兵15万，号称20万，以讨杨国忠为名，由范阳（今北京）南下，直逼大唐东、西二京，而第一个目标就是东都洛阳。安禄山在发兵前三日，先和手下的叛将们一起仔细研究了通往洛阳的行军路线以及洛阳城的地图。"先三日，合大将置酒，观绘图，起燕至洛，山川险易攻守悉具，人人赐金帛，并授图。"（《新唐书·安禄山传》）安禄山的战略部署如下：令范阳节度副使贾循率一部兵马防守范阳，确保后方根据地固若金汤；令平卢节度副使吕知海防守平卢（今辽宁朝阳），确保其根据地东北方向的安全；令别将高秀岩防守大同，以防大唐朔方和太原方面的进攻；而安禄山自己亲率10余万马步大军，自夜间发兵，迅速南下，趁着寒冬黄河结冰的大好机会，经河北道直接杀向东都洛阳。一时间，安禄山的叛军真是"烟尘千里，鼓噪震地"。

河北道原本就是安禄山的辖区，因此，当安禄山率叛军经过河北之时，几乎所有的郡县要么是望风而逃，要么是开城迎接，偶尔有抵抗的则被战力强大的叛军迅速屠戮殆尽。安禄山几乎一路绿灯，于当年十二月初二便到达河南灵昌（今河南滑县），并利用黄河结冰的有利条件飞速穿越黄河，随即占领陈留（今河南开封东南），直接杀向荥阳。一方面是因为安禄山的军队战力太过凶猛，另一方面也是因为中原久无战事，守城士兵多年没有作战经验，所以，当时守卫荥阳的唐兵几乎都吓傻了，不少守城士兵"闻鼓角声，自坠如雨"。

安禄山是十一月九日起兵反唐的。刚开始，唐玄宗还不相信下面的奏报，"犹以为恶禄山者诈为之，未之信也"（《资治通鉴·唐玄宗天宝十四载》）直到十一月十五日，安禄山大军已经南下多日，连下多城，唐玄宗才最终相信自己宠溺的安禄山真的造反了。随后，经过御前会议讨论，唐朝做了如下应对：令金吾将军程千里为潞州（今山西长治）长史，王成业为太原尹，立刻就地募兵，并严守各关隘要地，阻滞叛军西进；令安西节度使封常清为范阳、平卢节度使，立刻赴东都洛阳，打开府库，就地募兵，以拒叛军；令卫尉卿张介然为新设的河南节度使，统领陈留等十三郡兵马，并在叛军进军的沿途设置防御使，力图利用地方军事力量阻滞叛军南下，给东都洛阳以及关中长安等地的防御赢得更多的时间；令朔方右厢兵马使九原太守郭子仪为朔方节度使；令玄宗第六子荣王李琬为元帅，右金吾大将军高仙芝为副元帅，开内府钱帛，在京师长安募兵11万，号称"天武军"，开赴潼关迎击叛军，力图保京师安然无虞；令朔方、河西、陇右三镇节度使留下部分兵力守卫城堡之外各率大军于20日之内到达行营集结。

唐朝方面的应对有一些作用，但是作用不太大，这一方面是因为安禄山的叛军过于强大，另一方面是因为唐军久不习战且装备太差，仓促成军基本没什么战力。《新唐书·安禄山传》记载："时兵暴起，州县发官铠仗，皆穿朽钝折不可用……禁卫皆市井徒，既授甲，不能脱弓韣、剑䪅。"从中可以看到当时唐军抵抗叛军的窘迫和艰难。确实，歌舞升平日久，突然要打仗了，结果发现铠甲都生锈折断了，刀剑皆钝不可用，连禁卫部队都是市井无赖之徒拼凑而成，怎么可能抵挡得住凶狠的安禄山叛军呢？

因此，封常清奉命守卫东都洛阳，其艰难程度可想而知。但是，封常清毕竟是当时唐军中比较有统兵经验的将领，到达洛阳之后，短短 10 天就募集了 6 万兵马。同时，打开官府仓库，将仅存的武器分发给了这 6 万兵马（天宝十载武库失火，37 万件武器全部被烧毁）。随后，封常清率领这支临时拼凑起来的部队赶往虎牢驻守以迎安禄山叛军。战斗的结果可想而知，当安禄山的铁骑冲向唐朝临时拼凑的守军时，这些唐军几乎是立即溃散，根本没有任何像样的战斗。《旧唐书·李憕传》记载："禄山所统，皆蕃汉精兵，训练已久；常清之众，多市井之人，初不知战。及兵交之后，被铁骑唐突，飞矢如雨，皆魂慑色沮，望贼奔散。"其实，封常清在这里犯了一个错误，率领这样一支仓促成军的队伍来迎击战力强劲的叛军，最明智的做法是据城力守，而不是主动出城迎击。在虎牢大败之后，封常清只好收拾手下残兵退回洛阳城。洛阳的留守官员看到封常清大败而归之后，觉得洛阳城肯定也守不住了，纷纷弃城而逃。很快，安禄山的叛军就杀到了洛阳城近郊，随即双方展开了巷战。唐军在洛阳城郊葵园和洛阳北门内连续被安禄山叛军痛击，眼见无法守住洛阳，只好向西溃退至陕州。

十二月十二日，安禄山占领洛阳。

从十一月九日发兵，到十二月十二日占领东都洛阳，安禄山只用了一个月多一点的时间。叛军的进兵速度何以如此之快？其原因大概有如下几点：其一，安禄山起兵的时机选得很恰当。起兵之时，正值北方寒冬，黄河水面结冰，兵马可以轻易跨越黄河天险。其二，大唐歌舞升平已久，毫无战争准备，沿途守军和官吏基本是望风而逃，各种作战器械也不具备，根本无法与强大的安禄山铁骑对抗。其三，安禄山选择的进兵路线也颇为讲究。叛军自范阳进军至相州（今河南安阳）之后，有两条路线可以选择杀往东都。第一条路线，自汤阴向西南行军，过卫州（今河南卫辉）、怀州（今河南沁阳）到达河阳孟津（这是此方向唯一的渡口），过了孟津渡之后就到达洛阳。这条路线是通往洛阳最快的路线，但是有一个致命的缺点：只要唐军将孟津渡的浮桥一拆，然后据守河阳三城，就会起到事半功倍的防御效果。如果选择这条路线，进军可能比较快，但是可能会被挡在孟津渡。第二条路线，自汤阴向东南行进，至滑州渡黄河之后，再向南进军至陈留，此后一路向西，就可以直接杀向荥阳、虎牢，只要攻克虎牢就直达洛阳城下。这一条路线的缺点是比较绕，距离洛阳较远，但也有一个很大的优点，就是滑州一带过黄河的渡口比较多，利于大军通过，还可以在攻占汴州陈留郡之后占有此地的大量财富和人口。因此，经过再三思忖，安禄山决定选择第二条路线自相州向洛阳进军。正是因为安禄山选择第二条路线，才使得守卫河阳的唐军虽然拆掉了孟津渡的浮桥也没有起到应有的防御效果。

等到安禄山的叛军杀到洛阳城下的时候，洛阳的守军基本只有被动挨打的份儿了，唐军洛阳守卫战的结果也是可以想象的。

洛阳陷落之后，封常清率领洛阳守军的残余部队向西退至陕州，发现陕州太守窦廷芝早就逃往河东了，且陕州城中的官吏也大都逃散，靠自己手下这一点人肯定是守不住陕州的。因此，封常清向高仙芝建议："常清连日血战，贼锋不可当。且潼关无兵，若贼豕突入关，则长安危矣。陕不可守，不如引兵先据潼关以拒之。"（《资治通鉴·唐玄宗天宝十四载》)高仙芝觉得封常清的分析很有道理，遂将两处兵马合并，一起再往西退至潼关。

潼关天险，易守难攻，唐军和叛军在此必有一番血战。

三、潼关的战略地位和封、高二人被斩杀

占有东都洛阳之后的安禄山简直太兴奋了。洛阳是什么地方？这是大唐东都啊！安禄山只用月余竟然将其据为己有，看来拿下大唐江山也是指日可待的事情。但是，拿下东都洛阳之后的安禄山并没有乘胜立即率大军向西追击封常清，而是选择了将大军滞留在洛阳，并开始了自己登基称帝的准备，这就给唐朝调兵遣将留出了一定的时间。据《新唐书·安禄山传》记载："贼（安禄山）之据东京，见宫阙尊雄，锐情僭号，故兵久不西，而诸道兵得稍集。"安禄山只派了部将崔乾祐领一部精兵进驻陕州，准备伺机进攻潼关以图整个关中，进而将大唐帝国从地图上抹掉。

安禄山的兵马就要杀到潼关了，留给大唐的时间不多了。

对大唐而言，潼关就是其东大门，潼关在，长安就在；而长安在，大唐就在。一旦潼关失守，长安岌岌可危，大唐岌岌可危矣。

潼关为什么能发挥如此之大的功能？因为潼关的设置是为了替代秦汉时期函谷关的功能。关于函谷关的战略重要性，我们之前已经深入讨论过，在此不做赘述。潼关也在函谷之中，只不过是在函谷的西端，原来的函谷关则在函谷的东端。而有了潼关，函谷关就渐渐失去了原有的价值和意义。

潼关原为桃林塞地，位于今陕西潼关县北，自北而来的黄河在此向东转弯，浑浊的黄河之水潼激关山，故谓之潼关，"上跻高隅，俯视

洪流，盘纡峻极，实谓天险"(《元和郡县图志》)。潼关大约设置于东汉末年，具体年代不可考，史书上最早记载潼关的时间是建安十六年（公元211年）曹操西征马超于此地。此后，潼关就成为兵家必争之地。潼关北临黄河，南依南山（华山山脉），潼关之险要主要在于东出的道路仅仅限于黄河与南山之间的狭窄通道，俗称"黄巷坂"。如果要据潼关而守，只要守军不出关，就会让进攻方陷入险境，对守军有利；守军主动出关迎敌，反而会让自己处于不利地位。总之，潼关天险，易守难攻，利于防守而不利于进攻，谁进攻，谁就会陷入被动的处境。

潼关也是关东地区进入关中地区的重要交通枢纽。汉唐以来，长安与洛阳之间的大道自此通过，而且潼关正好位于渭水入黄河之处，同时洛水亦在此与渭水和黄河交汇，是进入关中地区的水路枢纽。从更大的地理范围来看，潼关是关中与西南地区以及中原地区之间一个重要的交通枢纽。因此，潼关作为关塞不仅具有军事方面的意义，也具有交通方面的枢纽意义。

对于潼关的险要，杜甫曾在《潼关吏》中写道："丈人视要处，窄狭容单车。艰难奋长戟，万古用一夫。"当年李渊于太原起兵，趁着中原大乱，先行杀入关中，随后派李建成率兵守潼关以防东来之兵，而他自己则可以从容经营关中而开创大唐基业。

封常清和高仙芝退守潼关，自有其道理和理由。从当时的战争态势来看，只要坚守住潼关，对处于风雨飘摇中的大唐来说，是一件好事。因为，虽然安禄山的叛军已经攻陷东都洛阳，兵锋所指，似乎所向无敌，但是，安禄山的后方其实比较空虚。安禄山的部队一直比较野蛮，打了胜仗后就烧杀抢掠，搞得被占领地区民不聊生。因此，不等大唐朝廷号令，常山太守颜杲卿和平原太守颜真卿率先起兵反对安禄山部队的暴虐。很快，除了范阳、卢龙、密云、渔阳、汲、邺六郡仍旧为安禄山控制之外，河北有十七郡纷纷起兵反抗安禄山，总兵力达到了20多万，严重威胁着安禄山叛军的后方安全，一时间形成了对大唐有利的"河北驿路再绝，河南诸郡防御固备"之态势。不仅如此，唐朝也认识到安禄山叛军的后方不稳的情况，抽调朔方、河西、陇右等西北唐军，在郭子仪和李光弼的率领下向河北安禄山老巢进军，并击退安禄山叛军高秀岩部的进攻。安禄山也看到了后方不稳的不利态势，立即派史思明率兵回防河北，并于天宝十五载（公元756年）正月初八攻陷太守颜杲卿死守的常山，屠杀万余守城军民。二月初二，李光弼率一万步骑以及弓箭手3000人向河北进击，并于二月初五收复常山。随后，双方在河北混战数月，唐军歼灭安禄山叛军数万，河北大部地区又回归唐朝统治。唐朝军民在河北的攻势阻断了安禄山叛军前后方的联系。河北这种形势搞得安禄山叛军内部很着急，曾一度出现"议弃洛阳，走归范阳"的想法。

也就是说，只要潼关这里能够坚守，就能保证关中以及国都长安安然无虞。大唐依靠自己强大的韧性和坚实的家底，快速剿灭叛军或是至少缩短平叛的时间是完全有可能的。

因此，封常清和高仙芝二人退守潼关据险而守以拒叛军主力的想法是非常合理的，也是切实有效的。封、高二将在引兵撤退之时，打开太原仓将仓内所有物资散于军士，剩下的拿不走就放火烧掉。但是，没等他们退到潼关，安禄山的叛军就到了，结果这些唐兵急于逃命，将各种物资散落一地，"甲仗资粮委于道，弥数百里"，简直是溃不成军。

虽然封常清和高仙芝二人退守潼关有其合理之处，但是远在长安的唐玄宗不这么认为。毕竟，未经大战则主动后撤，丧师失地，丢弃军用物资，溃散而逃，这些都是不可宽恕的重罪。而且，封常清和高仙芝二人身边的朝廷监军边令诚这个宦官和封、高二人不对付，提出的军政意见和建议也不被封、高二人所接纳。因此，边令诚决定利用二人败退至潼关这件事大做文章，进而除掉这两个政敌。随后，边令诚给唐玄宗上奏说："常清以贼摇众，而仙芝弃陕地数百里，朘盗禀赐。"（《新唐书·高仙芝传》）唐玄宗本来对封常清和高仙芝的所作所为就不太满意，起先只是罢了封常清的官职，听了边令诚的奉对，龙颜大怒，立刻下旨命边令诚将封常清和高仙芝二人斩杀于军中。封常清临死前上表《封常清谢死表闻》，其中云："仰天饮鸩，向日封章，即为尸谏之臣，死作圣朝之鬼。若使殁而有知，必结草军前，回风阵上，引王师之旗鼓，平寇贼之戈铤。生死酬恩，不任感激，臣常清无任永辞圣代悲恋之至。"（《旧唐书·封常清传》）封常清真是大唐的忠臣啊，临死了还在为大唐的安危操心，真是活着是皇上的人，死了是皇上的死人。当潼关的守城将士听说边令诚要斩杀封常清和高仙芝这两位久经考验的大唐军事家的时候，"皆大呼称枉，其声振地"。但是，在前线拼命守护大唐江山的普通将士的呼声比不了太监边令诚的几句谗言，大唐两位忠诚的边帅将领就这样人头搬家了。

在唐玄宗看来，大唐太大了，大唐的人才太多了，没有封常清和高仙芝，照样有别的人来为大唐效命。

四、潼关失陷与唐朝的衰落

封常清和高仙芝被处死之后，唐玄宗看了看长安的高官们，发现前河西、陇右节度使哥舒翰此时正在京城养病，正好可以领兵出征，镇守潼关。哥舒翰在长安养病期间已经闭门谢客，甚至都不用上朝，但是皇上的需要比自己的身体状况更重要。因此，临危受命的哥舒翰以老弱之躯接手潼关防务，统率集结在潼关的 20 多万唐军，严阵以待安禄山叛军的进攻。临行前，唐玄宗为了表达自己对哥舒翰的期望以及重视程度，在勤政楼为其送行，命百官在长安郊区为哥舒翰饯行，"勤政楼劳遣之，百僚出饯于郊"。

哥舒翰接手潼关防务之后，仍旧坚持高仙芝和封常清二人的"清壁勿战以屈贼"的正确策略。也就是说，潼关这个地方易守难攻，只要唐军坚守关隘而不主动出战就不会给安禄山的叛军留下太多的机会。因此，从天宝十四载（公元 755 年）十二月接管潼关防务开始，一直到天宝十五载（公元 756 年）六月，哥舒翰凭借潼关天险又给了唐玄宗和杨贵妃半年的快乐时间。

哥舒翰跟安禄山一样，都不是汉人，因此哥舒翰迟迟不发兵进攻叛军并尽快收复东都洛阳，这让唐玄宗既不放心也不安心。此时，哥舒翰身边有人劝说哥舒翰留兵 3 万守潼关，然后驱师回京诛杀杨国忠，这样就让以诛杨国忠为名的安禄山叛军师出无名了。其实，这种建议跟建议哥舒翰造反没有区别，哥舒翰犹豫了一下没有采纳这个建议。但是，杨国忠通过军中隐藏的情报网获知此事。杨国忠为了保自己的小命，对唐玄宗说，让哥舒翰率领大军驻防潼关而不做预防措施实在是一件很危险的事情，应该做一些预防性准备。唐玄宗接受了杨国忠这个建议，杨国忠便让自己的心腹杜乾运统率新招募的一万人屯兵于灞上。杨国忠的行为让哥舒翰甚为不安，一直寻找机会想将杜乾运所率军队归属于自己号令。因此，杨国忠和哥舒翰之间的矛盾和摩擦不断增加。哥舒翰手握重兵，杨国忠一时间也拿他没有办法。但是，杨国忠有一个哥舒翰没有的优势：在皇帝身边的是他杨国忠，而不是哥舒翰。能待在皇帝左右，自然要比领兵在外的哥舒翰对皇帝的影响力更大。

此时的潼关战局也很微妙：崔乾祐率领叛军兵不血刃而占领陕州，但是高仙芝、封常清以及后来的哥舒翰都据潼关之险而坚守，绝不出兵主动迎敌，双方开始战略僵持和拉扯。这让寻求速战速决的崔乾祐很是恼火。唐军不出关，就没法和唐军决战，攻打潼关又常常无功而返，必须想一个办法让唐军从潼关出关作战。故而，崔乾祐故意偃旗息鼓，处处示弱以引诱唐军出关。唐朝派出的探马此时给朝廷中枢回报说"贼无备可图"，杨国忠也不断给唐玄宗"吹风"说安禄山的叛军在陕州的部队"兵不满四千，皆羸弱无备"。唐玄宗一看，这不行啊，哥舒翰得抓紧这个机会去收复陕州进而收复洛阳，不能总待在潼关不主动出击啊，随即命令哥舒翰率兵出潼关击敌。哥舒翰也不含糊，立刻拒绝了唐玄宗的旨意，向唐玄宗奏告曰："禄山久习用兵，今始为逆，岂肯无备！是必羸师以诱我，若往，正坠其计中。且贼远来，利在速战；官军据险以扼之，利在坚守。况贼残虐失众，兵势日蹙，将有内变；因而乘之，可不战擒也。要在成功，何必务速！今诸道征兵尚多未集，请且待之。"哥舒翰说得有理有据，一时间唐玄宗也无话可说。不仅如此，郭子仪、李光弼也给唐玄宗上奏说："请引兵北取范阳，覆其巢穴，质贼党妻子以招之，贼必内溃。潼关大军，唯应固守以弊之，不可轻出。"（《资治通鉴·唐肃宗至德元载》）

　　唐玄宗虽然不开心，但是既然领兵大将都这么说，自己也不好再坚持什么。

　　但是，总有人要坏事。这个人就是杨国忠。杨国忠一看，这不行啊，皇上不严令哥舒翰出兵，虽然大唐安全了，但是我杨国忠感觉不安全啊。随即，杨国忠继续给唐玄宗上奏说："贼方无备，而翰逗留，将失机会。"就这样，唐玄宗再也按捺不住，终于做出了最后的决定：哥舒翰必须出关迎战。而且，为了督促哥舒翰完成这个出关作战的任务，唐玄宗接连派遣中使（宦官）前往潼关前线督战。一时间，"续遣中使趣之，项背相望"，逼迫哥舒翰不得不出兵。郭子仪和李光弼听说唐玄宗决意让哥舒翰出关迎敌，就预见了结局："若潼关出师，有战必败。关城不守，京室有变，天下之乱，何可平之！"

我们之前说了，潼关的地形对防守有利而对进攻不利，但是，皇命不可违，在来自长安的督军太监的监督下，哥舒翰不得不"扶膺痛哭"，于天宝十五载（公元756年）六月四日率领唐军出潼关，主动迎敌。六月七日，哥舒翰率部与崔乾祐的叛军在灵宝遭遇，随即灵宝之战爆发。

此战的过程和结局，对大唐而言，太惨了，对安禄山叛军而言，太爽了。《资治通鉴·唐肃宗至德元载》详细地记载了这场遭遇战：

"己丑，遇崔乾祐之军于灵宝西原。乾祐据险以待之，南薄山，北阻河，隘道七十里。庚寅，官军与乾祐会战。乾祐伏兵于险，翰与田良丘浮舟中流以观军势，见乾祐兵少，趣诸军使进。王思礼等将精兵五万居前，庞忠等将余兵十万继之，翰以兵三万登河北阜望之，鸣鼓以助其势。乾祐所出兵不过万人，什什伍伍，散如列星，或疏或密，或前或却，官军望而笑之。乾祐严精兵，陈于其后。兵既交，贼偃旗如欲遁者，官军懈，不为备。须臾，伏兵发，贼乘高下木石，击杀士卒甚众。道隘，士卒如束，枪槊不得用。翰以毡车驾马为前驱，欲以冲贼。日过中，东风暴急，乾祐以草车数十乘塞毡车之前，纵火焚之。烟焰所被，官军不能开目，妄自相杀，谓贼在烟中，聚弓弩而射之。日暮，矢尽，乃知无贼。乾祐遣同罗精骑自南山过，出官军之后击之，官军首尾骇乱，不知所备，于是大败；或弃甲窜匿山谷，或相挤排入河溺死，嚣声振天地，贼乘胜蹙之，后军见前军败，皆自溃。河北军望之亦溃。翰独与麾下数百骑走，自首阳山西渡河入关。"

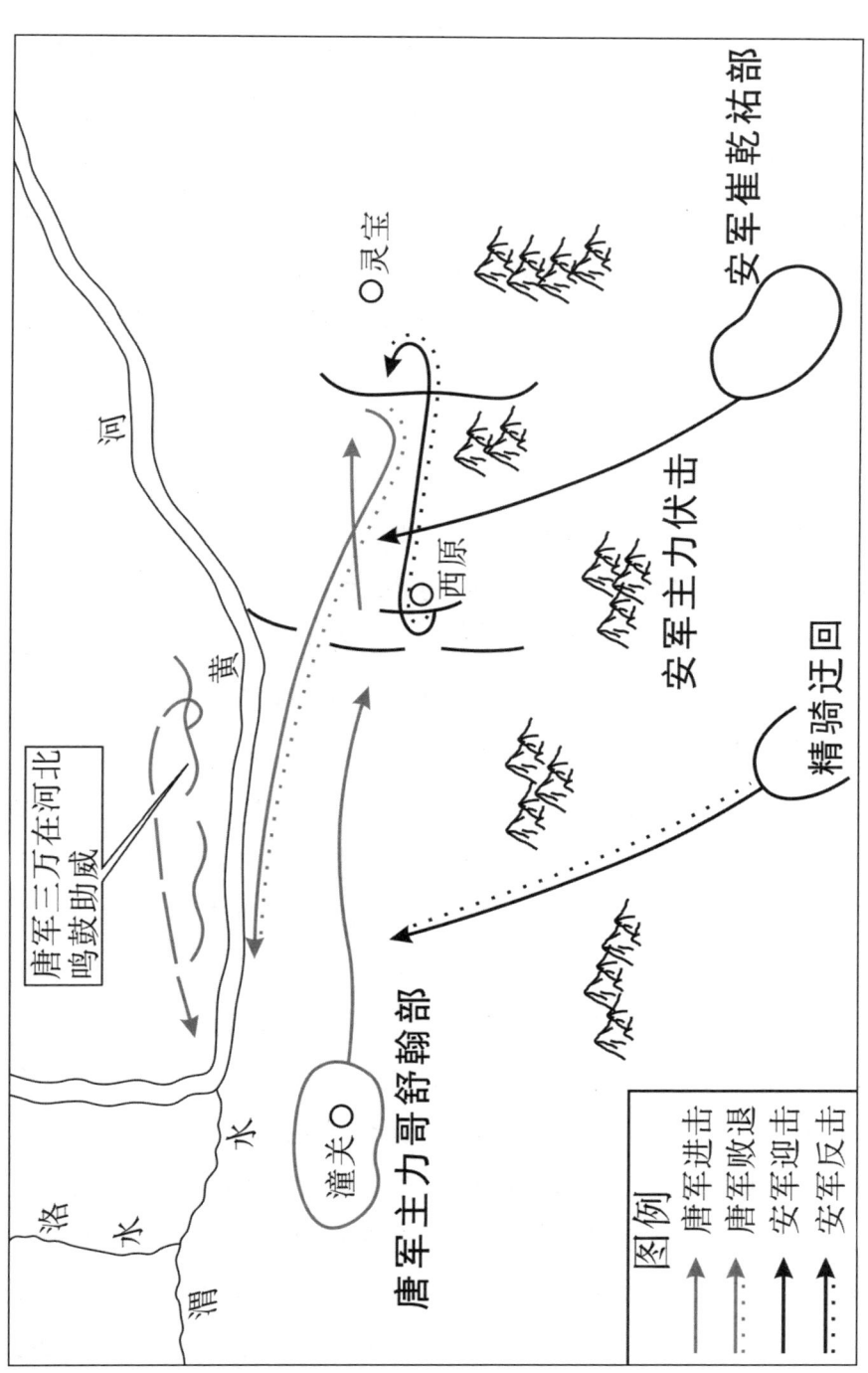

第八章 潼关：大唐帝国面对叛军的最后防线　　227

图 8.1　潼关之战示意图

这一段记录读起来可谓是惊心动魄，战场的血腥和无情赫然纸上。经此一役，唐朝近20万主力大军灰飞烟灭，哥舒翰仅带领8000人退回潼关。然而，崔乾祐没有给哥舒翰太多喘息的机会，随即率兵抢占潼关。六月初九，在蕃将火拔归仁等的劫持下，哥舒翰被迫投降叛军，潼关失陷。随后，潼关以西，渭水南北的河东、华阴、冯翊以及上洛等郡的守军和留守的官吏纷纷弃城而逃，长安失去了最后的东部屏障。

潼关陷落之后，长安陷落只是时间问题了，安禄山留给唐玄宗的时间不多了。

灵宝之战中唐军之所以惨败，其主要原因有如下三点：其一，不知敌人虚实，贸然主动出击，犯了兵家之大忌。前文我们多次讨论过，对唐军而言，最好的消耗安禄山叛军的方法就是据险力守、以逸待劳。安禄山叛军远道而来，后勤补给以及预备队等都会比较紧张，必然寻求与唐军速战速决的机会。只要唐军坚守潼关，安禄山叛军没有别的门路进入关中地区，那国都长安就会安然无虞。但是，哥舒翰经受不住唐玄宗的再三催促，不得不出关作战，这就给了战力强劲的安禄山叛军寻机决战的机会。清代思想家魏源曾有诗云："哥舒白谷两英雄，痛哭催军万年泪"，以表达对唐军惨败的惋惜怜悯之情。其二，唐军战斗力远不如安禄山叛军。其三，哥舒翰战场指挥失当。哥舒翰即使奉旨出关作战，不一定要将潼关守军悉数派出，也不一定要大意到笑话叛军而疏于防范的地步，也不一定明知是计也要中圈套的地步。哥舒翰这个前线统帅和朝廷中枢重臣杨国忠不睦，空耗大唐实力，导致灵宝一战全军覆没，这与之前声名赫赫、威震西北的哥舒翰判若两人。与之相对的，安禄山叛军之所以能够取得灵宝之战的胜利，不过是因为主帅崔乾祐战略战术运用得当，充分利用有利地形，再加上士兵战力强劲，自然对唐军形成了压倒性优势。在具体的战术层面，唐军人数虽然众多，但是受战场地形制约排成了一字长蛇，就不太能发挥人数上的优势，而安禄山叛军居高临下，进退自如，再放火制造烟雾使唐军混乱一团，无法应战。可以说，崔乾祐率领的叛军充分利用了潼关的地形之便而大获全胜。

六月九日晚间，长安看不到从前线传来的报平安的烽火，就知道形势已经非常严峻了。次日，杨国忠建议唐玄宗出幸成都，唐玄宗无奈答应。六月十三日黎明，在陈玄礼率领的禁军护卫下，唐玄宗率杨贵妃姊妹以及诸多皇子皇孙等一干人马，趁着夜色出长安，向西而去。六月十四日，唐玄宗一行至马嵬驿（今陕西兴平西），禁军将士在陈玄礼的纵容和鼓动下，哀于国事，不再向前行进，要求斩杀杨国忠。唐玄宗获悉后不敢问罪于众军士，只得犒劳以安慰将士，令众军士归队。众军士当场拒绝唐玄宗，并且进一步要求处死杨贵妃，要求将其"割恩正法"。唐玄宗无奈，只好忍痛割爱，令太监高力士将杨贵妃引至佛堂缢杀，也有说杨贵妃是自缢身亡，其实，杨贵妃怎么死不重要，重要的是她必须死。只有这样，唐玄宗才能让众军士不是那么愤怒，进而继续保卫自己的安全。随后，太子李亨在关中父老的请求下留在关中继续迎击安禄山叛军，并于当年七月十二日在灵武（今宁夏灵武）登基做了皇帝，遥尊唐玄宗为太上皇。就这样，唐玄宗在名义和事实上都已经不是大唐的皇帝了，大唐进入了唐肃宗李亨时期。对唐玄宗而言，国破家亡梦方醒，原来红颜是祸水。然而，唐玄宗永远也不会明白，他自己才是大唐的祸水，杨贵妃只是替他顶罪而已。

潼关失陷，对于大唐国运的负面影响极大，标志着大唐由盛转衰。如果潼关仍由唐军掌控，长安是不会轻易丢失的，而只要长安不

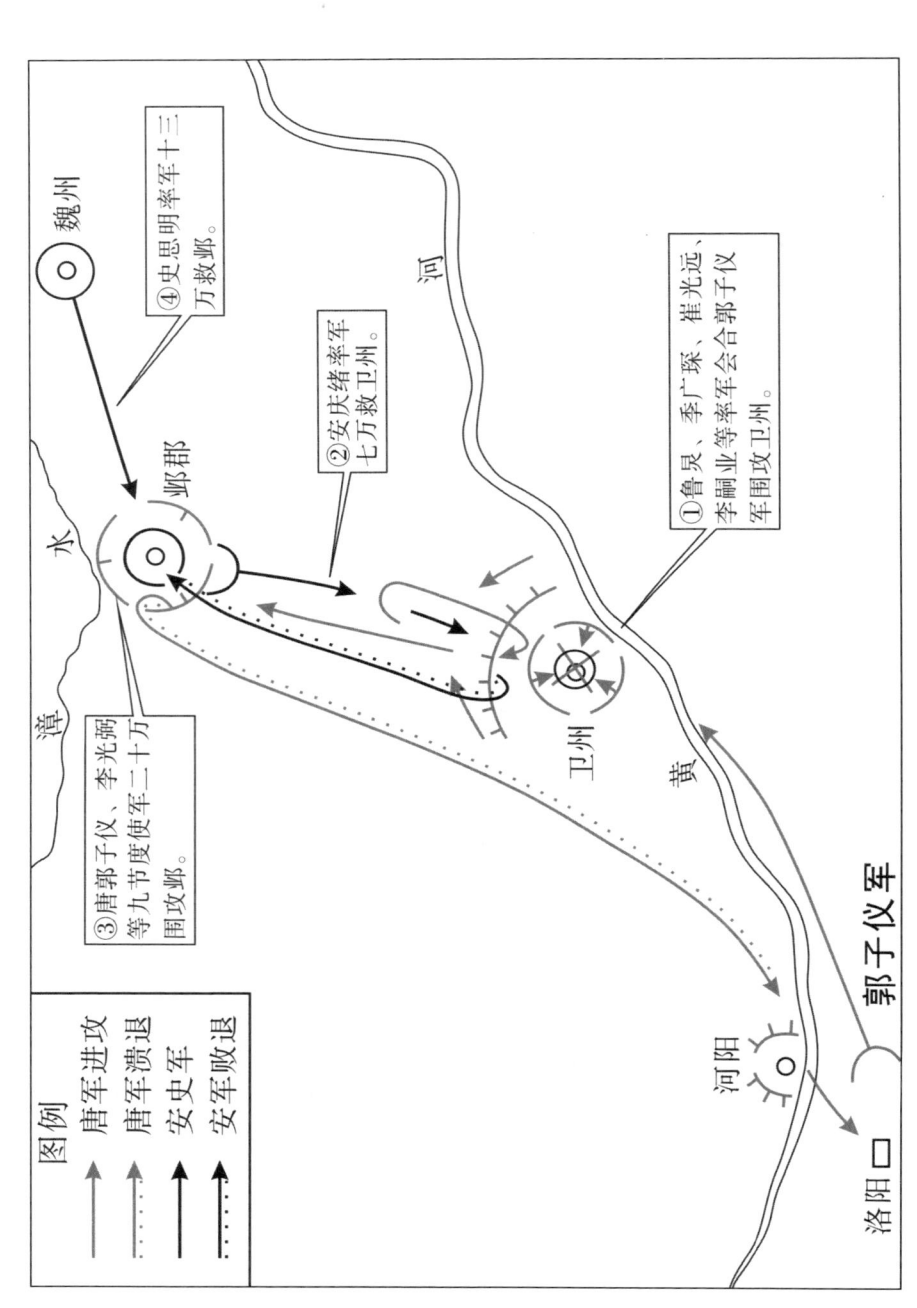

230　山河为证：地理视角下的中国史

图 8.2　唐军围邺之战经过示意图

丢失，大唐的气质和内涵就不会发生根本性的转变。唐玄宗一手好牌打得稀碎，最后被迫流亡，大唐中央政府竟然成了流亡政府。随后不久，长安陷入安禄山叛军之手，叛军如虎入羊群般贪婪暴虐，将整个长安洗劫一空，无论是宫室府衙，还是民宅私邸，无一幸免。叛军抢劫之后就是杀人放火，恢宏壮丽、繁华富足的大唐帝都长安城数日间成为人间炼狱。不仅如此，潼关、长安相继失陷，这让各地仍旧在一线抗击安禄山叛军的大唐军民一时间失去了方向和信心，不知为谁而战，不知未来如何。如果不是太子李亨留在关中组织大唐军民继续抗击安禄山叛军并火速登基以号令全国，大唐就此终结也不是没有可能。而且，潼关和长安接连失陷，极大地煽动了安禄山叛军的士气，助长了叛军嚣张的气焰，导致唐朝错失了平叛的最好时机。大唐自此衰象骤现，已绝无可能恢复到往日开元盛世的样子了。

总之，安禄山叛变，主要责任在唐玄宗李隆基；潼关失陷，主要责任仍旧在唐玄宗李隆基。

潼关，潼关，作为大唐帝国国都的最后防线，终究是被叛军攻破，终究是扭转了大唐的国运，开启了大唐由盛而衰的转变历程。

记号
/M/A/R/K/

真知 卓思 洞见

河山为证

地理视角下的中国史

下

宋平明 著

北京科学技术出版社

目 录

下 册

第九章　关中地区：汉、唐帝国的大本营　　233
　　一、关中地区的战略中枢地位　　234
　　二、关中地区乃汉、唐帝国的根本　　242
　　三、汉唐时期"关中本位"的短暂缺失　　249
　　四、关中地区渐渐成为王朝政治中心之外的边缘地区　　254

第十章　燕云十六州：北宋王朝梦寐以求的北方防线　　261
　　一、中原政权是怎么丢的燕云十六州　　262
　　二、北宋王朝的梦想　　268
　　三、高梁河之战和岐沟关之战　　276
　　四、北宋被迫进入防守态势　　286

第十一章　东京：四战之地的艰难防御　　289
　　一、东京开封是个好地方　　290
　　二、东京开封的防御体系　　294

三、第一次东京保卫战　　305
　　四、靖康之变　　313

第十二章　镇江：南宋的护国北大门　　319
　　一、南宋以前镇江的战略枢纽地位　　320
　　二、宋廷南渡之后镇江战略地位的上升　　324
　　三、南宋与大金、蒙元在镇江的争夺　　331

第十三章　襄阳：柔弱南宋抗击蒙元的硬脊梁　　341
　　一、襄阳的地缘政治价值　　341
　　二、南宋在荆襄地区对蒙元的防御部署　　347
　　三、蒙元攻取襄阳　　359

第十四章　北京：大明京师就是国防最前线　　369
　　一、从"诸子守边"到"天子守边"　　370
　　二、明成祖时期北京的攻防布局和战略行动　　378
　　三、土木堡之变和北京保卫战　　386

第十五章　辽东地区：大明帝国对抗后金（大清）的最后倔强　　397
　　一、辽东地区的地缘政治意义　　398
　　二、女真族的崛起以及大明在辽东地区的战略部署　　402
　　三、萨尔浒之战　　406
　　四、明朝失败的原因以及丢失辽东地区的影响　　413

第十六章　安庆：天京门户的战略决战　　　　　419
　　一、安庆的军事锁钥价值　　　　　　　　　　420
　　二、湘军针对进攻安庆的战略谋划　　　　　　422
　　三、太平军对于安庆防御工作的谋划　　　　　429
　　四、安庆争夺战及其战略影响　　　　　　　　433

第九章

关中地区：汉、唐帝国的大本营

在前文中，我们零零散散地讨论过关中地区在军事地理方面的价值和意义。关中地区是秦、汉、隋、唐这四个朝代的统治中枢。秦和隋两朝均为短命王朝，我们可以暂时不予深入讨论。对西汉和大唐而言，关中地区是这两大王朝统御全国的大本营，是制衡其他地方势力的根本之地。我们也会发现，至少从唐朝开始，关中地区作为王朝统治中枢的锁钥地位开始日渐降低，且王朝统治中枢有自关中地区向东移的趋势，这一趋势在赵宋时期得以最后完成。那么，本章就要着重探讨关中地区何以成为西汉和大唐帝国的大本营，关中地区的大本营作用为何出现弱化的趋势，以及其为何最终彻底失去了王朝统治中枢的价值和意义等诸多问题。

所谓关中地区，意为诸关之中，这是一个比较笼统的说法，大概始于战国末期，也有人称其为"秦地""秦中""关西"。关中地区具有包含的范围有多种说法：一说是四关之中，所谓四关，即东面的函谷关、西面的散关、北面的萧关以及南面的武关；另一说在两关之间，所谓两关，即东面的函谷关和西面的散关或陇关；还有一说指的是战国末函谷关以西的秦故地，包括陕北、汉中、巴蜀和陇西。我们现在一般认同第一种说法，大概包括相当于今宝鸡以东至黄河西岸，陕北高原以南、秦岭以北的泾渭流域，东西长约360公里，南北宽30~80公里，最窄处仅20公里，包括今西安、咸阳、宝鸡、渭南、铜川等5个地级市，总面积约3.5万平方公里。

一、关中地区的战略中枢地位

在赵宋以前，关中地区几乎一直是中国封建王朝的政治中心，诸如西周、秦朝、汉朝、隋朝以及唐朝均是以关中地区为统治中枢以统御全国。其原因下面一一分而述之。

其一，在经济上，关中地区可谓是土地肥沃，气候温暖湿润，进而农业发达，物产丰富。 关中地区位于温带落叶阔叶林和草原的过渡地带，在自然条件下，土壤主要是褐土，深层为腐殖层，腐殖层达10~15厘米，土层疏松深厚，有机物含量丰富，而且土壤质地较重，极其有利于发展农耕。而且，由于关中地区处于黄河中下游，黄河以及支流（比如泾水和渭水）不定期泛滥，会留下大量肥沃的淤泥，这就使关中地区的土地不断自我施肥，变得更加丰厚肥沃。关中有民谣唱曰："泾水一石，其泥数斗。且溉且粪，长我禾黍。"经过关中地区人民千百年的耕种和熟化，关中褐土变得更为肥沃深厚，腐殖层更厚，保水、保肥性更好，从而地力更强、农作物产量更高，《尚书·禹贡》中将雍州关中的土地评价为：厥土为黄壤，厥田为上上。从气候的角度来看，从春秋战国到秦汉时期，关中地区远比现在要湿润和温暖，降水量比较丰富，平均气温比现在高约 1.5 摄氏度，比较利于农耕，这就使得当地的居民能够更加从容地生产和生活。不仅如此，关中地区河网密布，号称"八水绕长安"。八水分别为渭、泾、灞、浐、沣、滈、潏、涝，为关中地区提供了丰富的水资源，有利于当地居民生活和农业灌溉，而且也为当地居民提供了便利的水道交通条件，便于交通运输和军事防御。秦汉时期，关中地区修建的诸如郑国渠、六辅渠以及白渠等各种水利工程也为改善和维护土壤、农业灌溉以及减轻洪涝旱灾提供了极大帮助。关中地区便利优厚的农耕环境不仅方便了当地居民的农业种植，还吸引了大批的移民到此地生活，形成了一种良性互动，从而进一步提升了关中地区的农业经济水平。此外，关中地区还富有铜、铁、金、银等矿产资源，不仅可以为农业生产提供便利的工具制作条件，也为军事发展提供了制作武器的上好材料。因此，关中地区可谓是"田肥美，民殷富，战车万乘，奋击百万，沃野千里，蓄积饶多，地势形便，此所谓天府，天下之雄国也"（《战国策·秦策一》）。司马迁曾总结道："故关中之地，于天下三分之一，而人众不过什三；然量其富，什居其六。"（《史记·货殖列传》）也就是说，关中地区在当时不过占了整个天下的三分之一，而人口不过占了十分之三，但是，其蓄积的财富竟然占到天下的十分之六，可谓是富甲天下矣。关中地区有这样便利优越的农业条件，在农耕文明时代，自然而然会有更多的优势成为王朝政治中枢。而且，定都关中的政权还可以通过关中通往巴蜀的通道以源源不断地汲取"天府之国"的各种资源，取其地，得其财，秦国和西汉在统一中国的过程中都曾借用了巴蜀的各类资源。

其二，在军事上，关中地区易守难攻，有"金城千里"和"百二秦关"之说。

关中地区成为持续千年的王朝政治中枢，不仅仅是因为其便利的农业条件，更重要的是，在军事上，关中地区具有进可攻、退可守的绝佳军事价值，在冷兵器时代，这对于稳固王朝的政治统治具有极大的意义。在古代，灭亡一个王朝的标志往往就是攻占其国都然后诛灭皇族，这个王朝就灰飞烟灭了。武王灭纣翦商如此，秦灭六国亦如此，后世诸朝几乎都是如此演进的逻辑，除非皇族成员或是号称皇族的成员另起炉灶，另选都城东山再起。但是，这种情况下重建的王朝往往是占据半壁江山而已，比如东汉之于西汉，东晋之于西晋，南宋之于北宋，皆如此。所以，如果一个地方能够很好地保证一个王朝国都的安全，这个地方自然就会成为王朝的统治中心和政治中心，进而统摄全国。关中地区就是这样一个绝佳的建都之地。

正如前文所述，所谓关中，就是此地居于诸关之中。何为"关"？简单来说就是往来交通必经之处，正所谓一夫当关万夫莫开也。遍览关中地区周围之重要关隘，主要有函谷关（旧关原位于河南灵宝，汉武帝时将其东移至现河南新安县）、潼关、蒲津关、武关、峣关（位于今陕西商洛商州区，北周时期移至蓝田县，称青泥关，后改名为蓝田关）、萧关（汉代设于宁夏固原，北宋时改置于同心县）、散关（今陕西宝鸡）、金锁关（今陕西铜川）等。在诸多关隘当中，以函谷关、武关、散关和萧关为要，且尤以函谷关为关键。函谷关旧关所在之地颇为险峻，一侧为崤山，一侧为黄河，西据高原，东临绝涧，南接秦岭，北塞黄河，因关在谷中，深险如函，故称函谷关。以函谷关为界，以东为关东地区，以西为关西地区，或者以崤山为界划出山东、山西两大地区，函谷关是自京师长安通往关东地区最主要的通道。可以说，控制了这些重要关口，就相当于控制了进出关中地区的大门。秦人正是凭此"崤函之固"，奋六世之余烈而扫灭六国，最后统一天下。

关中地区南有秦岭，西有陇山，北依黄土高原，东据华山、崤山以及晋西南之山地，再有黄河环绕而过，可谓是山川环抱，再加上四周关塞守卫，以此地为都城之所在，退守有据，可谓是安全感十足。而且，在关中与山西的交界处，还有一处重要渡口——蒲津，位于蒲坂，是自晋地入关中或是由关中进入晋地的重要枢纽。因此，对定都于关中的政权而言，只要控制了蒲坂并紧紧守住蒲津，便可以轻易进入临汾以及上党等地，反之亦然。

正是基于以上诸多利于军事之条件，故关中有"金城千里"之名，犹如一座天然的巨大军事城堡，进退皆便。我们也常用"百二秦关"来形容关中地区的险要，其意思就是以百万之雄兵进攻关中，关中只需要两万人就可以据险而守。在楚汉相争之时，项羽谋臣韩生曾劝项羽在关中定都，"关中阻山带河，四塞之地，地肥饶，可都以霸"。但是，项羽没有听韩生的话，反而将都城定在可谓是"四战之地"的彭城（今江苏徐州），最终落得个四面楚歌、饮恨乌江的结局。后来，张良在劝刘邦都长安时曾对关中地区有过精辟的分析："夫关中左殽函，右陇蜀，沃野千里，南有巴蜀之饶，北有胡苑之利，阻三面而守，独以一面东制诸侯。诸侯安定，河渭漕挽天下，西给京师；诸侯有变，顺流而下，足以委输。此所谓金城千里，天府之国也。"（《史记·留侯世家》）项羽的谋臣韩生和刘邦的谋臣张良都看到了关中极其重要的军事价值对于稳固新生的政权有极大的意义，只不过项羽没听进去，而刘邦则听人劝、吃饱饭。

其三，在交通上，关中地区水陆交通颇为方便，可谓进退自如。

作为中华文明前期的政治中心，关中地区除了具备丰富的农业资源以及可以为中央王朝提供足够稳固的军事防护之外，还拥有便利的交通条件以便王朝实施对全国的有效控制和管辖。其道理也非常简

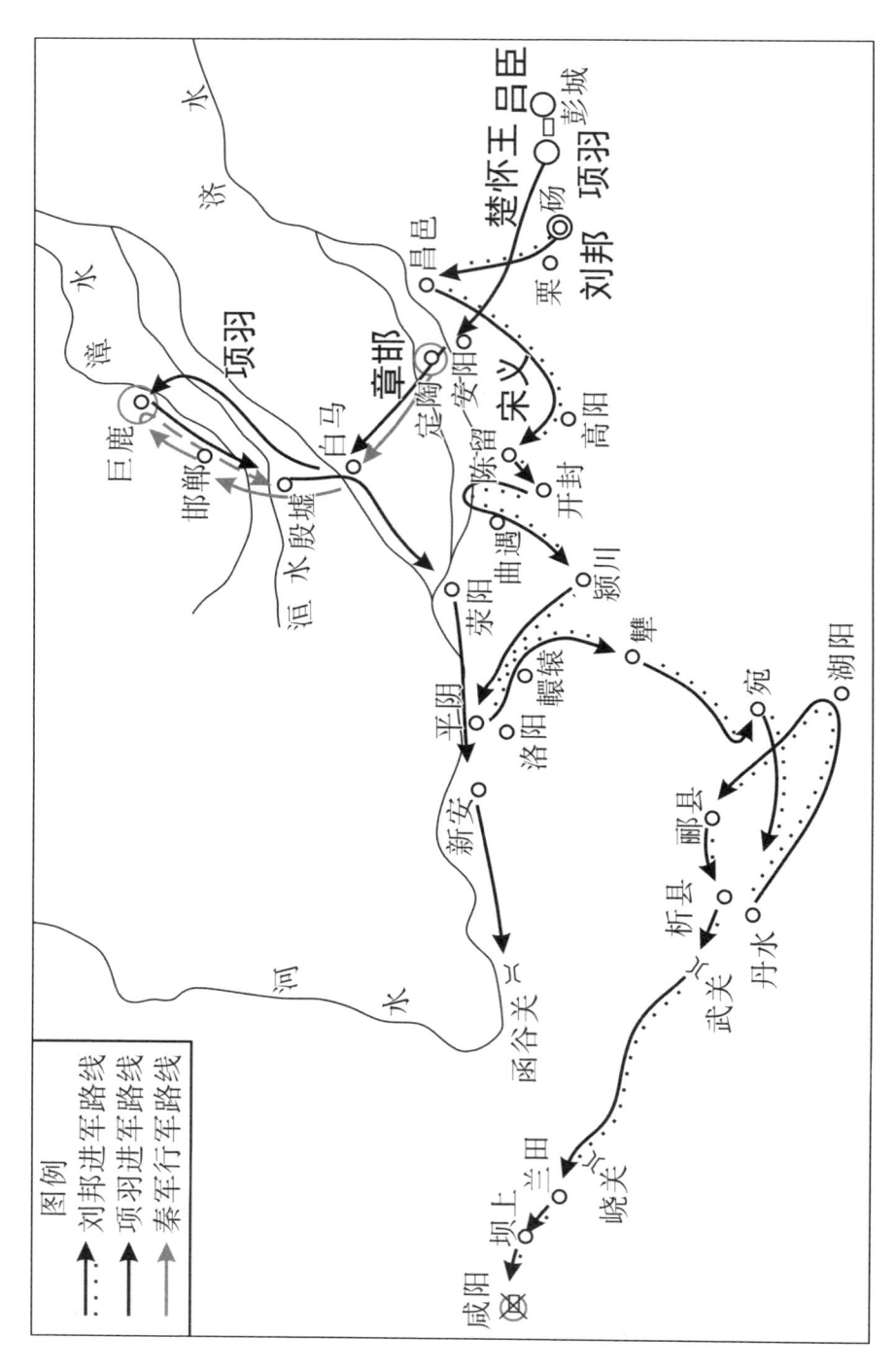

238　山河为证：地理视角下的中国史

图9.1　项羽刘邦攻入关中灭秦示意图

单,王朝国都必须尽量位于所控制疆域或是国土的中心地带,利用便捷的交通和险要的地势以及附近丰富的各类资源来实施有效统治,正所谓"万国之会,四夷之来,天下之道途毕出于邦畿之内"[①]。早在西周时期,周人就比较重视自己大本营的交通建设,《诗经》中称赞曰:"周道如砥,其直如矢。"也就是说通往周京的大道像磨刀石一样平坦,像箭矢一样直。秦始皇灭六国之后,以国都咸阳为中心,大修驰道,诸如上郡道、临晋道、东方道、武关道以及出秦岭通往蜀地的多条通道(褒斜道、陈仓道等)。《史记·秦始皇本纪》对秦驰道描述如下:"道广五十步,三丈而树,厚筑其外,隐以金椎,树以青松。"可以说,秦驰道就是当时的国道,能够实现条条大路通咸阳,从而便于秦始皇的出行、军队调动以及物资运输。不仅如此,秦始皇还下令修建秦直道,从都城咸阳北面的甘泉宫(今陕西淳化西北甘泉山),经由子午岭北上,进入鄂尔多斯草原,最终北达九原郡治所(今包头西南),主要是为了防御北方游牧民族。因此,秦亡以后,关中地区通往全国东、西、南、北四个方向的道路主要是函谷道、渭北道、武关道以及秦直道,通过这些陆路交通基本可以将关中地区和全国各地连接在一起。在这些道路之中,尤以函谷道为关键,因为自西向东出函谷关即可到达黄河下游地区,可以转而北上辽东地区或是南下至江淮之地;而由武关道则可向东南方向进入制衡江淮的荆襄地区,顺江而下以控江南地区甚或岭南地区;经由渭北道可向西北至回中道,越陇山,经河西走廊直指西域,这条路后来被称为"丝绸之路",而经渭北道向西南则可由陈仓道进入蜀地,或是经由褒斜道等汉中要道直达巴蜀之地。

[①] 〔唐〕柳宗元:《柳宗元集校注》卷26《馆驿使壁记》,中华书局,2013年,第703页。

综上分析，经过定都在关中地区的历代王朝的苦心经营，在控制了关中地区重要关口的情况下，中央政权可以经由这些陆路交通要道对山东地区或是关东地区形成强大的影响力和制御力。秦国奋六世之余烈，东出函谷以击破六国之合纵，进而扫平六国，统一天下；西汉王朝借由关中天险多次抵御诸王叛乱；隋文帝杨坚则凭借关陇集团以图大业，立足关中而制衡关东，甚为有效，结果因隋炀帝杨广营建东都洛阳而自废基业；唐高祖李渊建立大唐帝国和隋文帝杨坚如出一辙，亦是倚重关中地区的丰厚资源以及关陇集团的支持。都于关中的历代帝王，无不倚重关中的便利交通、险要地势和关口以图大业和基业长青。而且，便利的交通条件还方便了帝王们一旦有事则远遁逃之夭夭。唐玄宗李隆基就是一例，安禄山反唐，潼关失守，唐玄宗做的第一件事就是带着自己的杨贵妃经由蜀道入川。

当然，关中地区不只有陆路，还有比较便利的水路。前文我们讲过，关中地区号称"八水绕长安"，在这八水之中，尤以渭河水运最为重要，渭河渡口是关中水陆交通要道的一个转运中枢。通过八水形成的水路交通网络，可以为定都于关中的都城提供较为充足的漕粮以及其他军民所需物资，无论是在秦时还是在西汉时期，都曾发挥了极为重要的战略意义。只不过到了隋唐时期，由于气候变化加上长安规模扩大，人口增多，才导致经由水路运输的漕粮不够关中使用，再加上北方战事连绵不断，耗费大量粮食和物资，一遇重大灾情，关中粮食歉收，皇帝们不得不经常到东都洛阳"就食"，实在是惨。

其四，在人力资源方面，关中地区人口众多且人才济济，良将勇士遍地，善于攻伐，可谓是"王者之民"。

在中华文明史上，关中地区开发较早，早在西周文王时期，关中地区的农业就遥遥领先，人口较其他地区也更稠密。而且关中地区接近西戎之地，彼此之间的冲突导致关中之民不得不在善于农耕的同时还得善于作战，因此关中之民养成了耕战兼备的优良素质。不仅如此，商鞅变法之后，从国家层面鼓励大家为国家而战，同时严禁私斗，因此关中之民"怯于私斗而勇于公战"，人人皆以在战场立功为荣，可以为国家抛头颅、洒热血，堪称"王者之民"，最适合秦王的统一大业。《战国策》中记载，张仪曾为了秦国的连横之事游说韩王："秦人捐甲徒裼以趋敌，左挈人头，右挟生虏。"张仪肯定是为了吓唬韩王而夸张了秦人作战之勇猛，因为从实际的作战实践来看，秦军一边作战，一边左右手都被敌人的头颅占着，那还怎么打仗？但是，张仪的说法至少从一个侧面描述了秦军的勇猛和凶狠，也反映了当时关中秦军将士勇于公战的一面。

关中地区不只有勇于公战的士兵，还有熟知兵法、善于用兵的良将，在秦汉之际，就有"关东出相，关西出将"的说法。战国末年最著名的秦军将领白起就是一个代表人物。白起曾任秦军主将30余年，为秦国攻下70余座城池，作战料敌如神，用兵出神入化，威震六国，在秦国扫灭六国的进程中做出了巨大的贡献。秦汉时期，和白起一样威名赫赫的关中名将还有很多，比如王翦、马援、班超、窦宪、马超等。当然，谈到关中地区宝贵的人才资源，我们绕不开关陇集团。所谓的关陇集团，是史学家陈寅恪提出的一个概念，是源自西魏时期的政治统治集团，最早源自宇文泰的八柱国，由北魏六镇武将、代北武川镇的鲜卑贵族和关陇地区的汉人豪右如京兆韦缜、河东柳泽、太原郭彦、武功苏椿、河内司马裔、敦煌令狐整等组成。关陇集团的成员皆为当时之精英，可以"融冶关陇胡汉民族之有武力才智者"，可以"入则为相，出则为将，自无文武分途之事"。关陇集团是西魏、北周、隋朝以及唐朝初期统治集团的主要成员，各朝皇帝几乎就是在关陇集团内部依次轮流而已，上台的人要维护其他成员的利益，否则会被轻易换掉。隋炀帝就是如此，得罪了关陇贵族，最后由关陇集团另外一个成员的后代李渊上台建立唐朝。

清朝徐元文在为顾炎武的《历代宅京记》做的序文中说："自古帝王维系天下，以人和不以地利，而卜都定鼎，计及万世，必相天下之势而厚集之。"[①]我国地势西高东低，自西向东分为三个阶梯，第一阶梯是青藏高原，平均海拔在4000米以上；第二阶梯是海拔为1000~2000米的内蒙古高原、黄土高原、云贵高原等；大兴安岭、太行山、雪峰山以东，大部分海拔在500米以下，为第三阶梯。而关中地区就位于第二阶梯的中部，能够对第三阶梯的关东地区产生一种高屋建瓴的碾压性态势，再加上上文我们讨论的关中地区具有的其他几点优势，其作为中央王朝的统治中枢以制御全国再合适不过了。

二、关中地区乃汉、唐帝国的根本

西汉王朝刚刚建立之时，原本定都在洛阳，《史记·高祖本纪》记载："天下大定。高祖都洛阳，诸侯皆臣属。"洛阳其实是个定都的好地方，曾经是西周时期的陪都，后来周王东迁，又成为东周之国都。因此，西汉王朝定都洛阳，也算是找了一个有王者风范的国都。但是，此时的刘邦面临着一个很现实的问题，那就是在打江山时和他一起同奋斗、共命运的7位兄弟的封地占据了关东的大部，这些异姓王每个人都手握重兵，都能够在自己不开心的时候与刘邦顶嘴吵架甚或抄家伙动手。这些异姓王无形中已经成为汉朝的最大威胁。洛阳位于

---

① 〔清〕顾炎武：《历代宅京记》，中华书局，1984年，"徐元文序"，第3页。

关东地区的伊洛平原，其西面是豫西山地，南面是伏牛山脉，北面是黄河，东面有嵩山，一旦异姓诸王不开心了，他们随时可以从嵩山两侧的开阔地带杀向洛阳。换句话说，和异姓诸王同处关东地区的刘邦并没有十足的安全感，这一点和关中地区的长安完全没有可比性。

这个问题的本质和解决办法，刘敬看得很清楚。因此，刘敬问刘邦，陛下选择定都洛阳，这是想效法东周吗？刘邦说，对的。刘敬接着就给刘邦分析了汉朝和周朝的不同，而且指出了东周之所以灭亡的原因："及周之衰也，分而为两，天下莫朝，周不能制也。非其德薄也，而形势弱也。"也就是说洛阳所在伊洛平原的形势不行。随后，刘敬又给刘邦指出了关中地区的优势："且夫秦地被山带河，四塞以为固，卒然有急，百万之众可具也。因秦之故，资甚美膏腴之地，此所谓天府者也。陛下入关而都之，山东虽乱，秦之故地可全而有也。"(《史记·刘敬叔孙通列传》) 简单来说，刘敬力劝刘邦弃洛阳而另都关中之地。刘敬的想法，张良深以为然，也劝刘邦放弃洛阳而选择关中："雒阳虽有此固，其中小，不过数百里，田地薄，四面受敌，此非用武之国也。夫关中左殽函，右陇蜀，沃野千里，南有巴蜀之饶，北有胡苑之利，阻三面而守，独以一面东制诸侯。诸侯安定，河渭漕挽天下，西给京师；诸侯有变，顺流而下，足以委输。此所谓金城千里，天府之国也。"(《史记·留侯世家》) 刘邦被刘敬和张良说动了，随后决定从洛阳迁都至关中。

西汉王朝迁都关中之后，汉朝中央政府实际控制的地方只有以关中为主的十五郡，而富裕、繁荣且地域宽广的关东地区则成为异姓诸王的封地，并和关中地区形成实际上的分割和对峙状态。因此，西汉王朝初立之时，高祖皇帝实际上是和关东异姓诸王共治天下。为了防范异姓诸王的不臣之心，为了保障王朝中枢的安全，西汉王朝定下了以关中制关东的关中本位政策，形成了"关中核心区""关外直辖地"以及"关外王国"的西汉政治地理格局。汉朝中央政府充分利用豫西山地和鄂西山地的自然阻隔以及这些山地间的重要关口，同时利用黄河天险的重要津口，构建了护卫关中汉廷中枢的关津要塞，并派重兵把守，从而达到了利用关中地区来控制和防范关东地区诸王的目的。到了高祖末年，异姓诸王被一个一个铲除，但是，取代异姓诸王的是刘氏皇族同姓诸王。同姓诸王虽然暂时起到了拱卫中央的作用，但是他们与皇帝的远近亲疏各有不同，身处庙堂的皇帝不能不防（此后的吴楚七国之乱证明了皇帝的担忧是有道理的）。所以，汉高祖初年依据山河险阻构建的关塞要津仍旧在高祖之后起着护卫京师安全的重要作用。另外，西汉王朝直接管辖的上党、河东、河内、河南、南阳、南郡的关外六郡，在地理上南北相连，便于朝廷直接控制，而且它们介于王朝中枢所在的关中地区和关东地区之间，成为两者的缓冲地带，对于王朝中枢起到了屏障的作用，也是王朝中枢制衡关东诸王国的战略地带。一旦关东诸王叛乱，关外六郡而不是关中地区会首先成为中央军队和叛军的战场，这就给了汉廷辗转腾挪的空间和时间。

到了汉武帝时期，为了进一步保障关中地区安全和确保关中本位政策，汉武帝实行了"广关"的政策。广关政策是对汉朝地域政策与大关中布防方略的大调整。《汉书·武帝纪》记载："三年冬，徙函谷关于新安。"随后，汉武帝又对关中诸多关口做了适当调整，其本质用意是拓广关中的范围。在汉武帝元鼎三年（公元前114年）"广关"之后，大关中区域北部的东界，由以临晋关为标志的黄河一线，向东推进至太行山一线；中部区域的东界，由旧函谷关，向东推进至新函谷关；南部区域的东界，由四川盆地东南缘，向东南推进至驻浦关、进桑关一线的滇桂、黔桂间山地。辛德勇先生曾经指出："通过增大

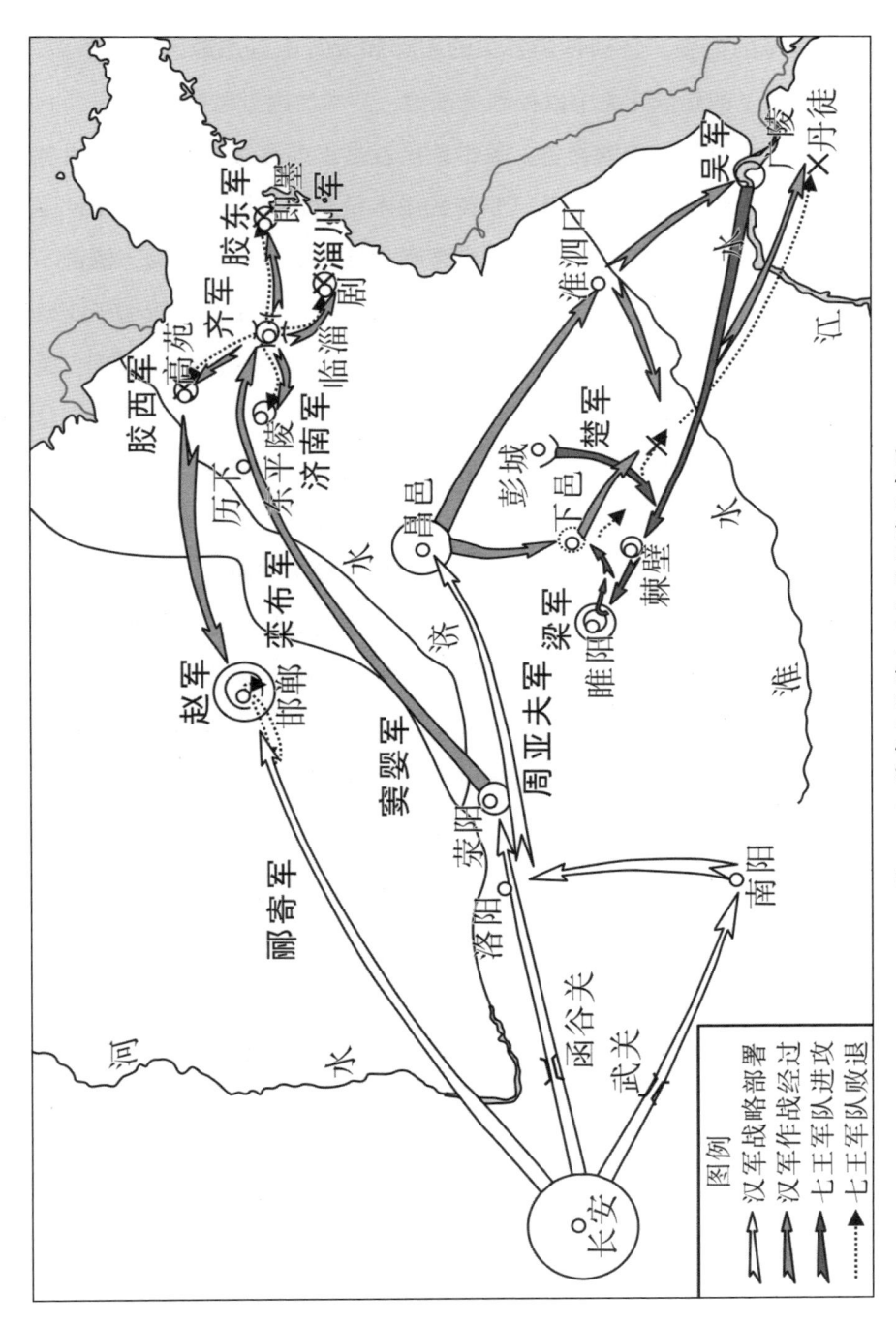

第九章　关中地区：汉、唐帝国的大本营　245

图9.2　汉景帝平吴楚七王之乱经过示意图

关中区域的范围，特别是函谷关的东移和太行山以东地区划入关中，大大增强了朝廷依托关中以控制关东这一基本治国方略的效力。"[1]

因此，对西汉王朝而言，关中地区就是王朝存续之根本，中央朝廷依靠关中地区之山河形胜，坚持关中本位政策，同时坚持实施"强本弱末"的各项政策，将关东的豪强强行迁至关中以便控制，源源不断从关东转运漕粮至关中，而且，主要从关中地区来征召听命于汉廷中枢的军队，从而稳固了西汉中央王朝的统治。在这样的情势下，关东地区的叛乱不会给中央王朝造成毁灭性的打击。

对大唐王朝而言，关中地区也是其王朝统治的根本。唐高祖李渊的根据地原本在太原，在隋末天下大乱的情势下，太原和隋都大兴城（后来的长安城）、东都洛阳形成鼎足之势。对李渊而言，无论是兵进关中还是洛阳都有比较方便的条件。但是，随着隋末战局的发展，隋炀帝调集了大量兵力守卫洛阳，而大兴城所在的关中地区则相对守卫弱一些。另外，从军事地理上来看，和大兴城相比，洛阳作为将来李氏家族的根据地显然不是那么靠谱，在遭到敌人攻击时更容易被首先攻破。最为关键的是，李渊家族出身关陇集团，其祖父李虎就是西魏八柱国之一，这是李渊最为显赫的政治资本。因此，在太原起兵之时，李渊的心腹裴寂、刘文静等人对李渊说："关中天府，代王冲幼，权豪并起，未有适从。愿公兴兵西入，以图大事。"（《旧唐书·刘文静传》）李渊的儿子李世民也劝李渊一定要兵发关中，随后以长安为根据地号令天下。故而，虽然发兵占领洛阳也很方便，但是李渊集团还是确定了西进关中以"据险养威"的战略。夺取关中地区，这样既

---

[1] 辛德勇：《汉武帝"广关"与西汉前期地域控制的变迁》，《中国历史地理论丛》2008年第2期。

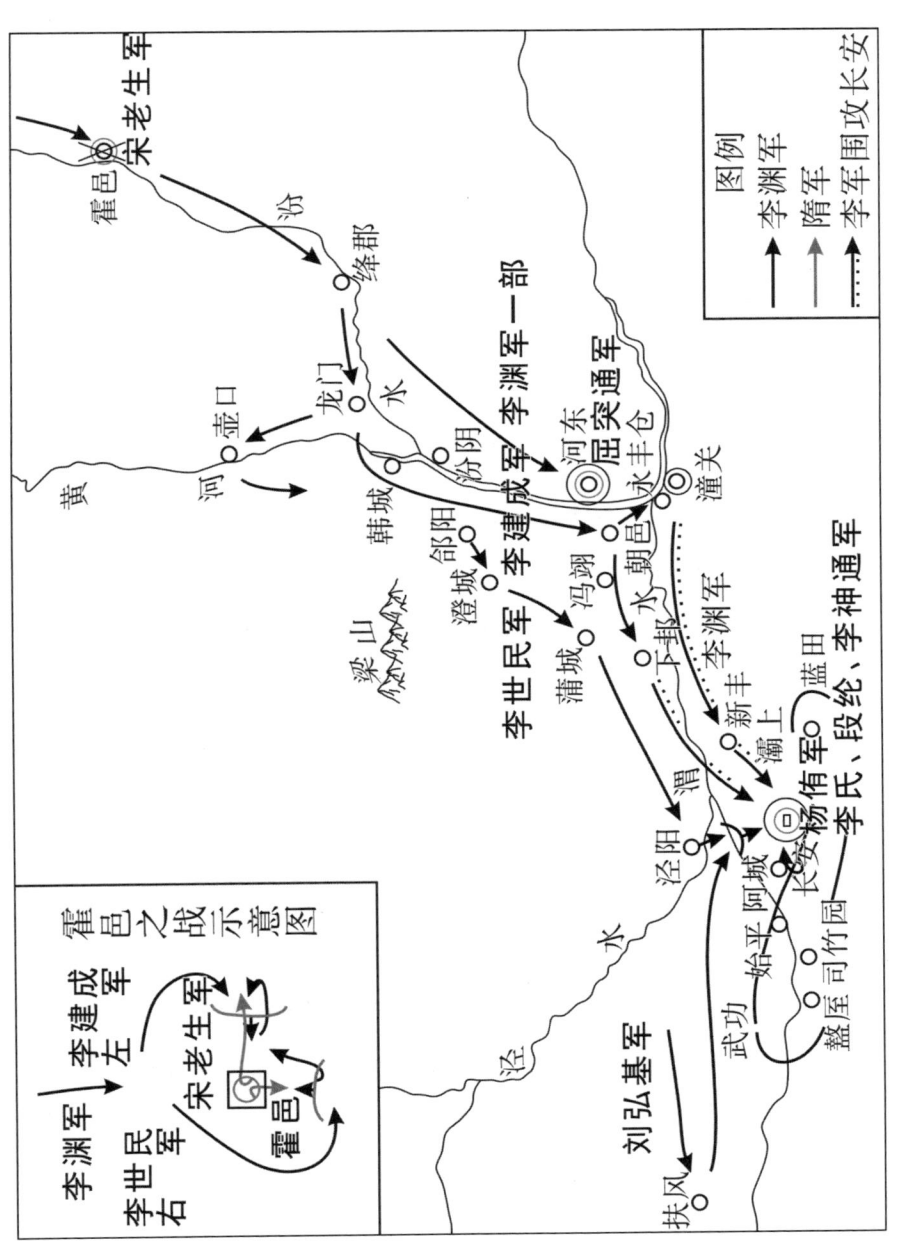

第九章 关中地区：汉、唐帝国的大本营　247

图9.3 李渊进军关中、攻克长安示意图

可以立下攻陷隋朝都城的不世战功，又可以继续得到关陇集团的支持和拥护，还能依靠关中地区四塞之地的优势以定天下。

在天下大定之后，唐高祖李渊进一步依靠关陇集团来强化对大唐帝国的统治，其任用的宰相以及身边的核心人员大多为关中人士。正如陈寅恪所言："李唐皇室者唐代三百年统治之中心也，自高祖、太宗创业至高宗统御之前期，其将相文武大臣大抵秉西魏、北周及隋以来世业，即宇文泰关中本位政策下所结集团体之后裔也。"[1] 同时，李渊在长安以及京畿地区建立起高于其他地方的行政管理体系，任命李世民为都城长安所在地雍州州牧，可见李渊对关中地区行政之重视。李渊还在关中四周设置四面关，设险作固，据险而守，为关中建立牢固的护卫屏障。为了加强拱卫京畿的国防力量，李渊在长安附近各州设置十二道军府并驻扎重兵，形成了以国都长安为中心，京畿诸县驻军环绕以及关中外围地区共同御敌的关中防卫体系，确保关中地区尤其是国都长安的战略安全。

关中地区是西汉和唐朝的立国之本，是两个王朝赖以生存的基础。但是，定都关中也有一个非常明显的缺点：两个王朝的国都明显偏西，不利于对全国实施有效统治，而且距离西北游牧民族过近，前者需要应对匈奴，后者需要应对突厥。唐太宗李世民刚刚登基不久，竟然发生了东突厥颉利可汗与突利可汗率领突厥骑兵直逼长安京师的大事件。要不是李世民处置恰当、运筹得当，大唐差一点也就经二世而亡了。此后，如何应对西北地区的突厥，一直是李世民比较重视和头疼的问题。

---

[1] 陈寅恪：《唐代政治史述论稿》，上海古籍出版社，1982年，第18页。

三、汉唐时期"关中本位"的短暂缺失

整体而言，在汉唐时期，关中地区在大部分时间都是天下政治之中枢，靠着中央政府强大的财政汲取能力吸收来自辽阔富裕的关东地区的物资，从而得以维系以"关中本位"统御关东地区的"强本弱末"之帝王统治术。但是，汉唐时期也发生过多次"关中本位"短暂缺失的情况，导致汉唐帝国的政治统治中心从关中地区东移至东都洛阳。比如，西汉之后的东汉王朝定都洛阳，隋炀帝营建东都洛阳，还有唐朝的部分时期，比如武则天对于东都洛阳的重视和青睐，以至于定都神都洛阳。其实，这是中国政治核心地区的转换大势使然，反映了当时的政治力量对比态势。下面——分而述之。

1. 东汉定都洛阳的原因

东汉光武帝刘秀之所以选择定都洛阳而没有选择长安，其原因大致如下。

其一，经过西汉末年的战乱，长安早就残破不堪，不适宜定都。西汉末年，王莽篡政，代汉建新，并开始实施变法，实施了一系列惠民措施，史称"王莽改制"。王莽改制的结果不仅没有缓解社会矛盾，反而惹得天怒人怨，一时间天下大乱。绿林军和赤眉军先后攻入长安，对长安的宫室和民宅甚至西汉皇陵进行了毁灭性破坏。繁华的关中地区尤其是国都长安宫室俱焚，宗庙俱毁，到处都是残垣断壁，到处都是白骨累累，千里无人烟，百里无鸡鸣。而且，西汉时期修建宫室和宗庙需要大规模砍伐森林，导致关中地区生态恶化，土地沙化严重，相较于洛阳而言，环境已经严重恶化。但是，这个原因只是东汉没有定都长安的表面原因。因为，按照同样的说法，我们无法解释在几百年之后李渊将大唐的都城仍旧设立在长安这一事实。李渊定都

之时，长安被破坏的程度比西汉末年还要严重，漕运条件仍旧十分恶劣，环境也不会有明显改善，但是李渊仍旧定都于此。所以，这个原因一定不是刘秀定都洛阳而没有定都长安的重要原因。

其二，刘秀称帝时，长安尚未在其控制之下，何言定都于此？建武元年（公元25年）六月，刘秀在鄗县（今河北邢台柏乡）千秋亭即皇帝位，建元建武，沿用"汉"之国号，史称东汉，是为汉世祖光武皇帝。当年十月，刘秀率兵进入洛阳，"冬十月癸丑，车驾入洛阳，幸南宫却非殿，遂定都焉"（《后汉书·光武帝纪》）。也就是说，刘秀定都洛阳时关中仍旧在赤眉军手中。赤眉军拥立刘盆子当了傀儡小皇帝，拥兵30万之众与刘秀建立的政权对峙。一直到建武三年（公元27年），刘秀才取得了关中。因此，从时间线上推算，刘秀称帝时绝无建都于长安的可能。但是，有人会说，那既然刘秀于建武三年拿下了关中，是完全有条件迁都于长安的。其实，刘秀在拿下关中地区之后，面对的仍旧是四方都是割据政权的局面，东方是梁王刘永公开称帝，东南方向是李宪自立为天子，荆州方向是秦丰、田戎的天下，而北方则有彭宠，天下还远远没有到太平安宁的时候，最终鹿死谁手还有很大不确定性。因此，即使拿下了关中，刘秀也不会舍弃自己的大本营而都长安，这会将他自己置于强敌环伺的危险境地，他和他身后的关东豪族们是绝不会同意迁都长安的。

其三，刘秀的大本营在河北，刚刚称帝时选择定都洛阳可以更好地依靠自己的根据地的政治资源。更始元年（公元23年），更始帝刘玄建都洛阳，刘秀向更始帝自请巡行河北，被更始帝拜为破虏大将军，封武信侯，行大司马事，镇抚河北诸州郡。《后汉书·光武帝纪》记载："十月，持节北度河，镇慰州郡。"因此，刘秀获得了在河北独立发展的机会。而此时的河北，对刘秀来说可谓是一方宝地。一方面，河北之所以在两汉之际如此重要，是因为河北有名闻天下的"突骑"。当时的河北处于中原农耕文明和北方游牧文明的交界地带，既能吸收农耕文明之精华，又具备游牧文明好战、能战之特点。因此，河北人多善战，喜骑射，民风彪悍，勇猛无比，正所谓"河北之地，界接边塞，人习兵战，号为精勇"（《后汉书·铫期传》）。在冷兵器时代，拥有一支善骑射的骑兵部队，就拥有了强大的机动能力和克敌制胜的法宝。另外一方面，自西汉末年以来，河北地区，特别是河内，已经发展成为重要的经济区，是时人眼中的另一块天府之地。刘秀曾对后来的开国功臣之一寇恂说："河内完富，吾将因是而起。昔高祖留萧何镇关中，吾今委公以河内，坚守转运，给足军粮，率厉士马，防遏它兵，勿令北度而已。"（《后汉书·寇恂传》）由此可见，在刘秀夺取天下的过程中，河北地区提供了军事上和经济上的强大支撑。所以，刘秀刚刚称帝之时，不可能选择尚未归其所有的关中地区的长安，而一定会选择其势力所及的河北尤其是河内地区，故而洛阳必然是其最佳选择。

其四，刘秀所依赖的关东豪族不允许刘秀定都长安。刘秀之所以选择定都洛阳而不是定都长安，除了以上3个明显的原因之外，更加根本的原因是刘秀建立新政权所依赖的关东豪族不允许也不支持刘秀定都关中。正如前文所言，当年刘邦建立西汉之时，将国都定于关中地区的长安的一个重要原因是想凭借关中地区来制衡关东地区的贵族势力。定都于长安，既有利于制内，又有利于御外。这一点，当年西汉的帝王看得很清楚，刘秀其实也看得很清楚。天下安定之后，刘秀确实曾想将西京长安作为国都的选择之一，而且多次驾临长安，名义上是为了祭祀刘氏先祖宗庙，其实是为了仔细勘察关中的地势地貌，权衡一下将来迁都的可能。刘秀还下旨恢复函谷关都尉的设置，并下令营修长安的宫室。刘秀的这些行为让关东豪族们很是紧张，他们非常害怕西汉时期刘邦将关东豪族一一剪除这样的事情再次发生。因此，"山东翕然狐疑，意圣朝之西都，惧关门之反拒也"（《后汉书·杜笃传》）。要知道，当年刘秀建立东汉之时所依靠的32名功臣之中，关西人士仅有4人，其余都是关东人士，尤其是南阳、颍川以及河北地区为多。当年，这些豪族之所以支持刘秀称帝，就是为了攀龙附凤，有个好日子，正所谓"天下士大夫捐亲戚，弃土壤，从大王于矢石之间者，其计固望其攀龙鳞，附凤翼，以成其所志耳"（《后汉书·光武帝纪》）。所以，他们绝不会同意刘秀在功成名就之后行兔死狗烹之事，而且他们的实力会让他们对皇帝的行为和想法有很大影响，甚至可以武力对抗朝廷。虽然刘秀有效法刘邦定都关中并凭借关中制御关东的想法，但是鉴于他对关东豪族的依赖性更强，关东豪族是不会允许这样的事情发生的。因此，终东汉一朝，迁都之事也没有最后成功。当然，东汉末年，董卓乱政，胁迫东汉朝廷迁至长安，这和当年的情况已经是完全不同了。

2. 隋炀帝营建东都洛阳

前文已有详细说明，在此不做赘述。

3. 武周时期武则天重视洛阳的原因

李渊定都长安时，关中地区的经济水平甚至不如西汉时期，关中地区甚至无法正常满足皇室以及帝都长安的基本物资需求，以至于唐朝皇帝不得不多次带领王公大臣长期到洛阳"就食"和办公。因此，东都洛阳的政治地位在很多时候甚至超过了国都长安，关中地区原有的中枢地位渐渐减弱。如果说唐朝的李氏皇帝们对长安还有一些依依不舍的话，那么武则天对东都洛阳则更加情有独钟。唐睿宗光宅元年（公元684年），掌握着大唐帝国实际权力的武则天改东都洛阳为神都，提高了洛阳的政治地位并开始扩建洛阳城。公元 690 年,武则天正式称帝,改元天授,国号为"周",定都于洛阳,长安沦为陪都。

那么为何武则天会选择洛阳作为自己的国都呢?细细分析,其原因大致有如下三点。其一,武则天称帝毕竟名不正言不顺,迁都洛阳,避开唐都长安,可以给自己减少不少麻烦。武则天称帝之前早已掌控大唐最高权力多年。早在高宗时期,武则天便从皇后改称天后,和高宗皇帝并称"二圣"。而且,由于高宗身体不太好,在很多时候,诸多政事都是武则天最后拍板。高宗死后,大唐皇帝的废立全掌握在临朝称制的武则天手中。后来,武则天干脆直接改朝当了皇帝。虽然武则天拥有至高无上的权力,可以对反对派任意杀伐,但是,她的称帝毕竟名不正言不顺,在男尊女卑的封建帝国时代,她永远也无法改变自己是唐高宗李治皇后的身份。因此,武则天如果一直留在长安,李唐宗室的势力依旧十分强大,她必然每天都得经受那些唐朝宗室成员以及对大唐忠心耿耿的大臣们所精心编织的阴谋和陷阱的考验。将新朝的都城迁至洛阳,以降低李唐宗室以及始终忠于李唐的大臣的影响,这对武则天来说实在是一件舒心的事情。不仅如此,为了打击唐朝原有的勋贵和门阀势力,武则天不断完善科举制,让平民百姓能够通过考试居于庙堂之上,寒门庶族从而有机会逆势崛起,将门阀势力和关陇贵族势力一一消灭殆尽。寒门庶族的崛起,逐步终结了政坛中持续几乎上千年的贵族掌权时代,而开启了人人皆可凭借文韬或武略来进入统治阶层的平民时代,这一特点在赵宋一朝表现得最为明显。

其二,长安的粮食以及各种物资供应不足,需要通过迁都洛阳来彻底解决这个问题。关中地区早已无法供养大唐帝国,甚至连粮食都不够吃。李姓皇帝们将到洛阳就食看作一个短期和临时行为,因为他们作为李氏子孙,对长安还是有感情和心结的,但武则天则完全没有这样的心理。迁都洛阳以彻底解决帝国国都粮食物资供给问题，这是武则天很轻松就能做出的决策。

其三，洛阳地理条件优越，环境美丽舒适，在帝国的和平时期，实在要比黄土高坡旁边长安的生活条件好太多。武则天称帝之时，是大唐帝国的高光时刻，无论文治还是武功都有值得称颂的地方。武则天称帝之后，整个帝国歌舞升平，一片盛世景象，也不存在外敌入侵威胁神都洛阳的情况，至少短时间内看不见这样的威胁。因此，对武则天的新朝而言，当然还是哪里舒服住哪里。所以，"北有太行之险，南有宛、叶之饶，东压江、淮，食湖海之利，西驰崤、渑，据关河之宝"（《旧唐书·陈子昂传》）的洛阳对武则天太有吸引力了。有一个小插曲我们应该还记得，当年隋炀帝营建东都洛阳之时，有一个重要的参与人是杨达，而这个杨达就是武则天的外公。我们无从确认的是，武则天如此喜爱洛阳，是不是与这座洛阳城是她外公亲手营建有关？也许有关吧，毕竟，统治者内心深处的一点点情感依托足以让一个帝国掀起惊天浪涛。

神龙元年（公元705年），武则天病重，大臣张柬之联合其他大臣发动"神龙政变"，逼迫武则天恢复了李唐神器。因此，神都洛阳又变成了东都洛阳，长安再次成为大唐帝国的国都。但是，这并不能从根本上改变关中地区政治影响力降低的趋势，只不过是暂时的回光返照而已。

四、关中地区渐渐成为王朝政治中心之外的边缘地区

在赵宋以前，关中地区在大部分时间一直是中央王朝的政治中心，自从隋唐开始，尤其是唐朝中后期，关中地区渐渐失去作为王朝

政治中心的地位。中央王朝的政治中心或是统治中枢发生了一个先由西往东再自北向南，最终由南向北的迁移过程。在这一缓慢的过程中，关中地区渐渐被政治边缘化，成为王朝政治中心之外的一个边缘地区。之所以发生这样的变化，其原因大概有如下4点。

1. 中国经济中心的变化

关中地区作为政治中枢，必然是各方政治势力和军事势力争夺的头号目标，因此在秦汉之际、两汉之际以及东汉末年，关中地区的经济都遭受了不同程度的破坏，尤其是王莽乱政、赤眉军起义以及东汉末年军阀混战对关中地区经济打击尤甚，因此经济中心别移是一个必然的结果。而在中央王朝能够在关中地区施行稳定统治之时，一定会继续深挖关中地区经济潜力，加大对关中地区的汲取，修建宫殿需要砍伐森林，人口过多导致粮食不足，土壤肥力也渐渐下降，进一步开荒种田和砍伐森林导致环境恶化、水土流失和沙化。因此，一个大一统王朝单靠关中地区甚至都无法满足宫廷和京城的各方面物资需求。故而，中央政府也会着力加大对其他地区的开发，比如西汉时期对三河地区的开发，到了东汉之时，三河地区的经济水平和实力就超过了关中地区，成为新的经济中心。这是中国经济中心自西向东转换的一个过程。从东汉末年开始，为了躲避北方战乱，大批人口向南方迁移，给南方原本荒蛮之地带来了熟练劳动力和成熟的生产技术，从而促进了南方经济的大发展。经过三国、两晋、南北朝时期一些南方割据政权的进一步开发，南方地区成为中国新的经济中心，这种局面一直持续到隋唐。即使在盛唐时期，关中地区的经济水平也已经不如关东地区，更加不如南方。安史之乱和北宋靖康之变都造成大批的北方人口南迁，再加上南宋的建立，使得南方经济又一次突飞猛进。这是中国经济中心自北向南转移的一个过程。而经济中心的变化和迁移，必然会带来政治中心的变化。因此，秦汉隋唐时期的政治中心是关中地区，但是从唐朝开始逐渐东移，到了两宋时期就已经完成东移的过程。靖康之变后，中国的政治中心向南方迁移，直到元朝统一中国后，定都北方，中国政治中心完成了自南向北转移的过程。元、明、清三代国都均在北京，为了维持北京以及整个帝国的运转，忽必烈在隋唐运河的基础之上开通了京杭大运河，并命令郭守敬开凿通惠河，此后，来自南方的漕粮可以直接运到大都的皇城根了。虽然中国的政治中心在北方，但是统治者能够通过京杭大运河源源不断地将南方的物资和财富向北方转移，进而维持了元、明、清帝国的存在和稳定。

2. 关中地区漕运难度的加大

秦汉之际，咸阳和长安作为国都，规模还不算太大，关中地区的农业产出以及各种物资供应尚能满足皇室和国都的基本要求。当然，统治者也会运用至高无上的皇权要求沃野千里的关东地区为关中地区输送各种物资，甚至将关东地区的大批人口直接移民至关中地区，一方面可以牢牢控制关东地区原来六国的贵族，一方面也可以为关中地区提供更多的劳动力以提升本地的农业产出和经济水平。[①] 秦汉之际，关东地区通过漕运输入的物资并不是关中地区主要依靠的对象。然而，到了隋唐之际，这种情况就发生了很大的变化，关中地区对关东地区和南方地区的漕运物资依赖性变得更强了。之所以出现这样的情况，主要是因为在隋唐时期，国都长安的规模要比秦汉时期大很多，其所需物资的数量也要大很多，而关中地区因为各种原因已经无法满足这种需求了。据《新唐书·食货志》记载："唐都长安，而关中号

---

① 秦汉之际，为了充实关中地区，中央政府进行过 16 次大规模的人口迁移活动，其中秦朝 2 次，西汉 14 次。具体见贾俊侠：《秦汉关东贵族迁徙关中之特点与影响》，《秦汉研究》（第四辑），2010 年。

称沃野，然其土地狭，所出不足以给京师，备水旱，故常转漕东南之粟。……自高宗已后，岁益增多，而功利繁兴，民亦罹其弊矣。"也就是说，关中地区虽然号称沃野千里，但是已经无法满足京师的各种物资需求，亦无法为当地驻军提供足够的军粮，需要漕运来为其提供大量的物资。但是，一个问题愈发严重，自关东地区向关中地区转运物资的漕运始终是一个无法完美解决的难题。

为什么无法解决漕运难题？

因为这条漕运线路太难了。有人会问，隋炀帝不是开通了以洛阳为中心的大运河了吗？难道大运河不能将关东地区和南方地区的漕粮运至长安吗？隋炀帝时期开通的大运河是以东都洛阳为中心的，各地的漕粮只能比较顺利地运输到洛阳，而无法顺利地运输到长安。因为，自洛阳到长安的漕运条件实在是太差了。如果走水路将漕粮运至长安的话，自洛阳至长安必走三门峡，而三门峡由于水流湍急、河道狭窄，再加上乱石密布，导致漕运粮船经常发生倾覆事件，根本无法大规模向关中地区输送粮食；而如果走陆路的话，由于运输时间过长，漕粮运输的成本奇高，人畜往往耗费一半物资，得不偿失。当然，还有一条路线，就是南方的漕粮溯长江而上，再经汉水转运，然后再陆运至关中。但是，此条路线也是因为路线过长、耗时过多而不能成为主要的漕运路线。因此，有唐一代，历代君王都想努力解决京师的漕运问题，也想了各种办法，但是最终的结果都是运输成本极高，当时流行有"斗钱运斗米"的谚语，可见关中漕运之难。既然通往关中地区的漕运之路如此艰难，搞得隋唐的皇帝们不得不经常到东都洛阳讨饭吃，那就不如将都城东移，彻底解决这个难题。这也就部分地解释了隋唐之后的中原政权大部分都定都在洛阳或是开封的原因，继而形成了中国的政治中枢自西向东移的历史现象。

3. 关陇集团的衰落

在南北朝时期、隋朝以及唐朝初年，关陇集团曾在古代政治舞台上发挥了重要作用，也对维持关中本位政策提供了强有力的支撑。但是，隋炀帝上台之后，他对盘踞在朝廷中枢的关陇集团权贵深恶痛绝，一方面是因为这些人曾经支持他的哥哥——前太子杨勇，一方面也是因为他曾经在南方经营多年（曾经做过10年的扬州总管）而更倾心于南方。因此，隋炀帝登基之后立刻下旨营建东都洛阳，和盘踞在关中地区的关陇集团贵族保持一定距离。同时，隋炀帝继续推行他父亲隋文帝所创立的科举制度，加大从庶人中选取官员的力度，以打击那些门阀士族。唐朝建立之后，唐太宗继续推行这一政策，而后来的武则天则几乎彻底抛弃了关陇集团。同时，隋朝和唐初推行的府兵制几乎瓦解了关陇集团所依赖的乡兵集团，从而抽去了关陇集团存在的社会基础。所以，有唐一代，关陇集团受到了重大打击，以致最后衰亡，最终消散在历史的尘埃当中。因此，在关陇集团势力日衰的情况下，对后世王朝而言，定都关中地区已经不是一个值得考虑的选项。虽然宋太祖赵匡胤曾考虑过迁都至长安，但这更多是从国都安全的角度来考虑问题，与关陇集团已经没有任何关系了。

4. 中原政权应对的游牧民族发生了变化

晚唐之后，我国东北地区诸如契丹等游牧民族不断兴起，其势力和影响不断扩张，逐步取代了西北地区的游牧民族，成为中原政权的主要外部对手，从而使得中原政权对外防御的重点从西北转移到了东北，造成的一个结果就是关中地区渐渐失去了作为国都的可能和机会。五代十国之后，赵匡胤建立赵宋政权，也曾经想从开封迁都到洛阳，或是迁都到长安，主要就是看中了山河四塞的长安给王朝带来的安全感。但是，考虑到宋朝面对的外族威胁主要是来自东北地区的契丹人，如果将国都定在长安，一旦契丹人从幽燕之地杀向一马平川的中原地带，远在长安的统治中枢根本没有足够的时间来调兵遣将，这不符合大宋王朝的安全战略。因此，经过多方面考虑，再加上众人的劝阻，赵匡胤最终还是放弃了迁都长安或是洛阳的想法，只好苦心经营东京开封的防御体系以抗击随时可能南下的大辽铁骑。

就这样，唐朝灭亡以后，曾经作为中国千年古都的长安以及其所在的关中地区就成了游离于统治中枢之外的边缘地区。

第十章

燕云十六州：北宋王朝梦寐以求的北方防线

自从后晋高祖皇帝石敬瑭将燕云十六州割给契丹人之后，中原王朝的噩梦就开始了。对中原王朝而言，一旦失去燕云之地，北部边境将无险可守，来自北方游牧民族的骑兵可以毫无阻挡地跨越燕云之地而横扫中原，而中原王朝面对游牧民族的铁骑几乎无计可施。因此，燕云十六州或是燕云地区，成为北宋王朝心心念念梦寐以求的北方防线。北宋和契丹人建立的大辽以及后来女真人建立的大金围绕燕云之地的归属展开了长达百年的争夺。可惜的是，北宋王朝一直到灭亡也没有真正拥有过燕云之地。

自从公元960年北宋王朝建立，燕云十六州就成为北宋历代君王梦寐以求的北方防线。北宋王朝之所以如此钟情于燕云地区，一方面是因为北宋以正统中原王朝自居，对于收复这块被后晋高祖石敬瑭轻易送给辽国的汉地充满了历史正义感；另外一方面，燕云十六州是护卫中原政权的天然屏障，只有收复这块战略要地，居于中原四战之地的开封的北宋皇帝们才能有安全感。因此，围绕燕云十六州，后周、北宋、大辽以及后来的大金国等各方势力进行了将近200年的争夺和战争。更为重要的是，待到大辽、大金以及后来的大元纷纷定都于属于燕云十六州的幽州，并在此地苦心经营，这使得此地的战略地位变得更为突出，成为北方重要的政治和军事重心。后来，明成祖朱棣从南京迁都于此，更是凸显了此地的战略地位和军事价值，也奠定了这一地区在之后数百年的政治地位，影响了后世几百年的中国历史大格局。因此，燕云十六州地区是中国古代战争史上当之无愧的战略锁钥地区。

首先，我们必须回答一个问题：中原政权是怎么丢的燕云十六州？

一、中原政权是怎么丢的燕云十六州

燕云十六州，又称幽云十六州、幽蓟十六州，通常指中国北方以幽州（今北京）和云州（今山西大同）为中心的16个州。这16个州包括：幽州、蓟州（今天津蓟州区）、瀛州（今河北沧州）、涿州（今河北涿州）、莫州（今河北任丘）、檀州（今北京密云）、顺州（今北京顺义）、新州（今河北涿鹿）、妫州（今河北怀来）、儒州（今北京延庆）、武州（今河北宣化）、云州、应州（今山西应县）、寰州（今山西朔县东北）、朔州（今山西朔州）、蔚州（今河北蔚县）。这些地区大致覆盖了今北京、天津北部（海河以北）、河北北部和山西北部，面积约12万平方千米。

"燕云十六州"名称的由来与后晋高祖石敬瑭的割地行为密切相关。936年，石敬瑭将包括幽州和云州在内的16州割让给契丹人建立的大辽。辽太宗将幽州设为"南京"，亦称"燕京析津府"；将云州设为"西京"并升为"大同府"。"燕云"一词正是取"燕京"和"云州"两地名称的首字而成，用以概括这一地区。需要特别注意的是，北宋用"燕云失地"来泛指他们希望收复的被契丹占领的北方边地，是一个相对比较笼统的称呼，与石敬瑭割给契丹的"燕云十六州"有很多重叠，但二者并非完全等同。简单来说，"燕云十六州"是大辽的说法，而"燕云失地"是北宋的说法。但是，这种双方名称上的差异并不会影响我们讲述大宋和大辽、大金围绕此锁钥地区进行的长达近200年的军事纷争的历史。

诸多政治势力争夺燕云十六州的原因非常简单：燕云十六州从国防军事的角度来说太重要了。从地理位置来看，幽、蓟、瀛、莫、涿、檀、顺七州位于太行山以东，称为山前七州，以幽州为核心；剩余的新、妫、儒、武、云、应、寰、朔、蔚九州位于太行山以西，称为山后（代北）九州，以云州为核心。在冷兵器时代，横亘在燕云十六州北部的燕山和太行山脉是绝佳的天然防线。早在秦汉时期，中原王朝就开始利用此地的地形修筑长城等防御工事来抵御游牧民族凶猛快捷的骑兵部队了。具体而言，幽州北面是燕山山脉，骑兵根本无法翻越，南边是拒马河，骑兵过河也不太容易，周边还有榆关（山海关）、松亭关、古北口、金坡关（紫荆关）、居庸关等险要的关隘，尤其是居庸关，一夫当关万夫莫开。云州作为军事重镇，地处黄土高原边缘地带，地势多变且险要，在春秋时期就是守护晋国的北方门户。因此，从国防军事角度而言，燕云十六州几乎是胡汉的天然分界线，占有了此地，就几乎能将对方陷于险境。对中原政权来说，有了燕云十六州这块抵御游牧民族的天然屏障就可以安枕无忧了，而对契丹和后来的女真等游牧民族而言，占有了燕云十六州之后，凭借强大迅猛的骑兵部队向中原政权进军那简直是太容易了。当然了，燕云十六不仅具有军事意义，幽州等地丰富的农业资源以及充足的人力资源也是各方政权争相夺取的目标。

那么，中原王朝是怎么丢掉燕云十六州的？

这要从安史之乱说起。安禄山反叛唐朝的起兵之地范阳就是后来的幽州。[①]虽然唐朝费了九牛二虎之力将安史之乱平息下去，但是此后大唐盛世不再，已经失去了对周边很多领土的控制力，比如幽州地区，事实上已经脱离了唐朝中央的控制。在安史之乱平息之后一直到五代时期，也就是从大唐广德元年（公元763年）李怀仙为幽州卢龙军节度使开始到后梁乾化三年（公元913年）李存勖攻占幽州为止，短短150年间，幽州地区竟然换了28个统治者。唐王朝虽然名义上拥有对幽州地区的统治权，但是幽州节度使的更换根本就不需要唐王朝的批准，那些拥兵自重的将军只要瞅准一个机会把原来的节度使干掉自己就可以当下一任节度使，这种混乱的情况称为"幽州乱象"，而且一直持续到五代时期。

也就是说，安史之乱后，以幽州地区为代表的北方边地逐渐脱离中央控制，成为游牧民族和那些藩镇节度使频繁交兵的争夺之地。不仅如此，幽州本地的居民也早已不是单纯的汉人了。早在安史之乱前，大量的北方游牧民族不断向中原迁徙，大唐将这些归化的游牧民族大多安置在幽、蓟、云、朔地区。这些游牧民族人口和当地的汉人不断交融，也渐渐认同了农耕文明，当地的汉人也慢慢变得勇武善战，民风彪悍刚强。《旧唐书》卷180载："彼幽州者，列九围之一，

[①] 北京作为一个自燕国分封以来便在战略上雄踞北方的重要城市，曾使用过许多名字：蓟、燕、广阳、幽州、范阳、幽都、析津、蓟北、南京、燕京、燕山、永安、大兴、大都、北平、顺天、宛平、北京。

地方千里而遥，其民刚强，厥田沃壤。远则慕田光、荆卿之义，近则染禄山、思明之风。二百余年，自相崇树，虽朝廷有时命帅，而土人多务逐君。习苦忘非，尾大不掉，非一朝一夕之故也。"① 因此，以幽州等地为代表的北方边地早已脱离中央政府管辖，与之相对应的是，生活在这里的居民也不再心向中原王朝。

在唐朝灭亡之后，中国进入五代十国时期（公元 907—979 年），这是中国古代史上的又一次大分裂时期。这一时期，在中原地区先后出现了后梁、后唐、后晋、后汉和后周五个朝代，同一时期在中原地区之外的区域又有诸多割据政权，比如前蜀、后蜀、南吴、南唐、吴越、闽国、南楚、南汉、荆南（南平）、北汉，被后世史学家称为十国。在五代十国时期，中原王朝更迭不断，政治形势与唐朝末年相比更加不稳定，军事纷争频仍，中原地区的社会生产基本处于停滞状态。这样就使迅速崛起并对中原地区虎视眈眈的契丹人有了占领此地的机会。另外，中原地区战乱频仍，一些军事将领出于一些军事、政治等方面的原因可能会有求于强大的契丹政权，从而让契丹人能够以一种合理的形式出现在燕云十六州地区。比如，天祐十四年（公元 917 年），总领"山后八军"的新州围练使李存矩强行娶了部下卢文进的幼女为妻，逼得卢文进杀掉李存矩之后逃入契丹。卢文进逃入契丹后，将中原地区先进的军事技术和军事装备传授给了契丹人，并且对契丹人进兵幽州等地给予了非常详细的指导，使得契丹人的战斗力大为提升，攻城能力也大为提升。契丹人战斗力的提升，让中原的守城将士颇为头疼，每次迎战契丹人都搞得灰头土脸。《新五代史·卢文进传》中记载："自其奔契丹也，数引契丹攻掠幽、蓟之间，虏其人

---

①〔后晋〕刘昫：《旧唐书》卷 180《史臣曰》，北京：中华书局，1975 年，第 4683 页。

民,教契丹以中国织纴工作无不备,契丹由此益强。同光中,契丹数以奚骑出入塞上,攻掠燕、赵,人无宁岁。唐兵屯涿州,岁时馈运,自瓦桥关至幽州,严兵斥候,常苦钞夺,为唐患者十余年,皆文进为之也。"虽然耶律阿保机特别想得到幽州地区,但是他多次领兵南下进攻幽州并没有得偿所愿,以至于他对卢文进说,这都是老天爷不让我得到这个地方啊,还是退兵吧。

后来,耶律阿保机病死,耶律德光继承大统,他就是后来的辽太宗。在幽州碰壁之后,契丹人又瞄上了"山后"的云朔地区,因此频频向云朔地区用兵。后唐明宗李嗣源命自己的女婿石敬瑭为河东节度使,统领燕云地区的军政以抵御契丹人在此地的进攻和劫掠。然而,令李嗣源绝没有想到的是,最后竟然是自己的女婿石敬瑭将燕云十六州拱手让给了契丹人,使契丹人几乎兵不血刃就占领了这块军事要地,从而改变了中国历史发展的进程。那么,原本镇守燕云十六州的石敬瑭为什么会将这块战略要地割让给契丹人呢?我们要明白的是,对历朝历代的那些高层而言,他们做出的很多军事决策背后都涉及政治斗争。石敬瑭这么做也是出于后唐内部的政治斗争,这也给我们今天评价石敬瑭提供了另外一个视角。

在李嗣源当后唐皇帝的时候,石敬瑭不仅是一个好女婿,也是一个好将领,工作勤勤恳恳,一心为国为民,"未尝以声色滋味辄自宴乐,每公退,必召幕客论民间利害及刑政得失,明而难犯,事多亲决",而且"所历方镇,以孝治为急……勤于吏事,廷无滞讼"(《旧五代史·晋高祖纪一》)。但是,待到李嗣源驾崩之后,所有的事情就都发生了变化。李嗣源死后,其子李从厚继位,这是正常的皇位交接,没什么问题。但是,李嗣源有个养子叫李从珂,屡立战功,且手握重兵,受到李从厚猜忌。在李从厚意欲削弱李从珂兵权之际,李从珂就先行起兵把李从厚给杀了，自己当皇帝。李从珂继位后，同样的政治斗争在其和石敬瑭之间再次上演。后唐清泰三年（公元936年），石敬瑭起兵造反。在这种生死存亡的政治斗争的背景下，石敬瑭为了在和后唐皇帝的斗争中取得压倒性胜利而向契丹求援，许诺事成之后将燕云十六州割给契丹，并向契丹输纳岁币。契丹的辽太宗耶律德光一看机会来了，立刻"提虎旅而越雁门，蒯唐师而解晋难"[1]。在契丹人的强大支持之下，石敬瑭如愿灭掉了后唐，自立为皇帝，史称后晋高祖。石敬瑭在当了皇帝之后，如约将燕云十六州割给了契丹人，并且对耶律德光以父子之礼相待，自称"儿皇帝"。可笑的是，作为"父亲"的耶律德光只有34岁，竟然比作为"儿子"的45岁的石敬瑭小十几岁，石敬瑭被后来的宋人称为"汉奸"，遗臭至今。

石敬瑭将燕云十六州割让给契丹人，将自己建立的后晋政权以及后世的其他中原政权置于一个非常危险的境地：北方边境几乎无险可守，契丹人和后来的女真人的铁骑可以自由地南下进攻中原政权。因此，宋代叶隆礼在《契丹国志·太宗嗣圣皇帝下》中说："石郎之消息，乃中原之大祸。幽、燕诸州，盖天造地设以分番、汉之限，诚一夫当关，万夫莫前也。石晋轻以畀之，则关内之地，彼扼其吭，是犹饱虎狼之吻，而欲其不搏且噬，难矣。遂乃控弦鸣镝，径入中原，斩馘华人，肆其穷黩。"就这样，燕云十六州从法理上脱离了中原政权，纳入了契丹人所建的大辽的版图。随后，辽太宗耶律德光将幽州定为南京，亦称燕京，作为大辽的陪都和五京之一。

此后，中原政权多次发兵也没能夺回燕云十六州，一直到明朝洪武元年（公元1368年）明太祖朱元璋遣徐达、常遇春攻克元大都，将

---

[1] 向南、张国庆、李宇峰：《辽代石刻文续编》，辽宁人民出版社，2010年，第19页。

燕云十六州重新并入中原政权版图。此时，距离石敬瑭将燕云十六州割给契丹人已经过了400多年，人间早已沧海桑田了。

二、北宋王朝的梦想

人活着，梦想总是要有的，万一实现了呢！

一个朝代也是如此，总是要有自己拼尽全力去实现的梦想。比如，夺回燕云地区，就一直是北宋王朝的梦想。

早在北宋建立之前，宋太祖赵匡胤的老东家后周皇帝柴荣就有将燕云十六州地区重新夺回的想法和行动。后周是五代十国时期中原地区最后一个短命王朝，由郭威建立。郭威原本是后汉隐帝刘承祐在位时掌管征伐的武将，功勋卓著且人缘颇好。但是，刘承祐容不得这些武将功高震主且大权在握，因此找借口要将这些大将一个一个铲除。郭威不肯坐以待毙，随即于公元951年起兵反叛且很快就灭了后汉，建立了后周，是为后周太祖。郭威登基后奖励耕织，减免徭役，招抚流亡，整顿军纪，打击腐败，且自己躬行节俭，这使得北方的社会经济在其统治的数年中有了一定程度的恢复和发展，后周极盛时的统治范围包括今河南、山东、山西南部、河北中南部、陕西中部、甘肃东部、湖北北部以及长江以北的江苏、安徽地区，势力不可小觑。后周显德元年（公元954年），郭威去世，其诸多子嗣早在起兵时就被后汉政权全部杀死，因此由郭威养子柴荣继承大统（柴荣是郭威妻子柴氏之兄柴守礼的儿子，是郭威的内侄），是为后周世宗。

后周世宗柴荣是五代十国时期比较有想法、有办法且有作为的合格皇帝。显德二年（公元955年），周世宗遣凤翔节度使王景、宣徽南院使向训率军征伐后蜀，小试锋芒便大功告成，从后蜀手里夺取了

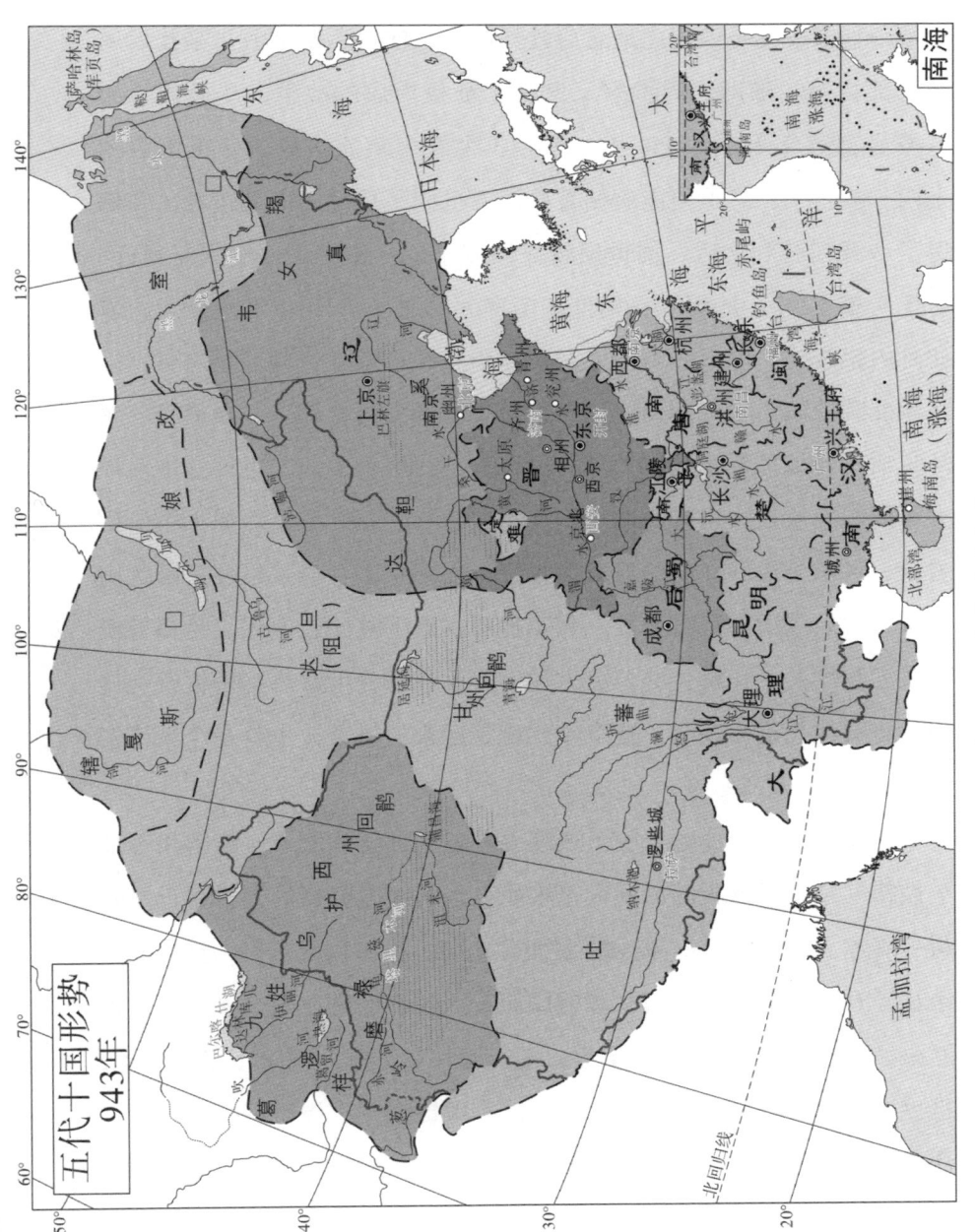

第十章　燕云十六州：北宋王朝梦寐以求的北方防线　269

图10.1　五代十国形势图

秦（今甘肃秦安北）、凤（今陕西凤县东北）、阶（今甘肃武都东南）、成（今甘肃成县）四州之地之后收兵回朝，使得后蜀不敢再骚扰后周的西部边境。随即，周世宗又发动了征伐南唐的战争，从显德二年冬至显德五年（公元958年）先后3次御驾亲征南唐，夺得南唐州十四、县六十，且迫使南唐俯首称臣，巩固了后周的南部边境。在取得了一系列胜利之后，周世宗将夺回燕云地区作为下一个战略目标。显德六年（公元959年），周世宗亲率大军北征。"诏以北境未复，取此月内幸沧州。以宣徽南院使吴延祚为权东京留守，判开封府事；以宣徽北院使昝居润为副使；以三司使张美为大内都部署，命诸将各领马步诸军及战棹赴沧州。"（《旧五代史·周世宗纪六》）也许是被后周大军的军威所迫，也许是刚刚归辽不久还有回归之心，后周大军所到之处，各城刺史和守将纷纷开门投降，出现了箪食壶浆以迎王师的感人景象。后周大军势如破竹，兵不血刃，连下莫州、瀛州、易州及淤口关、益津关、瓦桥关等三关之地。五月五日，世宗将瓦桥关改为雄州，将益津关改为霸州。这个雄州就是后来的雄县，也就是今天雄安的一部分。

周世宗一看，这可以啊，那就乘胜追击，继续北伐，将幽州等地一鼓作气拿下来。听闻后周大军来犯，当时守卫幽州的契丹人也是吓得一哆嗦，据《五代史补》载："世宗末年，大举以取幽州，契丹闻其亲征，君臣恐惧，沿边城垒皆望风而下。凡蕃部之在幽州者，亦连宵遁去。"照着这个剧本发展下去，幽州很快就要被后周拿下了。但是，世界上的事往往是事与愿违。正在这个关键时刻，周世宗病了，病得还很重，只好班师回朝，不久就驾崩了。有人会问，契丹人不是挺能打吗，怎么这次被后周揍成这个样子？后周此次北伐的胜利有周世宗指挥有方的缘故，也有契丹人准备不足且内讧不已的原因，等到契丹人反应过来且认真对待的时候，周世宗再想取得不战而屈人之兵的胜利就几乎不可能了。不管怎么说，周世宗此次北伐收回了三关和三州，也算是颇有成效，剩下的就是宋朝历代君王和契丹人的事情了。

周世宗去世之后，传位给了七岁的柴宗训，是为后周恭帝。小皇帝只有七岁，主少国疑，而身为归德军节度使、殿前都点检的赵匡胤觉得可以利用这个机会自己当皇帝。于是，在一群人的配合表演下，赵匡胤发动了陈桥驿兵变，黄袍加身，成了新皇帝，逼迫小皇帝让位给他，随后改国号为"宋"，仍旧定都于开封。好在赵匡胤还不算太坏，没有大开杀戒将小皇帝一家斩草除根，而是封其为郑王，并且许诺赵宋政权永远会照顾柴氏一族，保证其后人永享人间富贵。

大宋王朝建立了，但是从地理范围来看，其实应该算是小宋王朝，因为刚刚建立的宋朝所能控制的疆域实在是太小了。不仅如此，大宋王朝的周边存在着诸多割据政权，占有了燕云十六州的契丹人也从北面虎视眈眈地看着这个刚刚成立的中原小朝廷，准备随时南下将这个小朝廷撕个粉碎。因此，如何处理与周边割据政权的关系，或者说以正统中原王朝自居的宋朝如何将这些割据政权一一拿下并最后统一全国，是摆在宋太祖赵匡胤面前的一个棘手问题。刚刚当上皇帝的赵匡胤觉得开封离北汉的太原不算远，想要先行进攻太原以灭掉依附于契丹的北汉政权，但是他的谋臣赵普给他建议说："太原当西北二边，使一举而下，则边患我独当之，何不姑留以俟削平诸国。彼弹丸黑子之地，将何所逃。"（《续资治通鉴长编·太祖开宝元年》）也就是说，先留着太原不要攻取，让北汉帮助大宋从西北方向抵挡契丹人和党项人，否则一旦攻下太原，大宋就要单独面对契丹的大辽了。因此，等到将东南和西南等地区的割据政权一个一个消灭之后再攻取太原也不迟。赵普这个建议的本质就是"先南后北、先易后难"。赵匡胤盘算了下宋朝的家底，觉得赵普说得有道理。从当时的情形来看，北边的契丹无疑是大宋最为强劲的对手，实在不宜过早与之发生军事冲突，更不要说收复燕云十六州了。因此，赵宋政权集中精力先后灭亡南平、武平、后蜀、南汉及南唐南方割据政权，完成了全国大部地区的统一。而对占有燕云十六州的契丹人，赵匡胤基本上只能是望而兴叹。

对于收复燕云地区，赵匡胤虽然不敢妄想，但是他是非常挂念燕云地区的汉人以及这块可以为大宋王朝遮风避雨的天然屏障的。他曾经说："石晋苟利于己，割幽蓟以赂契丹，使一方之人独限外境，朕甚悯之。"（《续资治通鉴长编·太宗太平兴国三年》）我们绝不应该怀疑赵匡胤对燕云地区人民的感情。毕竟，以正统中原王朝自居的大宋王朝的开国皇帝挂念那些沦陷胡人之手的汉人也是情理之中的事情。《宋朝事实·经略幽燕》中还说："帝痛恨开运之祸，华人百万皆没于契丹，自即位，专务节俭，乘舆服用一皆简素，别作私藏以贮供御羡余之物，谓左右曰：'俟及三百万贯，我当移书契丹，用赎晋朝陷没百姓。'然则帝欲大一统而复幽燕者，其意在此不在彼也。"但是，挂念归挂念，赵匡胤也不太认为自己有可能用军事手段拿回燕云地区。因此，赵匡胤想来想去，想到了一个自认为绝佳的方案：打不回来那就买回来嘛！

确实是，世界上能用钱解决的问题都不是问题，能用钱解决的问题最好不要用别的资源去解决。因此，刚刚建立不久的大宋王朝开始攒钱了。赵匡胤说："欲俟斯库所蓄满三五十万，即遣使与契丹约，苟能归我土地民庶，则当尽此金帛充其赎直。如曰不可，朕将散滞财，募勇士，俾图攻取耳。"（《续资治通鉴长编·太宗太平兴国三年》）具体而言，赵匡胤为了能够攒钱买回燕云地区，专门设立了一

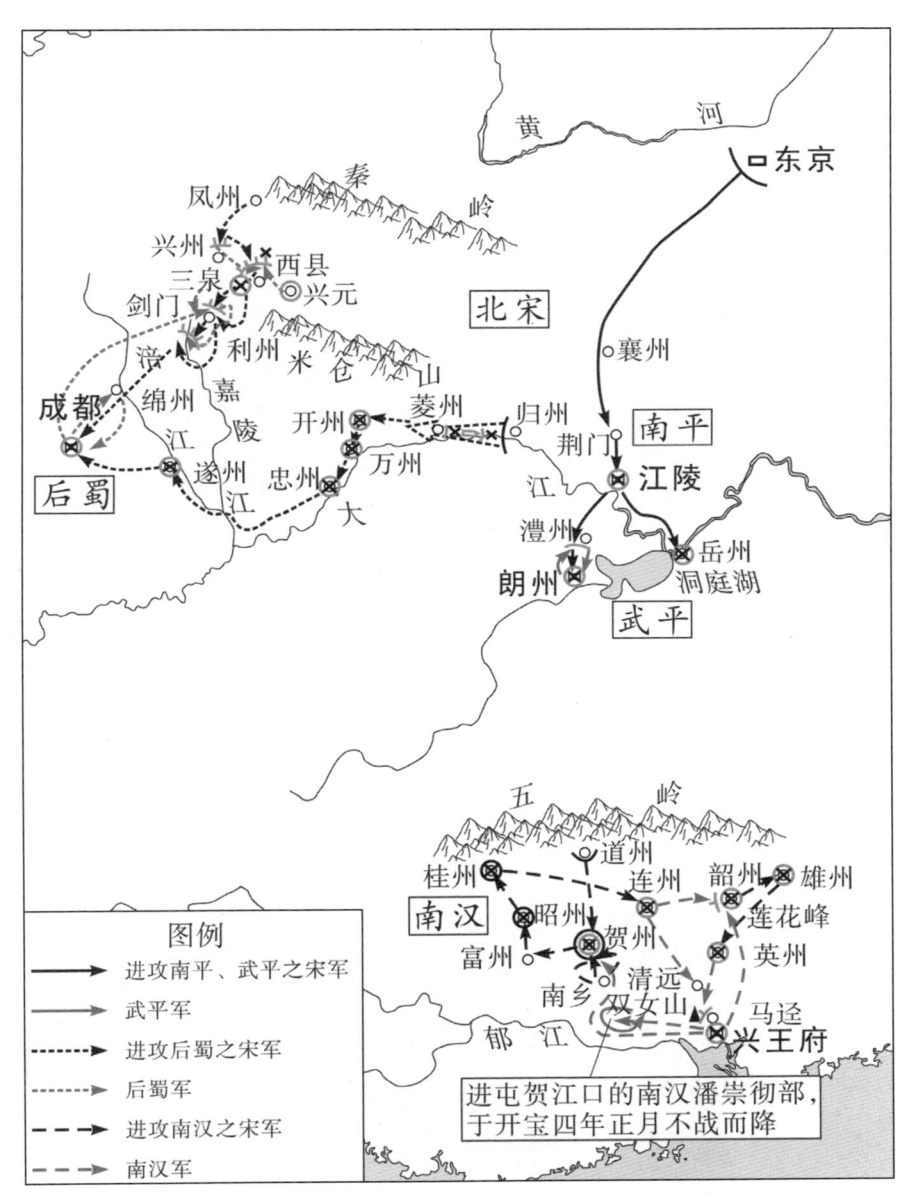

第十章 燕云十六州：北宋王朝梦寐以求的北方防线 273

图10.2 北宋灭南平、武平、后蜀、南汉作战经过示意图

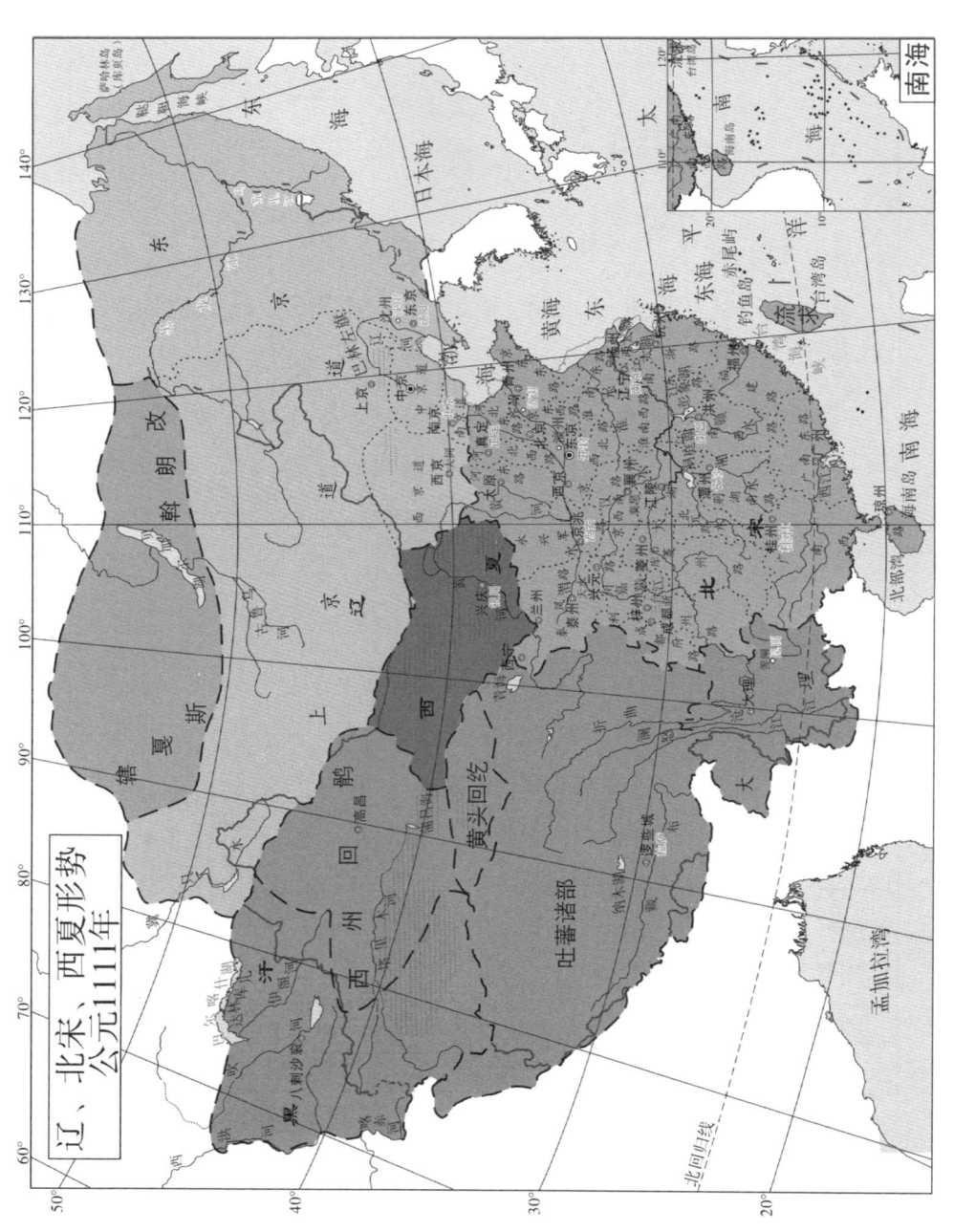

274　山河为证：地理视角下的中国史

图10.3　北宋、辽、西夏形势图

个"封桩库",将南征过程中所得的金银细软都存于库中,等到钱攒到三五十万的时候就和契丹人谈生意买回燕云地区,如果契丹人不知好歹不卖给我们的话,我们就把钱用来招募勇士,将燕云地区打回来。还没有攒够三五十万的时候,50 岁的赵匡胤就在第三次征伐北汉时驾崩西去,将征伐北汉和解决燕云十六州的问题留给了自己的弟弟赵光义。①

赵匡胤的和平赎买政策看起来很美好,但是人家契丹人卖不卖呢?从前文我们知道,契丹人为了获得燕云十六州也是经历了两三代人的辛苦努力,他们会为了几十万的金银财宝主动放弃这个让他们可以随时南下进攻中原政权的锁钥之地吗?清代王夫之认为赵匡胤的这个政策很愚蠢,他指出:"向令宋祖乘立国之初,兵狃于战而幸于获,能捐疑忌,委腹心于虎臣,以致死于契丹,燕、云可图也。不此之务,而窃窃然积金帛于帑,散战士于郊,曰:'吾以待财之充盈,而后求猛士,以收百年已冷之疆土',不亦迷乎!翁姬之智,畜金帛以与子,而使讼于邻,为达者笑。"②在王夫之看来,赵匡胤的这种想法太可笑了,简直是"翁姬之智",不如一鼓作气打下来得了。但是,赵匡胤后来发动三次征伐北汉的战争基本都是以失败告终,因为北汉的背后有契丹人支持。赵匡胤和契丹人支持的北汉作战尚且无法取得胜利,我们不难想象如果他直接和契丹开战会是什么样的结局。以此来看,赵匡胤的这种赎买政策也是没有办法的办法。

在宋太祖时期,燕云地区落入契丹人之手还不算太久,对中原王

---

① 关于赵匡胤的死因有很多种说法,其中一种叫"烛影斧声",其大意是赵光义为了夺取皇位将哥哥赵匡胤用斧头给砍死了。赵匡胤究竟是如何死的,不在本书探究范围之内,感兴趣的读者可以自行探究。
②〔清〕王夫之:《宋论》卷一《太祖》,中华书局,1964 年,第 21 页。

朝终归还是有感情的，而以正统中原王朝自居的宋朝向中原将士们声明不放弃、不抛弃燕云地区，以实现国家统一这个远大理想来鼓励南征北战的大宋将士们，也起到了精神动员和意识形态构建的作用，既收买了民心，又树立了形象。对赵匡胤而言，一直没有收回（不管是买回来还是打回来）燕云地区始终是他的一个心病。在开宝九年（公元 976 年），群臣建议赵匡胤的尊号是"应天广运一统太平圣文神武明道至德仁孝皇帝"，但是赵匡胤以"今汾晋未平，燕蓟未复，谓之一统可乎"[①]而拒绝了这一尊号。

赵匡胤没有解决燕云地区的归属问题，他的弟弟宋太宗赵光义不得不继续解决。

解决的办法其实很简单：将燕云地区打回来。因此，在宋太宗时期，围绕收复燕云地区，大宋和大辽展开了你死我活的战争。

三、高梁河之战和岐沟关之战

赵匡义在哥哥赵匡胤在世时，为了避哥哥的名讳而改名赵光义，继位后又改名为赵炅，是为宋太宗。对宋太宗而言，攻取北汉并拿回燕云地区既是完成自己亲哥哥的未竟事业，也是维护赵宋王朝长治久安的必要措施。

太平兴国三年（公元 978 年），宋太宗完全平定了南方的割据势力，可以倾全国之力进攻北汉并与北汉背后的契丹人开战了。在宋太宗看来，以往太祖皇帝三次征伐北汉都无功而返的重要原因就是没有做好细致而充足的准备，也没有做好应对北汉背后的契丹人的准备。

---

① 〔宋〕李攸：《宋朝事实》卷 20《经略幽燕》，中华书局，1955 年，第 213 页。

因此，为了大宋第四次征伐北汉的胜利，宋太宗定下了攻城阻援的方针。宋太宗命潘美（奸臣潘仁美的原型，其实潘美是个不错的人，奸臣形象是历史小说演绎的结果）、崔彦进、李汉琼、刘遇、曹翰等部从四个方面围攻太原城，同时命郭进部在石岭关方面阻击契丹援军。太平兴国四年（公元979年）二月，宋太宗亲自领兵从开封出发，各路部队分别攻取太原外围州县。当年三月，郭进率部在白马岭（今山西盂县北）成功阻击辽东路援军，而辽西路援军自大同南下，听闻东路援军失败之后自行撤回。四月，宋军将太原城死死围住，太原守军被迫纷纷出城投降。在大辽援军不至而内部厌战的情况下，北汉皇帝刘继元于五月初五上表投降宋朝，北汉灭亡。

成功灭掉北汉的宋太宗膨胀了，觉得趁势攻取燕云地区应该不在话下。因此，宋太宗命令宋军停止休整，立刻向燕云地区进发。此时刚刚灭掉北汉的宋军将士们很累，况且打了胜仗还没有得到赏赐就要再跋涉数百里去攻打有强兵守卫的辽南京——幽州，实在有点强人所难。因此，宋军诸将纷纷表示师疲饷匮，不愿再战。但是，宋太宗坚持认为应该一鼓作气拿下幽州。就这样，宋军在极其疲惫的情况下向幽州进发了。其实，宋太宗坚持这么做也不是没有道理，一方面，经历过大战的宋朝大军已经集结完毕，无须再进行动员即可有数十万整装待发的部队，只要粮草供给跟得上大军的消耗，取得胜利也不是没有可能；另一方面，辽军援军都被击退（虽然来自大同的援军是自行撤退），这也足以让宋太宗有自信打败幽州的辽军；再者，"热鏊翻饼"是五代时期较为流行的作战方式，已经取得胜利的一方趁着对方没有做好充分准备而纵深突破，取得胜利也不是没有可能。因此，在宋太宗看来，宋军这次进发幽州，就是"热鏊翻饼"，打的就是出其不意和攻其不备。

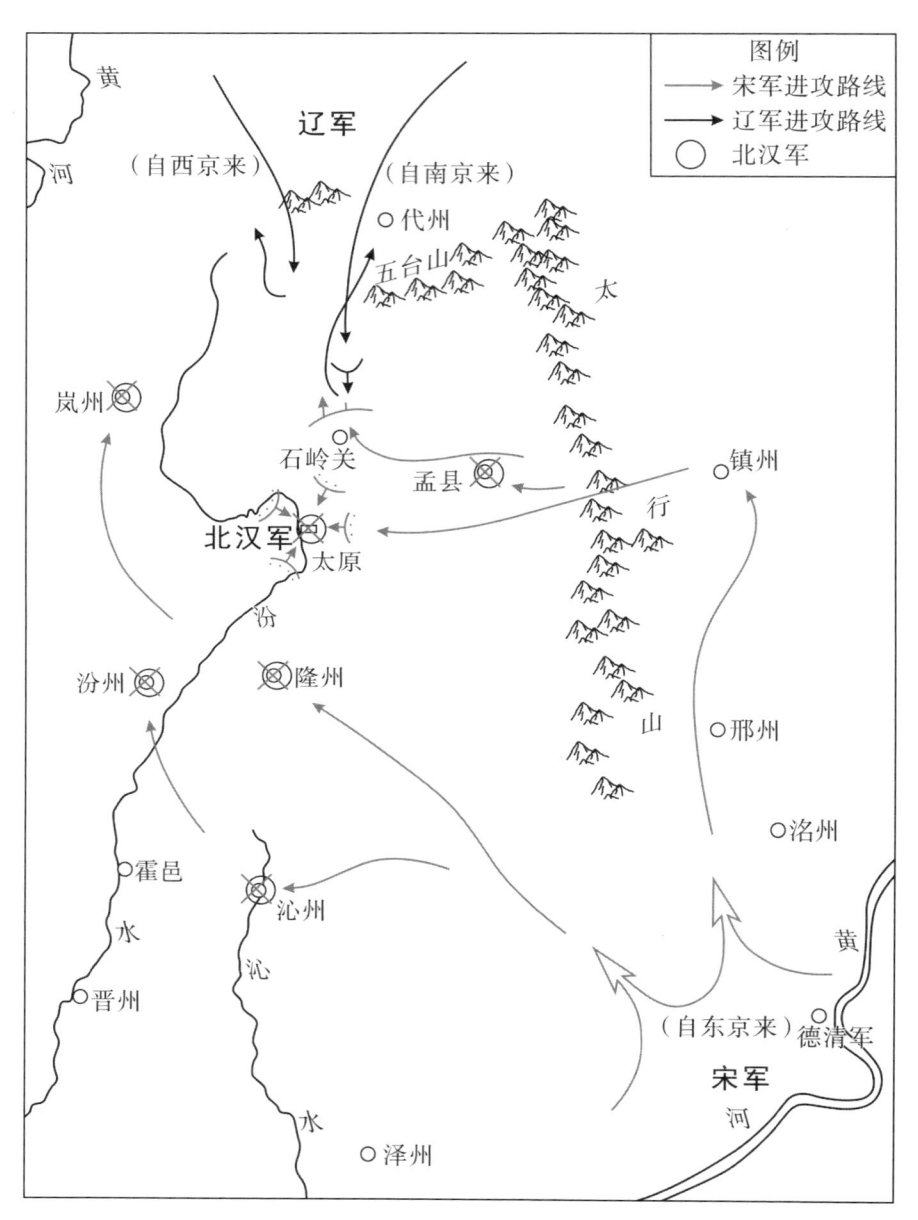

图10.4　北宋消灭北汉作战示意图

战争一开始很顺利，因为辽军确实没有做好应对宋朝大军的准备。太平兴国四年（公元979年）六月二十日，宋太宗御营到达岐沟关（今河北涿州西南），宋军先头部队主将孔守正说服岐沟关守将刘禹投降。二十一日，宋军和辽军在涿州会战，经过激战后辽军战败，丢下无数尸体，还有500人投降，涿州判官刘厚德开城投降。二十三日天亮前，宋军主力在宋太宗率领下来到了幽州城下，当日宋太宗亲率禁军大战辽军并击败之。宋军的胜利是可以想象的，因为宋太宗率领的宋军总人数约10万人，而他的对手只有1万辽军，在人数占有绝对优势且攻其不备的情况下，取得胜利就是一个大概率的事件。如果后面的战争进程还是按照这个节奏来进行，那么宋军就极有可能拿下幽州并趁势夺回燕云地区了。

　　但是，事情发生了变化。辽国大约是在六月二十日知道宋军来袭的，无法在短时间内派遣大批援军增援幽州。但是，契丹人的骑兵部队向来以快速移动为优势，在宋太宗取得了暂时的胜利之后，大辽的援兵也正在源源不断地向幽州进发。不过此时的战争态势仍旧对宋军有利。因为辽国援军无法顺利进入幽州城内协助布防，而且分批到达的辽国援军让大批集结的宋军有了将其各个击破的可能。一时间，大批辽军不得不缩回幽州外围，而宋军则暂时主导了战场的发展进程，幽州外围的大批州县也纷纷向宋军投降，再一次出现了箪食壶浆以迎王师的感人景象。但是，这种状态并没有持续太久。幽州城久攻不下，再加上大批辽国援军还在往幽州进发，搞得宋军将士着急上火，急于和辽军决战以求最后胜负。

　　最后的决战终于还是来了。七月六日，正当宋太宗在幽州城外高梁河附近指挥宋军攻城之际，耶律沙率领的辽军从西北方向向幽州进发，遂与宋军发生激战。一开始，耶律沙部被宋军击退，但是随后耶律休哥率部从右翼迂回，在西山的掩护下，切入宋军后方，而耶律斜轸部也从清沙河北面向宋军侧翼横插过来，对宋军形成了夹击攻势。幽州城内守军则迅速开列出城，鸣鼓助威，幽州居民也纷纷呐喊声援。命运的齿轮又开始了无情的转动，两路夹击下的宋军阵势被打乱，随后兵败如山倒，宋太宗本人甚至被流矢射中受伤，坐着一架驴车仓皇逃走。

高梁河之战，宋军大败。宋太宗的第一次幽州之战就这样以失败告终。

经受如此大败的宋太宗死心了吗？应该不会死心，但是他确实被吓破了胆。此后宋辽之间的战争，宋太宗再也没有亲赴前线，而只是留在后方进行遥控指挥了。

太平兴国八年（辽圣宗统和元年，公元983年），辽圣宗耶律隆绪继位，因其只有12岁，由其母亲萧太后（萧绰）摄政，时年30岁。这个萧太后可不一般，治国能力不比武则天差，史称"明达治道，闻善必从"，颇有治国才能，把大辽国治理得井井有条。萧太后任命北院大王休格为南京留守，总理南事。休格则积极发展农桑，奖励耕织，同时大修武备，整顿边防，还不断派间谍到宋境去，传播一些辽国内部主少国疑、太后专政以及君臣不和的谣言。这些谣言让北宋君臣上下都很兴奋，觉得大宋的机会又来了。

雍熙三年（公元986年），知雄州贺令图与其父岳州刺史怀浦，及文思使薛继昭、军器库使刘文裕、崇仪副使侯莫陈利用等相继给朝廷上书，云："自国家伐太原，而契丹渝盟，发兵以援，非天威兵力决而取之，河东之师几为迁延之役。且契丹主年幼，国事决于其母，其大将韩德让宠幸用事，国人疾之，请乘其衅以取幽蓟。"急于报当年高梁河战役失败之仇的宋太宗让群臣再商议一下收复燕云地区的可

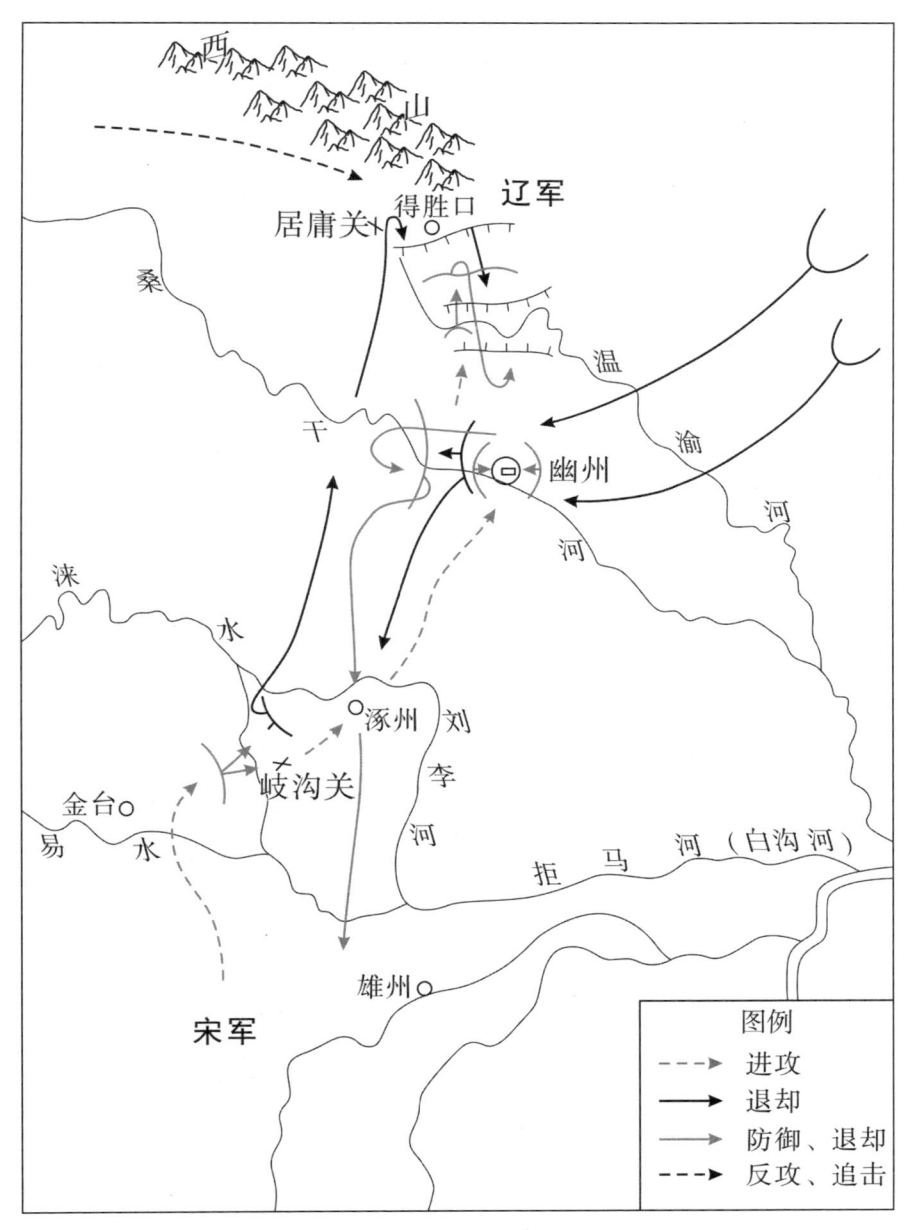

第十章 燕云十六州：北宋王朝梦寐以求的北方防线 281

图10.5 第一次幽州之战作战经过示意图

能。参知政事李至认为："幽陵，戎之右臂，王师往击，彼必来拒。攻城之人不下数万，兵多费广，势须广备糗粮。假令一日克平，当为十旬准计，未知边庾可充此乎？又戎城之旁，坦无陵阜，去山既远，取石尤难，金汤之坚，非石莫碎，则发机縋石，将安得乎？若圣心独断，睿虑已成，则京师天下根本，愿陛下不离辇毂，恭守宗庙，示敌人以闲暇，慰亿兆之瞻仰者，策之上也。"（《续资治通鉴长编·太宗雍熙三年》）也就是说，李至不同意派兵攻打幽州，更不同意宋太宗再御驾亲征。但是，刑部尚书宋琪在北方边地长大，比较熟悉幽蓟等地的地形以及辽国的一些情况。他主张可以趁辽国主少国疑的好机会进军，还给宋太宗提出了具体的进军路线和作战方法。宋太宗求战心切，基本遵从了刑部尚书宋琪的建议，决定兵分三路向幽州进军。

东路军：宋太宗命天平军节度使曹彬为幽州道行营前军马步水陆都部署，河阳节度使崔彦为副手，自保州（今河北保定）开赴涿州；另外一路由马军都指挥使米信为幽州西北道都部署，代州观察使杜彦圭为副，领兵自雄州开赴新城。中路军：宋太宗命步军都指挥使田重进为定州路都部署，蕲州刺史谭廷美为副，由定州北上趋飞狐。西路军：命中武军节度使潘美为灵、应、朔等州都部署，灵州观察使杨业（后世演义小说中杨继业的原型）为副，由雁门趋云州，和田重进部会合后东下，从北面会攻幽州。为了壮大声势和保证成功，宋太宗还派出监察御史韩国华出使高丽，希望高丽向辽东同时发动进攻（实际上后来没有行动）。宋太宗的战略规划是，潘美、杨业率领的西路军先夺取云、应、朔、新等山后诸州，而东路军曹彬部佯装攻取幽州，但是按兵不动，以吸引辽军主力于幽州以南而无法增援山后诸州，待到潘美和田重进两路兵马东进会师，再迂回到幽州之北从而切断幽州与山后辽军的联系，最后几路兵马一起会攻幽州，一举拿下之。

宋太宗的如意算盘打得很好，只要各路兵马能够按照计划如约推进，拿下幽州应该不在话下。但是，计划往往赶不上变化。针对宋军的进军情况，辽国萧太后做出了如下部署：命南京留守耶律休哥率部竭力阻止曹彬部北上，东京（今辽宁辽阳）留守耶律抹只率军继进，同时命幽州附近各州辽军驰援幽州；同时命耶律斜轸为山西兵马都统率兵阻挡潘美和田重进的宋军，命耶律勤德守卫平州海岸，以巩固后方安全，防备宋军水师从海上进攻辽东；而萧太后和辽圣宗耶律隆绪则率总预备队进驻驼罗口（今北京南口附近）指挥和策应各部辽军。萧太后的战略意图如下：以部分兵力应对宋朝的中路军和西路军，而以辽军主力全力抗击对幽州威胁最大的宋朝东路军，待到解了幽州之危之后再向山后用兵。

刚开始，各路宋军进展得都还是非常顺利的。三月，中路军在飞狐南大破辽军，四月进攻蔚州，辽将李存璋杀死守城主将后举城投降宋军；西路军在潘美、杨业带领下，于三月进击寰州辽军，随后寰、朔、应州的辽军守将先后投降宋军，四月又攻克云州，可谓是胜利连连；东路军是主力部队，也是一个胜利接着一个胜利，三月初连续攻克固安、新城，并在三月十三日全歼涿州守军。宋太宗觉得东路军进展得太快了，违背了他定下的"持重缓行"的计划，也担心东路军进展太快而被辽军断了粮道。事实证明，宋太宗的担心是对的。辽南京留守耶律休哥认为，在大批援军到来之前，自己应该避免与宋军决战，应该坚守待援，同时派出小股骑兵昼夜骚扰宋军，并派兵绕到宋军后面以图断其粮草。曹彬率领东路军主力在涿州盘桓了十几天之后，所带粮草渐渐不足，遂决定退回雄州就食。这个决定让宋太宗大为恼火，认为曹彬部刚开始不应该进展那么快，现在也不应该退回去，他现在应该沿拒马河向米信部靠近，等到潘美等人搞定山后诸州之后再和田重进一起趋向幽州。但是，由于其他两路宋军都战果颇丰，因此东路军被宋太宗骂了之后，曹彬的部下纷纷请战，要为大宋立下战功。曹彬无法压制部下的请战愿望，遂在补充粮草后再次向涿州进发。宋军在向涿州进发的途中，不断遭到小股辽军的骚扰，士兵疲惫不堪。不巧的是，当曹彬部向涿州进发的时候，萧太后和耶律隆绪率领的辽军预备队也从幽州向涿州进发，准备和耶律休哥的幽州守军主力合击宋军。曹彬这时候犯了一个致命的错误，他又命令部队向西南方向撤退。我们要知道的是，宋军远道而来，饥渴难耐加上无比乏累，当主将下令撤退的时候，那简直不要跑得太快，军心涣散得也最快。耶律休哥一看机会来了，立刻率兵追击撤退的宋军，于五月初三大败曹彬部于岐沟关，惨败的宋军为了保命决定连夜渡河南逃。悲剧就是在这个时候发生的，夜间渡河本来就很危险，再加上后有辽兵追击，渡河一定是无序且慌乱的，大批士兵溺水而亡。宋军全部渡河完毕之后，正准备埋锅造饭，大辽追兵又至，宋军仓皇逃窜，死伤数万人，将大批军资丢弃，留给了辽军。这就是著名的岐沟关之战。

宋太宗很快就知道了东路军大败的消息，为了避免其他两路宋军也被歼灭，遂命中路军退守定州，西路军退守代州。我们都很熟悉的杨家将的故事的原型就发生在这个时候。辽军在岐沟关取得对东路宋军的绝对胜利之后，遂于七月份将用兵方向向西转移，又将宋军攻占的那些城池一个一个夺了回来。面对辽军的强大攻势，西路宋军不得不撤退。宋太宗命令潘美在撤退时要带上云、朔、寰、应四州的百姓南迁（估计不少百姓也是被迫的，毕竟，谁愿意背井离乡呢），而潘美则将掩护宋军和百姓撤退的重任交给了杨业，希望杨业主动出击以拖住辽兵。杨业觉得敌我实力悬殊，还是不要主动出击为好，可以

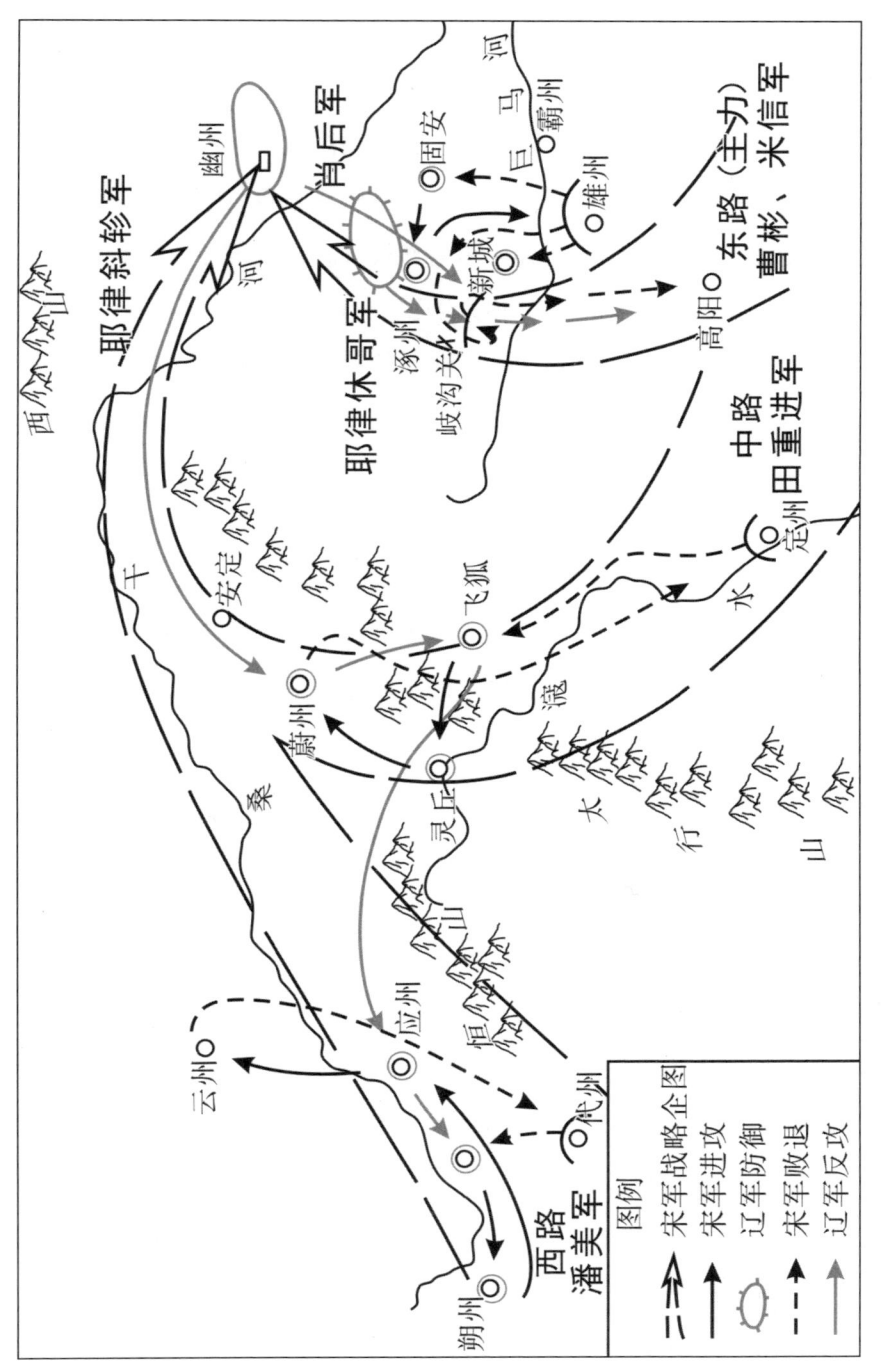

第十章 燕云十六州：北宋王朝梦寐以求的北方防线　285

图10.6　第二次幽州之战作战经过示意图

领兵出大石路配合云、朔两州守将与百姓撤退。但是，监军刺史王侁谴责杨业临阵畏战。因此，在潘美和王侁的逼迫下，杨业被迫孤军北进，与潘美等约定在陈家谷口（今山西朔县南）派兵接应。

杨业孤军遭到辽军伏击，等到杨业退至陈家谷口时，接应的宋军已经全部撤退，以致杨业所部宋军全部被歼，杨业被俘，最后不屈而死，为大宋王朝的统一大业献出了自己宝贵的生命。[①]

宋太宗第二次攻取幽州并经略燕云的计划又失败了。此后，宋朝彻底被辽人打趴下了，再也不敢发兵去夺回燕云地区了。

四、北宋被迫进入防守态势

在宋太宗看来，第二次收复燕云地区战争的失败主要是因为东路军主将曹彬等人没有严格按照既定的战略来作战。宋太宗曾经对赵普说："朕昨者兴师选将，止令曹彬、米信等顿于雄、霸，裹粮坐甲以张军声。俟一两月间山后平安，潘美、田重进等会兵以进，直抵幽州，然后控扼险固，恢复旧疆，此朕之志也。奈何将帅等不遵成算，各骋所见，领十万甲士出塞远斗，速取其郡县，更还师以援辎重，往复劳弊，为辽人所袭，此责在主将也。"（《宋史·赵普传》）也就是说，在宋太宗看来，他本人的战略没有任何错误，都是下面这些领兵主将不省心，让大宋将士们的血汗都白流了。那么，真实原因是否如此？

这次宋辽战争规模之宏大，战场之广阔，参战人数之多，都是宋辽战争史上绝无仅有的。宋太宗为了这次战争可谓是倾巢而出，把大

[①] 关于杨家将的故事大多是后人根据这段历史艺术加工而成的。所以，大家如果去开封旅游的话，看到天波杨府以及其中的杨家将人物故事，不可当作真实历史。

宋的家底都给拿了出来。最后的结局仍旧是失败，其主要原因有如下几点。第一，宋朝错误地判断了形势，也许是被辽国的间谍传播的谣言所蛊惑，宋朝上下很多人以为当时的辽国是主少国疑、权臣当道，以为宋朝可以趁势出兵取胜。第二，由于赵匡胤是通过武力夺取了后周孤儿寡母的江山，担心别人也这么干，所以"杯酒释兵权"，把那些能战善战的领军将领都打发回家养老了，也就是说，大宋没有能真正领兵打仗的将领了。第三，宋军三路大军分头行动，意图各自达到战略目标之后再合力攻打幽州。这种战略安排最为讲究的是三路大军的步调协调，一旦有哪个环节对不上，就会导致满盘皆输。曹彬刚开始轻敌冒进，后来又贸然回撤，来来回回，反反复复，导致与其他诸路大军战场协调不畅，最后被辽军彻底击败。第四，宋军的作战能力确实不如辽军，装备也不如辽军。辽军善于大规模骑兵作战，机动能力极强，而宋军则以步兵为主，根本无法应对这样机动灵活的骑兵部队。以上就是宋朝在此次战争中失败的主要原因。而对大宋的敌人辽国而言，他们有萧太后在中枢的运筹帷幄，有统兵将领的协调并进，还有单个士兵强大的作战能力，而且战争是在辽国的境内进行，辽兵有主场优势，胜利的概率自然是比较大的。

现在，我们总结一下宋太宗发动的两次进攻幽州的战争。在客观方面，这两次战争的发动者都是宋太宗，辽国是被动应战。但是，这两场战争都是在燕云地区进行，是在辽国境内作战，这就使辽军具备人力和物资方面的优势。而且，辽军都有坚固的城池可以固守，也有险要的关口可以依凭，又有战斗力爆棚的骑兵部队，这些都是宋军所不具备的客观条件。因此，在这两次战争中，刚开始都是宋军占有优势，但是随着战局的推进，辽军只要看准一个恰当的机会就可以将之前的失败局势完全扭转过来，第一次是高梁河之战，第二次是岐沟关之战，两次都是如此。在主观方面，虽然宋太宗是两次战争的发动者，但是似乎每一次对辽国的情况都掌握得不太清楚，不是轻敌，就是判断错误。第一次是宋太宗想借着攻克太原灭掉北汉的余威趁势进军，忽视了契丹远比北汉强大的事实，第二次是宋太宗觉得辽国主少国疑、太后专政，因此可以乘人之危，结果被萧太后打了个落花流水。

第二次进攻幽州失败之后，宋太宗本人基本失去了夺回燕云地区的信心，整个大宋朝上下也都不想再谈论这件事了。但是，你不想谈，不代表辽国不想谈，你不想打，不代表辽国不想打。辽军凭借占有燕云十六州的有利地势，时常派出骑兵部队向南进攻，并于辽圣宗统和六年（公元988年）大举南下，先后攻占了大宋的涿州、祁州（今河北安国）、新乐等地。辽圣宗统和二十二年（公元1004年）九月，辽圣宗和萧太后举全国之力亲率大军南下攻宋。宋朝军民坚决抵抗，拼死相争，给了辽军沉重的打击。最后，宋辽双方在澶州（今河南濮阳）订立澶渊之盟，宋朝花钱买了和平，辽人得到了宋人以后不再进攻辽地的承诺之后拿钱撤兵。

澶渊之盟之后，北宋的北方防线被迫进入了防守态势，严格遵守和辽人的条约约定，甚至连在北方边地修座城堡都不敢大肆张扬，生怕惹得辽人不高兴，指责大宋违约并以此为借口发动战争。

既然无法夺回燕云十六州这个天然的屏障，大宋只好苦心经营他们的东京开封，在这块四战之地层层设防，拱卫着赵宋政权的安全。

那么，大宋能守住东京开封这块四战之地吗？

第十一章

东京：四战之地的艰难防御

北宋从来没有真正拥有过燕云之地，因此，北宋为了赵宋政权的生存，就必须将位于四战之地的国都东京城打造成一个巨大的军事堡垒，以防御随时可以打到东京城下的大辽骑兵。令人欣慰的是，大辽骑兵从来也没有打到过东京城下。后来，北宋伙同新兴的大金灭掉了百年仇敌大辽，短暂地拥有了燕云地区。而大金随后就跨过燕云十六州冲向了瑟瑟发抖的北宋王朝并将之灭亡，是为靖康之耻。本章将着重讨论，北宋为了防御国都东京可能遭遇的进攻，围绕东京城都做了哪些具体的防御部署和安排，以及北宋军民在两次东京保卫战中的具体表现。通过本章，我们会认识到古代在一个四战之地建都是极其危险的，其防御工作是极其艰难的，一旦有闪失，一个王朝就灰飞烟灭了。

一、东京开封是个好地方

公元960年，赵匡胤发动陈桥兵变，抢了后周小皇帝的皇位，定国号"宋"，国都就选在了后周的国都——开封（也叫汴梁、汴州）。

开封号称八朝古都，有4000余年的建城史，除了北宋在开封定都，还有其他7个政权也在此地定都，先后有夏朝，战国时期的魏国，五代时期的后梁、后晋、后汉、后周，以及北宋、金朝等。也就是说，赵匡胤建立宋朝之后选择开封作为国都其实是遵循了五代时期中原政权定都的惯例，一方面省却了重新选择和建设新国都的麻烦和程序，另一方面也确实是因为当时的开封对中原政权而言是定都的不二之选。为什么五代的几个中原政权和后来的北宋都会定都开封呢？主要有如下几个因素。

其一，开封有悠久的建都传统。早在唐朝时期，长安就已经不是完美的定都之地了，因为关中平原过于狭小，各方面产出（主要是粮食）无法满足国都长安的需求，因此需要依靠漕运，而关中地区的漕运条件又比较苛刻，无法满足国都的各项物资需求。再加上西北等地少数民族政权的崛起，进一步让国都长安显得不是那么安全了。在武则天当政之时，陈子昂曾指出："臣闻秦都咸阳之时，汉都长安之日，山河为固，天下服矣。然犹北取胡、宛之利，南资巴蜀之饶。自渭入河，转关东之粟；逾沙绝漠，致山西之储。然后能削平天下，弹压诸侯，长辔利策，横制宇宙。今则不然。燕、代迫匈奴之侵，巴、陇婴吐蕃之患，西蜀疲老，千里赢粮，北国丁男，十五乘塞，岁月奔命，其弊不堪。秦之首尾，今为阙矣，即所余者，独三辅之间尔。"（《旧唐书·陈子昂传》）陈子昂从大唐西部经济地理和民族关系变化的角度揭示了唐朝时期关中地区经济地理优势的减弱和流失。事实确实如此，隋唐时期，曾经富庶的关中地区竟然无法给皇室提供足够的粮食，出现皇帝不得不带着文武百官到东都洛阳就食的情况，甚至发生过禁军因为缺少粮食而哗变的情况。经过安史之乱之后以至五代时期的战乱，长安和洛阳作为各方势力争夺的焦点地区，早就成为一片瓦砾，民生凋敝，甚至寥无人烟，当年的盛世景象早已不再，两地已经完全不具备作为国都的条件了。因此，相较于传统的长安和洛阳，后梁、后晋、后汉、后周另选开封作为国都就显得更加合适。对北宋王朝而言，因为唐朝之后有多个中原政权曾在开封定都，宫殿、宗庙、城市建设以及城防体系等基础设施建设相对比较成熟和完备，选择在此定都就再合适不过了，至少在北宋刚建立时应该是最合适的定都之地。

其二，便利的水陆交通。对北宋而言，选择定都开封的一个特别重要的因素就是开封交通便利、漕运发达。开封可谓是水陆都会，可以通过发达的运河网络直通富庶的江淮地区，从而可以掌控江淮地区的粮赋，以巩固和维护王朝的统治。开封地区流传着一句民谣，叫"汴河通，开封兴"，这说明运河的开通对于开封城的发展起着重要的历史作用。在隋唐之前，开封（当时叫汴州）还是一个默默无闻的小城市，随着隋炀帝下令开通济渠，位于通济渠北口的开封的地位就开始日渐上升了。在隋朝时期，坐落在汴河北岸的开封是大隋王朝东都洛阳沟通江淮地区的东大门，是当时南北物资的汇聚之地。在唐朝时期，通济渠改名为广济渠，开封段仍称为汴河，开封成为大唐帝国南北往来商旅漕运必经之地，其交通枢纽地位愈加凸显，城市经济亦日益繁荣，被誉为大唐王朝的"王室藩屏"，是两京之外规模最大的城池，也是文人墨客的趋游之地。唐朝中叶之时，开封就已经"当天下之要，总舟车之繁，控河朔之咽喉，通淮湖之运漕"。五代时期的中原政权除了后唐之外，其他四个均定都开封，它们都不遗余力地营建开封。后周世宗尤为突出，他除了别筑新城之外，还大力整修汴河漕运，把汴河修成了当时全国的交通运输枢纽，把开封建成了当时全国的水运中心。正是由于后周世宗对汴河的大力疏浚和整修，终于迎来了北宋时期汴河漕运的全面繁荣，谱写出了汴河以及开封发展历史中最为辉煌的篇章。北宋定都开封之后，在开封原有的运河基础之上大力整修运河体系，达到了"四水贯都"的程度，也就是汴河、蔡河（惠民河）、五丈河（广济河）、金水河这四条河环绕或者穿过开封城，使得城内的水路交通十分发达，可以四通全国各地，尤其是江淮地区，从而使得开封的运河体系几乎成为北宋的"立国之本"了。

其三，经济富庶。赵匡胤定都开封的另外一个重要原因是开封所在中原地区经济富庶，已经远远超过传统的定都之地长安和洛阳。隋唐之后，中国经济中心向东向南转移，这一点前文已经讲过，不再重复。

其四，地缘战略格局所需。北宋选择定都开封还有一定的地缘战略考虑。唐朝末年，中原王朝大一统天下的局面已经消失了。唐朝灭亡之后，契丹人耶律阿保机于公元916年建立的契丹政权逐渐雄起于中国的东北地区而且开始觊觎中原疆土。石敬瑭将燕云十六州割给契丹人之后，出现了"燕蓟以南，平壤千里，无名山大川之阻，蕃汉共之"的局面，中原政权的北方大门洞开，契丹骑兵可以随时南下侵扰中原。如果赵匡胤仅仅是出于山河之便而选择关中的长安为国都，那么将使赵宋政权的统治中心居于西北，一方面距离经济发达的黄河下游地区和东南地区偏远，另外一方面从国防的角度来看，当契丹人南下侵扰中原的时候，远在西北的中央王朝组织抵抗契丹人就会尤为不便。因此，出于国防的需要，新建立的中原政权的统治中心必须东移，而洛阳已经破败不堪且交通明显没有开封便利，作为唐朝中期以来的第三大城市的开封自然而然成为赵匡胤的必然选择。当时开封居于中原之中的战略核心位置,定都开封则可雄踞中原,便于指挥全国,可以对契丹人的军事行动做出比较迅速的战略反应,借助运河优势从江淮地区抽取各种资源以资国用。

综上所述,开封真是个定都的好地方。但是,千好万好,此地有一个最大的缺点,它是一个四战之地,四面平坦,无险可守,容易受攻击。其实,不仅开封如此,河南很多城市都有这样的特点。正如顾祖禹所言:"河南,古所称四战之地也。当取天下之日,河南在所必争。及天下既定,而守在河南,则岌岌焉有必亡之势矣。"[①]北宋定都开封违背了"北不得幽蓟,则两河不可都"的中国古代定都传统。北宋之前的大一统王朝,比如秦朝、汉朝、隋朝和唐朝都是定都长安,周围有众多的险要关口可以守护国都的安全,号称"被山带河,四塞以为固"。但是,开封则不然,地处平原,一马平川,如果没有幽蓟天险的护佑,基本上是无险可守。黄河虽然号称天险,那也仅仅指夏季黄河丰水期而言,等到了秋冬季节,如果河水干涸或是封冻,契丹或女真骑兵就可以轻易越过黄河,直接兵临城下围困北宋国都。因此,开封城中的北宋皇室、王公大臣和普通百姓都有"凛凛常有戎马在郊之忧"[②]。钱穆先生在《国史大纲》中有过直白的评论:"大河北岸的敌骑,长驱南下,更没有天然的屏障,三四天即到黄河边上,而开封则是豁露在黄河南岸的一个平坦而低洼的所在。"[③]后来的事实表明,北方游牧民族几乎可以轻易地进抵北宋国都附近,而一旦国都失守,北宋政权就随之土崩瓦解了。

由于国都处于四战之地而无险可守,北宋王朝被迫实行"以兵为

[①]〔清〕顾祖禹:《读史方舆纪要》,《河南方舆纪要序》,中华书局,2005年,第2083页。
[②]〔宋〕叶适:《水心别集》卷10《取燕三》,《叶适集》,中华书局,1983年,第763页。
[③] 钱穆:《国史大纲》(下册),商务印书馆,1994年,第532页。

险"的防御策略,在开封附近驻守大量禁军以护卫京师。为了供养日益扩张的禁军,北宋王朝财政耗费日益增大,进而造成了宋朝"积贫积弱"局面形成。赵匡胤在晚年时曾主张将国都迁至洛阳或是关中平原,"欲据山河之胜而去冗兵,循周汉故事以安天下"。但是,对于赵匡胤的迁都想法,不少大臣激烈反对,弟弟赵光义也苦苦劝阻皇帝不要迁都。起居郎李符向赵匡胤提出了迁都洛阳的八难:"京邑凋弊,一难也。宫阙不完,二难也。郊庙未修,三难也。百官不备,四难也。畿内民困,五难也。军食不充,六难也。壁垒未设,七难也。千乘万骑,盛暑从行,八难也。"(《续资治通鉴长编·太祖开宝九年》)不久以后,赵匡胤暴毙,赵光义继位,是为宋太宗,一直到澶渊之盟,其间再无人提过迁都这件事。

二、东京开封的防御体系

根据北宋国都东京城的上述特点,北宋朝廷该如何确保国都的安全无虞呢?

宋朝的皇帝们想到的办法也很简单,既然国都没有险峻山川可以依靠,那就把国都变成一座坚固的军事堡垒,在国都城防建设上大下功夫,加强京师自身的防御功能,使其变得几乎坚不可摧。

首先,尽力加强京师以北地区的防御能力。既然燕云十六州已经落入辽人之手,燕蓟以南的千里平原为蕃汉共有,那么尽力加强京师以北地区的防御能力,使其能在辽军骑兵南下之时尽量延缓进兵的速度,给宋朝中央政府调度兵力并加强京师防御争取更多的时间。

辽国的部队之所以能够给大宋军队造成一定的心理压力主要在于其骑兵的进军速度。辽国拥有的战马资源比宋朝多得多,辽军士兵在行军打仗时一般每人会配备两到三匹战马，而且他们非常珍惜马力，如果没有遇到敌人，他们舍不得骑马浪费马力，和敌人接近时再骑上战马迎战，并且可以在战马疲惫时及时更换新的战马，这就使得辽兵的战斗力始终保持在最佳的状态。但是，辽人的部队也不是没有弱点。其一，辽军善于机动游击作战，但是他们不善于攻坚作战，一旦遇到城防坚固且防备森严的宋人城池（尤其是规模较大的州城），他们往往就会有点力不从心。其二，辽军的后勤保障能力不如中原王朝部队。辽军在出征时往往没有充足稳定的后勤供应，往往是打一路抢一路，抢到什么就吃什么，或是专门派人打猎获得猎物以供应军队饮食。辽太祖在征阻卜、回鹘时，就曾"猎寓乐山，获野兽数千"（《辽史·太祖纪下》），以保障行军部队每天都有新鲜的肉食。如果打猎的食物不够吃，辽兵则要靠军队中负责后勤供应的"打草谷骑"去四处劫掠，"打草谷、守营铺家丁各一人。……人马不给粮草，日遣打草谷骑四处抄掠以供之"（《辽史·兵卫志上》）。

因此，既然以骑兵部队为主的辽军攻坚能力不强且没有稳定充足的后勤供给，那么宋朝只要针对辽军的这些特点做出相应部署就可以比较有效地阻滞其南下了。宋朝相关的应对措施如下。其一，立边镇、植榆柳。宋朝在北方边境派驻重兵并给予守边将领全权，以确保宋朝北部边境平安无虞。赵匡胤分别命郭进在邢州，李汉超在关南，何继筠在镇定，贺惟忠在易州，李谦溥在隰州，姚内斌在庆州，董遵诲在通远，王彦在原州镇守。这些负有全权的边境守将全力加强辖区内城防守卫，切实守护着宋朝北部边境，以至于在宋太祖时期，北部边境竟然一时间显出一派和平景象。宋太祖命人在宋辽边境大规模种植军事防御林，尤其是保州（今河北保定）以西至太行山下因没有水塘可以阻滞辽人骑兵而成为宋人植树造林的重点区域。太祖之后历任宋朝皇帝都不断加强边境地区的植树造林。这些精心种植的榆柳日益繁茂，并且能够交叉合抱，对辽人的骑兵部队起到了不小的阻滞作用。北宋政治家韩琦曾指出："北边地近西山，势渐高仰，不可为塘泊之处，向闻差官领兵遍植榆柳，冀其成长，以制敌骑"，此与"'创立堤防，障塞要路'无以异矣"。（《续资治通鉴长编·神宗熙宁八年》）沈括曾在熙宁八年（公元1075年）向朝廷奏报说："定州北境先种榆柳以为寨，榆柳植者以亿计。"（《续资治通鉴长编·神宗熙宁八年》）

其二，宋朝制定了"以步制骑"的野战战术。正如前文所言，在宋太宗两次收复燕云地区的努力失败之后，宋朝从攻势转为守势，转而积极探索在野战中应对辽军骑兵部队冲击的战术。由于宋人没有占有良好的草场，无法培育出优良的战马，从而无法形成如辽军骑兵那样的骑兵部队，宋人就必须找出用步兵应对辽人骑兵的战术。步兵应对骑兵冲击的有效手段就是形成密集的战斗队形，以强化步兵的集体防御能力。所以，在实际的野战中，宋朝人特别重视排兵布阵，并专门设立"排阵使"这样的官职来负责宋军在野战过程中的阵法。雍熙四年（公元987年），宋太宗特地研制出了平戎万全阵图，并将其作为"以步制骑"的优秀范例。[①] 但是，辽人骑兵部队向宋朝军队进攻时，

---

① 根据《武经总要》记载，平戎万全阵由前锋、殿后、中军、左翼及右翼组成。其主力为中军，由并排3个方阵组成，各以一名大将统领；每阵各方5里，周长20里，计7200步；3阵之间皆相隔1里，阵面共宽达17里；在3阵中，每500步设战车一乘，每车配备"地分兵"22人；每阵战车计1440乘，每阵另配有"无地分兵"5000人。合计中军3阵共配备车4320乘、士卒110 040人。中军每阵除拥有战车外，士兵分别配备有拒马、长枪、床子弩（大型连发弩机）、步弩、步弓、刀剑、盾牌等武器装备。此外，每阵还有"望楼车"（可移动的瞭望楼）8座，每楼有"望子"士兵80人。左、右翼军阵各两列，前列125队，每队50骑，共6250骑。后列125队，每队30骑，共3750骑。即左、右翼每阵1万骑，两阵共计2万骑，另有探马650骑。前、后军阵亦各两列骑兵，前列62队，每队50骑，共3100骑。后列62队，每队30骑，共1860骑，另有探马40骑。前后阵各5000骑，共计1万骑。左、右、前和后军阵全部由骑兵组成，包括轻骑兵和使用骑枪、骨朵及团牌等装备的骑兵。

面对宋军花样繁多的阵法，辽人往往化繁为简，集中优势兵力，利用强大的弓箭攻击能力和骑兵冲击能力，将宋军布阵的一面攻破，就会导致整个宋军步阵溃散，宋军全军就会兵败如山倒。

其三，建设"水长城"和方田，延缓辽兵进攻速度。辽国骑兵行军最怕遇见河道、湖泊或水塘。因此，在端拱年间，宋朝开始考虑在河北地区大规模修建塘泺（所谓的塘泺，就是由一些沟渠、河流、沼泽、水田等组合而成的水网）以阻敌兵。端拱元年（公元988年），闲厩使何承矩向朝廷提出了这个计划，云："若于顺安寨西开易河蒲口，导水东注于海，东西三百余里，南北五七十里，资其陂泽，筑堤贮水为屯田，可以遏敌骑之奔轶。俟期岁间，关南诸泊悉壅阗，即播为稻田。其缘边州军临塘水者，止留城守军士，不烦发兵广戍。收地利以实边，设险固以防塞，春夏课农，秋冬习武……如此数年，将见彼弱我强，彼劳我逸。"（《宋史·何承矩传》）但是，这个计划一开始并不被当时的大臣们看好，许多武将也觉得这个计划有点匪夷所思。到了淳化四年（公元993年），大理寺丞黄懋再次提出了类似建议，宋太宗随后任命何承矩等"督戍兵万八千人，自霸州界引滹沱水灌稻为屯田，用实军廪，且为备御焉"（《宋史·河渠五》）。这才开启了宋朝大规模兴修塘泺的历史，并演变为宋朝的一项专门的制度，有专人负责。这些人工修建的塘泺确实起到了一定的阻滞辽骑兵部队进军速度的作用，减少了辽军南下的通道，而且也促进了当地的农业和工商业的发展。除此之外，北宋王朝还大力进行方田建设以和塘泺配套使用。宋军将河北等地的土地以沟渠水域分掘成小方块，以小径穿插交错其中，低洼处为水田，高地则为旱田，此为方田法。宋太宗时期，有人首次提出了方田建设计划，但是一直没有实行。后来，宋真宗认识到方田是御敌之长策，应该马上开始建设。此后，宋人先后在北部边境的静戎军、威虏军、顺安军、保安军、安肃军等边界地区修建方田，成为阻碍辽兵南下的大规模边境防御工程。澶渊之盟之后，由于宋辽双方签订了条约规定双方不再修建新的城池和河道，因此宋朝的方田兴建计划才告一段落。由此可见，方田和塘泺共同组成了北宋北部边境的人工防御体系，刚开始起到了很好的防御效果。但是，我们也要认识到，这些塘泺和方田只是北宋防御辽人骑兵的辅助手段，并不会对战争结局起到决定性作用。到了北宋末期，这些塘泺和方田年久失修，不少地方干涸无水，再加上一些地方官吏和农民为了种植稻田而人为地将积水泄去，使得这些人工防御工程遭到了极大的破坏，为后来的金兵南下提供了便利。

其次，加强宋辽边境沿线和燕云十六州以南地区重点城镇的防御功能。正如前文所述，修建塘泺和方田仅仅是北宋边境防御的辅助手段，真正能给辽兵带来杀伤力的还是那些重要节点的宋人城池的防御能力。如果将塘泺和方田理解为北宋北部防御体系的面的话，那么这些布局在重要节点的城池就是北宋防御体系的点。只有点、面结合，形成立体的防御体系，才能更好地发挥防御辽兵南下的功能。因此，北宋在建设塘泺和方田的同时，也加强了这些边关重镇的防御能力建设。这一点，欧阳修也曾提出类似见解："非北虏雄盛如此，失于险固然也。今既无山阜设险，所可恃者，惟夹峙垒，道引河流，固其复水，为险浚之势，就其要害屯以锐兵，兹亦护塞垣之一策也。"（《全宋文》卷七三二）从当时北宋控制的河北边境的国防情势来看，塘泺和方田在东部承担着阻滞辽兵南下的功能，这就使得北宋可以将大部分兵力布置在西部，这样就达到了全面防御和重点控扼的效果，改变了之前处处布防以至于分兵势弱的不利局面。北宋凭借农耕经济的稳定性和持久性，给边防重镇提供充足的守备物资和人员配置（主要以步兵为主，其中弓弩手数量要多），依托坚固的城池进行防守并伺机反击。但是，由于北宋初年朝廷上下对于边境城池防御还没有积攒足够的经验和认识，导致各个宋军城池各自为战，无法有效协同作战，以至于在辽兵进攻时只能闭城自保，放任辽兵大队人马南下而无法实现有效阻击。后来，宋军逐渐学会了各城之间互相协作和配合，使得宋军既能坚守防御，又能伺机从各个方向夹击辽兵，从而在后来的代州之战和遂城之战中有了惊人表现。

其实，在后周时期，后周世宗就认识到了城池在防御契丹人方面的作用了，并在河北重点区域筑城设防。到了北宋时期，宋太祖赵匡胤命镇、深、赵、邢、洺五州管内镇寨县筑城，加强防御功能。太平兴国二年（公元977年），宋太宗下旨将河北的澶、濮、沧、德、贝、冀、卫、镇、深、赵、定、祁等几十个州直属于京师统辖以加强国防能力。太平兴国五年（公元980年），宋太宗下旨令曹翰部署修筑雄州、霸州、平戎、破虏、乾宁等城池并屯兵驻守。次年，辽国派兵进行试探性进攻，想试探一下宋军的城防能力，结果在易州被宋军击败退走，随后北宋乘机在易州置安静军城。等到北宋在雄、霸、易、沧等州及徐水等地之平塞、破虏、安静、乾宁、静戎的军城竣工之后，北宋在关南的防御能力大为加强，以至于辽兵放弃了从此地南下攻宋的计划，而改为从西北方向的并州进兵了。

为了防止辽人从并州南下，北宋灭北汉之后，在山西以恒山、句注山脉为防线，以太原城为中心，将平型关、雁门关、宁武关等地作为抗辽前线的军事据点。同时，为了提升太原盆地的地缘战略作用，北宋决定重筑太原新城（旧城被宋太宗削平，以防止其成为军事割据的堡垒），新城选在了旧城以北约90里处，位于汾河东部凹岸、太原盆地北端山谷合拢之处的狭长地带上，地势险要且交通便利，处于宋、辽、西夏三国的联结点上，地缘战略位置十分重要，"正以其控扼二边、下瞰长安才数百里,弃太原则长安京城不可都也"①。太平兴国七年(公元982年),潘美在阳曲县唐明镇的基础上重建太原城。此后,北宋在河东路的国防态势得以好转,新的太原城与代州的前哨保持着极为密切的联系并给他们提供充足的后勤供给,保证了抗辽前线的军需供应。同年,宋太宗命潘美为并州都部署,加强了西北边境的城池防御。

最后,加强都城开封的城防能力。在加强北部边境地区和河北地区等地的防御能力之外,宋朝还在开封本身的城防能力上大费周章。第一,在开封驻守重兵,将宋朝最精锐的部队禁军部署在京师以及京畿地区。在北宋初年,赵匡胤出于防止地方势力坐大的考虑,将各地精兵调至京师以在加强中央禁军的力量的同时削弱地方军的兵力。在太祖时期就有禁军22万,其中约有10万驻守在京师以及京畿地区,达到了"宿重兵于京师,以消四方不轨之气"的目的。而且,北宋禁军的数量是不断增加的,在太宗至道年间(公元995—997年)禁军马步合计有35.8万人,真宗天禧年间(公元1017—1021年)有43.2万人,到了仁宗庆历年间(公元1041—1048年)达到了82.6万人,此后就没有大的增加了。当然,这些禁军并不都是驻守在京师以及京畿地区,因为北宋禁军的职责不只是护卫京师和宫禁安全,还要驻扎在外地州郡或在边疆地区戍边,也承担着对内镇压农民起义和维护地方治安等工作②。

---

① [清]顾祖禹:《读史方舆纪要》卷40《山西二·太原府》,中华书局,2005年,第1807页。
② 北宋的军队中有禁兵、厢兵、乡兵以及蕃兵四种。禁军也称为正兵,担负着守卫和征战的职责;厢兵是由身材不够魁梧或体格不够健壮而无法编入禁军的人组成,主要在各地州郡用作杂役,并没有战守之责;乡兵是指在宋辽边界、宋夏边界的边境诸路,少数民族聚居的诸路和内地的某些地方,按照居民数抽丁(三丁抽一或是五丁抽二)组成,农闲时训练,是供诸路随时调用的"土兵";蕃兵是由抽调在西北边境诸路中汉化程度较高的羌族人壮丁编制而成。北宋政府对乡兵和蕃兵基本不提供供养,给他们提供少量物资。

然而，即使北宋拥有数量如此多的禁军部队，宋军的战斗力仍然堪忧。在中国古代史上，一个王朝的精锐部队往往是战斗力最强的部队，但是北宋禁军部队背着一个"积弱"的恶名，这一直是北宋的特色。之所以出现这样的情况，与北宋的募兵制度和用兵制度有着密切的关系。在募兵制度方面，北宋把募兵重点放在了收养"失职犷悍之人"方面，这些人一旦应征入伍，就会终身"仰食于官"，成为职业兵，享受的是终身制，即使老弱病残了也很难被淘汰。在用兵制度方面，北宋朝廷为了防止领兵将领和士兵之间过于熟悉而产生依赖心理进而出现当初太祖皇帝黄袍加身的情况，对于禁军经常采用"更戍"的制度。禁军部队每三年变更驻地，统兵将领也会随之更替，虽达到了"兵无常帅，帅无常兵"的效果，但也使得"帅不知兵，兵不知帅"，再加上部队日渐缺乏训练，直接导致了禁军部队作战能力大打折扣。

第二，加强东京开封的城池建设。北宋在京师以及京畿地区驻扎重兵的同时，也对京师城池大加整治，将其建设成了几乎固若金汤的

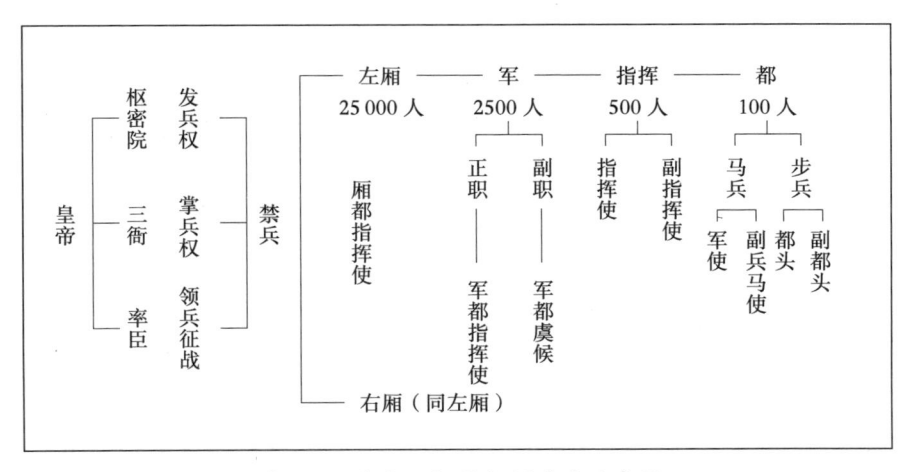

图11.1　北宋正规军指挥系统示意图

军事堡垒。北宋定都开封之后，将开封外城看作京师防御的第一道屏障，将内城看作第二道屏障，将皇城看作第三道屏障。自太祖皇帝始，北宋曾对开封外城进行过10多次的增修，规模较大的有3次。第一次是在宋真宗时期，第二次是在宋神宗时期，第三次是在宋徽宗时期。现代考古发掘成果显示，开封城墙遗址呈南北稍长、东西略短的长方形，其中东墙长7660米，西墙长7590米，南墙长6990米，北墙长6940米，合计四周总长29 180米。内城是外城和皇城的缓冲区域，在修筑了坚固的外城之后，宋人对内城只是进行了简单修复，其防御能力远不如外城。皇城是皇帝的居住和办公之所在，所以一直是北宋皇帝们建设的要地。赵匡胤称帝之后，就立刻下旨扩建原有的皇宫。《宋会要辑稿》中有记载："太祖建隆三年（公元962年）正月十五日，发开封、浚仪民数千，广皇城东北隅。五月，命有司按西京洛阳宫试图修宫城。"4年之后，皇城初步完工，周长约2500米，并于大中祥符五年（公元1012年）改为砖砌，成为三道城墙中唯一的砖墙。由此可见北宋一朝对京师城防建设的重视。范仲淹曾经指出："后唐无备，契丹一举，直陷洛阳；石晋无备，契丹一举，直陷京师。故契丹之心于今骄慢，必谓边城坚而难攻，京师坦而无备，一朝称兵，必谋深入。我以京师无备，必促河朔重兵与之力战。战或不胜，则胡马益骄，更无顾虑，直叩澶渊，张犯阙之势。……若京城坚完，则戒河朔重兵勿与之战。彼不能战，则无乘势之气，欲谋深入，则前有坚城，后有重兵，必将沮而自退。退而不整，则邀之可也。是则修京城者，非徒御寇，诚以伐深入之谋也。"[1]

---

[1] 〔宋〕范仲淹：《范仲淹全集》，《奏陕西河北和守攻备四策》，中华书局，2020年，第524页。

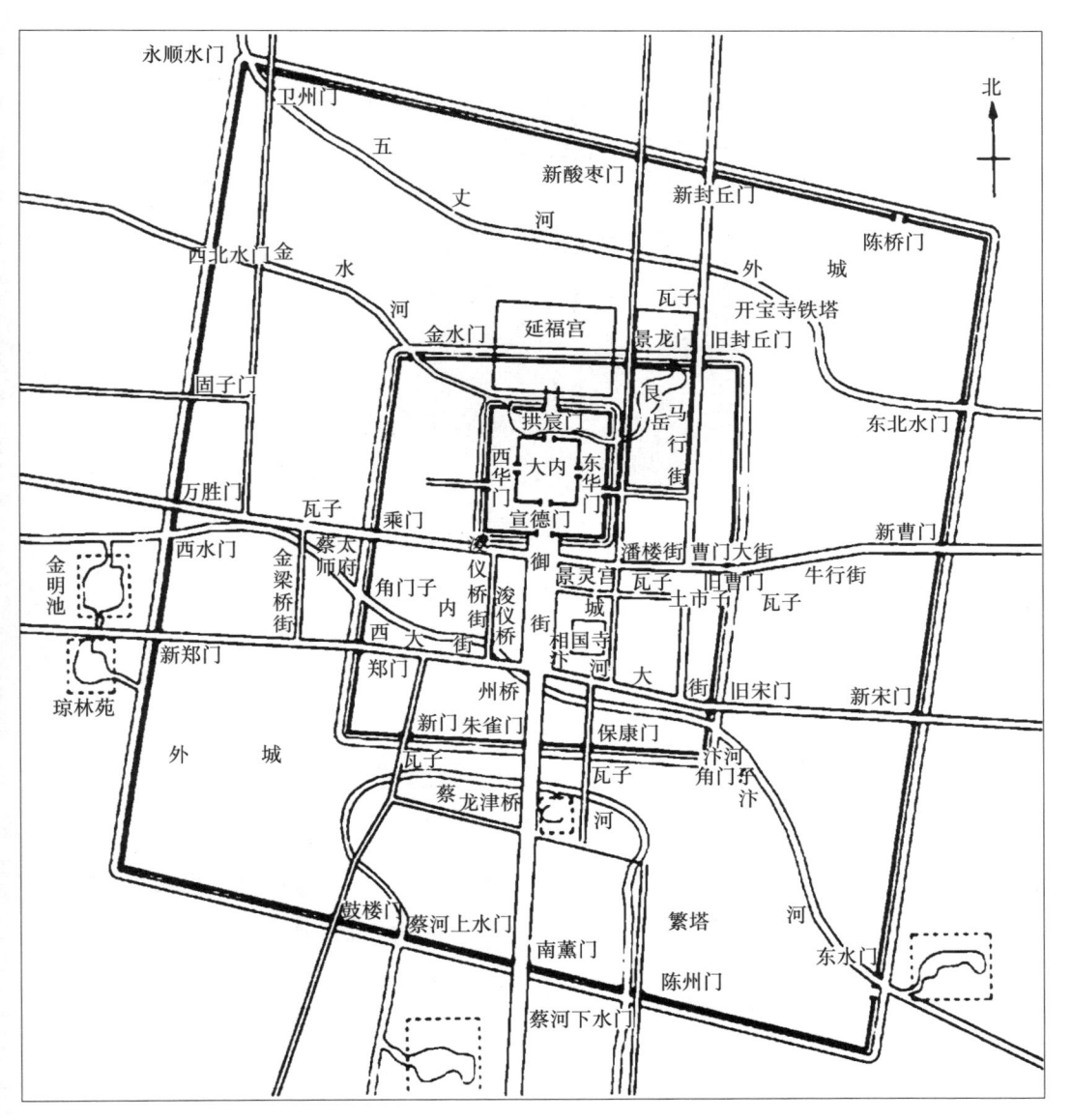

图11.2　北宋东京城平面示意图

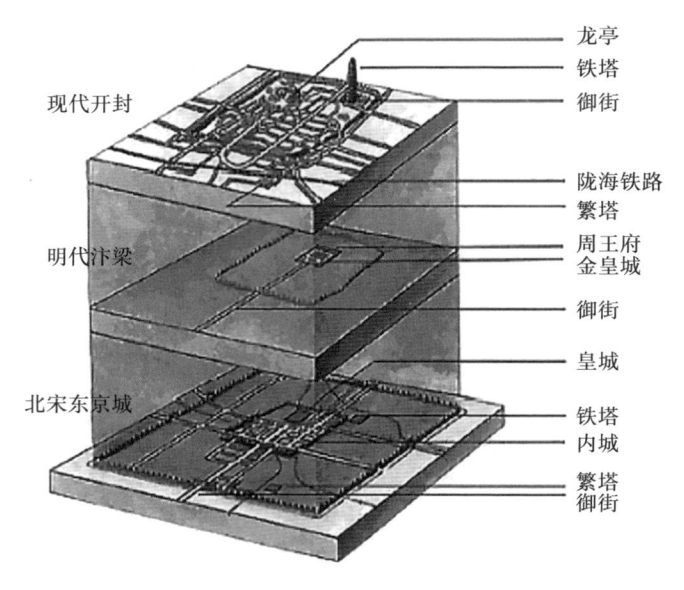

图11.3　开封城墙的层叠关系示意图

  整修城墙只是开封城防建设的第一步，更重要的是要为这些城墙配备强大的防御工事和器材，以增加其防御能力，"城门皆瓮城三层。屈曲开门……新城每百步设马面战棚，密置女头，旦暮修整，望之耸然。城里牙道，各植榆柳成荫，每二百步置一防城库，贮守御之器，有广固兵士二十指挥，每日修造泥饰，专有京城所提总其事"[①]。经过历代北宋皇帝苦心整修的开封城的防御能力大为增强。瓮城原本是边城（比如玉门关）独有的防御设施，但是北宋将瓮城应用于国都城防建设，则进一步加强了汴梁城的城防能力。上文提到的马面是城墙的附属物，其作用在加固城墙，一般也是出现在边城，也被应用到了开封城的城防建设。不仅如此，这些城墙"城壁且高，楼橹

---

①〔宋〕孟元老：《东京梦华录注》卷1《东都外城》，中华书局，1982年，第1~2页。

诚未备也,然不必楼橹,亦可守"①,使得京师开封可谓是易守难攻,固若金汤。

从以上的分析,我们可以看到北宋朝廷为了保证无险可守的京师的安全无虞,在远在千里之外的外围精心布置了点面结合的防御体系,尽量拖延辽兵的进兵速度并伺机歼敌,也考虑到了辽兵顺利南下并兵临京师城下这个最坏的场景,对东京开封的城防做了精心安排。

那么,北宋皇帝的精心布防能够抵挡得住强悍的辽军骑兵吗?

三、第一次东京保卫战

后来的事实证明,辽军从来都没有打到过开封城下,他们打到距离开封最近的地方是澶州,签订了澶渊之盟后就退兵了。北宋皇帝们担心的最坏结果一直没有出现。令北宋皇帝们没有想到的是,他们花费大量的人力物力构建的东京开封防御体系最后竟然被金人给攻破了。

正所谓,在一个变化多样的世界,你永远不知道自己真正的对手是谁,打败你的可能是你永远也想不到的敌人。

北宋很快迎来了第一次东京保卫战,宋人要面对的敌人已经不是辽人,而是金人了。金人似乎比辽人更为凶猛,而且他们不像辽人那样容易知足。因为,辽人从宋朝拿到的无非是多一点的钱财和丝绸茶叶,而金人想要的是北宋王朝的命。

金人想要北宋的命,还是宋徽宗自己给招来的是非。

女真族是我国古代的少数民族之一,起源可追溯至商周时期,聚

---

①〔宋〕徐梦莘:《三朝北盟会编》卷27《靖康元年正月李纲奏称》,上海古籍出版社,2008年,第202页。

居在今天东北黑龙江流域以及长白山一带。公元 8 世纪时，女真族曾建立渤海国，于公元 926 年被契丹耶律阿保机灭亡。后来辽国为了加强对女真族的统治，将其中一部分比较强大的部族迁徙到辽阳府（今辽宁辽阳）以南，编入辽籍，称为"熟女真"，而将留在原地未编入辽籍的女真人称为"生女真"。生女真不断与契丹人和汉人融合交流，逐渐成熟和强大起来。北宋政和三年（公元 1113 年），女真族完颜部首领阿骨打继任女真节度使，逐步统一了女真诸部。阿骨打建立的女真军队战斗力极强，号称"兵若满万则不可敌"，也就是说女真族士兵只要有一万左右，则天下无对手了。虽然这种说法有点夸张，但至少说明了正在崛起的女真士兵的战斗力确实强劲。阿骨打利用女真族人和其他民族对辽国残酷统治的不满，于北宋政和四年（公元 1114 年）九月发动了反对辽国统治的战争，第二年大败辽军后称帝，正式建立了金朝，定都会宁（今黑龙江哈尔滨阿城区南）。此时辽国的皇帝是天祚帝耶律延禧，昏庸不堪，而且辽国内部也是争权夺利，腐败严重，各种矛盾处于迸发的边缘。称帝之后，阿骨打随即发动了大规模的灭辽战争，依次南攻东京（辽阳府）、北下春（长春州，今吉林大安西）、泰（泰州，今吉林白城东南），西取显州（今辽宁北镇东南），并逐步攻略辽上京（临潢府，今内蒙古赤峰市巴林左旗南）、中京（大定府，今内蒙古赤峰市宁城西）和西京（大同府，今山西大同），并对辽天祚帝穷追猛打，势必灭之。

在金国对辽国疯狂进攻之时，宋徽宗觉得自己收复燕云地区的机会到了。宋徽宗的计划是和金国联合灭辽，然后趁势夺回燕云地区的汉地。因此，宋徽宗派人和金国进行了谈判，双方于北宋宣和二年（公元 1120 年）九月达成"海上盟约"：第一，长城以北的辽中京由金军负责攻取，长城以南的辽南京即燕京析津府则由宋军负责攻取，如果不能按照约定发动进攻，则不得地；第二，宋金联合灭辽之后，燕京地区归宋人所有，但是宋人必须将原来给辽国的岁币如数转给金人；第三，宋金不能单独和辽国讲和。

宋金盟约达成之后，双方各自开始排兵布阵，准备联合夹击灭辽。不巧的是，正当宋徽宗调兵遣将准备北上攻辽之时，全国各地爆发了声势浩大的农民起义，宋徽宗不得不派这些原本北上攻辽的部队前往镇压，第二年才班师回朝。也就是说，宋朝并没有按时和金国一起发兵夹击辽国，而且等到宋朝腾出部队于宣和四年（公元1122年）开始向辽进攻之时才发现自己还是打不过辽国军队。因此，宋金约定攻辽的结果是金军高歌猛进，而宋军节节败退。金军先后占领了辽的中京、西京和南京，并于宣和七年（公元1125年）二月俘虏了辽天祚帝。在和宋军夹击辽国的过程中，金人看到了宋人的软弱和无能，也看到了宋朝的虚弱和腐败，因此根本就没打算把之前约定好的燕京地区交给宋人。宋徽宗不死心，多次派人和金国谈判，谈判过程近乎乞讨，最后金国答应将燕京地区归还宋朝，但是金军在撤退之前将燕京等地洗劫一空，交给宋朝的只是几座空城而已。

虽然宋朝得到的只是空城，但是宋徽宗仍旧觉得自己取得了巨大的胜利，毕竟，收复燕云十六州是北宋开国之时就一直坚持的梦想，太祖和太宗皇帝没有办到的事情，他宋徽宗竟然办到了。

宋徽宗觉得自己真是了不起，立刻宣布大赦天下，还命燕山知府王安中立"复燕云碑"于燕山府（诏改燕京为燕山府）延寿寺以作纪念。但是，他没有想到，收复燕云地区的喜悦没有持续多久，金国就发动了灭宋的战争。

北宋宣和七年（公元1125年）十月，金国以宋朝破坏双方订立的盟约为借口，派大军南下攻宋。金军的战略布局如下：金军兵分两

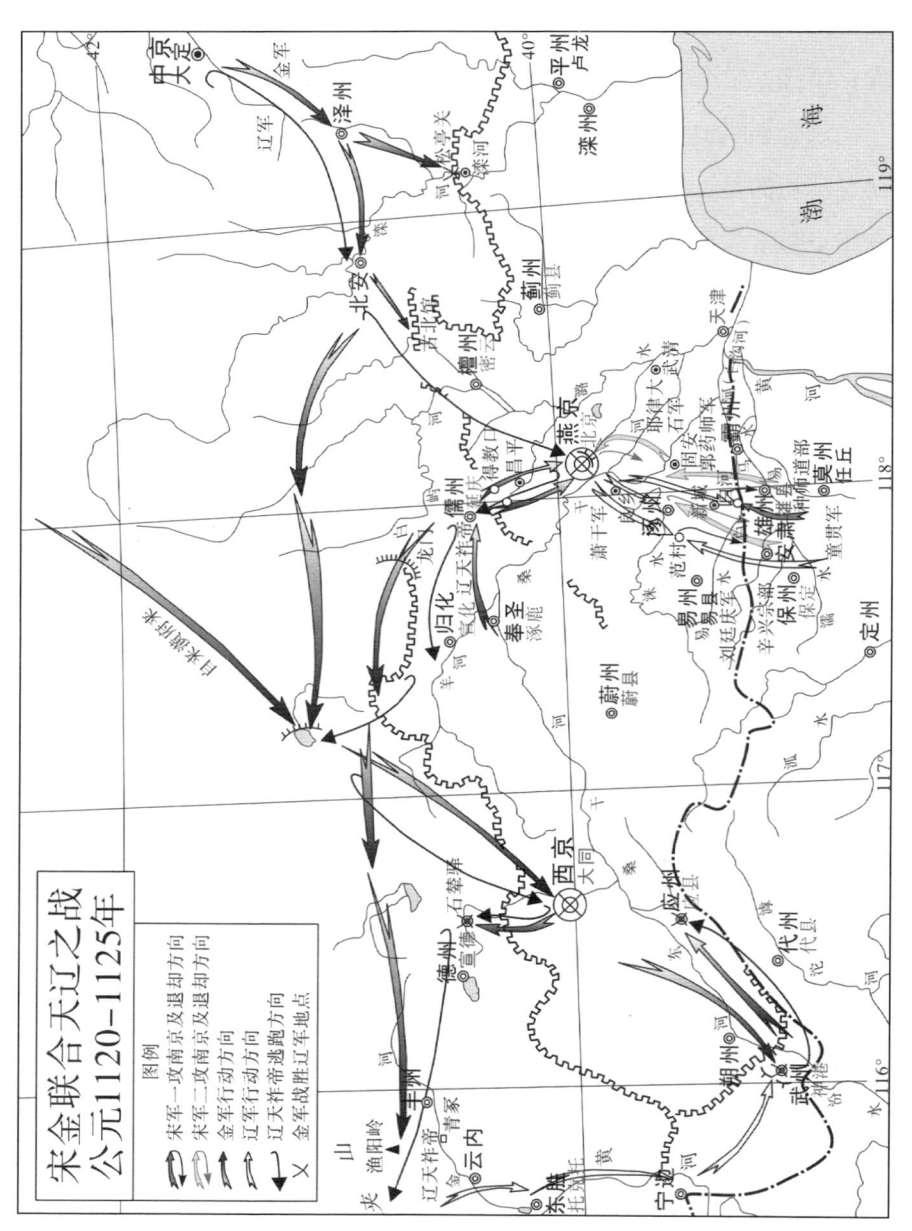

308　山河为证：地理视角下的中国史

图11.3　宋、金联合天辽示意图

路，西路军由左副元帅完颜宗翰为主帅，领兵6万自云州向河东进发，攻太原；东路军以左监军完颜宗望为主帅，领兵6万自平州入燕山。两路军作战目标是先夺取河东和河北广大地区，随后西路军在攻下太原之后再攻洛阳，以绝宋朝从西边调兵增援之希望，也防备宋徽宗逃往蜀地，而东路军拿下燕山、真定，然后率兵直攻东京开封。宋徽宗对于即将到来的金军缺乏必要的警惕和准备，妄想以牺牲"子女玉帛"来换取与金国的和平，甚至当金兵已经攻破檀州和蓟州之时，还要派出使者赴金国谈判求和。金国没有给北宋这个昔日的盟友太多的面子和机会，在排兵布阵结束之后开始了对北宋的疯狂进攻。

金军一路如入无人之境，可谓是势如破竹，连下宋朝多座城池，劫掠无数人口、物资以及军需装备。西路金军进攻到太原时遇到麻烦了，太原城是北宋精心构建的防御堡垒。而且，由于金军一路烧杀抢掠，导致沿途的宋朝百姓明白了一个道理，如果不拼死抗金，迟早得被金人屠戮，干脆和宋军一起奋勇杀敌，也许还有转机。西路金军被宋朝军民阻击在太原城下，东路军一路挥师南下，杀向宋朝京师——东京开封。

两路金军南下，对于抗金毫无准备的北宋朝廷上下震动，手足无措，面对金军的凌厉攻势彻底蒙了，不知道到底是该战、该和，还是该逃。

宋徽宗作为收复燕云十六州的"盛世君主"，做出了一个"英明"决定，那就是：我不干了，孩子们也长大了，该孩子们承担重任了。他先是任命太子赵恒为开封牧，以太子监国的名义驻守东京，随后不久在主战派大臣李纲等人的坚持下将皇位传给了太子赵恒，是为宋钦宗，而他自己则选择了逃跑，一溜烟跑到了镇江。

宋徽宗将烂摊子留给了宋钦宗，宋钦宗也是苦不堪言，只能哀叹生在帝王家，身不由己啊。被宋徽宗硬性禅位的宋钦宗刚开始也是手足无措的，甚至在宋徽宗逃亡江南之后，朝中不少大臣也劝说宋钦宗尽快逃往襄阳，以便在襄阳组织军队反击金军。对这一建议，宋钦宗也有所动心，甚至命人把自己的日常用品都装上了车，准备随时撤离东京。但是，赵恒既然当了皇帝，是一个正经的官家①，那就要承担起自己的责任来。摇摆不定的宋钦宗上台之后先是做了两件事，第一件事是惩处"六贼"，也就是宋徽宗时期那些祸国殃民的大臣，分别是蔡京、童贯、王黼、梁师成、朱勔、李彦。② 第二件事是起用主战派李纲坚守东京开封。第一件事为宋钦宗挽回了民心，鼓舞了士气，第二件事则暂时拯救了北宋，保住了东京开封城。

宋徽宗宣和七年（公元1125年）十二月二十九日，李纲被任命为兵部侍郎。这个职位，从级别上来看，并不是一个很大的官，没有直接参加国务会议的权利，也就是说他没有直接向宋钦宗建言献策的机会。但李纲对国家危亡的局势充满忧虑，他认为自己的意见必须让皇帝知晓并采取行动。

靖康元年（公元1126年）正月初四，金兵渡过黄河的消息已经传至京城，宋徽宗早已离开，宋钦宗也在逃和守之间摇摆不定。李纲敏锐地意识到，如果皇帝逃离京师，无论逃到哪里，宋朝的江山都会迅速崩溃。他再三请求面君奏事，与宰执大臣们据理力争，并向宋钦宗分析了当下的情势：唯有坚守京师，才能保住国家的根基。他的激烈

---

① 宋朝的皇帝自称"官家"，大臣和平民百姓也把皇帝称作"官家"，这是宋朝不同于其他朝代的一个细微差别。
② 六贼的下场如下：宋徽宗宣和七年，李彦遭赐死。宋钦宗靖康元年（公元1126年），其余五人先后伏诛：王黼安置永州（今湖南零陵），途中秘密处死；蔡京贬于儋州（今海南儋县），途中病死；梁师成贬为彰化军节度副使，途中赐死；童贯贬于吉阳军（今海南崖县），途中赐死；朱勔贬于循州（今广东龙川），不久斩首处死。

言辞不仅在理论上掷地有声,还通过实际行动赢得了支持。宋钦宗深受感动,当即任命李纲为尚书右丞,让其担负起保卫京师的使命。

为了鼓舞守城将士的士气,李纲又劝说宋钦宗亲自到宣德门去慰问将士,以表明与京师共存亡的决心。其实,宋钦宗只是象征性地露了一面,但这已经足够了。守城将士看到了皇帝出现在城头上,立刻备受鼓舞,高声应和,而宋钦宗最终也被将士们高涨的士气所感动,下定决心留守京师,与东京共存亡。

宋钦宗决定坚守开封的时间是靖康元年(公元1126年)正月初五,而金军杀到开封城下是正月初七,也就是说,李纲做城防守备只有三天时间。对于京师的城防,李纲做了如下安排。

第一,合理部署兵力,实行分区防守,重点布防,并保留一定的预备队以备危急时使用。同时,安排了众多宗室和武官担任提举官于各个重要城门领兵坚守。第二,加紧防御器械的制造,比如马面上的战棚、保护城墙的毯子等,并给城墙重新装上了大炮和强弓硬弩,配备充足的砖石作为炮弹和修补城墙的原料。第三,派兵占领城外的重要高地——樊家冈,并派兵坚守城外的粮仓以供后期到达的勤王援军使用。在李纲仓促准备之际,金军已经兵临城下,准备开始攻城了。

金军先是对西水门发起了火攻,数十只大火船顺汴河相继而下,李纲率两千宋军严阵以待,将大船用长钩钩到岸边,投以石块碎之,并将蔡京家的山水石堵在西水门,彻底堵死了金军从此攻入的可能。随后,金军又对酸枣门、封丘门发起进攻,李纲又率千余禁军增援,用强弓和座炮射击金军,大败金兵。金军看强攻不成,打算诱降和攻城两手同时进行。但是,金人提出的条件过于苛刻,宋人无法答应,随后金人又开始猛攻通天门、景阳门、卫州门等门,都遭到了李纲率领的宋军的拼死抵抗,在扔下几千具尸体之后不得不暂时停止进攻。

"贼方渡壕,以云梯攻城……班直乘城射之,皆应弦而倒……人皆贾勇,近者以手炮、檑木击者,远者以神臂弓、强弩射之,又远者以床子弩、座炮及之。"守城宋军不只是被动防御,还主动出击,伺机歼敌。"募壮士数百人縋城而下,烧云梯数十座,斩获酋首十余级。""自卯至未申间,杀贼数千人。"①

李纲率领宋军在开封的坚守给北宋赢得了宝贵的时间,各地的勤王大军纷纷向开封开拔,这给围城的金军造成了极大的压力。对金军而言,开封城久攻不下,自己孤军困顿于坚城之下,等到宋朝各路援军到来之时,自己岂不成了瓮中之鳖。而且,更为严重的是,河北不少州城仍在宋人手中,自己的退路随时有被宋军切断的可能。因此,金军决定见好就收,在得到了一定的割地赔款好处之后,不等拿到全部赔偿金就退兵了。

李纲等人领导的第一次东京保卫战之所以胜利,除了李纲指挥调度有方之外,北宋 100 多年来对东京开封城的防御部署起到了很大的作用,当然也与北宋军民团结一致抗金的不懈坚守有关。而金军之所以撤退则主要是因为太原久攻不下,无法实现东路军和西路军的有效策应,担心东路军被源源不断的宋朝援军围歼而不得不见好就收。

金兵退却,东京开封保住了,大宋保住了。宋钦宗高兴得不得了,觉得这都是自己领导有方的结果,而宋徽宗也高兴得不得了,立刻从镇江回到了开封。宋钦宗被暂时的胜利冲昏了头脑,觉得此后可以万事无忧了,下令四川、福建、广南东路等地的勤王大军停止前进,对于李纲等主战派将领提出的御敌备边之策也是置若罔闻,根本就没有考虑过金人有再次进犯的可能。比如,李纲建议增修两河城

---

① 〔宋〕李纲:《靖康传信录》,大象出版社,2019 年,第 15 页。

池，实行纵深防御战略，以防金军再犯，"河北、河东州县城池，类多溃圮堙塞，宜遍行修治。而近京四辅那诸畿邑，皆当筑城，创置楼橹之属，使官吏兵民有所恃而安。万一有贼骑深入，掳掠无所得，可以坐困"①。

宋钦宗不知道的是，现在他有多得意，有多骄傲，将来就有多失落，就有多悲凉。因为，金军很快就又杀回来了。

四、靖康之变

金人第一次南下攻宋虽然没有攻陷宋朝京师，但是也得了不少好处，而且对宋朝的虚弱和无能有了更加实际的体会，更加坚定了继续南下灭宋的决心。因此，金国退兵后积极谋划和准备第二次灭宋战争。金国首先充实兵力，征调了燕山、云中、中京等地的民兵和金军正规军协同作战；然后稳定周边关系，在东面把之前占领高丽的保州（今朝鲜平安北道义州）还给高丽，在西面则通过割地给西夏来拉拢西夏与金国配合攻宋，将宋朝西北方面的军队牵制在宋夏边境使其不能东调。对于灭宋之战，金国采取的还是政治和军事两手同时进行的战略，在政治上假意和谈以麻痹宋人，在军事上不断进攻，逼迫宋人在谈判桌上快速投降。

准备就绪之后，金兵又开打了。靖康元年（公元1126年）八月十四日，金军以右副元帅完颜宗望为东路军主帅，自保州直逼真定；以左副元帅完颜宗翰为西路军主帅，从云中南下，先攻太原，再继续南下，最后与东路军会合于开封城下，合力攻城。

---

① 〔宋〕李纲：《靖康传信录》，大象出版社，2019年，第33页。

对宋朝而言，此次能否保住东京开封，就要看能否继续守住太原；而对金国而言，上次没有拿下太原城，导致东西两路军无法相互策应而不得不撤兵，因此这次必须首先拿下太原城。

金军早在第一次南下之时，就将太原死死围困住了，从宣和七年（公元1125年）十二月十八日到金国第二次攻宋，宋金在太原已经进行了长达200多天的对峙。宋军多次救援太原都以失败告终，太原守将河东路马步军副总管王禀和太原知府张孝纯一直在苦苦支撑。面对金军的第二次强劲攻势，王禀等仍旧拼死抵抗，逼得金兵集中优势兵力轮番强攻，城内粮草尽绝，被迫以弓箭的筋、甲以及树皮等充饥，甚至到了人吃人的地步。到了靖康元年（公元1126年）九月三日，宋军实在是守不住太原了，连武器都拿不动了，最后只能眼睁睁看着金军凭借云梯登城，"敌知城中困甚，以云梯登城，守者皆不能运动"①。王禀率领太原军民进行巷战，被刺数十枪，最后投水自尽，壮烈殉国。太原陷入金人之手，东京开封危矣，北宋灭亡的倒计时开始了。金军攻陷太原之后，立刻分兵5万驻守潼关，将宋朝在西北的部队阻隔在潼关之外，防止其像之前一样增援开封。也就是说，金军第二次围攻开封，事先就已经切断了宋军勤王主力部队增援开封的路线。

在金军南下的过程中，宋钦宗不断派人求和，几乎答应了金人提出的任何条件，但是仍旧无法阻止金军继续南下。

十一月，金军东路军和西路军在开封城下会合。金军第一次攻宋之时，只有东路军到达开封城下，其兵力总数为六七万人，开封守军加上勤王军总数有二三十万人，这是第一次东京保卫战取得胜利的一

---

① 〔宋〕徐梦莘：《三朝北盟会编》卷53，引《遗史》，上海古籍出版社，2008年，第401页。

个重要因素。但是，金军第二次围困开封的情况就完全不一样了。一方面，金军的西路军加上东路军的总兵力约有 15 万人，能够从四面将开封城死死围住（金军第一次攻开封时只能围半圈）；而另一方面，在第一次东京保卫战结束之后，宋朝将大部分的勤王部队撤回原驻地或解散，导致宋朝守卫京师的部队只有 7 万人左右，而且几乎再也看不到有任何勤王部队的可能了。[南道都总管张叔夜与两个儿子张伯奋、张仲熊自行募兵 1.3 万人勤王，在尉氏（今河南尉氏县）遭遇完颜宗翰部，大小十八战互有胜负，最后全军突入开封城，这是第二次东京保卫战中唯一一支能够进入开封城的北宋勤王军。东道都总管胡直孺也曾率兵入卫开封，但与金兵在拱州（今河南睢县）遭遇，兵败被俘。]

十一月二十七日，金国东路军开始进攻通津门，宋军亦出城焚烧金军营寨，互有胜负。闰十一月初一，金军进攻善利门，被宋军击退。闰十一月初二，金军又合力攻东城，被宋军逼退。金军意识到东城难攻，转而攻南城，屡屡被宋军击退。闰十一月十四日，金军攻朝阳门，宋军勇士拼死抵抗并主动出击，将金军多次进攻击退。随后，金军又用鹅车进攻北城，守城宋军以九牛弩射之，一箭穿三人，金军大为惊愕，遂又转而进攻南城，给宋军造成了极大伤亡。

经过几番攻守，金军越攻越猛，而宋军则渐渐显出弱势，守卫将士伤亡很大，城内守军能战者仅剩 3 万人左右。

就在北宋守城部队日渐消耗而勤王部队久盼不至之时，宋钦宗越来越不可理喻，竟然相信了城中无赖郭京的鬼话，说利用所谓的"神兵神将"，诸如"六甲正兵""六丁力士""北斗神兵"等，即可生擒金国二帅，并将金军扫荡殆尽。宋朝君臣竟然对此深信不疑，宰相何㮚催促郭京赶紧率领神兵出城迎战。几经催促，闰十一月二十五日，风雪大作，郭京命他召集到的 7777 名所谓神兵出城作战。战斗的结局根本就没有任何悬念，这些乌合之众被金兵冲散，四散溃败，不少人跌入护城河中，竟然将护城河填平了。郭京借口下城作法，实际上是一溜烟跑了。是夜，金军趁着宋军守卫混乱而登城，宋军遂溃散四逃，东京开封沦陷。事实证明，封建迷信确实害人不浅。郭京的神兵捣乱虽然为金军攻入城内制造了一些便利条件，但并不是开封沦陷的直接原因。开封沦陷的直接原因是宋军在焚烧金军的攻城器械时发生了意外，不慎将自己的城楼给烧了，这就给金军提供了登城的机会。"闰十一月二十四日再攻，推对楼五座，盛矢石来城上，以竿冲倒三座，城上士卒争持草以焚之。对楼木多而草盛火炽，火乘南风，遂引烧城上楼子三座。"[1]"郭京人马与贼接战，贼众见所烧楼子未成，颓毁，撞竿未备，贼遂登城。"[2] 第二次东京保卫战失败的主要原因是城内防守组织和管理混乱，调度无序，组织无方，内部矛盾极大，再加上投降派的不断捣乱，共同造成了守城的失败。

开封沦陷后，宋钦宗被迫到金军营寨请降，遂被扣为人质。后来为了充分利用宋钦宗的皇帝地位，金人将其放回宫内，命其下诏各地"无得轻动"。随后，金人开始了对开封的无情搜刮和掠夺。金国皇帝完颜晟下诏废宋道君太上皇赵佶和宋钦宗赵恒为庶人，并将宋宫后妃、亲王、太子、宗室以及文武百官等数千人掳去，将宋朝一百多年攒下的财富（各种金银财宝、礼乐器具、皇家藏书、天文仪器等）尽数洗劫，北宋自此灭亡，这就是历史上著名的靖康之变，或称靖康之难。

因此，北宋选择开封作为国都，确有其历史地缘的现实考量。开

---

[1]〔宋〕陈规：《守城录》卷1，解放军出版社，1990年，第31页。
[2]〔宋〕石茂良：《避戎嘉话》，车吉心、王育济主编《中华野史·宋朝卷二》，泰山出版社，2000年，第1315页。

封凭借发达的漕运体系，成为中原地区的水陆枢纽，又因中原经济重心东移得以经济繁荣。然而，这座历史悠久的城市自古便被视为"四战之地"，其地缘条件注定令其在战事发生时面临的防御形势异常艰难。虽有漕运之利与平原广袤的支持，但"无山河之险、无天堑可恃"的劣势，使其始终处于潜在威胁之下。

北宋一代，为了弥补开封地势的不足，付出了巨大的资源和心力。通过层层构筑防御体系，开封被建成了一座名副其实的平原堡垒。从北部边境的塘泺、方田，到大规模的植树造林，再到对都城外城、内城、皇城的反复修缮和加固，北宋秉持着"以兵为险"的理念，竭力为京师铸就了一道道看似牢不可破的屏障。然而，事实证明，无险可守的"四战之地"，即使防御工事再坚固，也难以抵挡北方游牧民族灵活而迅猛的骑兵攻势。

"靖康之变"的发生正是这一防御体系固有缺陷的最直接体现。金军南下两路合击，迅速突破了北宋的外围防御体系，直抵东京汴梁城下。北宋军民竭力死守，李纲等忠臣智勇兼备，但四战无险的地缘困境使得宋军的防御形同困兽之斗。更为讽刺的是，正是汴梁地势平坦、黄河易于跨越的特性，使这座四通八达的城市成了金军南下的捷径。再加之北宋君臣的无力应对，城内守军的仓促布防，宋军败局无力扭转。

赵匡胤建立北宋时，或许早已意识到定都开封的隐忧，所以才会提出迁都洛阳甚至关中的设想。然而，他的想法没有机会实施，也没有被他的后人采纳。其后北宋的国策依然围绕强化东京的防御展开，却始终无法摆脱"外强中干"的积贫积弱之弊端。"靖康之变"后，"开封之失"不再仅仅是北宋灭亡的象征，更成为一场因定都策略不当而导致全局崩溃的历史悲剧。正如明末清初著名学者顾祖禹在《读史方舆纪要》中说："河南，古所称四战之地也。当取天下之日，河南在所必争。及天下既定，而守在河南，则岌岌焉有必亡之势矣。"这一经典论断是对北宋兴衰成败的精准概括。

从开封的艰难防御中，我们可以清楚地看到，一个王朝在选择国都时，必须平衡经济、交通与战略防御之间的矛盾。在国泰民安之时，地缘劣势或许会被经济繁荣与交通便利所掩盖；但在外敌强势入侵时，缺乏天然屏障的国都必然首当其冲。北宋因"以兵为险"而得以苟延残喘百年，但最终却未能逃脱"险可亡国"的历史宿命。正是这一"四战之地"，将北宋的繁华送上巅峰，也让它以最悲壮的方式走向终点。

第十二章

镇江：南宋的护国北大门

靖康之变后，北宋灭亡。面对金兵的紧追不舍，康王赵构一路退却逃窜，并在逃跑途中建立了新的宋朝政权，史称南宋。南宋朝廷最后落脚到临安（今浙江杭州），在向金国称臣的情况下和金国划江而治。在这样的情况下，原本就是交通枢纽的镇江就成为守护南宋朝廷的北大门，成为决定南宋朝廷命运的锁钥地区。因此，本章将集中讨论镇江的地缘战略地位和价值，南宋在镇江所做的战略安排和部署，南宋和金国以及后来的蒙元围绕镇江发生的重大战役。通过这些分析，我们将更为全面地理解镇江作为南宋护国北大门的重要性和价值。

在当代中国，从镇江出发，沿着京杭运河南下，经常州、无锡、苏州，然后可达杭嘉湖平原，而北上则可以通至扬州、淮安以及到山东、河北等地，交通条件极为便利，可谓是南部中国之锁钥地区。在中国近代史上，英国发动侵略中国的鸦片战争之时，也认识到了镇江作为锁钥枢纽地区的重要作用,很快发兵占领了镇江。英军占领了镇江,等于是切断了京杭大运河的命脉,远在京师的道光帝随即不久即下诏与英军和谈,其实等于是向英军投降。从这一历史事件中,我们可以管窥镇江对于当时中国的重要性。如果把时间再向前推700多年,镇江曾作为南宋护国北大门而存在,在护卫南宋的国防安全方面曾经发挥极为重要的锁钥作用。

一、南宋以前镇江的战略枢纽地位

在具体了解镇江作为南宋的护国北大门的作用之前,我们先来看一看镇江在南宋之前的战略枢纽地位。

江苏镇江,位于长江下游南岸,处于京杭大运河与长江这两条黄金水道的交汇之地,临江近海,地理位置优越,文化根基深厚,地缘价值极高,是历代兵家必争之地。镇江的历史非常久远,早在3000多年前,周康王将此地封给宜侯,"宜"是其有文字记载以来最早的称呼,春秋时期称为"朱方",战国时改为"谷阳",秦统六国之后称为"丹徒",到了三国时期,孙权在丹徒建立京城,因此又称为"京口",南朝时期刘宋在京口设"南徐州",成为南朝重镇,隋朝之后改称为"润州",北宋时期改称为"镇江",这一名称一直延续至今。

自古以来,镇江就是南方地区的军事重镇和水陆交通枢纽,号称长江锁钥,西接石头(南京),东接大海,北拒广陵(扬州),而金山、焦山障其中流,实天设之险。所以,人们常说"建业之有京口,犹洛阳之有孟津",自古就有"襟吴带楚,控南拒北"之称,形象地展现出了镇江在中国古代历史上尤其是战争史上的锁钥和枢纽地位。

镇江之所以在古代历史上具有如此重要的地缘战略地位,主要是因为其独特的地理位置和便利的水陆交通条件。从地理位置上而言，镇江位于长江下游南岸，可以凭借长江天险，成为屏障南方割据政权的战略重镇。早在建安十四年（公元 209 年），孙权在北固山前锋（今鼓楼岗）建筑铁瓮城，因其地势高而又据河口而称之为京口，作为其新都的东部屏障。该城周长 630 步，开南、西二门，城墙内外皆外包城砖，是我国历史上最早的包砖城墙，在当时可谓是固若金汤，因此号称铁瓮城。从诞生之日起，镇江城就是一座利用地形之便而建筑的江防要塞，主要用于军事目的。在南北政权对峙的历史时期，镇江因其独特的地理位置而成为可以护卫南方政权的军事要冲和战略重镇，这一点在东晋、南朝以及北宋末年和南宋时期尤为突出。同时，镇江还成为北方侨民南迁的交通要津，为人员往来和货物流通提供了交通便利，也为南渡人民的生活安定提供了相应的战略保障。尤其值得一提的是，位于镇江云台山麓的西津渡，是长江下游极为重要的一个渡口，在中国历史上发挥过极为重要的军事价值。在西晋"永嘉之乱"期间，有一半以上的北方流民从西津渡登岸，比如以"闻鸡起舞"闻名的祖逖、文学家刘勰以及刘裕的先祖等。东晋隆安五年（公元 401 年），农民起义领袖孙恩率领 10 万义军乘千艘楼船直达镇江，在控制了西津渡之后试图围攻建业（今江苏南京），但是被刘裕击败。隋文帝曾渡过西津渡江面而消灭南陈后主。

镇江自古以来便利的水陆交通条件则更为重要，赋予了其更大的地缘枢纽价值。早在春秋时期，吴王夫差为了方便攻打楚国而开凿邗沟以沟通长江和淮河，镇江就位于邗沟与长江交汇处的南岸，其地缘价值由此开始显现。秦始皇第五次东巡至江南镇江地区，看到人力开凿的伯渎和邗沟以及镇江地理形势之后，认识到开凿漕渠可以方便中央政府与东南地区的联系，有助于加强对此地的政治、军事控制。因此，在对国家一统的治理需求下，选择在镇江和丹阳之间开凿了徒阳运河，也有传说秦始皇开挖丹徒水道是为了冲掉所谓的"王气"，以巩固自己的统治。《镇江市志》记载："帝东巡时以谷阳有王气为由，遣赭衣徒凿断京岘山，筑驰道，后改谷阳为丹徒，县治在丹徒镇。"从隋大业元年（公元605年）隋炀帝下令开凿通济渠，再到大业六年（公元610年），隋炀帝下令开通江南运河（隋代的江南运河是在六朝以来所开凿的江南运河的基础上疏浚而成的，并不是隋炀帝时才开始开凿的），镇江（当时称润州）与北方政治中枢地区的人员和物资往来就更为频繁。经过隋炀帝多年的统一调度和居中指挥，在中华大地上，以东都洛阳为中心，一条南起余杭（今浙江杭州），北达涿郡（今北京），贯通海河、黄河、淮河、长江和钱塘江五大水系的大运河全线贯通，贯穿了现今的北京、天津、河北、陕西、河南、山东、安徽、江苏和浙江，构建了中国的政治、经济、文化的网络基础，从此中国南北融为一体。

镇江是江南运河的北端起点和入江口，是控制江南运河进入长江的重要口岸，成为同时具有陆上运输、长江运输、运河运输以及海上运输的重要埠渡和转运站，这就更加凸显了其控南拒北的地缘战略价值。到了唐、宋时期，由于中国经济中心已经南移，远离经济中心的唐、宋国都就更加依赖来自南方的漕粮等物资。自唐代一直到北宋时期，经由镇江运往北方的漕粮占全国漕粮的50%以上，而到了南宋时期，此比例竟然达到了近70%，由此可见，镇江因其控南拒北的地理位置和便利的交通条件，成为各个历史时期极为重要的交通枢纽。

正是基于镇江在地理和交通上的重要性，镇江因此具有极高的军事战略价值，成为中国南方重要的军事锁钥地区，尤其是在南北政权对峙之时，这一点显得尤为明显和重要。

早在三国时期，镇江一带就是东吴政权大本营，到了东晋和后来的南朝时期，镇江的政治、军事、经济和文化地位得到了全面提升。这一时期，镇江在军事方面的作用尤其体现在北府兵的创建发展上。东晋孝武帝初年，谢玄奉命镇守广陵，鉴于北方前秦军力强大，便在为逃避北方战乱而大批聚居于广陵和京口的流民中招募骁勇之士，组建了一支奇兵。太元四年（公元379年），谢玄改镇京口，而京口又名北府，因此谢玄领导的这一支队伍号称"北府兵"。《资治通鉴·晋孝武帝太元二年》记载："玄募骁勇之士，得彭城刘牢之等数人。以牢之为参军，常领精锐为前锋，战无不捷。时号'北府兵'。"《晋书·刘牢之传》对北府兵的组建记载得更为详细，载曰："太元初，谢玄北镇广陵，时苻坚方盛，玄多募劲勇，牢之与东海何谦、琅邪诸葛侃、乐安高衡、东平刘轨、西河田洛及晋陵孙无终等以骁猛应选。玄以牢之为参军，领精锐为前锋，百战百胜，号为'北府兵'，敌人畏之。"北府兵组建之后最为著名的战绩就是在淝水之战中击败了前秦苻坚率领的八十万大军，稳固了东晋的统治。东晋末年，出身于镇江、投身于北府兵的刘裕因战功卓著，在东晋朝廷中显赫无比，最后将东晋取而代之，建立刘宋政权。在南朝时期，尤其是刘宋时期，镇江各方面的影响力全面提升，而以镇江为大本营的北府军也成为东晋以来最强大的南方军队，对于维护南方政权起到了至关重要的作用。

综上所述，在很长的一段历史时期内，镇江是沟通北方政治中心和南方经济中心的纽带，是重要的粮食、钱财等物资的水上中转站和交通枢纽，同时也具有极高的军事价值，是南方政权特别依赖的军事锁钥地区。

二、宋廷南渡之后镇江战略地位的上升

在南宋以前，镇江是长江沿线比较重要的区域性交通枢纽之一，只是一个区域中心城市。但是，当南宋偏安东南一隅和凶悍的金人隔淮水对峙之后，镇江因其独特的地理位置陡然提升为南宋的长江防线要地，和建康一起成为策应南宋淮南防线的战略基地。镇江便利的水陆交通条件及其所依凭的长江天险，使得南宋可以通过镇江完成各种战备物资和军情信息的传递。因此，镇江从原本的区域枢纽一下子跃升为重要边防重镇，成为南宋朝廷的北大门。当然，必须承认的是，对南宋朝廷而言，镇江的政治地位绝对不如六朝古都建康，更不如南宋行在临安，但是其实际具备的军事价值和可以发挥的政治影响，至少与建康"实相伯仲，同为护卫南宋的北门"[①]。

靖康二年（公元1127年）五月，赵构在南京应天府（今河南商丘）即皇帝位，年号建炎，就是南宋高宗皇帝。赵构并不是英明神武的君主，他能当皇帝完全是形势造就以及他个人运气比较好而已。即位后的赵构也没打算收复被金国占领的赵宋故土，而是一味地奉行逃跑主义，并且一边逃跑一边和金国谈判以祈求其能够允许南宋朝廷的存在，哪怕是给金国称臣也不是不可以。金国意在灭宋，因此多次派兵南下追击赵构。建炎元年（公元1127年）十月，赵构率朝廷逃往扬州，等于正式向世人宣布放弃了赵宋的中原故土；建炎二年（公元1128年）一月，金军攻占楚州（今江苏淮安）、天长（今安徽天长）等地，赵构觉得扬州也不安全了，随即于二月仓促渡过长江，经建康

[①] 黄宽重：《护国北门：南宋时代镇江地位的跃升》，《"中央研究院"历史语言研究所集刊》第九十四本第二分，2023年。

逃向杭州。随后不久，金军陷扬州，追至瓜洲（今江苏扬州邗江南），因无舟师渡江悻悻而归。建炎三年（公元1129年）十月，金军趁南宋江防未稳，又派兵南下，但是很快就陷入了南方密集的水网和南宋军民的汪洋大海当中，劫掠一番后于建炎四年（公元1130年）二月被迫撤回北方。由于赵构跑得足够快，更是因为岳飞、韩世忠、张俊等南宋将领和各地军民如火如荼的抗金热潮，以及随着南宋国力逐渐强大，金国不得不改变灭宋策略。与此同时，南宋加强了长江沿线的防御，派驻重兵镇守江淮沿线重镇，一时间金国也占不了什么大的便宜。从建炎四年开始，金国改变了对南宋的策略，再加上南宋仍旧一味求和，南宋和金国之间的和谈成为可能。绍兴十一年（公元1141年）十一月，南宋与金国达成绍兴和议①，主要条款是南宋向金称臣，每年向金贡奉银25万两、绢25万匹，宋、金东以淮水中流，西以大散关（今陕西宝鸡西南）为界。这个和议的结果是南宋放弃了宋朝将士们浴血奋战收复的土地，以极其屈辱的条件换得了东南半壁江山而苟延残喘了100多年。绍兴和议基本奠定了南宋和金国之间百年的和平，宋、金两个政权以淮河为界，并且相互承诺互不在双方边境屯兵驻守。此后宋、金竟然都比较认真地执行了这一条款。在这样的条款限定下，两淮地区成为南宋藩篱地带，而长江天险则成为护卫南宋朝廷安全的门户，长江以北的据点主要起到阻滞金军入江的作用，江中诸洲起到阻击敌船靠岸的作用，而江南的战略要地则成为阻击金军入

---

① 早在绍兴九年（公元1139年），宋金双方已经达成一个和议，基本条款如下：南宋向金称臣，每年向金贡银25万两、绢25万匹，金要将河南、陕西的大部地区归还给南宋，也要将宋徽宗灵柩以及高宗生母韦太后归还。从条款上看，绍兴九年达成的和议要比绍兴十一年达成的和议对南宋有利，绍兴九年达成此和议时南宋上下欢呼雀跃。但是，和议订立之后，金朝内部发生了激烈的夺权斗争，围绕是否归还土地展开了斗争。很快，金朝又败盟南下，宋金战火重启，直至绍兴十一年达成新的和议。

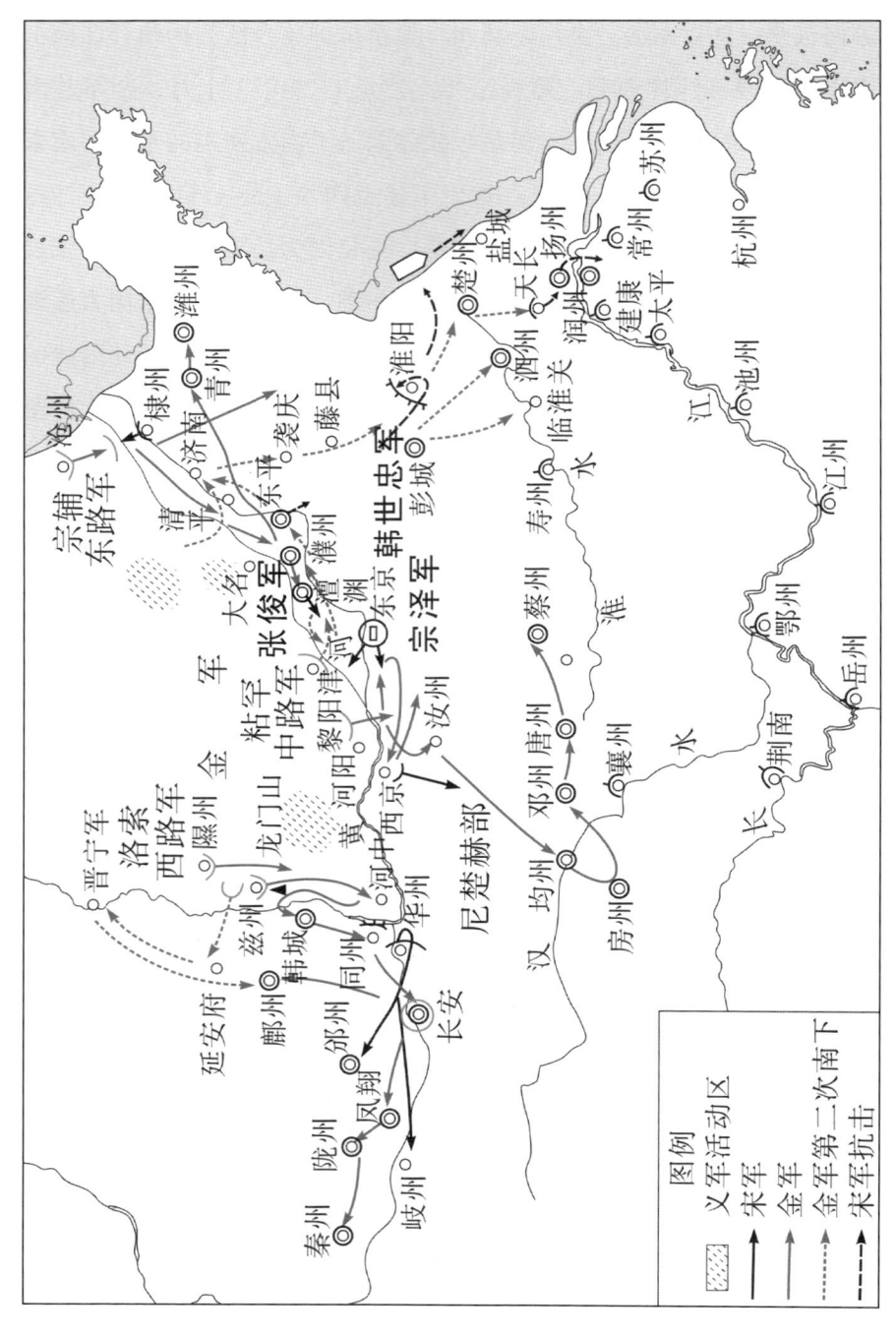

326　山河为证：地理视角下的中国史

图12.1　金军第一、二次南下作战示意图

侵的最后防线。实际上，此时南宋奉行的是弃淮守江的策略，这等于是与金人共有绵延数千里的长江天险。但是，长江天险首尾数千里，南宋难以全面防御，因此，南宋在构筑长江防线的时候，重点放在长江南岸的防御，位于长江南岸的鄂州（今湖北武汉武昌区）、建康、镇江等地自然而然成为长江防线建设的重中之重。

基于以上的分析，南宋要加强江防，必然要在长江南岸的重要城镇派驻重兵以御金兵。因此，在和金国达成和议之前，绍兴十一年（公元1141年）四月，宋廷将岳飞、韩世忠、张俊等领兵大将急召入朝，以韩世忠、张俊为枢密使，而岳飞则为枢密副使，实际上解除了他们的兵权，并将兵权收归朝廷供御前调度。随后，宋廷设置了10个御前诸军都统制司，其中的镇江府、建康府、池州、江州、鄂州以及江陵（今湖北荆州）均在长江南岸，由此可见南宋朝廷对长江南岸重镇的重视。据李心传在《建炎以来系年要录》中记载，南宋第二位皇帝宋孝宗时期，南宋全国屯驻大军的总数及分布为："乾道三年，江上、四川大军新额总四十一万八千人。殿前司七万三千人，马军司三万人，步军司二万一千人，建康都统司五万人，池州都统司一万二千人，镇江府都统司四万七千人，江州都统司一万人，楚州武锋军一万一千人，平江府许浦水军七千人，鄂州都统司四万九千人，荆南都统司二万人，兴州都统司六万人，兴元都统司一万七千人，金州都统司一万一千人。其后诸军增损不常，然大都通不减四十余万。"[①] 从南宋正规军的军力配备来看，镇江成为与建康、鄂州、兴州军力配比大致相同的边防重镇，成为名副其实的扼守南宋北大门的江

---

① 李心传：《建炎以来朝野杂记》甲集卷18《乾道内外大军数》，中华书局，1956年，第404页。

防要地和锁钥地区。我国台湾学者黄宽重援引日本学者的相关研究认为，南宋在镇江所配备的兵力经常会超出原定的额度［乾道年间（公元1165—1173年）约6.8万人，嘉定年间（公元1208—1224年）约7.7万人，嘉熙年间（公元1237—1240年）约7.9万人］，这显示了镇江在南宋长江防线中的重要性。[1]正如顾祖禹所言："唐之中叶，以镇海为重镇，浙西安危，系于润州。宋南渡以后，常驻重军于此，以控江口。"[2]因此，从军事的角度来看，镇江确为南宋护国之北大门，是南宋江防重镇之一。

正是因为镇江在国防军事上对南宋如此重要，赵宋朝廷在南渡之后，于建炎四年（公元1130年）便在镇江设置两浙西路安抚大使司［同时设立的还有江南东路安抚大使司（治建康府）、江南西路安抚大使司（治洪州）］，并为两浙西路提点刑狱司之治所，以加强对这个江防重镇的军政事务之管理。其实，当时镇江的居民人口并不多，实际城市户口在一两万户之间，时人诗文曰："铁瓮城中十万家，哀弦促管竞繁华。"这其实是有些夸张的成分。另外，当时镇江所辖仅有丹徒、丹阳、金坛三县而已，所辖县域人口也不算多。但是，这并不会影响镇江所具有的军事价值。宋、金和议之后，南宋在镇江设置了两个军政机构：镇江都统制司和淮东统领所。镇江都统制司掌管着近5万人的作战部队，归朝廷直接指挥，是南宋先后设立的10个都统制司之一，承担着策应淮南防务以及与鄂州、建康一起卫护南宋东南之根本；而淮东统领所的设置则是为了保证朝廷中枢能够直接控制镇江

---

[1] 黄宽重：《护国北门：南宋时代镇江地位的跃升》，《"中央研究院"历史语言研究所集刊》第九十四本第二分，2023年。
[2] ［清］顾祖禹：《读史方舆纪要》卷25《南直七·镇江府》，中华书局，2005年，第1249页。

驻防之军队军需钱粮之用度，同时设置的还有淮西统领所和湖广统领所，以及绍兴十五年（公元1145年）设置的四川统领所。[①]具体而言，南宋在镇江设置的淮东统领所主要承担统筹淮南东路、两浙西路以及江南东路部分地区的地方财赋以供淮南防务之需要。

除了江淮防线诸军需要大量军粮和其他物资，都城临安也需要来自两广、两湖、江东江西等地供给的漕粮。在南宋时期，经镇江中转的漕粮每年约为319万斛，占各路漕米总数的68%。这些漕粮物资经过长江运至镇江，再进入江南运河运抵临安以及其他所需之地。但是，如遇冬季运输，镇江段运河因其地势较高常常导致河水浅涩而无法行船。不仅如此，由于镇江位于长江和运河交汇之地，由于潮汐水位变化、河口泥沙淤积以及长江岸线变化等诸多原因，也会加大来自长江的船只进入运河的难度，进而导致漕粮无法直达临安。因此，绍兴七年（公元1137年），两浙转运使向子諲向朝廷申请"乞置仓，以转般为名，诸路纲至，即令卸纳"（《嘉定镇江志》卷十二）。朝廷觉得向子諲的建议很好，也同意了他的请求。但是，同意归同意，真要花钱建仓，需要调动各方力量并耗费巨资，所以一直就没有建起来。后来又有不少人建议在镇江设置转般仓，户部便将建设转般仓的任务交由淮东统领所，但是淮东统领所一直没有动工开始修建。这么一拖就拖了几十年，一直到淳熙五年（公元1178年）闰六月十一日，由宋孝宗下诏在镇江和建康各置转般仓一所并设置专门管理人员，"镇江府于闸外、建康府于石头城修筑，各置文、武监官一员，总领专一提领"（《全宋文》卷五二五九）。也就是说，在镇江建转般仓的事情

[①] 黄宽重：《护国北门：南宋时代镇江地位的跃升》，《"中央研究院"历史语言研究所集刊》第九十四本第二分，2023年。

由地方事务变成了国家战略，经由皇帝亲自过问并下诏批示，才最终得以建设。建一个粮仓都需要耗费如此多的时间，还需要皇帝亲自下诏，以此来看，这样的南宋不亡更待何时。

关于镇江转般仓的建造、扩建的相关情况，曾任镇江府学教官的卢宪在所撰《嘉定镇江志》卷十二中记载：转般仓的建设地点"在大围桥西北，前临潮河，后枕大江"。"淳熙戊戌"（公元1178年），由镇江知府司马伋、淮东总领叶翥、两浙路转运副使陈岘"三司同创"。到开禧初年（公元1205年），镇江转般仓由镇江知府李大异"增为五十四敖（敖仓，即粮仓），逮今约储米六十余万石"。到嘉定七年（公元1214年）时，约可储米60余万石。嘉定八年（公元1215年），镇江知府史弥坚奏请又"奉旨起盖敖宇二十座"。最终，镇江建成的转般仓共有仓敖74座，可以"储蓄百万"石粮食，占地甚广，规模甚大，是真正的国家级大粮仓。但是到了景定四年（公元1263年），镇江转般仓已经呈现出破败不堪的状况。时任提领镇江转般仓分司的黄震记录："本仓创于淳熙，增于开禧，又增于嘉定，以敖眼计，前后共七十有六，今颓毁不存者十有四，损而未修者三十有八。见椿米二十敖，见空可备收米才四敖耳。"① 因此，黄震特申请对镇江转般仓进行修缮并得到同意，后于景定五年（公元1264年）修缮完毕，"本仓元修六十二敖皆已充满，续起十八敖"②。也就是说，到景定五年，镇江转般仓的仓敖数量为80座，可以储粮100万石左右。

镇江转般仓是南宋两浙地区以至整个南宋统治地区唯一的转般仓，同时也是唐宋以来大运河南段（江南运河）唯一的国家级转般

---

① 《永乐大典》卷七五一五《申提刑司乞申朝省修仓并乞免江西米入仓状》。
② 《永乐大典》卷七五一五《申提刑司区处交米状》。

仓。镇江转般仓一共存在了 97 年。在这将近百年的时间里，镇江转般仓收储江浙、江西漕米而转般至两淮，也就是为南宋淮南东、西二路提供军粮，两淮战区是当时南宋三大战区（川陕、京湖、两淮）的重心，这应该是南宋孝宗皇帝致力于北伐的总体战略部署之一。因此，镇江转般仓的设置和运营，是南宋整体国防战略的一个重要环节，对南宋政权在漕运、军事、财赋以及行政等方面的运行起到了重要的战略支撑作用；与此同时，转般仓的设立也势必会促进镇江在运河管理、仓储建设、港口建设甚或城市建设方面的发展。在南宋恭帝德祐元年（公元 1275 年），即元世祖至元十二年，镇江守军"内附"元朝，转般仓也被"改置"为大军仓。

综上所述，镇江在南宋时期的重要性的跃升主要体现在 3 个方面：其一，镇江是南宋江防重镇，派驻重兵把守和防御并与建康、鄂州等地共同护卫南宋朝廷；其二，镇江是南宋的重要交通枢纽，承担着人员和物资南来北往的交通枢纽功能，每年交给金人的银两和贡绢也要经由镇江转运，宋金之间的使臣往来也大都要经过镇江中转；其三，镇江转般仓的设置为南宋的国防和行政的运行提供了必要的战略物资支撑，南宋可以借此让财赋钱粮的征收和转运变得更为顺畅，而民间的交流和沟通也会因此更为频繁，从而为南宋商贸的发展提供了更多机会。

三、南宋与大金、蒙元在镇江的争夺

早在南宋建政之初，宋、金双方曾在黄天荡（今江苏南京东北）爆发激战，史称黄天荡之战。

南宋建炎三年秋，金军决定趁南宋江防未稳，由完颜宗弼（兀术）率领 10 余万金兵，兵分三路对南宋发动第三次全面进攻，其战略规划如下：中路军由完颜宗弼率女真精骑、渤海军以及部分汉军，经由淮西，渡江进攻建康，其主要目的是擒获宋高宗赵构，消灭南宋政权；东路军由左监军完颜昌率领，继续进攻山东以攻取未下之地以及淮北地区，同时保障中路军的安全；西路军由陕西都统完颜娄室率领，继续在陕西发动进攻，在保证中路军右翼安全的同时牵制西夏。

金军东路军和西路军的战况我们暂时不予讨论，主要看完颜宗弼率领的中路军对宋高宗赵构实施的"斩首行动"的推进情况。

金中路军在完颜宗弼的率领之下如入无人之境，更如饿虎擒羊般风卷残云，而宋高宗赵构则如丧家之犬狼狈逃窜，惶惶不可终日。

建炎三年九月，完颜宗弼率部攻占单州、兴仁府以及宋南京应天府；十月，完颜宗弼率军从楚州至亳州间渡过淮河南下，随即攻陷寿春，当得知隆祐太后在南昌之后，立即派遣完颜拔离速率兵西进去南昌追击隆祐太后，而完颜宗弼则率中路军主力于十一月初从庐州、和州进攻江东；在遭遇了一些失败之后，十一月下旬，金中路军不战而得建康，下一步的目标就是要进攻临安擒获赵构了。此时驻扎在镇江的浙西制置使韩世忠听闻金军已经渡江，立即将各种应用物资装船起航，退往江阴的长江口伺机与金军作战。

金军渡过长江就意味着南宋的长江防线已经土崩瓦解了。宋高宗赵构坚决奉行逃跑主义，先是从临安以"往浙西迎敌"的表面文章逃窜至越州（今浙江绍兴），随后又逃至明州（今浙江宁波），搜集了 20 艘海船，一艘作为自己的御船，其他供随行的大臣和禁卫军乘坐，决定出海躲避金军追击。接下来赵构又从明州逃向定海（今浙江镇海），坐着搜罗来的海船逃向了茫茫的大海。紧随宋高宗赵构的逃跑路线，追击的金军决定"搜山检海"也要把赵构擒获。十二月，金军攻陷临

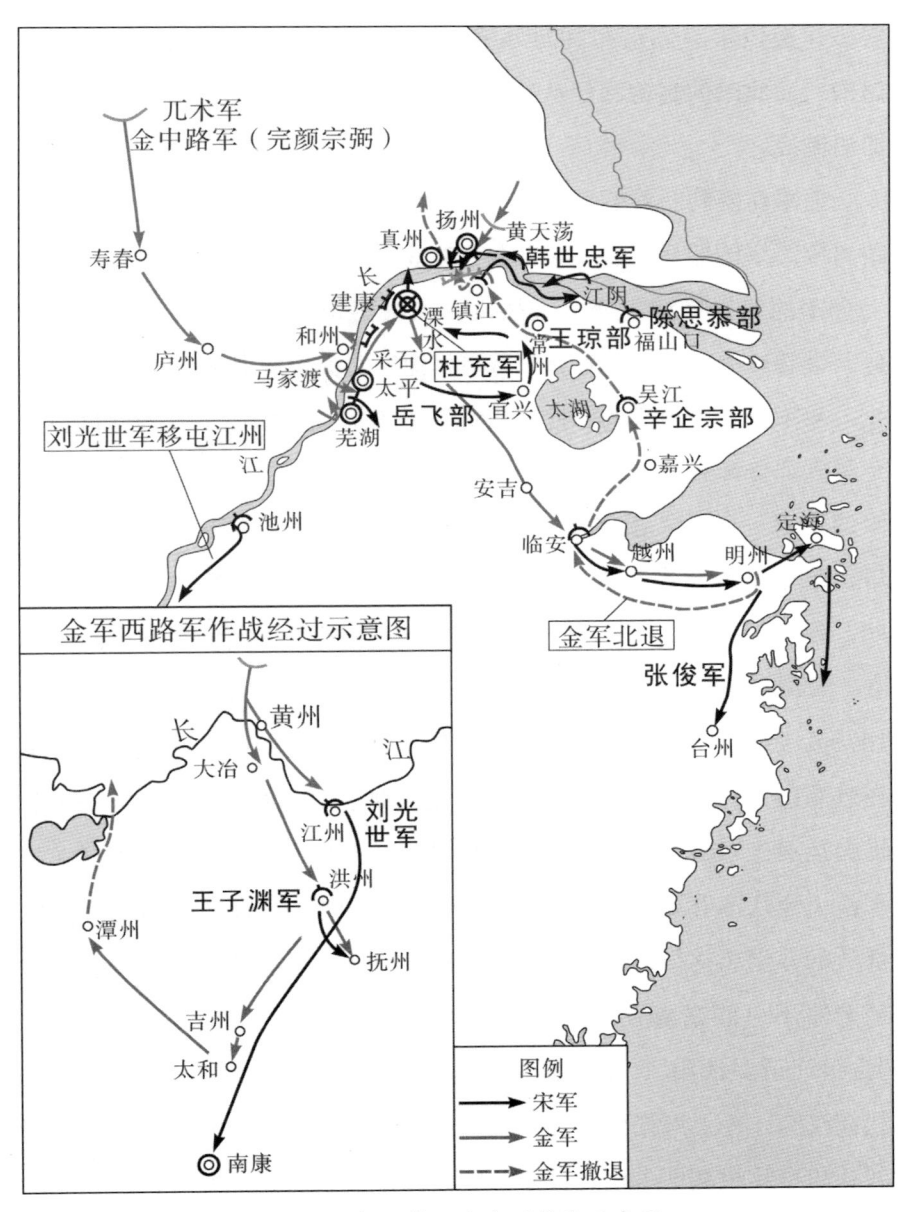

图12.2 金军第三次南下作战示意图

安，建炎四年（公元1130年）正月再攻明州，遂又奔赴定海去捉拿赵构。而此时的赵构已经从定海海面逃至台州、温州的近海，在海上漂泊流浪。

金军在搞到一些船后进入茫茫大海去搜寻宋高宗赵构，而且曾经距离宋高宗的船只仅有一天的航程。但是，由于金军不习水性，再加上金军的船只在海上遇上大风雨，又被南宋将领张公裕的大海船击退，最后被迫退回了定海。宋高宗赵构等人算是捡了一条命。

金军上天入地式的"搜山检海"也没有抓到宋高宗赵构，再加上金军大部分来自北方，无法适应南方潮湿的气候，出现了不少水土不服的情况。而且，岳飞率岳家军屯于宜兴，韩世忠率军占据了长江口，金军的退路有可能被宋军完全切断进而有全军覆没的危险。因此，建炎四年（公元1130年）二月，完颜宗弼决定全部金军返回北方。二月十一日开始，金兵在临安劫掠三天，十三日完颜宗弼率领10万金兵以及劫掠的财物和人口等沿着钱塘江北岸撤退。由于金军在进军路上抢劫的财物太多而无法走陆路返回北方，完颜宗弼决定取道大运河走水路北归。等完颜宗弼沿途又攻陷了秀洲（今浙江嘉兴）、平江（今江苏苏州）、常州到达镇江江面之时，一直在江阴江面伺机歼敌的韩世忠觉得自己期待已久的机会终于来了。此前，韩世忠就料到金军不可能在南方待太久，必然会从镇江返回北方，因此他才会"自镇江退保江阴"，将其前军驻扎在青龙镇（今上海青浦），中军驻扎在江湾（今上海江湾），后军驻扎在海口（今上海吴淞），并将所辖部队的步兵短期突击培训成水师，并打造大型战船，准备"俟敌归邀击之"（《宋史·韩世忠传》）。

得知完颜宗弼的10万金军要北归，韩世忠立即率手下8000人宋军乘坐之前打造和征集的100多艘大型海船，满载着粮草武器等辎重，在金军到达之前先行赶至镇江，并屯兵于焦山寺，将10万金军的北归退路给拦腰截断了。

以八千对十万，韩世忠真猛将也！

三月十五日，完颜宗弼率金军到达镇江，发现运河和长江的交汇口已经被宋军用破船等物资给堵住了，而韩世忠率领大型海船停泊于长江中间的焦山和金山之间，将金军的北归之路堵死了。完颜宗弼作为金军统帅岂能任人摆布，立即命令金军水军上前迎敌。但是，金军的战船太小，根本没法和韩世忠的大船相抗，连战连败。在与金军的作战中，韩世忠本人身先士卒，他的夫人梁红玉亲自为夫君擂鼓助威。南宋水师在江面上往来如飞，进退自如，使得金军根本无法突破宋军的阻击圈。完颜宗弼眼看硬的不行，尝试用金钱收买韩世忠，因此向韩世忠请求借道过江，说金军可以放弃在江南劫掠的财物和人口。韩世忠的目的是要全歼完颜宗弼的金军，因此，韩世忠也提出了自己的条件，要求金人归还宋徽宗和宋钦宗以及占据的宋朝领土，否则一切免谈。

即使完颜宗弼自己想答应这个条件，他应该也没有这样的权限。因此，完颜宗弼觉得没什么可谈的了，只好继续和南宋水师开打，率金军沿着长江南岸西上，和南宋水师边打边找机会逃跑。韩世忠则率领南宋水师沿着长江北岸死死咬住要逃走的金军，一路不断攻击金军，使得金军根本无法脱身，并最终将金军赶入建康东北70里处的一处死水港——黄天荡。随后，南宋水师封锁了黄天荡的出口，将金军困在此地数十日。

如果一直这么围困下去，金军势必成瓮中之鳖，等到南宋其他援军一到，是有机会将完颜宗弼部围歼的。但是，群众当中有坏人啊！

当地一个王姓老乡，向完颜宗弼献策说可以挖通老鹳河故道（位于今南京栖霞山东北一带地区），便可直达秦淮河，直通建康。随后，完颜宗弼命金军抓紧开挖漕渠30里，于四月中旬逃出了黄天荡，到达建康。等韩世忠发现金军已经逃跑，立刻率水师溯江而上追赶金军，又在建康北面江面将金军拦下。随即，双方又开始激战，金军一时无法冲开宋军防线，决定张榜悬赏寻求战胜南宋水师大船的方法。正所谓重赏之下必有勇夫。一个在建康做米铺生意的福建人王某向金人建议，金军可以在船上装载一些土石以增加船的稳定性，同时准备大量的火箭，趁着江面无风而南宋大船不便行驶的机会，让金人驾驶比较便捷的小船用火箭射击南宋水师船上的帐篷，从而火烧南宋水师。看来，这个做大米生意的王老板一定比较熟悉三国时期火烧赤壁的故事。

完颜宗弼和韩世忠双方命运的齿轮开始转动了。

四月二十五日，天气晴朗，无风，完颜宗弼派出小船出江迎战南宋水师。虽然没有风，但是金军的小船可以靠人工划桨以达到在江面上行动自如，而南宋的水师大船则行动不便，成了被金人火箭射击的靶子。瞬间，南宋水师和金军之间的地位就翻转了。南宋水师大船纷纷着火，水兵不断跳河自保，眼看就要全军覆没了，韩世忠只好命令全军撤退。但是，金军紧跟其后追击。等到韩世忠军退至杨家洲，南宋水师的救命恩人出现了。在杨家洲，追击韩世忠军的金军遭遇到长芦崇福院僧人普伦以及周围百姓驾驶的上千只小船的阻击，给韩世忠军争取到了逃跑的机会。随后，韩世忠军退到瓜步（今江苏南京北），弃船上岸，走陆路回到了镇江。金军也退回至建康吐口并与完颜昌派出的援军会合。五月十一日，留在建康的金军撤回江北，陆续北归。

韩世忠虽然没有在黄天荡将金军一举歼灭，但是以区区8000人对抗10万金军，这是他个人作战史上的奇迹，也是宋军在整个宋金战争史上的壮举。韩世忠的勇气和胆识，激发了被金军打怕的南宋军民的斗志，也鼓舞了南宋军民继续奋勇抗金的士气和精神。黄天荡之战，宋军虽败犹荣，保住了南宋的半壁江山，保住了当时宋人的脸面和气节。

绍兴三十一年（公元1161年）九月，金主完颜亮发动四路大军再次攻宋。当年十月，完颜亮率领金军主力在拿下盱眙、扬州、庐州、和州之后，已经进攻至长江边上，南宋加紧派出部队加强了长江沿岸的重要据点的防御，想依靠长江天险阻击金军。而善于逃跑的宋高宗打算收拾行囊再次往海上逃亡。但是，宋高宗再次逃跑的想法被左仆射陈康伯和太傅杨存中等人给扼制在摇篮里了，二人告诉宋高宗"今日之事有进无退"（《宋史·陈康伯传》），必须积极应对金军进攻，不能再跑了。南宋老将刘锜抱病从镇江赶至扬州指挥迎敌，但因其他宋军配合不力，只好率军退至瓜洲，在和追击的金兵苦战四天之后，因病情加重不得不退回镇江，而留下部分守将在瓜洲和金军对峙。十一月上旬，宋高宗派中书舍人虞允文至采石（今安徽马鞍山西南）前线犒师。但是，等到虞允文到达采石前线之后发现前线的宋兵已经完全没有了斗志，因为主帅刘锜病重退守镇江，副帅王权被罢官，而新的主帅李显忠尚未到达前线。本来是前来犒师的虞允文不得不担当起临时主帅的重任，随即组织军队，部署宋军迎敌。虞允文将步兵和骑兵布置在江岸，水师则分为五队，两队沿岸巡视，一队在江中游击，另外两队作为预备队隐藏起来。不仅如此，当地的民间武装也驾驶着小船加入宋军抗金队伍当中。虞允文刚刚布置完毕，完颜亮就发动了渡江之战。不得不说，水战仍旧是金军的弱项，在宋军水师和民兵武装的进攻下，金军大败而归。第二天，金军再次组织剩余船只发起进攻，又被宋军水师击败，金军船只被烧毁300余艘，士兵死伤无数。

宋军赢得了采石之战的胜利，连战连败的完颜亮不得不退回和州，打算从瓜洲渡江。

虞允文认识到完颜亮准备从瓜洲渡江，宋军就必须做好镇江的防御工作。因此，为了增强镇江京口的防御力量，虞允文调集各方部队驰援京口，使得防御镇江的宋军兵力达到了20万之多。

就在宋军和金军要在镇江展开大战之际，金军内部形势发生了有利于宋军的巨大变化：金朝内部发生政变，金世宗完颜雍即位，完颜亮被金朝抛弃了。不仅如此，由于完颜亮对待自己的士兵和将领过于残暴，动不动就将战败的士兵全部处死，招致手下将领和士兵的不满，十一月二十七日，完颜亮被部下用乱箭射死。十二月初，金军北撤，宋军迎来了抗金的有利形势。绍兴三十二年（公元1162年），善于逃跑的宋高宗赵构既害怕金军又不敢明目张胆地在宋军胜利的情况下继续推行投降政策，因此觉得自己没法再领导这个国家了，干脆让给儿子干得了，遂于六月份将帝位传给了太子赵昚，是为宋孝宗。

从宋金采石之战来看，镇江成为南宋抗击金军的最后长江防线，一旦镇江失守，金军就可以凭借镇江四通八达的交通枢纽条件迅速向南推进，南宋必然又陷入一种风雨飘摇的状态之中。虽然由于金军内部政变，双方最后没有在镇江爆发大规模的战役，但前期战局已向我们展示了镇江作为南宋护国北门的意义和价值。

当然，如果南宋朝廷自己不努力，镇江这座长江南岸的小城无论多努力也无法挽救这个弱小王朝的覆灭命运。南宋德佑元年（公元1275年）四月，元军在主将阿术的率领下已经兵进扬州并开始攻城，而且元军水师集结于瓜洲，控制了长江和运河的交通。七月初，宋军在将领张世杰的指挥下，集结了万艘船只在镇江焦山以东江面，将所有船只以每十船为一方用铁锁固定，并沉锚江中，准备与元军决一死

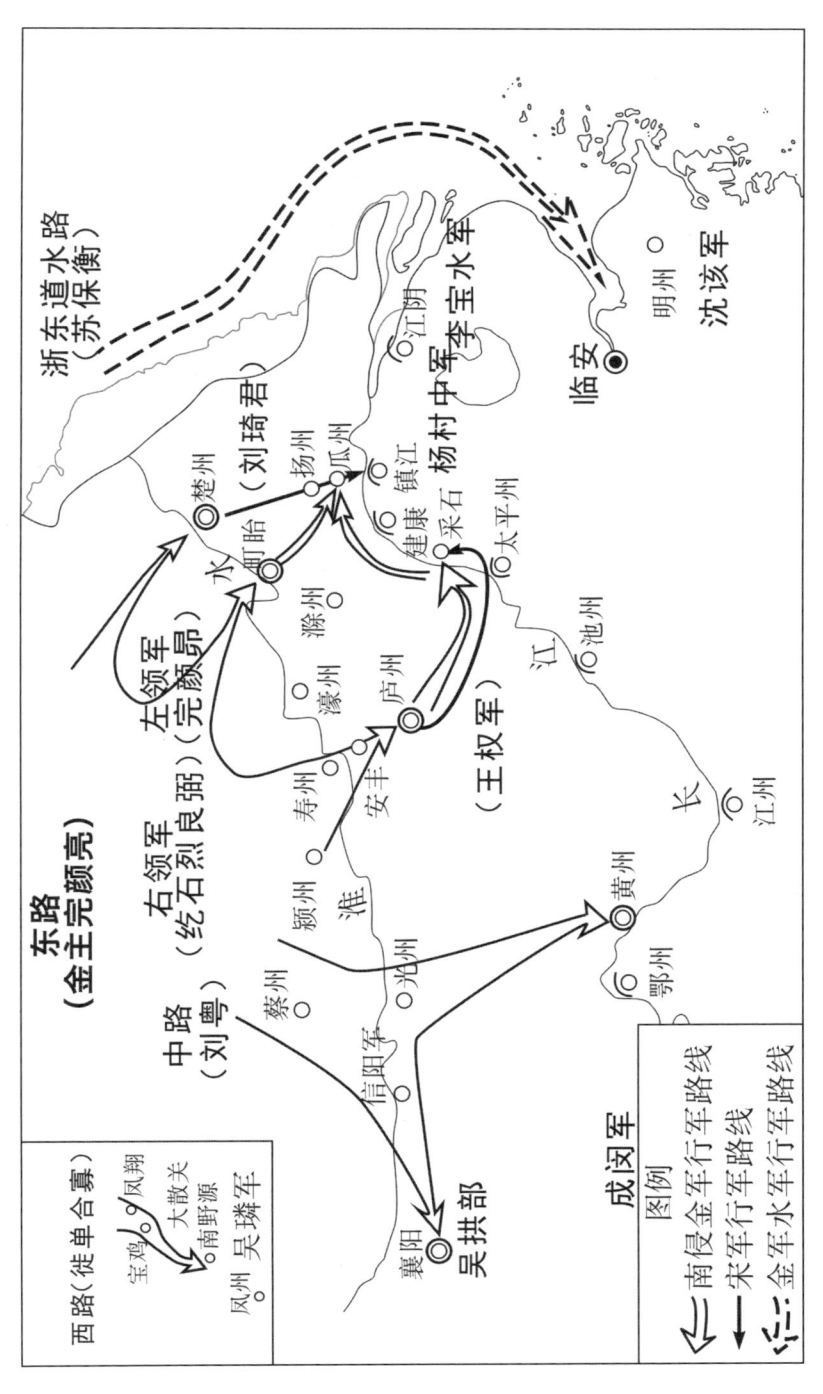

第十二章 镇江：南宋的护国北大门 339

图 12.3 金主完颜亮南侵采石之战示意图

战。看到宋军将船只做这样的安排，我们马上就会想到火烧赤壁的场景，觉得元军肯定就要行火攻之法了。对的，元军就是这么干的。元军将领阿尤在看到宋军水师在江面上的布置之后，只说了一句话："可烧而走也。"这一句话就决定了这一支南宋水师的命运，也决定了南宋王朝的最终命运，因为这是南宋根据所能搜罗到的最后家底而做出的孤注一掷的决战了。

结局可想而知，双方一开打，元军就向宋军水师射击火箭，而宋军水师因铁锁钩连且沉锚江中，短时间无法机动躲避，导致大批船只被焚毁，大量士兵投水而死。张世杰只好率领残部退至江阴，又被元军打败，只好再退入茫茫大海以躲避元军追击。

经此一役，南宋的最后家底全部打光了，就剩下张世杰、文天祥等少数将领还在组织一些零星抵抗，已经无法改变南宋覆亡的命运了。

镇江，见证了南宋的最后拼死一搏，南宋护国北门，终究没有护住南宋的国运。

当然，这并不是镇江的错。

第十三章

襄阳：柔弱南宋抗击蒙元的硬脊梁

将北宋灭亡并将南宋朝廷赶到南方偏安的是金人，而最后灭亡南宋的是蒙古人。为了抗击蒙古大军的进攻，南宋加强了两淮、川陕、京湖3个防御战区的建设。襄阳位于京湖战区的关键节点，是京湖防御战区抗击蒙元的战略要地和枢纽地区。正是在襄阳城下，柔弱南宋竟然将凶悍的蒙古大军阻滞了6年之久，耗费了蒙元一半的财政收入。那么，针对襄阳的防御和进攻，南宋和蒙元各自做了哪些战略部署和安排？南宋军民为何能够坚守6年之久？蒙元最后又是如何攻取襄阳的？这些问题的答案能帮助我们更好地理解襄阳这个锁钥之地对南宋的价值和意义。

一、襄阳的地缘政治价值

在中国古代战争史上，襄阳是一个兵家必争之地，尤其在南北政权对峙时期就会更加凸显其地缘政治价值。吴庆焘在《襄阳兵事略·序》中指出："世之言形胜者，荆州而外必及襄。其用兵萌于春秋，茁于东汉，枝于三国，蔓于东晋六朝，而樛于宋之南渡，史策具在，可坐而稽也。"[1] 意思是说，世人谈到那些能够凭借有利地势而取胜的地方之时，说完荆州就必然会涉及襄阳。襄阳的军事历史始于春秋时期，逐渐发展于东汉，在三国时期再逐渐发展，延伸至六朝时期，最后扩展至南宋时期。相关历史记载详尽，可以坐下来好好研究研究。这段话表明荆州地区在中国历史上极其重要，尤其强调了这一地区在中国古代战争史上的持续影响。

历史事实也确实如此，在中国古代战争史上，三国时期的曹操、南北朝时期的苻坚和拓跋宏等都曾希冀通过占有襄阳而图江南，西晋灭吴、大隋灭南陈、蒙元灭南宋以及李自成改襄阳为襄京，诸多战争都在用无数将士的鲜血告诉我们襄阳的地缘政治意义。柔弱的南宋朝廷曾经在襄阳这个小地方拼死抵抗了强大的蒙元六年，逼迫蒙元将一半的国家财政收入用于襄阳战场，最后不得不从西域征调回回炮参与攻城，才最后攻陷，襄阳可谓是柔弱南宋抗击蒙元最后的硬脊梁。

襄阳的地缘政治价值大致源自以下 3 点。

其一，襄阳地区是沟通中国南北地区的重要交通枢纽。

在古代，从中原政权的都城（如西安、洛阳、开封等），经由襄阳、荆门南下，抵达南方重镇荆州的道路，被称为荆襄道（或荆襄古道），是古代重要的沟通南北方的陆路通道之一。

在殷商时期，荆楚地区是商王朝南部的疆土。约公元前 12 世纪，商高宗武丁统治时期，他向西南征服了荆楚地区。武丁的荆楚南下通

---

[1] 石洪云、洪承越点校：《荆州记九种·襄阳四略》，湖北人民出版社，1999 年，第 159 页。

道之一是通过南阳盆地，随后经过随枣走廊南下，向东直达长江边，建立了著名的盘龙城（位于今湖北武汉黄陂地区），向西跨越汉水，最终建立了权国（位于今湖北荆门沙洋县）。江汉平原西部的道路，早期的荆襄古道主要是由权国开辟的。

后来的荆襄古道也被称为周道。从周武王统一天下开始，周公开始大规模修建东都洛邑（今河南洛阳），然后修建通往各主要封国和重要地区的道路。这些通往各地的道路被称为周道。在东周时期，周天子迁都洛邑。那时，楚国周围有许多诸侯国，如谷国、邓国、卢国、鄢国、罗国、权国、那国、鄀国等。这些"南土"国家与周天子以及中原各国之间的往来，特别是各国之间的往来，逐渐建立并完善了鄂西和江汉平原地区的往来道路。楚国与中原的主要联系通道就是荆襄古道——南襄隘道，即从今天的湖北荆州出发，经过荆门、襄阳，沿着唐白河谷向北上，直至河南南阳，这是一条天然的隘道。从南阳出发，穿过方城向北，就连接上了中原交通网络。从方城出发，经过颍水和汝水，最终到达郑州，是楚国延伸南襄隘道到达中原的主要路线。从白河转入鸭河后，可以改走陆路，沿着鸭河谷翻越伏牛山分水岭，然后沿着襄河谷进入豫西伊、洛、汝等水域，最终抵达周都洛邑。这就是著名的"三鸭路"。从南阳出发，向东行，可以直接通往许州（今河南许昌）和郑州，从而进一步通往晋州。到了战国时期，楚国的道路通往东方的齐鲁，南接吴越滇黔，西达秦陇，北通中原各地，四通八达。

在秦代，荆襄古道成为南方快速通道的一部分。秦始皇统一六国后，采取了一系列措施来加强和巩固统一，其中之一是修筑从都城咸阳到全国各地的快速通道，也就是国道。其中，从咸阳到南郡的驰道是仅次于通往东方的驰道之外的第二重要道路，也是通往南方的最重要道路。

随着大汉王朝的建立和国土范围的扩大，南北大道进一步向南延伸，荆襄地区从一个遥远的南方地区，变成了大汉帝国交通网络的重要中心，地位至关重要。

在唐代，交通以都城长安为中心，通过驿站和邮亭向四方辐射，将全国各府、道、州、县连接在一起，形成了四通八达的驿路网。其中，"从上都至汴州为大路驿，从上都至荆南为次路驿"。这条从长安到南都江陵的全国第二驿道，自长安越过秦岭，经过商山路、襄荆路，最终抵达荆州。由于经过荆门境内，因此通常被称为"荆门道"，又因终点在荆州，所以也被称为"荆州道"。唐代的襄荆路驿道，不再是沿着荆山东麓、漳河沿岸的古道，而是经过襄阳、宜城、乐乡城、长林城（荆门）、团林驿、观风驿、白碑驿，然后向南下至荆州。

在北宋时期，荆襄地区仍然是国家的核心地带，荆襄驿道仍然是国家物资转运的重要干线。陆路运输川蜀、广南和东南的物资，绝大多数都需要经过荆襄道，然后转运至汴京。通常，物资会首先通过水路或陆路运送至荆州，然后由荆州经过荆门运送至襄阳，最后由襄阳送往京师，或者转运至陕西和河东边境地区。

到了南宋时期，襄阳一下子从北宋时期的交通枢纽变成了边防重镇，同时也是南宋与金以及后来的蒙元进行各种往来的必经之地，其地缘政治意义可见一斑。

其二，襄阳及其附近地区具有易于农耕的自然条件。

一个地区具备了军事枢纽的特质，同时还能够给军队提供充足的粮草，那么这个地区的军事价值就会更加凸显，就会成为各方军政力量努力夺取的战略宝地。襄阳就具备了这样的特质。

首先我们来看襄阳的地理位置。襄阳位于湖北省中部，濒临汉江，地势相对平坦，襄阳附近的丘陵地以及低山之间的可耕土地较多，而且土地非常肥沃。这个地理位置使得农田的灌溉相对容易，因为水资源相对丰富且容易获取。再来看此地的土壤质量。襄阳地区的土壤质量相对较好，富含养分，适合多种农作物的种植。再来看此地的气候条件。襄阳地区属于亚热带季风气候，冬季相对温暖，夏季温度适中，年降水充足。这种气候条件有利于农作物的生长和发育，农民能够在不同季节种植不同的作物，农业作物丰富多样。最后，襄阳地区拥有悠久的农业传统，农民积累了丰富的农业经验和技术。总而言之，襄阳易于农耕的特点主要归因于其地理位置、土壤质量、气候条件、农业资源和农业传统的综合影响，这些因素共同促进了该地区农业的繁荣和发展。

襄阳具有易于农耕的优势，又是四通八达的交通枢纽，其军事枢纽地位更为凸显。顾祖禹在《读史方舆纪要》中指出："自昔言祖中之地为天下膏腴，诚引湍、淯之地，通杨口之道，屯田积粟，鞠旅陈师，天下有变，随而应之，所谓上可以通关、陕，中可以向许、洛，下可以通山东者，无如襄阳。"[1]意思是说，自古以来，有人说襄阳是天下最肥沃的地方，因为它位于湍河（今沙河）和淯河（今白河）的交汇之地，交通便利，有通往杨口的重要道路。这里适合农田种粮，积累粮食储备，整顿军队准备战斗。如果天下发生变故，襄阳能够迅速应对，因为它可以连接到关中、陕西，向北通往许昌、洛阳，向东通往山东。因此，襄阳在这些方面无与伦比。顾祖禹之所以如此重视襄阳地区，正是因为认识到了此地的农业价值和交通价值在古代军事斗争中的作用。三国两晋时期，襄阳也是多方争夺的焦点地区之一，为了灭掉孙吴，司马氏不仅派驻大军驻扎在襄阳，而且在此大事屯

---

[1]〔清〕顾祖禹：《读史方舆纪要》，《湖广方舆纪要序》，中华书局，2005年，第3487页。

田,为灭掉孙吴的战争准备了充足的粮草以及其他战备物资。正所谓"羊祜镇襄阳,进据险要,开建五城,收膏腴之利,夺吴人之资,石城以西,尽为晋有。又广事屯田,预为储蓄。祜之始至也,军无百日之粮,及至季年,有十年之积。杜预继祜之后,遵其成算,遂安坐而弋吴矣"[1]。

其三,襄阳具有易守难攻的军事地理条件。

襄阳城在军事上具备一个非常重要的特征:易守难攻。因此,襄阳自古以来就是一座重要的防御要塞。在多个朝代,襄阳城构筑起坚固的城墙和防御体系,使其成为一道坚不可摧的御敌屏障。

襄阳城东、城北、城西北三面有汉水环抱,与樊城(今湖北襄阳樊城区)隔江相望,而且汉水水深流急;城南、城西南诸山环绕,包括岘山、桐柏山、大洪山、武当山余脉和险峻的荆山山脉,仅城西有一条长约 4 千米的狭长走廊,这些山脉形成了襄阳的天然屏障,使其容易设防,不利于敌军的车骑与大军的行动。襄阳城周边地形复杂、地势险要,这种山河环抱的地理条件使其易守难攻,来袭的敌军需要跨越河流才能进攻,如果没有配备足够的渡江船只难以轻松渡江攻城。关羽曾在建安二十四年(公元 219 年)围攻襄阳,但因汉水暴溢未能攻克。

此外,襄阳位于汉水谷道的北口,据此可以利用汉水和周围山脉来封锁敌军的来路。这种战略位置使得襄阳可以控制进出江汉平原的要道,成为南方政权重要的北门。

襄阳地理位置的重要性使得它成为历史上多次争夺的焦点,失去

---

[1] 〔清〕顾祖禹:《读史方舆纪要》卷 79《湖广五·襄阳府》,中华书局,2005 年,第 3698 页。

襄阳将导致南方政权在战略上处于不利地位，可使敌人越过险要地带南下，对汉江上下地区构成威胁。因此，襄阳的保卫对于南方政权的统治和防御具有重要意义，任何占有襄阳的南方政权都会在襄阳布下重兵并强化其防御能力使其能发挥御敌于国门之外的功能。

综上所述，襄阳的地理位置、水文条件、山脉环绕等自然地理条件使其易守难攻，加上河谷通道地理优势以及其在南方的重要战略地位，这些因素使襄阳成为历史上多次战争中的关键地点，保卫者能够利用自然条件来抵御敌人的进攻，而进攻者则需要克服种种困难。偏安东南一隅的南宋自然会认识到襄阳的地缘战略价值，因此襄阳就成为南宋防御体系中的重要枢纽，襄阳失陷，则南宋政权岌岌可危，而攻陷襄阳，蒙元就在一统中国的道路上大踏步迈进了一步。正因如此，顾祖禹在《读史方舆纪要》中说："以天下之言则重在襄阳……何言乎重在襄阳也？夫襄阳者，天下之腰膂也。中原有之可以并东南，东南得之亦可以图西北者也。"[1]

二、南宋在荆襄地区对蒙元的防御部署

相比于北宋，南宋朝廷统治的范围大大缩小，在大多数情况下其疆域仅限于秦岭淮河线以南地区，先后与金朝、蒙元长期对峙。面对北方游牧民族的不断侵扰[2]，南宋确定了"御北安南"的地缘战略，也

---

[1]〔清〕顾祖禹：《读史方舆纪要》，《湖广方舆纪要序》，中华书局，2005年，第3484页。
[2] 北方游牧民族政权屡屡南下的原因有很多，其中有气候因素。自11世纪初气候开始变冷，12、13世纪气候加剧转寒，而这两百余年正是契丹、党项、女真、蒙古等游牧民族相继南下的时期。因此，我们可以推断，气候转寒导致北方游牧民族生存艰难，不断南下以求得生存空间。

表 13.1　南宋三大战区防御范围及兵力配备

战区名称	防御范围	兵力配备	战略目的
川陕战区	主要包括南宋的川峡四路，大约是今陕西南部、四川北部、甘肃南部三省交界地带	南宋初年约 10 万人，占南宋总兵力约三分之一	守卫长江上游地区
京湖战区	主要包括南宋京西南路、荆湖北路和荆湖南路，相当于今湖北、湖南大部地区	南宋初年有六七万人	防御长江中下游地区
两淮战区	主要包括南宋都城临安城以及江浙经济区	南宋初年约有 15 万人	防御长江下游地区

就是说对于金以及后来的蒙元，南宋主要采取的是战略防御的态势，对于南方的大理国则采取互不打扰各自相安的和平态势。因此，为了防御和对抗来自金朝、蒙元这两个游牧民族政权的军事侵扰，南宋构建了以江防为根本，川陕荆襄为屏障，淮防为藩篱，海防为辅助的防御体系，建立了专门的江防水军和多层次的江防要塞体系，并沿着千里江面形成了川陕、京湖、两淮三大防御战区。

具体而言，两淮战区主要翼护南宋都城临安城以及江浙经济区，防御长江下游地区，实为南宋之藩篱，因此南宋对两淮的经营是尽心竭力。在南宋后期，此处部署兵力有 10 余万人之多，最多时达到了 17 万之多，可见南宋对此战区重视之程度。川陕战区主要包括川峡四路，即利（今陕西汉中，后迁至四川广元）、益（后改为成都路，今四川成都）、梓（后改为潼川路，今四川三台）以及夔（今重庆奉节）等四路，为南宋守卫长江上游地区，以避免被敌人占领之后顺江而下一举进取襄、鄂进而攻取国都临安，因此川陕战区在军事上起着庇护南宋朝廷的作用①。可惜的是，南宋初年川陕战区的南宋守军战力还算强劲，而到了南宋末年，川陕战区的宋军战力远远不如两淮战区和京湖战区了。京湖战区（也叫荆襄战区、两湖战区）主要包括京西南路、荆湖北路和荆湖南路，大概相当于今湖北、湖南大部地区，设立"京西湖北路安抚制置使司"统领本地区对金、蒙元防御事宜。京湖战区连接两淮战区、川陕战区，东通吴越，西控长江三峡，西北沿江而上直达汉中，且南控湖湘，直至南宋江浙中枢，主要防御长江中下游地区，其战略地位极其重要。在京湖战区中，又以襄阳地区的战略位置最为重要，正所谓"天下大势，首蜀尾淮，而腰膂荆襄"。对南宋而言，四川连绵的群山、大别山系、淮河密集的水网，都可以使长江的上中下游有险可守，而自南阳盆地与江汉平原之间下泻的汉水，似一把利剑刺入长江心腹，一旦襄阳失守，敌军则可顷刻顺流而下，攻取江浙腹地。因此南宋在汉江部署重兵，重点防御。

其实，京湖战区也不是天然形成的，而是南宋初年靠着岳飞的岳家军打下来的。

南宋初年，据长江而立国的南宋对上游地区的川陕尤为重视，因为"秦甲可以强兵，蜀货可以富国"，因此派遣重臣张浚苦心经营川陕战区，但对京湖地区的国防并不是那么重视，仅仅以"分镇"政策处之。当时的中书舍人兼侍讲胡安国在其上书给朝廷的《时政论》之《设险》篇中对这种"近弃湖北、远留川陕"的战略提出了自己的批评："昨降诏令定都建康，而六飞巡狩暂驻杭、越，乃以湖北为分

---

① 公元 280 年，晋武帝司马炎命王濬率领水师，自今之成都沿江直下金陵，灭了东吴。因此，自从南宋偏安于江南一隅，南宋朝廷就和历史上的东吴、东晋、南朝等其他偏安江南的政权一样，始终担心"王濬楼船下益州，金陵王气黯然收"（刘禹锡《西塞山怀古》）这样的历史悲剧再次发生在自己身上。

镇，恐失古人设险守邦之意矣。近日虽复荆湖南、北，而分镇地分仍旧未改，即与不复亦等耳……朝廷近弃湖北、远留川陕者，固谓秦甲可以强兵，蜀货可以富国，取其资力以自助也。而使荆峡分镇于其间，假令万分一有桀黠者得之，守峡江之口，则蜀货不得东；阻长林之道，则秦甲不得南。譬犹一身，束其腰膂，而首尾不相卫，则非计之得也。"[1] 南宋初年，朝廷对于荆襄地区的忽视让不少大臣忧心忡忡，不断批评朝廷"自驻跸吴会以来，似未尝以襄阳、荆南为意"（《宋史·张嵲传》）。那么，南宋在肇建之初为何对荆襄地区有所忽视？

原因并不复杂，就是无力顾及而已。因为南宋初年的赵构政权急急如丧家之犬，在金兵的追逐下不断四处奔命，虽然意识到了川陕战区和京湖战区对南宋政权的同等重要性，但是一时无法照顾周全，只好暂先委派重臣张浚统一经营好川陕地区和荆襄地区，在上游替南宋把好大门。此外，虽然当时朝廷对张浚的要求是他能够统一担负起川陕、京西和荆湖等地的军政事务，但在张浚看来，高宗皇帝有可能移都武昌，那么武昌所在荆襄地区便会成为京畿重地，他自然不会也不敢在此地过多经营，免得皇帝多心。毕竟，一个大臣在京畿重地有太强大的影响，必然会招致朝廷的忌讳。因此，张浚将经营的重点放在川陕战区，而对荆襄地区的军政不太上心。当时高宗皇帝还在四处逃亡，还没有找到一个安定的行在，自然也不会对荆襄地区给予太多关注。

主政官员和朝廷中枢对荆襄地区的忽视必然导致此地国防力量的空虚。随着金兵的不断南下，到建炎四年（公元1130年）十月，邓州（今河南邓州）、随州（今湖北随州）、襄阳等地接连失陷。而此前南宋政权也于建炎三年（公元1129年）八月放弃了移都武昌的计划

---

[1] 黄淮、杨士奇编：《历代名臣奏议》卷47 胡安国《时政论》，上海古籍出版社，1989年，第637页。

并确立了立国东南的国策，因此，南宋政权首先要整合两淮战区的军事防御力量，要求岳飞等部"荡清内寇"以维持京湖地区的稳定，配合两淮战区。

绍兴元年至二年（公元 1131—1132 年），岳飞率领岳家军忠实地执行了朝廷要求维持京湖地区稳定的命令，转战于湖广、江右地区，镇压了当地的农民起义，得到了高宗皇帝的认可和赏识。绍兴三年（公元 1133 年）九月，岳飞任江南西路舒、蕲州制置使，神武后军统制，率军驻扎于江州。在岳飞看来，必须尽快收复襄阳，这样才能保朝廷上下无虞。绍兴四年（公元 1134 年）五月，岳飞兼任汉阳军德安府制置使，正式主持收复襄阳、邓州、随州、郢州（今湖北荆门钟祥）、唐州（今河南南阳唐河县）、信阳（今河南信阳）等六郡的军事行动，并开启了南宋整合京湖战区军力部署的过程。当年七月，在牛皋、董先等部的帮助下，岳飞率领岳家军收复襄阳等六郡，朝廷随后成立襄阳府路。绍兴五年（公元 1135 年）二月，岳飞率领岳家军征讨京湖南部的杨幺势力，岳家军大胜，杨幺势力得以平定。至此，京湖地区的军政力量得以整合，京湖战区得以确立。京湖战区成为和川陕战区、两淮战区并列的三大战区之一，后来又经过南宋数代人的苦心经营，成为南宋抵御北方游牧民族南下铁骑的第一道防线，也是连接其他两大战区的枢纽，而襄阳则成为京湖战区最为关键的战略枢纽，成为守护南宋国门的锁钥地区。[①]

[①] 京湖战区有 3 个枢纽地区，分别是襄阳、江陵和鄂州，大致形成了一个直角三角形共同撑起京湖战区的防御。在这 3 个枢纽地区中，襄阳位于顶点的位置，是整个京湖战区的屏障，江陵是川陕战区和京湖战区的联系门户，可以说是南宋国之西门，鄂州则是多数长江支流在中游的交汇点，是南宋东南方的重要据点。因此，在南宋和蒙元对抗之时，对于"守汉（襄阳）"还是"守江（鄂州）"一直有争议，这也是南宋末期对襄阳援助不够的一个原因。

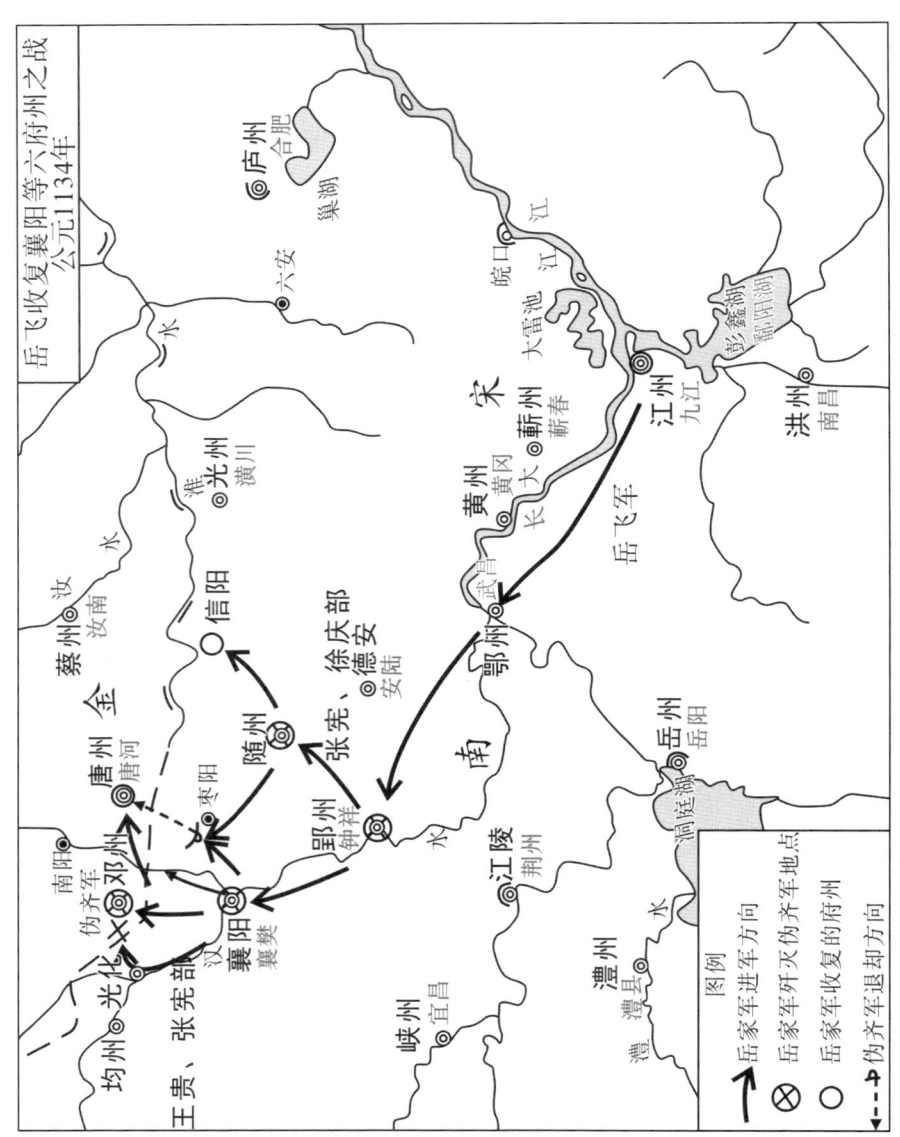

352 山河为证：地理视角下的中国史

图13.1 岳飞收复襄汉六郡示意图

南宋在鄂州屯以重兵，在襄、随、郢等地留少量兵马驻扎，并在汉阳（今湖北武汉汉阳区）等地驻兵，依据便利的水陆交通互为支援，即"襄阳、随、郢量留军马，又于安、复、汉阳亦量驻兵。兵势相援，漕运相继，荆门、荆南声援亦已相接，江、淮、荆湖皆可奠安。六州之屯，宜且以正兵六万，为固守之计。就拨江西、湖南粮斛，朝廷支降券钱，为一年支遣。候营田就绪，军储既成，则朝廷无馈饷之忧，进攻退守，皆兼利也"[1]。此后，南宋在京湖战区的防务还算牢固，成功抵抗了金兵的多次进攻。

端平元年（公元 1234 年），南宋和蒙古联合灭金，宋、金之间长达 100 多年的对峙局面结束。然而，对南宋而言，金的灭亡并非益事，因为南宋将要面对的是比女真人更为强悍勇猛的蒙古人。灭金之后，蒙古军队随即将灭亡南宋作为其下一个战略目标。

端平二年（公元 1235 年），蒙古兵分三路进攻四川、荆襄、两淮地区。当年七月，蒙古将领口温不花等率军进攻京湖战区。然而，在赵范担任京湖制置使兼知襄阳府时期，"倚王旻、樊文彬、李伯渊、黄国弼数人为腹心，朝夕酣狎，了无上下之序。民讼边防，一切废弛"（《宋史·赵葵传》），也就是说，此时的襄阳城防是松弛虚弱的。所以，可以预料到的是，襄阳没有抵挡住蒙古的进攻，由于守城将领王旻、李伯渊等人叛变，主帅赵范狼狈逃走。在岳飞收复襄阳 100 多年后，南宋苦心经营的城高池深的襄阳陷入敌手。在攻陷襄阳之后，南宋荆襄门户大开，蒙古军队势如破竹，连破多城，劫掠无数。嘉熙二年（公元 1238 年），孟珙率兵开始收复襄樊失地，并于次年收复襄、

---

[1]〔宋〕岳珂：《鄂国金佗稡编续编校注》卷 10《画守襄阳等郡劄子》，中华书局，1989 年，第 842 页。

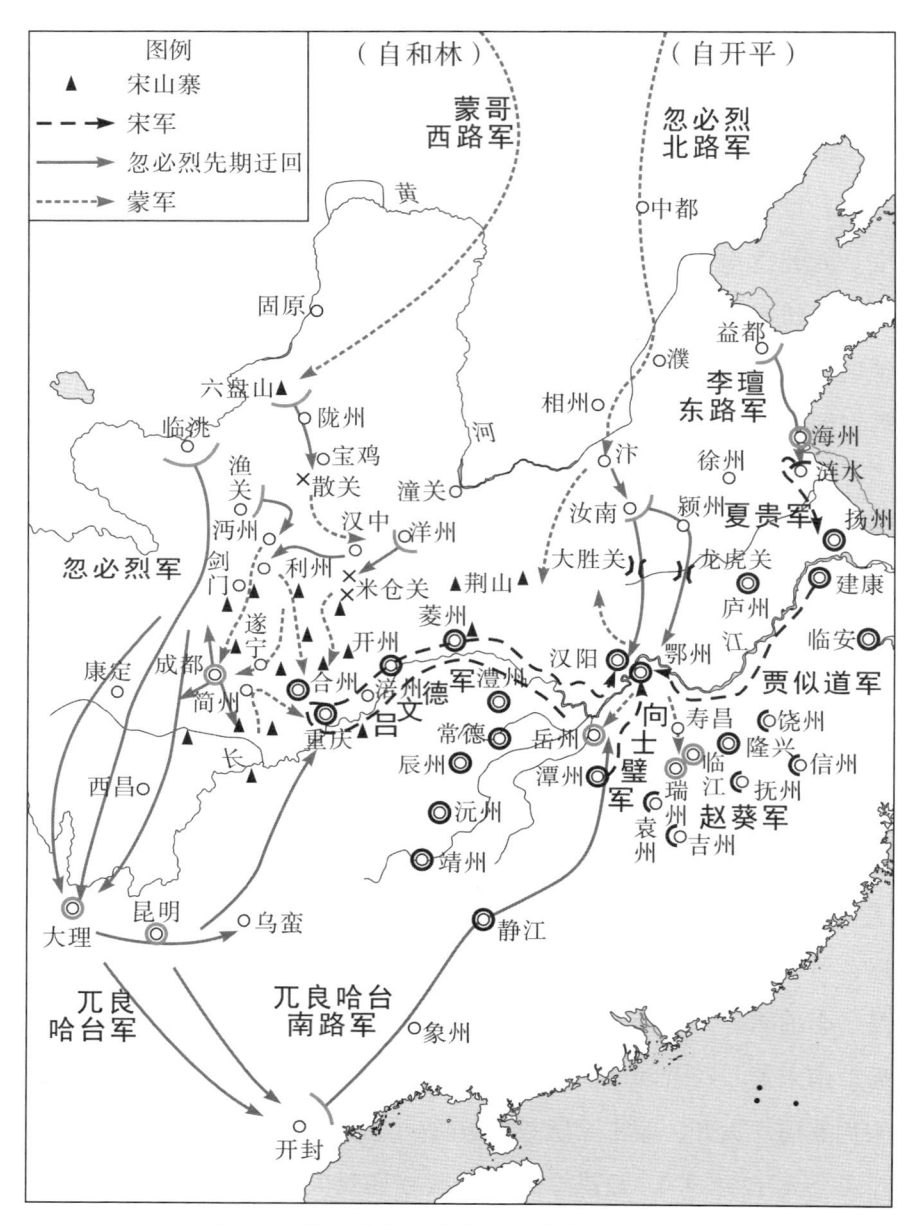

图13.2 蒙哥攻宋及南宋抗击作战经过示意图

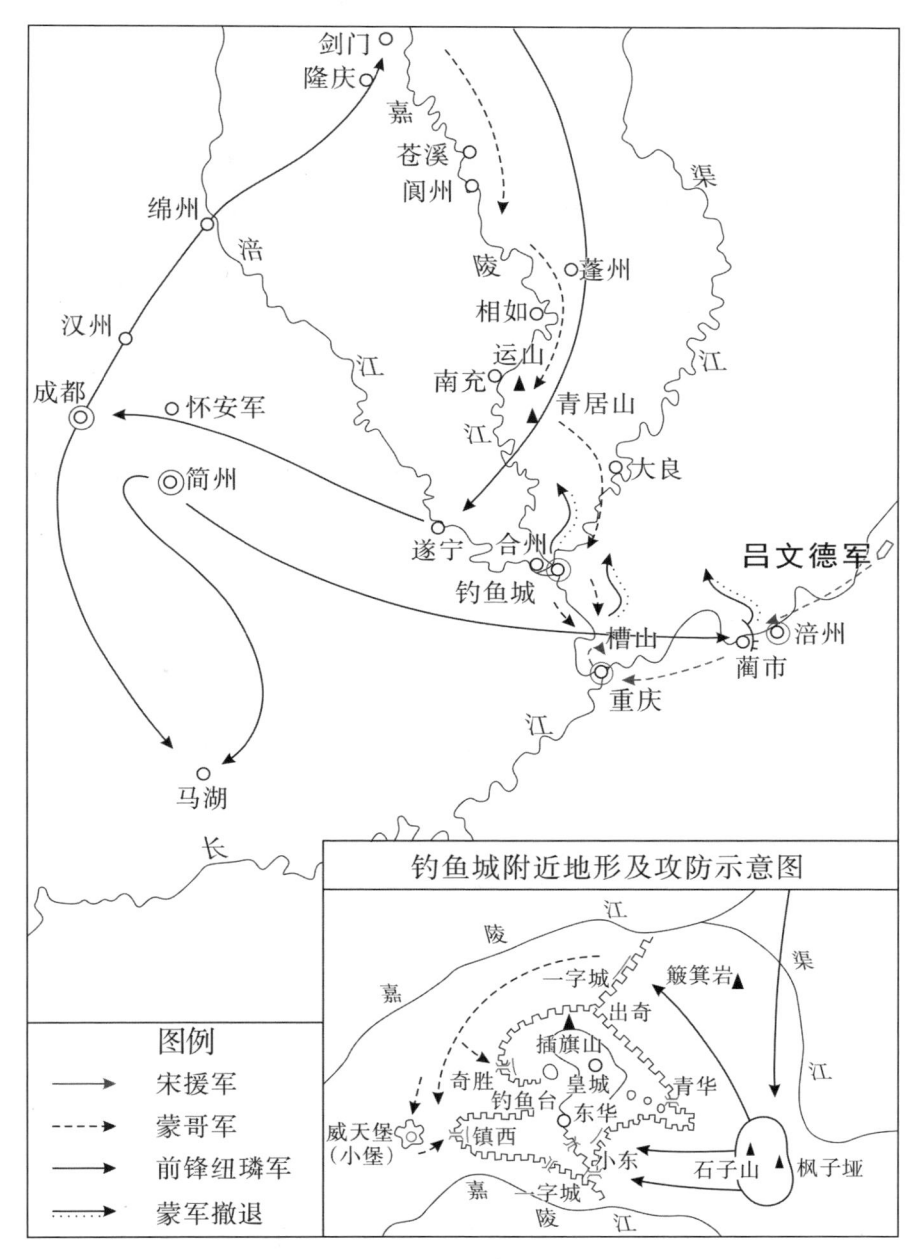

第十三章　襄阳：柔弱南宋抗击蒙元的硬脊梁　355

图13.3　钓鱼城之战经过示意图

樊二城。由于经历战火，襄阳地区城破田荒，人烟稀少。因此，在襄阳失而复得之后，朝廷并没有重建襄阳地区的防务，而蒙古军队似乎也没有意识到襄阳地区对于消灭南宋的重要性，也弃之不理。一时间，襄阳这个战略枢纽锁钥之地，竟然被对抗双方都暂时忘却了。

直到淳祐十年（公元1250年），南宋任命李曾伯为京湖安抚制置使、知江陵府，兼湖广总领、京湖屯田使。李曾伯先后修复郢州城池并派兵驻守，随后又在淳祐十一年（公元1251年）占领襄、樊二城，并重筑城池。为了纪念自己收复襄阳这个伟大的功绩，李曾伯毫不谦虚地于宝祐二年（公元1254年）在襄阳西南岘山脚下的一块崖石上刻下"襄樊铭"，曰："大宋淳祐十一年四月二十有七日，京湖制置使李曾伯奉天子命，调都统高达、幕府王登提兵复襄、樊两城。越三年，正月元日铭于岘。其铭曰：壮哉岘，脊南北；繄埤壑，几陵谷；乾能夬，剥斯复；千万年，屏吾国。"其大意为：大宋淳祐十一年（公元1251年）四月二十七日，京湖制置使李曾伯奉皇帝命调都统高达、幕府王登率兵收复襄、樊两城。三年后正月元日在岘山刻石纪铭。铭文大意是：壮观啊，岘山，你是南北相连的中脊。襄阳那高高的城墙，深深的护城池，和高山一样高，和深谷一样深。有圣主制下，我们在奋战后收复此地，千秋万代啊，这里将永远是我大宋国的屏障。李曾伯确实不需要谦虚，因为收复襄、樊二城对南宋而言太重要了。

南宋朝廷也终于重新认识到了荆襄防御的重要性，为了防止蒙古军队自汉水进军沿江腹地，南宋不断加强襄樊地区的防务建设。具体而言，南宋在荆襄地区的布防主要有以下几个方面。

其一，重建襄阳城。在重新占领了襄阳城之后，李曾伯命"荆鄂副都统制高达，任责经理襄阳城壁，总统诸项军马。京湖制置使司、帐前副都统制晋德，同共任责经理襄阳城壁，专委以防卫之事……襄阳制置分司总管张禧任责樊城，裨御总管李瑛同任责樊城捍御兼提督"①。这次重建襄阳城，李曾伯做得相当认真。在重建襄阳城防时，城墙改为砖制结构，而且出于防御蒙元抛石机等重型攻城器械的目的，以平头墙代替了传统的女墙，即改齿形垛为一字垛。为了便于守城士兵观察敌情和对敌射击，平头墙上留有呈"品"字形状的方形孔眼。修建完成后的襄阳城，东、南、西三面的护城河非常宽阔，汉水自城外绕道向南流去。宋孝宗时，南宋守军担心出现"楼橹、雉堞、委皆壮观，止其中炮台、慢道稀少，缓急敌人并力攻城，缘道远援兵难以策应"的情况，遂又"增筑炮台四座，慢道十一条"②，方便城内待命部队随时迅速登城支援城上守军。不仅如此，为了增强襄阳的防御能力，南宋守军还在襄阳外围布置防线：襄阳城南在岘山设险，组成南部防御屏障；城西有万山北临汉水，南与顺安山相接，组成襄阳西部防御屏障；城北则俯控汉水，并与樊城隔江而望，两城可互相支援；在襄阳城周围另筑有牛角堡、古城堡等军事据点拱卫城防。

其二，充实人口，大兴屯田。一个地方要想繁荣和发展，首先得有人，有人才有生产力，有人才有抵抗力。因此，李曾伯在修建襄阳城池的同时，向朝廷请求将襄阳、樊城等地驻军将士的家属迁移过来，由朝廷提供路费并划拨土地。另外，准备充足的粮草是必须要做的工作。因此，必须大兴屯田，鼓励士兵和当地农民开荒种地。李曾伯建议官府应该备足农具，提供牛和粮食的贷款，在开垦初期，减免官府征收的税赋，为农民提供支持，确保农事有条不紊地进行，收取屯租。政府负责耕种的话，可以选派军士来分工管理，确保一切有

---

① 〔宋〕李曾伯：《可斋杂稿》卷18《出师经理襄樊奏》，景印文渊阁《四库全书》，台湾商务印书馆，1983年，第380页。
② 〔清〕徐松：《宋会要辑稿》，上海古籍出版社，2014年，第9455页。

序。民间耕种时，可以招募头目，组织团队，和平时期耕作，一旦有警报，就进入保卫状态。官府可以许诺开垦一定面积土地，收取一定数量的税款，以激励人们更加努力地耕种。在增加人口和大兴屯田的政策下，襄阳守军摆脱了后勤粮草全靠后方支援的局面。同时，李曾伯还建议朝廷减免当地三年的赋税，以促进当地经济的发展，增强襄阳地区的军事防御实力。

其三，增加驻守兵力。在孟珙收复襄阳后，因为南宋已经将京湖战区的防御重心后撤到了鄂州所在的长江防线上，故而襄阳逐渐成为蒙、宋之间的缓冲区，襄阳几乎没有南宋守军了。李曾伯接任京湖战区军政后，改变以长江为防线的防御策略，将防线推进到汉水一线，襄阳的战略地位重新显现出来，所以，南宋方面向京湖战区增派了更多的兵马。在嘉熙年间，当地守军多达13万人，到了淳祐初年，经过精挑细选，留下精兵9万，淳祐十二年（公元1252年），荆襄等地的官军竟然达到了120 185人。[1] 襄阳的守军不仅人数充足，而且战力强劲。宝祐元年（公元1253年），蒙军企图偷渡汉水，当时的襄阳知府高达在西柳关设伏，在南宋3000人军队的追击下，蒙古3万人军队大败溃逃。此战足见襄阳南宋守军战力之强劲，因此一座小小的襄阳城也能抵挡强大的蒙元长达六七年的时间。

此后，襄阳城防达到了城高而池深、兵精而食足的水平，具备了强大的防御蒙元进攻的能力。襄阳又成为拱卫长江的军事重镇，足以抗拒蒙元铁骑的多次进攻。

---

[1] 宋杰：《中国古代战争的地理枢纽》，北京科学技术出版社，2022年，635~636页。

三、蒙元攻取襄阳

在南宋方面积极筹谋对蒙防御的过程中，蒙古方面内部发生了巨大变化。南宋景定元年（公元1260年），忽必烈在汉人地主阶级和部分蒙古贵族的支持下成功继承了蒙哥的汗位。即位之后，忽必烈面临内部不稳、诸王不服、制度未定、财用不足等诸多问题。忽必烈先是花大力气解决了内部阿里不哥等人的叛乱，并更改蒙古旧制，采行汉法，在中央设中书省，在各地分设十路宣抚司，任汉人儒士（或祖居中原的契丹人、汉化程度较高的色目人）为使，确定以农桑为本的国策，发展经济，不断扩充军队，为最终灭亡南宋做好各项准备。而且，忽必烈修正了之前窝阔台和蒙哥将四川作为进攻南宋的重点的战略，将进攻重点放在了襄樊，以求取得重大突破。忽必烈之所以做出这样的调整，一方面是因为之前将四川作为进攻重点并不顺利，另一方面是听取了南宋降将刘整的建议。刘整本为南宋泸州（今四川泸州）守将，于景定二年（公元1261年）投降蒙军，随后向忽必烈建议"攻蜀不若攻襄，无襄则无淮，无淮则江南可唾手下也"[①]，并于咸淳三年（公元1267年）再次向忽必烈献策曰："攻宋方略，宜先从事襄阳。襄阳吾故物，由弃勿戍，使宋得筑为强藩。若复襄阳，浮汉入江，则宋可平也。"（《续资治通鉴·度宗咸淳三年》）其实，早在开庆元年（公元1259年），在忽必烈向鄂州进军之时，杜瑛曾建议说："若控襄樊之师，委戈下流，以捣其背，大业可定矣。"（《元史·杜瑛传》）在景定元年，郭侃也提过类似的建议，郭侃曾向忽必烈建议："宋据东南，以吴越为家，其要地，则荆襄而已。今日之计，当先取襄阳，

---

① 〔宋〕周密：《癸辛杂识》，《襄阳始末》，浙江古籍出版社，2015年，第287页。

既克襄阳，彼扬、庐诸城，弹丸地耳，置之勿顾，而直趋临安，疾雷不及掩耳，江淮、巴蜀不攻自平。"(《元史·郭侃传》)

忽必烈即位后，采纳了刘整等宋朝降将的建议，做出由川蜀战场向荆襄战场的转变，决定先夺取襄阳、樊城，随后由汉入江，最后直取临安。这一计划于蒙元至元四年（南宋咸淳三年，公元1267年）八月实施，忽必烈派遣都元帅阿尤和刘整率领5万蒙军前往进攻襄阳和樊城，同时还有史天泽率领汉军协同作战。

该来的还是要来，南宋和蒙元还是等到了在襄阳终极对抗的时候。在蒙元看来，要灭亡南宋，襄阳所在的荆襄地区是他们绕不过的战略枢纽，是必须要拿下的锁钥地区；对南宋襄阳守军而言，襄阳一丢，后面就是千里宋朝沃土，上有王命，下有百姓，必须守住襄阳。双方在襄阳就这么对峙着，一下子就持续了将近7年的时间。

考虑到襄阳和樊城的强大防御，蒙军知道采取强攻很难获胜，因此他们采用了四面筑堡、长期围困、水陆封锁、待机攻城的战术。具体而言，为了拿下襄阳城，蒙军采取了如下措施。

其一，筑垒围城，死死围住。

襄阳城水陆交通发达，城池又比较牢固，所以，蒙军要拿下襄阳城，首先要断绝其与后方的交通线，以切断城中获得援助的可能。因此，蒙军在发兵进攻前进行了较长时间的筑垒围城，以断绝其四面交通。

蒙军首先是在襄阳城外建立一个立足点。刘整了解襄阳主帅、京湖安抚制置使吕文德贪心且无远谋的特点，于蒙元中统四年（南宋景定四年，公元1263年）六月向忽必烈建议："南人惟恃吕文德耳，然可以利诱也。请遣使以玉带馈之，求置榷场于襄阳城外。"吕文德竟然同意了，这就让蒙古人得以以设置榷场之名在襄阳城外活动了。随后蒙古人又提出要在榷场外修筑土墙以保护货物,说"南人无信,安丰等处榷场,每为盗所掠,愿筑土墙以护货物"。令蒙古使者没想到的是,吕文德刚开始没有同意,但是在请示了朝廷之后,竟然也批准了这个要求。因此,蒙古人得以"置榷场于樊城外,筑土墙于鹿门山,外通互市,内筑堡壁,蒙古又筑堡于白鹤。由是敌有所守,以遏南北之援,时出兵哨掠襄、樊城外,兵威益炽"。(《续资治通鉴·理宗景定四年》)吕文德的弟弟吕文焕看出来问题所在,给吕文德写信晓以利害,但是木已成舟,吕文德虽懊悔不已,也于事无补了。

在襄阳城外建立了一个立足点之后,蒙军连续在襄阳城外各个关键处修筑壁垒以断绝其粮草来源。咸淳三年(公元1267年)年底,蒙军开始在襄阳东边的白河口(白河汇入汉水处)修筑城堡,到了次年初,蒙军已经在白河口、万山(襄阳城西十里)、鹿门山(襄阳东南三十里,汉水东岸)等处修建了多处堡垒,这让南宋守军颇为紧张。随后,为了彻底断绝襄阳和樊城两地与南宋后方的水陆交通,根据史天泽的建议,蒙军又于咸淳五年(公元1269年)正月开始在襄阳城外垒筑长围,西起万山,南包襄阳南三十里的百丈山,到鹿门山而止,断绝了襄阳以南的陆路交通;又在襄阳南七里的岘山、三里的虎头山筑一字城,联合诸堡以围襄阳。当年十一月,蒙军又在汉水西岸构筑新城,与汉水东岸的鹿门堡遥相呼应,控制了襄阳南面的汉水通道。蒙军还在汉水中"筑台",与夹江堡相呼应,使得宋军从水面援助襄阳也变得困难重重。因此,到咸淳六年(公元1270年)初,蒙军基本已经完成对襄阳的多层次包围,也断绝了南宋大规模援助的可能,蒙军围点打援,将南宋多次援军一一击退,使襄阳几乎成为一座孤城,只能等待最后的陷落时刻了。

其二，重兵压境，精心谋略。

在忽必烈命阿术围攻襄阳前，窝阔台和蒙哥分别两次攻宋，因为他们多路并进，主攻方向在川蜀一线，因此进攻京湖战区襄阳的兵力并不是那么多。当忽必烈将第三次攻宋的战略重点放在襄阳之后，其所调派的攻城兵力会远超之前，以形成对襄阳南宋守军在数量上的绝对优势。咸淳五年忽必烈再次调集诸路兵马援助围攻襄阳的阿术蒙军。蒙军在襄阳城外又是建榷场，又是筑土墙，又是筑修长垒和城堡，都需要驻守大量的军队，除了这些驻守各个重要节点的蒙军，阿术可以调动的机动部队竟然还有5万之众。不仅如此，咸淳八年（公元1272年）初，忽必烈又调集了3万军队支援进攻襄阳的元军。前前后后，忽必烈调集了约15万的水、陆军队进攻襄阳城。

同时，蒙元为了避免南宋从其他战区抽调兵力援助襄阳战场，分别在两淮战区、川陕战区以及京湖战区的其他地方发起进攻，从而达到牵制南宋军队的目的。而与之相对的是，南宋方面一直没有向襄阳提供军事援助，甚至在襄阳被围了3年之后，权臣贾似道还没有把这个消息告诉当时的皇帝宋度宗。后来，实在是瞒不住了，才陆陆续续派出零星规模的援军支援襄阳。但是，这已经是杯水车薪，为时已晚矣。

其三，训练水师，水陆协同。

刘整原本是南宋泸州守将，因慑于权臣贾似道专权而投降蒙古。作为原来南宋军队守将，刘整太了解南宋军队的优势和劣势了；作为长期和蒙军作战的军人，他也非常了解蒙军的作战特点和优劣势。因此，在投降蒙古之后，刘整向忽必烈献计说：蒙古"精兵突骑，所当者破，惟水战不如宋耳。夺彼所长，造战舰，习水军，则事济矣"（《元史·刘整传》）。忽必烈听了之后依刘整之计而行。咸淳六年（公元1270年），蒙军开始在汉水造战舰5000艘，训练水军7万人，同时在全国合适的地方加紧训练水军、建造战船。骑马的蒙古人开始造船了，这就让蒙古骑兵不仅具有"北马"的特长，也具备了"南船"的优势。因为有了水军的番号，可以给那些投降的南宋水军将领和士兵以合适的安排和后路，因此，蒙古水军一时间也吸纳了不少南宋投降的水军将领和士卒。

自从有了水军，蒙元军队可以水陆协同并进围攻襄阳城，极大地改变了襄阳争夺战的战局。比如，咸淳六年（公元1270年）秋，南宋大将范文虎率领2000艘战舰，取道汉水援助襄阳，结果遭到蒙古水军的阻击，最后大败退兵。咸淳七年（公元1271年）六月，范文虎再次组织10万两淮水路大军，趁着汉水涨水进至鹿门，为打破蒙古军的包围圈做了最大一次努力，但是依然不是蒙古军的对手，再次失败退走。《续资治通鉴·度宗咸淳七年》对这次战役的记录如下："范文虎将卫卒及两淮舟师十万，进至鹿门。时汉水溢，阿珠夹汉东西为阵，别令一军趋会丹滩（今襄阳区东南），击其前锋。诸将顺流鼓噪，文虎军逆战，不利，弃旗鼓，乘夜遁去。蒙古俘其军，获战船、甲仗不可胜计。"当年七月，襄阳又派出米兴国攻击元军百丈水营，结果又被阿尤打败，南宋军伤亡2000余人。此后，南宋水军基本不敢再逆汉水而上去援助襄阳了。咸淳八年（公元1272年），南宋派遣张贵、张顺率领轻舟突围至襄阳城，给襄阳城送去了急需的盐巴、衣物等物资，还算顺利；但是在返回时，张贵率领的水军遭到蒙元水军的追击，张贵被擒，其余几乎全部战死，真是悲哉壮哉。

蒙元水师和陆师相互合作，协同布防，几乎断绝了襄阳的内外交通，使得襄阳城无法接收到南宋后方运来的物资和补充的兵员。好在南宋守军在襄阳布防已久，一时半会倒也无妨。

其四，使用重炮，一举拿下。

襄阳攻防战局的突变是一种攻城炮具引起的。

科技是第一生产力，掌握了先进的科技，战场上的局势就可能发生根本性的变化。

元军久攻不下襄阳城，忽必烈非常着急，因为襄阳战局这么拖下去对于消灭南宋肯定不利，国力消耗也太大，必须尽快想办法将襄阳城拿下。虽然元军在进攻襄阳城时已经使用了一些炮具，但是面对南宋城防级别最高的襄阳城，这些炮具也没有发挥明显作用。

因此，忽必烈想到了创制更猛烈的攻城炮具——回回炮。回回炮也叫西域炮，这是因为这种攻城炮具的主要制作者是回回军匠阿老瓦丁和亦思马因。在攻下襄阳之后，这种炮又被称为襄阳炮。这是一种体型巨大的能发射超重巨石的抛石机①。

这种巨型强力抛石机一经研制成功，立刻被运至襄阳战场，而位于汉江以北，城防水平较弱的樊城首当其冲，成为首个被攻击的目标。刘整命令几百名元军连夜冒雪在樊城拦马墙外架设巨炮。守卫樊城的南宋士兵当然不会坐以待毙，在元军架设巨炮的时候，对这些元军进行了集中攻击，可谓是箭矢如雨，元军伤亡很大。但是，巨炮仍旧在天亮之时架设完毕，随后就开始发挥其巨大的威力。其实，樊城守军犯了一个错误，也就是他们没有意识到他们将要面临的是什么类型的抛石机，只是隔空射箭抛石伤亡了一些元军，没有出城袭击正在

---

① 据《中国历史大辞典》记录："回回炮——又名西域炮、巨石炮、襄阳炮。是一种以机抛石，用于战争攻守的武器。中古时，波斯、阿拉伯等伊斯兰教国家之抛石机炮十分发达，能发射八百磅重巨石。元世祖（忽必烈）时召回回人阿老瓦丁和亦思马因督造，并教回回军士演习，于至元十年（公元1273年），用之于攻克樊城、襄阳。南宋亦曾仿制，并用于战守。明中叶以后，因大型火铳兵器已用于战争，渐废。"郑天挺、谭其骧：《中国历史大辞典》，上海辞书出版社，2000年，第1042页。

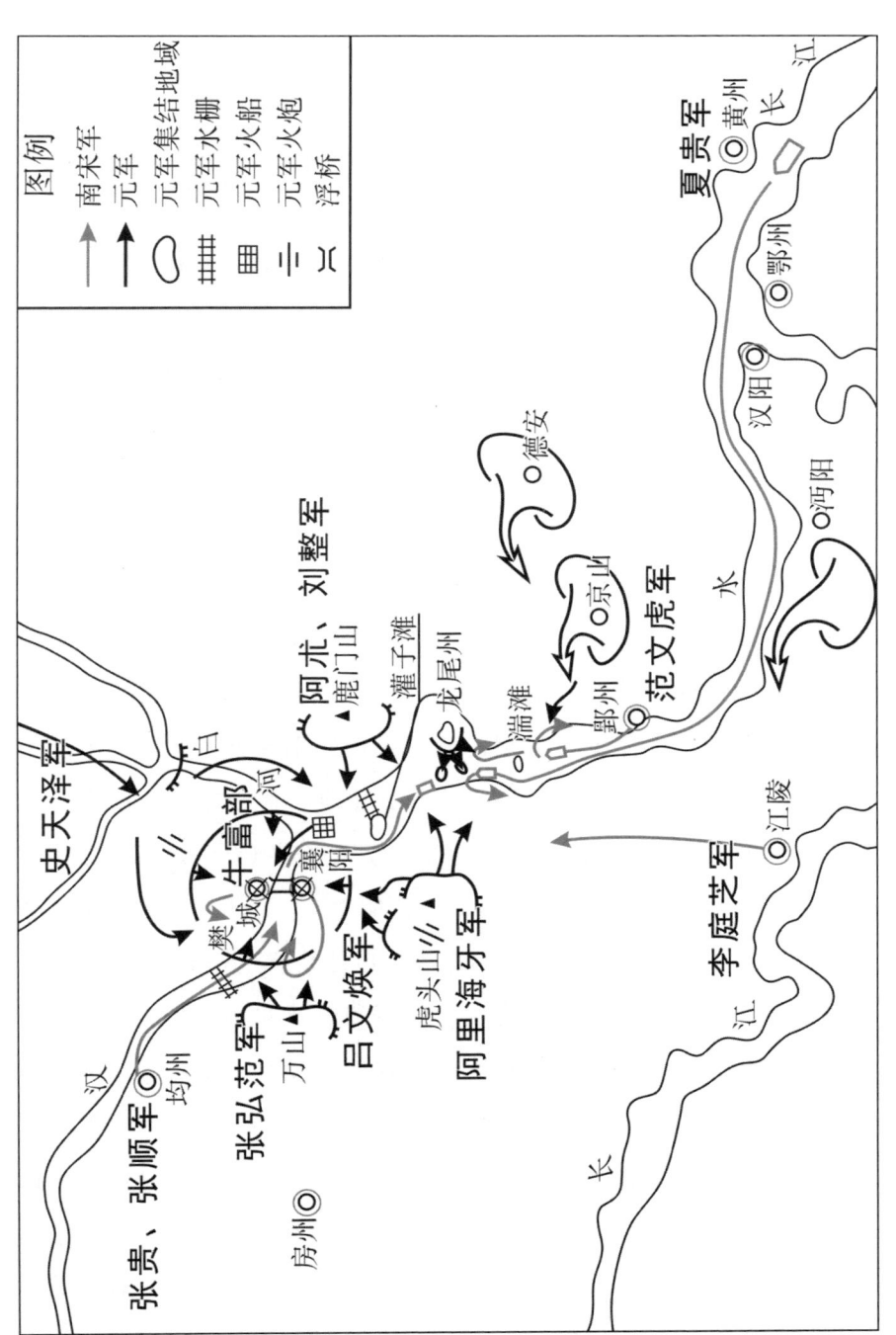

图 13.4　南宋军民保卫襄樊作战经过示意图

架设巨炮的元军进而彻底拔掉这种巨炮的发射据点。当然，这是我们后来人事后诸葛亮而已，当时的南宋守军不可能意识到这一点。一俟巨炮架设完毕，元军就毫不留情地向樊城开炮了。这种巨炮弹射出的巨石威力巨大，彻底改变了樊城的攻守态势。而且，元军已经焚毁了连接襄阳和樊城的浮桥，使得樊城彻底成了一座孤城，在遭受巨炮攻击14个昼夜之后，樊城城破而陷于元军之手。"整言于丞相伯颜，令善水者断木沉索，督战舰趋城下，以回回炮击之，而焚其栅。（至元）十年正月，遂破樊城，屠之。"（《元史·刘整传》）

咸淳九年（公元1273年）二月，樊城被攻陷，随后就该轮到襄阳城了。

经过实地勘测，在亦思马因的建议下，蒙元军队将威力无比的回回炮瞄准了襄阳城的东南角楼。随着回回炮弹射出巨石砸向襄阳城墙，蒙元军队发动了对襄阳城的进攻，守将吕文焕眼见无力抵抗，只好弃城投降。"（至元）十年，从国兵攻襄阳未下，亦思马因相地势，置炮于城东南隅，重一百五十斤，机发，声震天地，所击无不摧陷，入地七尺。宋安抚吕文焕惧，以城降。"（《元史·亦思马因传》）当然，武器不是战争的最终决定因素，人心才是。如果南宋守军吕文焕等单单是面对回回炮的进攻，也还是有坚守的可能。但是，朝廷对襄阳战场的不重视、将领之间不和以及期盼已久的援助和援军一直不到位，导致襄阳守军对于坚守下去没有了信心。因此，碰到回回炮这种巨型攻城炮具，守军彻底失去了坚守的毅力和决心。

襄阳争夺战对于蒙元灭亡南宋具有关键性意义，蒙元能够赢得这场战争，主要有以下4个原因：其一，战略目标恰当、明确，战术运用合理、有效；其二，动员了大量的人力物资资源，形成了较大的集中性优势；其三，训练水军，让南宋水军不再具有优势，同时注重水

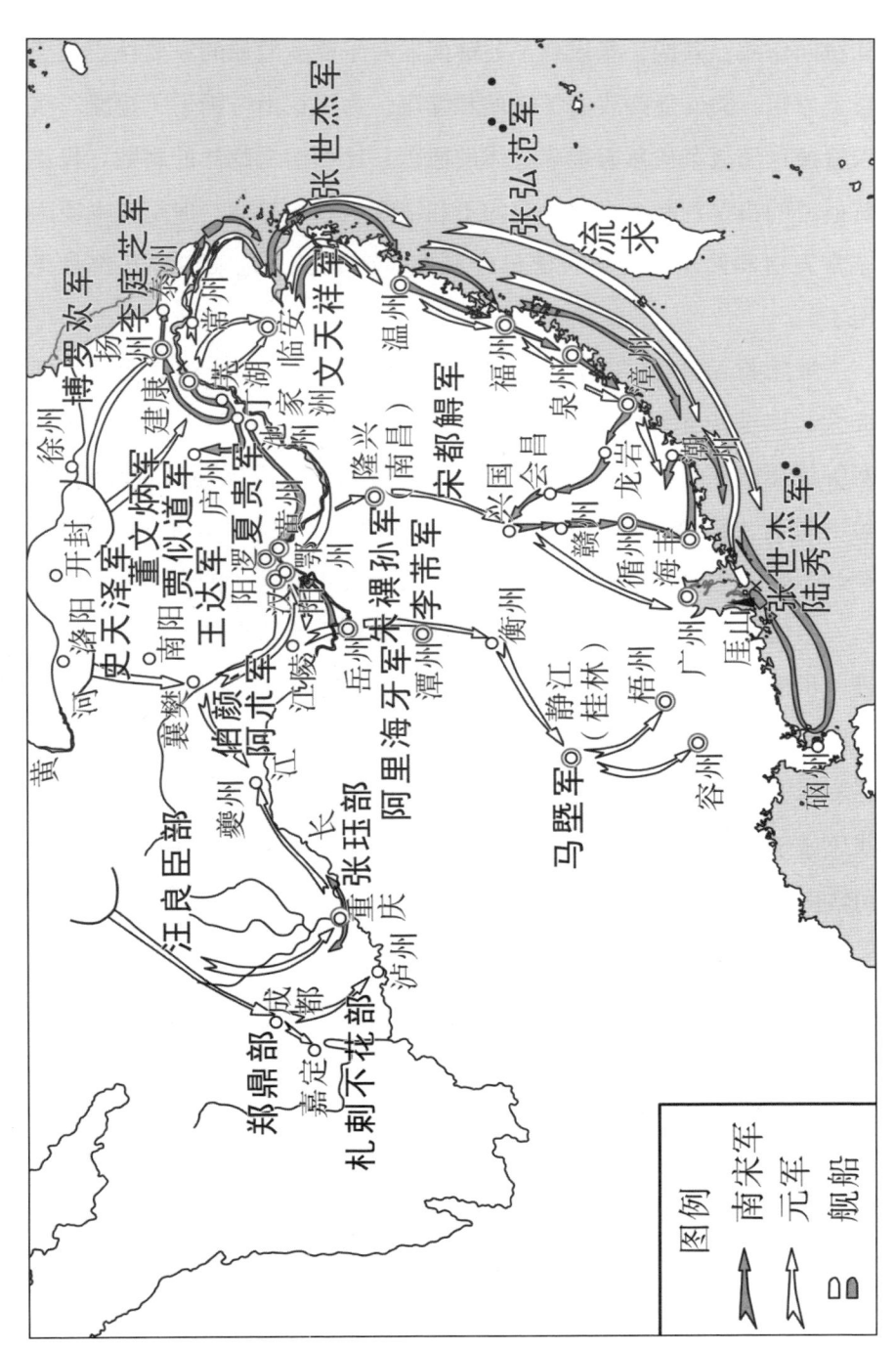

第十三章 襄阳：柔弱南宋抗击蒙元的硬脊梁　367

图13.5　元灭南宋战争经过示意图

陆协同作战；其四，意识到了关键武器对于改变战局的重要性。基于以上原因，蒙元最终攻占了樊城和襄阳，为灭亡南宋铺平了道路。南宋输掉这场战争虽然有很多具体的原因，比如南宋朝廷的腐败、权臣贾似道的错误判断、将领之间的不和以及愚蠢的行动，但是根本原因非常直白和简单：历史大势已经抛弃了南宋，无论如何挣扎都是无用了。

虽然蒙元赢得了襄阳争夺战的胜利，但这场战争对蒙元的消耗极大，以至于元廷中不少人对于是否继续攻宋举棋不定，左丞相许衡等谋臣上书称："宋三百余年，人心坚固，君臣辑睦，城郭修完，兵甲精利，粮储充足，将士如云，谋臣盈廷。"（《平宋录》）忽必烈经过短暂的犹豫和修整，还是指挥着蒙元大军冲向了南宋朝廷。

占领襄阳之后，蒙元获得了战略优势和对关键水路的控制，得以进一步推进到南宋领土内部。德祐二年（1276年），元军兵临临安城。尽管南宋军队坚决抵抗，但终被元军攻陷，宋恭帝被俘。这一事件标志着南宋在中国南部的统治结束。尽管南宋王朝已经正式灭亡，但一些忠诚于南宋朝廷的遗民在东南沿海坚持抗元。然而，这些努力未能扭转南宋覆亡的命运。

第十四章

北京：大明京师就是国防最前线

明代元之后，明朝国都原本在南京，后来因为朱棣以非常手段发动"靖难之役"夺了侄子朱允炆的皇位之后有了迁都北京的想法和行动。对朱棣而言，北京是其龙兴之地，也是其势力范围和大本营，更是大明朝应对蒙古贵族不断侵扰的军事基地和前沿阵地。自朱棣之后，大明就出现了"天子守国门"这一奇特的历史现象。作为大明京师的北京成了防御蒙古侵扰的国防最前线。原本处于深宫之中养尊处优的明代君王也不得不以身入局，甚至发生过大明天子被瓦剌俘获的惊天之变。北京还一度成为战场，爆发了可歌可泣的北京保卫战，最终大明军民击败瓦剌军，使大明王朝转危为安。

北京在古代属于幽燕地区，在唐、宋以前是中原政权的北方边陲之地；但是，至少从唐朝中期开始，其作为中原农耕文明和北方游牧文明的交融互通区越来越表现出了在地缘战略上的重要性。与北宋同期并立的大辽在定都此地之后，将其称之为南京或是燕京，灭掉大辽的大金则将这块地方称之为中都，而灭掉大金的大元又将这块地方称之为大都。大明洪武元年（公元 1368 年），明朝北伐大军在徐达的率领下赶走了蒙古人之后，这块地方又被称为北平府。在大明燕王朱棣经靖难之役夺得大明皇位之后，朱棣于永乐十八年（公元 1420 年），将北平正式改名为北京，成为大明帝国的京师所在。

但是，被大明武力赶走的蒙元贵族们不太甘心失去了这块风水宝地，因此在退居北方塞外之后，活跃在辽东半岛、黑龙江流域以及兴安岭内外以及广阔的蒙古草原和西域地区的蒙元的遗老遗少们仍旧时时惦记着杀回来（在后来的"土木堡之变"中竟然真的俘虏了大明皇帝明英宗朱祁镇），至少在北方边境给大明朝制造一些或大或小的麻烦。因此，从明太祖朱元璋开始，大明王朝的皇帝们对于北方边境的安危极其重视。明太祖先是实行了"诸子守边"政策，而明成祖朱棣干脆自己亲自坐镇北京，将大明的京师作为防御蒙古侵扰的最前线，实行了"天子守边"的政策，甚至曾六次出击蒙古各部，其中有五次是御驾亲征，终于将蒙古问题控制在比较稳定的范围之内。

总之，北京作为大明京师，成为大明对抗蒙元贵族侵扰的最前线，上演了一段又一段的历史悲喜剧。

一、从"诸子守边"到"天子守边"

大明洪武元年（公元 1368 年），大明朝正式建立，但是此时大元在事实上仍未被推翻，和大明朝呈南北割据之势。因此，在朱元璋提出了"驱逐胡虏，恢复中华，立纲陈纪，救济斯民"的口号之后，明朝的北伐大军在徐达的率领下向元大都进发。当年七月，迫于明军的军事压力，元顺帝撤出元大都逃往上都（今内蒙古锡林郭勒盟正蓝旗东），八月，徐达率军攻克元大都，改大都路为北平府，蒙元势力退出了中原政治舞台。明朝初步完成了"奉天逐胡，以安中夏"的历史任务。但是，已经退到应昌（今内蒙古克什克腾旗西达里诺尔）的蒙元仍旧控制着东起辽东半岛西至西域的大片疆域。元顺帝去世之后，其子爱猷识理答腊又率残部退往漠北的和林（今蒙古国乌兰巴托西南），仍自号大元，史称北元。不甘心退出历史舞台的北元贵族们仍旧以和林与金山（今内蒙古通辽东，西辽河南岸）为战略反攻中原的基地，试图东山再起，恢复大元帝国往日的盛威。在明太祖年间，北平的战略意义非比寻常：其一，北平为蒙元旧都，明朝攻取并长期占有之，这对明朝维持其王朝的正统性意义非凡。毕竟，在古代中国，一个王朝或是政权被取而代之的主要标志就是其国都被攻陷。其二，北平被明军攻占之后，蒙元贵族率残部远遁漠北，但是仍旧活跃在北平以北的广大区域，给以北平府为代表的明朝北部边境防线造成极大战略威胁，因此守住北平府并以其为战略基地不断扫北对防御北元南侵具有极大战略意义。其三，北平所在的幽燕地区，其农耕经济条件虽然不如明朝南方国土，但是自辽、宋、元以来一直是非常重要的农业经济区，这一点在辽、宋的燕云之争中已有论述。在南北大运河尚未完全恢复之前，扫北大军以及守边将士还要依靠此地提供的粮草军需，因此，北平仍然具有极大的战略意义。

为了保证北平的安全，明朝设置燕山等六卫镇守北平，配置有3万左右的兵力，并加强了对古北口的巡逻和警戒，以防止北元由此攻入北平并恢复元大都。为了加强北平的防御力量，朱元璋在北平的军事方面和行政方面做了一系列调整：洪武元年（公元1368年）八月，将大都路改为北平府，并于当年九月在北平置大都督分府，十月，将北平府隶于山东；洪武二年（公元1369年）三月，又置北平行省，

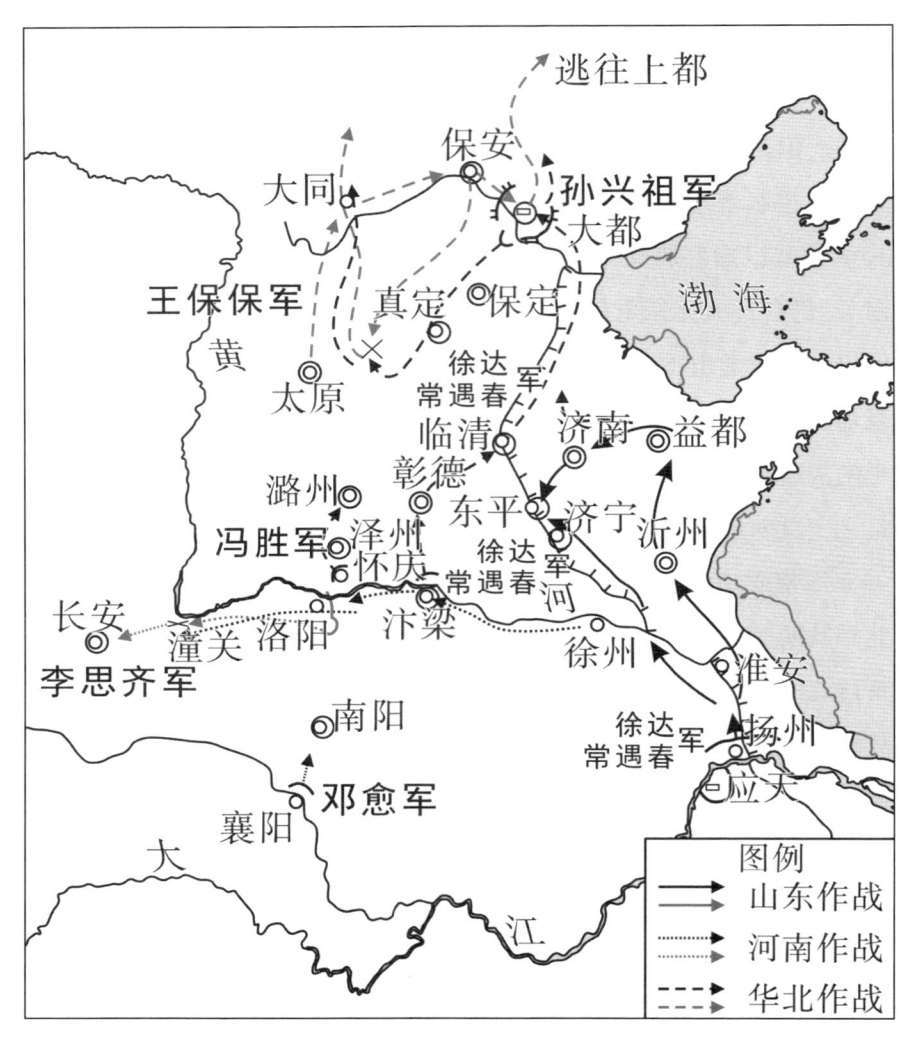

图14.1　明军北上灭元作战经过示意图

辖八府三十七州一百三十六个县；洪武三年（公元1370年），又将数个州县并入北平府。同时，朱元璋封其四子朱棣为燕王，令其镇守北平；还在北平北部建立诸多卫所，防备北元势力南侵，比如密云卫和通州卫等。与此同时，朱元璋曾三次派遣使者去招降北元。但是，北元势力不仅没有任何积极反应，而且还加强了军事反攻，最终朱元璋放弃了对北元的和平谈判政策，派遣李文忠等北上追击北元并将其驱逐至更遥远的漠北深处，拓展了明朝北部边疆的界限。洪武二十年（公元1387年），朱元璋派冯胜率20万明军出击，将北元在金山的基地粉碎，其首领纳哈出降明。次年，朱元璋命蓝玉率15万明军北击北元于捕鱼儿海（今内蒙古贝尔湖），此一战，北元势力几乎被完全摧毁，仅北元主脱古思帖木儿与太子天保奴等数十骑向北遁去。此后20多年内，由于内争不断以及明军的强大军事压力，蒙古势力渐衰，几乎无法对明朝北部边境形成较大的威胁。

为了防止蒙古贵族势力卷土重来，朱元璋在加强军制改革、建立卫所等措施的基础之上，还采取了"诸子守边"的战略部署。朱元璋将诸子分封为藩王并各带重兵镇守北方边境：燕王朱棣镇守北平，宁王朱权镇守大宁（今内蒙古赤峰宁城），谷王朱橞镇守宣府，代王朱桂镇守大同，晋王朱棡镇守太原，等等。当然，这也反映了朱元璋不太信任当年打天下时那些立下汗马功劳的功臣的心态。在这些替天子守边的诸王之中，秦、晋、燕三王势力最为强大，而其中燕王朱棣兵力则为最强，这为后来朱棣发动"靖难之役"强占侄子朱允炆的皇位埋下了伏笔。

从1368年到1398年，朱元璋当了31年的皇帝，可悲的是，洪武二十五年（公元1392年），朱元璋立的太子朱标没有等到老皇帝驾崩就先行去世了。朱元璋白发人送黑发人，痛苦万分，可能觉得朱标当了那么多年的太子，没有机会登上大位，实在可惜，还是应该补偿一下。因此，朱元璋放弃了从其他儿子当中挑选合适的人选另立太子，而是立朱标的次子朱允炆为皇太孙，将来在自己驾崩之后继承大位，算是对朱标的补偿。

这个决定，朱允炆自然满心欢喜，但是朱元璋的其他儿子就不会这么想了，比如燕王朱棣。朱允炆即位之后，史称建文帝。建文帝朱允炆为了防止自己的叔叔们抢夺他的皇权，即位便开始削藩，将周、齐、湘、代、岷等王列为第一批削藩对象。对燕王朱棣来说，自己的侄子这么干，简直就是不给自己活路，干脆反了算了。于是，燕王朱棣以"奉天靖难"为名，发动靖难之役，起兵直指南京，并于建文四年（公元1402年）攻破南京。南京城破之日，建文帝不知所踪，燕王朱棣在南京大开杀戒，凡是支持和拥护建文帝的官员全部处死。

也许是在南京杀的人太多，朱棣在南京即位之后过得并不踏实，还是觉得自己的大本营北平住得舒服，随后命令建造北京宫殿（今故宫）。永乐四年（公元1406年），北京方面的臣僚奉旨征调工匠、民夫上百万人，开始营建北京宫殿。永乐九年（公元1411年），工部尚书宋礼等奉命修会通河。永乐十三年（公元1415年）五月，平江伯陈瑄等开凿淮安附近之清江浦，使久废的运河重新畅通。永乐十九年（公元1421年）正月，朱棣在北京御奉天殿，朝百官，大祀南郊。迁都大政至此基本完成。

明成祖朱棣迁都北京，对于中国的未来的影响是深远的。

我们先看看迁都之前，明成祖朱棣做过什么。明成祖朱棣在南京即位之后，也许是为了寻找凭空消失的建文帝，也许是为了向外界宣扬大明帝国的国威，或是为了其他什么目的（但是绝不是出于经济目的），派郑和七次下西洋。郑和下西洋首次航行始于永乐三年（公元

1405 年），末次航行结束于宣德八年（公元 1433 年），共计七次。由于使团正使由郑和担任，且船队航行至婆罗洲以西洋面（即明代所谓"西洋"），故名。在七次航行中，三宝太监郑和率领船队从南京出发，在江苏太仓的刘家港集结，至福建福州长乐太平港驻泊伺风开洋，远航西太平洋和印度洋，拜访了 30 多个国家和地区，其中包括爪哇、苏门答腊、苏禄、彭亨、真腊、古里、暹罗、榜葛剌、阿丹、天方、左法尔、忽鲁谟斯、木骨都束等地，已知最远到达东非、红海。毫无疑问，郑和下西洋是中国古代规模最大、船只和海员最多、时间最久的海上航行，也是 15 世纪末欧洲的地理大发现的航行以前世界历史上规模最大的一系列海上探险。

我们不要忘记，郑和虽是一个太监，却率领着当时全世界最大的船队进行了规模最大的远航。

哥伦布的远洋航行是在郑和率领的中国宝船在南中国海和印度洋停止航行的六十年之后的事情了，而且人数、规模以及船只大小都无法和郑和下西洋同日而语。

但是，正是因为郑和下西洋不是出于什么经济目的，自然无法在没有皇权的支持下继续下去。朱棣死后，朱棣的孙子朱瞻基勉强主持了最后一次远航，最后不得不在众人的反对之下，取消了今后所有的远航计划，并且为了防止后人效仿，一把火将之前所有的远航资料（地图、造船图纸，等等）全部销毁。

此时，中国的国都早已从南京变成了北京。

南京，在地理位置上看，算得上一个海洋性城市。从南京出发，顺着长江，不久就是辽阔的大海。如果明朝和清朝均定都南京，那么近代中国的目标可能便是星辰大海和灿烂星河，面对新颖的事物自然欢迎，至少不会像后来清朝那么拒绝和排斥。

但是，明成祖朱棣迁都北京，也许这更加有利于他威慑北方游牧民族和北方边境，也许会让他晚上睡得更加心安理得，但是对中国而言却似乎丧失了一次变成更加包容、开放的文明的机会。整个明朝，甚至后来的清朝，达到了中国封建君主专制的巅峰，与地理大发现之后的世界渐行渐远。

但是，明成祖朱棣迁都北京仍旧是朱棣完成的一件大事，也是大明王朝的一件大事，更是中国历史上的一件大事。

朱棣迁都北京表明他对大明朝的北部边防尤其重视，明确知道那个时期大明朝的主要敌人是谁。为了消除诸王掌兵对皇权的潜在威胁（因为他自己就是这么干的），朱棣撤了他们的兵权，并将他们中的一些人迁回内地，而他自己则亲自坐镇北京。大明天子亲自镇守边疆，大明京师成了国防的最前线。

朱元璋对北元防御策略有一个特点，就是"歼敌于塞外"，也就是说尽量将大明和蒙古贵族的战场放置在塞外，这样既可以歼灭敌人有生力量，又可以保证大明境内的百姓和生产不受战争荼毒和破坏。朱元璋曾亲自向朱棣传授了他的塞外歼敌策略："北骑南行，不寇大宁，即袭开平。可召西凉都指挥张文杰、庄得，开平都督宋真、宋晟，辽东武定侯郭英等，皆以兵会。辽王以护卫军悉数北出，山西、北平亦然。令郭英、宋真、宋晟翼于左，庄得、张文杰翼于右，尔与代、辽、宁、谷五王居其中，彼此相护，首尾相救。兵法：'示饥而实饱，外钝而内精。'尔其察之。"[1] 其实，这个策略的本质就是依托大明在开平（今内蒙古锡林郭勒盟正蓝旗）、大宁等塞前据点，将敌人的主力吸引至此，随即明军主力从左右两侧向内突击力图歼灭来犯之

---

[1]〔清〕谷应泰等：《明史纪事本末》卷10《故元遗兵》，中华书局，2015年，第148页。

敌。因此，这是积极防御的战略，在防御中进攻歼灭敌人，御敌于国门之外。

朱棣即位之后，基本上遵循了朱元璋的塞外歼敌策略。可惜的是，朱棣为了感谢在靖难之役时帮助他进攻守卫在大宁的宁王的兀良哈部，将大宁都司迁到了保定府（今河北保定），而将大宁赏给了兀良哈部。但是，兀良哈部并非真心归降，未来一有机会仍旧会起兵犯明。对大明而言，失去了大宁，开平则孤悬塞外而很难固守。这也是后来大明北方防线不断南移的一个原因，进而导致国都北京的国防压力陡增。

出于防卫北京的需要，明朝北方防御系统不断向内退缩，重点防卫（北京）取代了朱元璋之前确立的均衡防卫。从此，明朝在西、北、东三个战略方向上的防御都日益空虚，这不仅导致了其后正统年间和嘉靖年间蒙古瓦剌、鞑靼两部的肆虐，更为日后清朝的前身——建州女真的崛起创造了条件。对此，顾祖禹曾提出过尖锐的批评："都燕京而弃大宁，弃开平，委东胜于榛芜，视辽左如秦越，是自剪其羽翼而披其股肱也。欲求安全无患，其可得哉！"[①]现在有不少人将朱棣迁都北京评价为"天子守御国门"的豪迈之举，不吝赞美之言，这是言过其实的。天子乃一国之重，岂可轻涉险地？将都城设在抗敌的前沿地带，未必能提高军队的士气，反而会成为军队的额外负担。另外，这也更加刺激了那些不甘失去故都的蒙古贵族的野心：只要能跨越大明的北部防线，就可以直接包围大明京师，进而有可能夺取政权，这种诱惑太吸引人了。但是从另一方面看，在冷兵器时代，天子戍边的情况也不是第一次出现。当年西汉和唐朝将都城设在长安的一

---

① 〔清〕顾祖禹：《读史方舆纪要》，《北直方舆纪要序》，中华书局，2005年，第404页。

个重要原因就是以天子之威震慑西北游牧民族。因此，从这个角度来看，朱棣迁都北京也不是没有道理，只不过是朱氏子孙实在是不争气，不像朱棣那么能打，导致北京屡次出现危局。

二、明成祖时期北京的攻防布局和战略行动

明太祖朱元璋之后，大明北部边防的形势有了一些新的变化。建文四年（公元1402年），鬼力赤将北元大汗坤帖木儿杀死，并废除大元国号，自称鞑靼并自立为可汗，北元正式退出历史舞台。随后不久，因为内部斗争严重，鞑靼分裂为鞑靼和瓦剌，他们一方面相互争夺势力范围，一方面也会趁机南侵大明边境。在鞑靼和瓦剌两部之外，还有一股蒙古贵族势力——兀良哈部。在冯胜将金山的纳哈出降服之后，明朝就在兀良哈设置朵颜、福余、泰宁三卫，并将其各部首领任为卫指挥使、指挥同知等官。因此，鞑靼、瓦剌、兀良哈等三部蒙古贵族势力之间互相争权夺利的同时，也对明朝北部边防尤其是北京地区造成了严重威胁。

鉴于北部边防形势的变化，明成祖朱棣对北京地区的防御做了相应的安排和布局：其一，**构筑牢固的京师北防线**。永乐十九年（公元1421）年正月，朱棣最终完成了将都城从南京迁至北京的宏伟规划，因此，为了拱卫京师并御敌于国门之外，朱棣在朱元璋修建的三十二关的基础之上精心构筑了牢固的京师北防线。所谓的京师北防线，就是在北京的北部，构筑了两道从东向西延伸的长城防线，这两道长城防线以今北京延庆的四海治为分界点，分为内长城和外长城，这些长城的防御设施包括边墙、军堡、关隘、烽燧以及军驿等建筑，共同成为拱卫京师的外围防线。其中，内长城东起今秦皇岛山海关，经承德

的宽城、兴隆，再过北京的密云、怀柔、延庆，向西至张家口怀来，然后再向南延伸至保定西北部地区。内长城上比较著名的长城段落有八达岭长城、居庸关长城，等等。外长城则东起北京延庆四海冶，向西北经过张家口的赤城、宣化、万全，再到淮安以西。构筑两条防线，就是要给京师的外围防线加上双保险，增大蒙古骑兵跨越京师外围防线的难度，给京师的城防部署赢得更多的准备时间。京师北防线确实对抵御蒙古部族进攻起到过极大的阻滞作用，尤其是居庸关长城，不仅曾经阻滞过蒙古骑兵，后来的正德皇帝朱厚照偷偷想从居庸关出关竟然被守关的御史张钦给挡了回去。

其二，加强京师的城防建设。 一旦蒙古部族突破了京师北防线（后来的事实证明，这种可能性还是很大的），大明京师就会赫然暴露在蒙古骑兵的围攻之下，这就需要第二层保障。洪武年间，先是废弃了元大都北边的土墙，向南缩五里而成北平城。在朱棣决定迁都之后，先是对原有的北京城墙进行加固以提高其防御能力，后来又于永乐十七年（公元1419年）将北京南城墙向南拓展一里，形成了北京三重城墙层层相包的格局：最内层是宫城（紫禁城），周长六里，开八门；然后是外围的皇城，周长十八里，开六门；再向外是京城，周长四十五里，开九门。具体而言，北京的城墙墙体顶面厚度约10米（内城10余米，外城8~9米），守军可以在墙上自由行动；城墙之外即是护城河，内城护城河宽约30米，深约3米，距离城墙约50米，外城护城河宽约20米，距离城墙约20米；在城墙最薄弱的城门部分，将城墙扩大，形成城台，城台下开城门洞，城门券洞内外都安置厚木门扇，木门外包铁皮、铁钉，以增强防御能力，在城台之上修建城楼，作为守城将领的指挥所和瞭望台；另外，为了增强城门的防御能力，又在城门外增设瓮城，其上设箭楼、闸楼等设施，用于攻击进入瓮城的敌人；同时，在城垣的外侧又增建敌台（宋朝时称之为马面），是凸出于城墙外的高台，用于专门射杀爬城的敌人，敌台之间的平均间距为240米，一般为弓箭的两倍射程，这样守军就可以从敌台两面进行交叉射击；城墙还设角台、角楼、马道、值房等防御设施。当然，北京的城市防御建设不是一朝一夕完成的，在朱棣迁都北京之后，有明一代一直在不断完善和修缮北京的城防建设。

其三，**调集重兵守卫京师**。拱卫京师安危和皇帝的人身安全是京师防卫的重中之重，因此，必须调集全国的精锐部队守卫京师，确保万无一失。早在洪武年间，为了维护其统治地位，朱元璋创立了新的军事制度——卫所制，全国约有"内外卫三百二十九，守御千户所六十五"（《明史·兵志二》），每卫兵力为5600人，中央设五军都督府（前、后、左、中、右）为最高军事指挥机关，统领各辖区卫所军队。明初，作为边防要地，大明北部边境的边防兵力约占全国的二分之一，设卫250多个，所90多个，约有兵力100多万。朱棣又在京师二十六卫军之外增设京军三大营：五军营、三千营、神机营。五军营分步、骑兵为中军，左、右掖，左、右哨；三千营是指降明的兀良哈部所挑选的三千骑兵；神机营是明军的高科技作战部队，配备有火枪、火炮，战斗力超强。三大营是明朝北部边防的机动作战部队，平时宿卫京师，一旦皇帝御驾亲征，就跟随皇帝出征，扎营时则紧紧围住皇帝的中军大营，步兵在内，骑兵在外，骑兵之外是神机营，神机营之外是长围，形成方阵。因此，北京作为大明统治之核心和北部边防之要害，明朝调集数十万明军精锐驻扎于此，为其配备最先进的武器装备，成为明军中战斗力最强的一支部队。

其四，**疏通运河，多种手段确保南方漕粮北运畅通无阻**。明朝自立国以来，面对的外部敌人主要是来自北方和西北的蒙古部族，再加上朱元璋和朱棣都奉行"歼敌于塞外"的战略，因此对外战争主要集中在大明北部地区。虽然明代实行军屯制度，军队的粮食有一定的保障，但是经年累月对北方用兵，朱棣甚至五次御驾亲征，需要大量的粮草供应，这就导致了仅仅依靠军屯自己生产的粮食是远远不够的。因此，疏通由南方至北京的运河通道，保证南粮北运的通畅对在北部边境和深入漠北的明军而言尤其重要。另外，大战在即，仅仅依靠运河运输粮食也无法满足需求，朱棣还利用海运和陆运的手段来运输粮食，并动用各种能够运输的工具和牲畜来运输粮食以保障前线所需，比如数以万计的武刚车以及骆驼、牛、马，等等。

其五，**改进明军武器装备，提升骑兵素质**。相较于蒙古部族的武器而言，明军的作战武器有其先进性，其突出的表现是大量采用各种火器。洪武初年，朱元璋就设立了专门的军需局（后改称军器局），制造包括火器在内的各种兵器。洪武二十年（公元1387年），朱元璋下旨要求天下都司卫所各置军器局生产军器，这就将制造火器的权限下放给了基层。大约在永乐五年至八年（公元1407—1410年）期间，朱棣创立神机营，总兵力约7.5万人，都配有火枪等兵器。永乐年间，明军的火器主要由赤铜和生铁铸造而成，枪炮"大小不等，大者发用车，次及小者用架，用桩，用托。大利于守，小利于战，随宜而用，为行军要器"（《明史·兵志四》）。但是，明军的神机枪有个缺点：不能连发。因此，在作战时，明军的火枪手一般五人为一伍，一二人负责射击而其他人负责装填弹药。明军的火枪一般射程为百步开外。另外，朱棣依明太祖旧制，专设太仆寺掌管全国马政，并鼓励民间私人养马，以建设一支战力强劲的大明骑兵。永乐四年（公元1406年），朝廷先后在山西、甘肃、北京、辽东等地设苑马寺，并令民众普遍养马，实行"计丁养马"的政策，提升了明军骑兵的数量和质量，从而在对蒙古骑兵的作战中发挥了明朝步兵所不及的作用。

其六，御敌于塞外，五次御驾亲征。 有时候，进攻就是最好最有效的防守。主动出击，将来犯之敌歼灭于明朝北部防线以外是确保京师安全的一个重要手段。永乐七年（公元1409年）七月初三，朱棣命淇国公丘福为征虏大将军，武城侯王聪和同安侯火真分别为左、右副将军，领兵10万进击鞑靼。出师之前，朱棣担心丘福自大轻敌，专门告诫丘福要慎重，在大军开出开平之后一定要加强警戒，要"日夜严谨瞭备，敌至则出奇兵以击之"（《明太祖实录》卷94），"毋失机，毋轻犯，毋为所绐。一举未捷，俟再举，尔等慎之"[1]。结果，丘福还是举兵冒进，其先头部队被鞑靼围歼，王聪率500人突围不成力战而死，而丘福与火真以及其他将领皆被俘而死。此次北征的失败直接原因是丘福个人的轻敌和傲慢，但是朱棣用人失察也难辞其咎。此次进击鞑靼失败之后，朱棣很生气，决心御驾亲征，自永乐八年至二十二年（公元1410—1424年）的14年间，朱棣前后五次亲自率明军精锐北征，其中有四次是以鞑靼和兀良哈为作战对象，另外一次是以瓦剌为作战对象，分别是：永乐八年（公元1410年）北征鞑靼；永乐十二年（公元1414年）北征瓦剌；永乐二十年（公元1422年）北征鞑靼和兀良哈；永乐二十一年（公元1423年）北征鞑靼；永乐二十二年（公元1424年）北征鞑靼。朱棣每次率大军出击的路线基本都是沿着北京、开平、应昌的交通轴线，主要作战地区是斡难河（今蒙古国鄂嫩河）、忽兰忽失温（今蒙古国乌兰巴托南）、阔滦海（今黑龙江呼伦湖）以及屈烈儿河（今内蒙古科尔沁右翼前旗境内），前三次出击都有较大收获，后两次出击因为鞑靼首领阿鲁台避战远遁而无所成就。

---

[1]〔清〕谷应泰等：《明史纪事本末》卷21《亲征漠北》，中华书局，2015年，第332页。

不幸的是，永乐二十二年（公元 1424 年），朱棣在第五次出击无果而撤军的途中病逝，为大明帝国的北部边防和京师的安危可谓是鞠躬尽瘁死而后已。明军的六次主动出击，第一次吃了败仗，主帅被俘而死，后两次无功而返，虽然没有完全达成预定的战略目标，但是暂时严重削弱了鞑靼和瓦剌的力量，使其不得不短时间内臣服于明朝，也减少了其对明朝北部边境的侵扰，保证了大明京师的相对安全。

相较于后来的清朝，明朝在处理与北部蒙古部族势力的关系上还是缺少了一定的政治智慧和政治机会。清朝在处理少数民族事务上似乎要比明朝更有智慧一些。清朝在龙兴之时，将蒙古王公作为自己的同盟军和支持者去问鼎中原，在建政之后也能够比较好地处理蒙古部族和清廷之间的关系；而明朝则没有这样的机会。究其原因，大概在于清朝原本位于游牧文明和农耕文明之交界地带，能够很好地理解两种文明或是两种生活方式并恰当地处理两者之间的关系，因此能够超越于两种文明之上构建出一个包含这两种文明在内的复合政治架构，从而让大家和睦相处。与之相对的是，作为纯正的中原王朝，大明的统治者几乎无法理解蒙古部族的文明和生活方式，也无法将中原地区的文明和生活方式移植到蒙古部族生活的游牧地区，除了动用国家力量以武力征服之外，并没有足够的政治智慧或是凭借政治、军事手段去有效地统治这片区域。正如施展在《枢纽：3000 年的中国》中指出的那样："即便中原王朝强大时能够扫荡漠北，事毕仍必须撤军南返，这只不过是替草原上的其他游牧者扫清崛起的障碍而已。"[1]

---

[1] 施展：《枢纽：3000 年的中国》，广西师范大学出版社，2018 年，第 58 页。

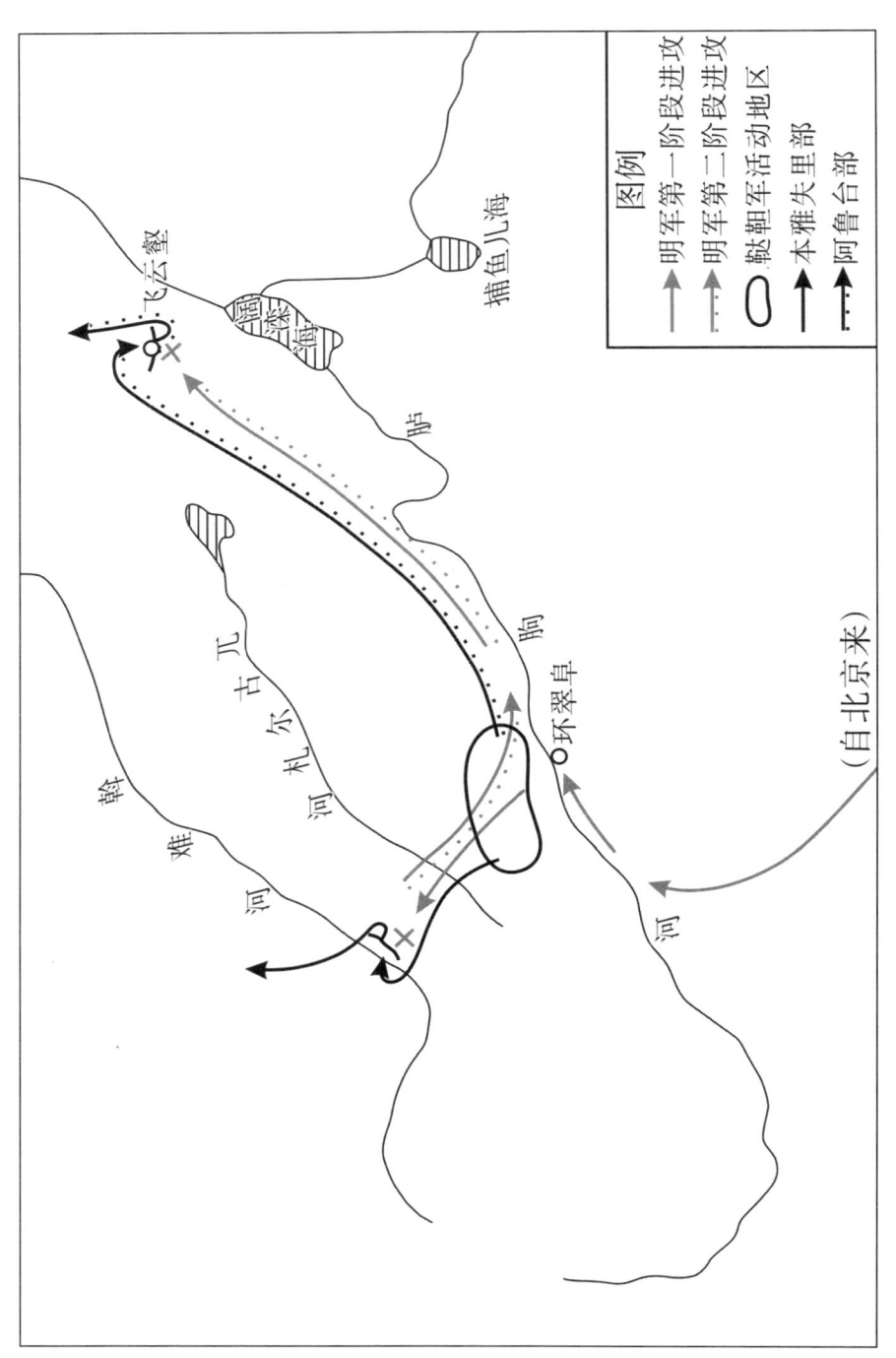

384　山河为证：地理视角下的中国史

图 14.2　斡难河之战示意图

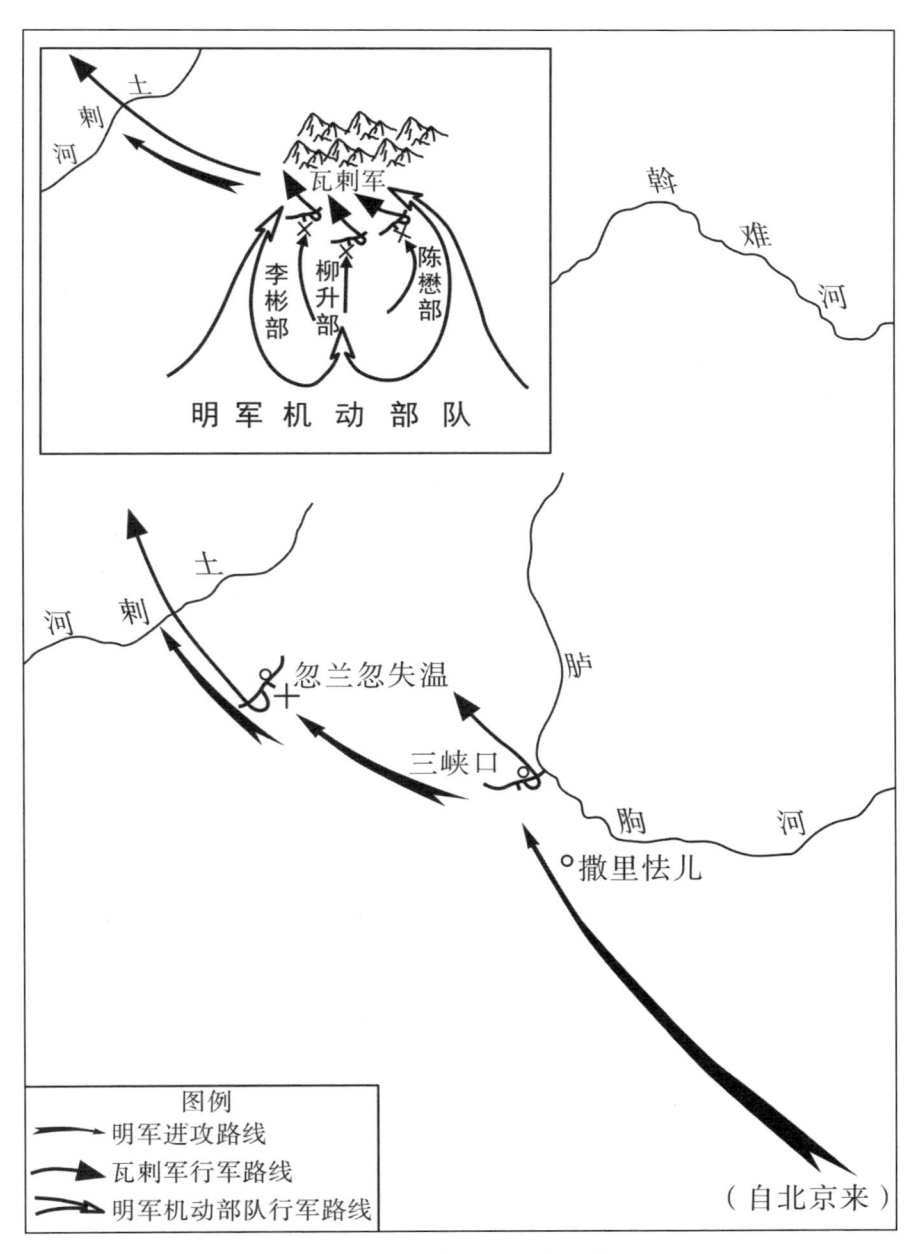

第十四章 北京：大明京师就是国防最前线 385

图14.3 忽兰忽失温之战示意图

三、土木堡之变和北京保卫战

虽然明成祖朱棣呕心沥血为其后世子孙打下了一片大大的北部疆土，但是明朝北部防线的安定和平并没有持续多久，战火便又重燃，甚至烧到了大明帝国的京师。因为瓦剌的实力在不断增强和扩张，而朱棣之后的明宣宗朱瞻基和明英宗朱祁镇统治下的大明的实力开始下降，尤其是在政治和军事实力方面已经无法和朱棣时期相提并论了。

瓦剌是蒙古部族的一个分支，曾在叶尼塞河上游游牧，臣服于成吉思汗，到了元朝末年又游牧于阿尔泰山以西地区。永乐十二年（公元1414年），朱棣第二次北击漠北之时，击破瓦剌部主力，使瓦剌的三部首领（顺宁王马哈木、贤义王太平以及安乐王把秃孛罗）降服于明朝并接受明朝的封号。但是，蒙古部族之间的关系就像草原上的天气一样变幻莫测，令人捉摸不定。永乐十五年（公元1417年），瓦剌的顺宁王马哈木去世，其子脱欢继任为本部首领。脱欢部的势力远大于贤义王部和安乐王部，成为瓦剌部族中势力最强大的一支。既然势力强大，脱欢就有了自己的想法，不安于臣服明朝，但是又慑于鞑靼和明朝在东、南两方面对其的军事压制，只好先大力向西发展，击败蒙古东察合台汗国，将其势力发展到了今天的巴尔克什湖以南的吉尔吉斯草原地区。脱欢部在西边获得较为稳固的发展之后，又将兵锋转向东面杀向了鞑靼，并于宣德九年（公元1434年）杀死鞑靼首领阿鲁台。随后不久，脱欢部又消灭了贤义王和安乐王，实现了鞑靼和瓦剌两部的统一，并于明正统十二年（公元1447年）征服兀良哈三卫，从而使得瓦剌成为一个控制了西起中亚、东邻朝鲜、北接西伯利亚、南至长城以北地区的辽阔疆域的蒙古游牧政权。更可怕的是，瓦剌开始联合东北建州女真和海西女真的势力，成为威胁大明北部安全的最大隐患。

在瓦剌势力不断崛起的过程中，明朝的政治和军事实力却大为削弱。在政治方面，宣德十年（公元 1435 年），明宣宗朱瞻基去世之后，由年仅 9 岁的朱祁镇继位，史称明英宗。明英宗从小就比较依赖身边的太监，在其继承大位之后，司礼监掌印太监王振逐渐掌控了明朝军政大权。王振为人贪婪，掌权后结党营私，党同伐异，大明朝政一时间混乱无常、黑暗无比。朝政的黑暗必然会导致各种社会矛盾的爆发，因此各地流民起义不断，威胁着大明王朝的政治稳定。与之相对应的是，明朝的军事方面也开始暴露其固有的缺点，国防安全随着瓦剌力量的不断壮大而变得更加岌岌可危。明朝初年，北部边防一直是明朝军队布防的重点，朱元璋和后来的朱棣精心构建的西起嘉峪关东至鸭绿江的"九边"重镇和京师北防线可以较好地保证北京的安全。而且，在"九边"防线之前，明朝还设立了大宁、开平、东胜三卫，作为"九边"之外的外围军事据点以预警北部安全。但是，正如我们前文所述，朱棣在"靖难之役"时为了感谢兀良哈的帮助将大宁卫交给了兀良哈，而将大宁都司由塞外南迁至长城以内。大宁一撤，东胜卫不久孤掌难鸣也被迫内迁，而开平卫也于宣德五年（公元 1430 年）南迁至独石（今河北赤城北独石口）。明朝初年精心构建的"九边"防线之外的外围军事据点悉数内撤，这就使得宣府、大同等地成为明军北部防线的一线据点。在这样的条件下，明朝"九边"防线承担了巨大的军事压力，"九边"之后，明军再无战略防御纵深了，长城一线的防御据点成为瓦剌可以直接进攻的地区。一旦一处据点被瓦剌突破，京师北京就成为瓦剌可以直接进攻的目标了，这就让京师北京的安全受到了更为直接的威胁。当明朝北部防线正在遭受着愈来愈严重的入侵风险的时候，西南部边疆也出现了叛乱。正统三年（公元 1438 年），云南麓川（今云南陇川西南）宣慰司思任发起兵叛明，而王振不顾北方边境面临的威胁调集重兵连年讨伐思任发，前后长达12年之久，耗资无数，用兵无度，耗费了明朝宝贵的国防资源。

瓦剌在经过多年的战争准备之后，决定对大明动手了。

正统十四年（公元1449年）七月，瓦剌首领也先以明朝怠慢瓦剌贡使、拒绝和也先之子通婚以及减少赏品为借口，兵分四路，向大明边境压来。

也先的兵力部署如下：也先亲率瓦剌主力进攻大同，知院（瓦剌官名，相当于掌管军事的枢密使）阿剌率兵攻赤城和宣府，瓦剌可汗脱脱不花率本部以及兀良哈进攻明辽东地区，最后一路人马则向西杀向甘肃。也先的作战意图也很简单：其他三路大军的进攻起到牵制明军的作用，他率领的主力通过进攻大同引诱明军主力西上，等歼灭明军主力后，其他几路大军和他会合直逼北京。

面对瓦剌的进攻，明军不得不仓促迎战，前线战败的消息不断传到朝廷。对于如何制敌，朝廷内部纷争不断。此时，太监王振出了一个馊主意。王振老家在蔚州（今河北张家口蔚县），离大同不远，王振担心攻击大同的瓦剌军队顺道把他老家的财产也给抄了。因此，王振希望皇帝御驾亲征，一方面可以借皇帝之威给明军壮壮声势，一方面也可以让皇帝绕道到他老家看看，保全他的财产，给他自己脸上也贴贴金。这个馊主意被包括于谦在内的多名大臣否定，但是明英宗竟然觉得自己可以试一试，决意要御驾亲征。

明英宗将要为自己的糊涂决定付出巨大的代价。

正统十四年（公元1449年）七月十六日，明英宗率大军向大同方向进发。进军途中风雨大作，粮食匮乏，随军大臣力劝皇帝返回京师，但是明英宗坚持继续前进。八月初一，明军到达大同，而此时也先已经率军撤走，试图引诱明军继续北进，待进入其包围圈之后全歼之。刚开始，王振还想命令部队继续前进，但是听说了前线将士兵败的惨状之后，觉得还是先撤回去为妙。因此，明英宗御驾亲征的大军到大同转了一圈后，直接撤兵了。

如果明英宗率领的大军能够安然回到京师，这当然是最好的结果了。然而，王振觉得皇上来都来了，还是路过他的家乡看看吧，因此王振命令大军经由紫荆关回京。当大军走了四十里之后，王振又怕大军经过他的家乡把他家的田地给糟蹋坏了，因此又命令大军折回去四十里，重新走宣化这条路回京。这就浪费了宝贵的撤退时间，给了也先的骑兵追击明军的机会。八月十日，也先率军追上了明军，明英宗派出的阻击部队几乎全被歼灭。八月十四日，明英宗率领大军来到了土木堡（今河北怀来东），此地距怀来城仅剩二十里，到怀来城里安营扎寨肯定要比在土木堡安营安全得多，或是直接让皇帝赶紧进入居庸关，大军在后阻击也先的骑兵，这样至少可以保证皇帝的安全。然而，王振担心装载自己财物的千余辆辎重车尚未到达，拒绝了所有合理的建议，导致明英宗和几十万大军困在了土木堡这个弹丸之地。

后面的悲剧，我们都知道了。

也先率军死死围住了土木堡，并击杀明朝大臣数十人，击溃数十万明军，明英宗被俘，而王振由于太过于嚣张跋扈，被明英宗的护卫将军樊忠当场击杀。据史书记载，樊忠击杀王振时高喊"吾为天下诛此贼"（《明史纪事本末·王振用事》），随后冲向了瓦剌骑兵，力战而死。此为土木堡之变，是明朝建政以来遭受的最大军事失败，是明朝政治腐朽和军事衰败的直接结果。大明帝国的军国大事，竟然任由一个太监摆布和指挥，这是明朝政治制度造成的，也是明朝时期宦官专权乱政的一个集中体现。

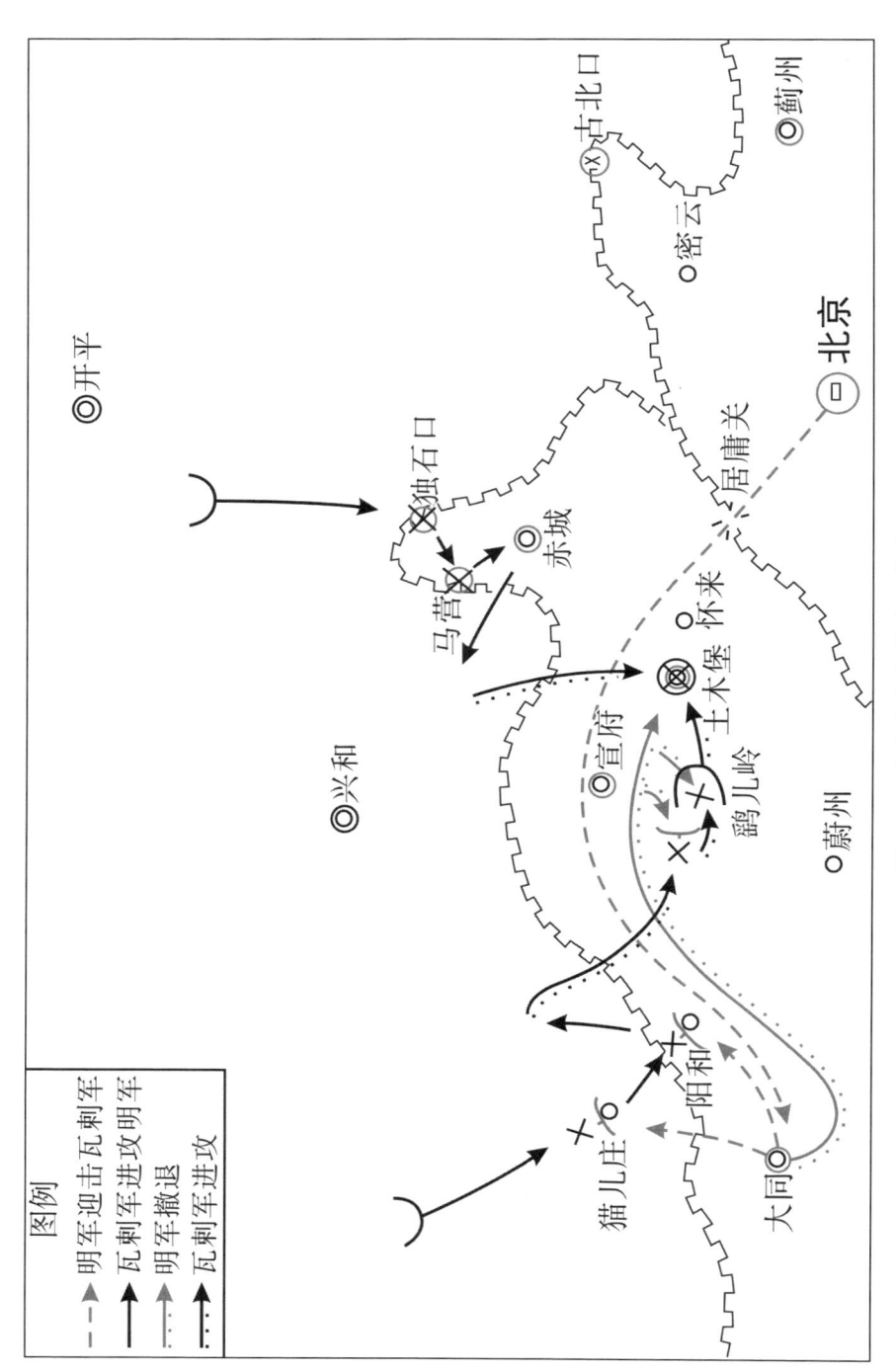

图 14.4 土木堡之变作战示意图

明朝皇帝被俘，这对也先而言简直是天大的好消息，他可以狮子大张口，任意地要挟明朝，随意索要财物，甚至可以逼迫明朝降服。也先想得很美好，但是，后面的故事并没有完全按照也先的设想来发展。皇帝被俘，明朝上下确实慌了一阵子，有主张筹钱赎回皇帝的，也有收拾细软赶紧跑路的，也有主张国都迁回南京的。但是，也先忘记了一个事情，明朝虽然只有一个皇帝，但当时还有其他皇子。很快，八月十八日，皇太后下旨令皇帝的弟弟朱祁钰监国，总算是让混乱的局面暂时安定了下来。与此同时，明朝北部边防的将士们终于有了血性，对也先挟大明天子与大明诸将的做法完全不予理会。八月十七日，也先带着明英宗赶至宣府城下，让明英宗下旨逼宣府守将开门。宣府守将杨洪假装什么都不知道并且表示谁也不认识，命令将士不准开门，并让手下人说："所守者主上城池。天已暮，门不敢开。且洪已他往。"（《明史·杨洪传》）宣大巡抚罗亨信手持宝剑端坐于城下，大喊："出城者斩。"（《明史·罗亨信传》）搞得那些想去开门的也不敢再往前一步了。也先胁迫明英宗在宣府吃了闭门羹，悻悻而去。他们随即来到大同故技重施，又被大同副总兵郭登拒绝。也先带着明英宗在宣府和大同之间跑来跑去，闭门羹是一个接着一个。

九月六日，明英宗的弟弟朱祁钰在朝中大臣的拥护下奉皇太后懿旨即皇帝位，年号景泰，史称明代宗。明英宗本人的死活对大明朝而言已经变得不那么重要了。

面对这样的形势，也先问随着明英宗一块被俘的太监喜宁该怎么办，喜宁献计曰："以送上皇为名，至边胁诸将开关，召总兵镇守官出，见则留之，可以得志。京师空虚，长驱而入，必将南迁，大都可有也。"（《明通鉴·英宗正统十四年》）也先觉得他说得有道理，随即带着明英宗兵分三路向北京杀来：东路军2万人攻古北口，中路5万人攻居庸关（北京以北方向），西路军由也先率领经大同进攻紫荆关，三路夹击，准备合围北京。

面对来势汹汹的瓦剌骑兵，明代宗任命主战派大臣于谦为兵部尚书，统筹京师防务。在如此危急的情况下，兵部尚书于谦成了大明上下倚重的主心骨，满朝"上下皆倚重谦，谦亦毅然以社稷安危为己任"。于谦以一己之力扛起了整个大明江山，成为护卫京师北京安全的守护神。随即，于谦着手筹备京师防务事务：其一，铲除王振党羽以振奋人心和士气；其二，整顿吏治以安定京畿社会秩序；其三，整顿军队以加强京师防御，先后调集两京、河南备操军，山东及南畿沿海备倭军，江北、北京诸府运粮军以及土木堡之变的残兵败将，只要是还能打，就来入卫京师，一起卫护大明江山；其四，加强北部边防各重要关隘防务以牵制瓦剌军；其五，调集粮草以稳军心；其六，列阵京师九门以严守京师。当时，都督石亨建议将守城大军退回城内，关闭所有城门，准备"坚壁以老之"。但是，于谦认为，大军退进城内据守，这是示弱的行为，这会损害守城将士的士气，也会让瓦剌军更加猖狂。因此，于谦主张，必须将守卫京师的22万人开出九门之外并列阵迎敌，这样才能让瓦剌军心有忌惮。而且，作为一个文臣，于谦自己披戴盔甲，和守城将士一起出生入死，鼓舞守城将士们拼死守卫大明京师。

也先的瓦剌军大多是骑兵部队，他们在平坦的战场上有绝对的优势。但是，当这些骑兵攻到北京城下时，周围全是民房，骑兵的优势就几乎没有了，而明军则可以凭借各种火器和地利之便进退自如。同时，各地的勤王大军也正在纷纷向北京开来，留给瓦剌军的时间不多了。

十月十三日，瓦剌军打到了北京德胜门城下并开始攻城。于谦令石亨在德胜门外的民房内设置伏兵，并派少数骑兵假装失败以引诱瓦剌军进入伏击圈。也先被胜利冲昏了头脑，竟然派一万骑兵追击。随即，埋伏在民房内的明军火器营将士们开枪、开炮、射箭。一阵齐射之后，瓦剌骑兵部队大为受损。他们见德胜门集中了明军主力，一时难以拿下，随即又集中兵力向西直门进攻。虽然西直门的守军短时受挫，但随着其他城门的援军到来，西直门也算是安然无恙。十四日，瓦剌军又进攻彰义门，明军用火器和弓弩将其射退。而且，附近的老百姓也纷纷参战，在屋顶上用砖头石块向瓦剌骑兵发动进攻。

也先率军攻击北京不顺利，其他两支瓦剌军也不太顺利，进攻居庸关的中路军5万人竟然连续攻击7天也无法攻克之，只好远遁而去，而东路的瓦剌军都没有逼近古北口就撤回去了。随着各地的勤王大军纷纷开向北京，也先害怕自己的退路被各路明军给封锁了，只好带着明英宗由良乡（今北京房山东北）向紫荆关退去。于谦眼看也先要跑，立即令各路大军追击。明军在追击瓦剌军的过程中，将瓦剌军俘获的万余人口夺回，但是并没有将明英宗给救回来。

其实，最不希望明英宗回来的就是明代宗朱祁钰，因为一旦明英宗回来，他俩谁该是皇帝呢？因此，一直到景泰元年（公元1450年）八月中旬，明英宗才回到北京，并被明代宗送进南宫（今北京南池子）软禁起来，开始了他7年的软禁生涯。

北京保卫战的胜利，首先是于谦的胜利，因为正是在于谦的统筹下，大明京师才上下同心，坚守住了北京；正是在于谦的统帅下，京师守城将士才有了正确的守城方略；正是于谦的身先士卒鼓舞了守城将士勠力同心坚守北京，也正是在于谦的坚持下，大明才有了新君，才不会被也先的要挟所左右。

然而，景泰八年（公元1457年），明英宗利用明代宗病重而发动

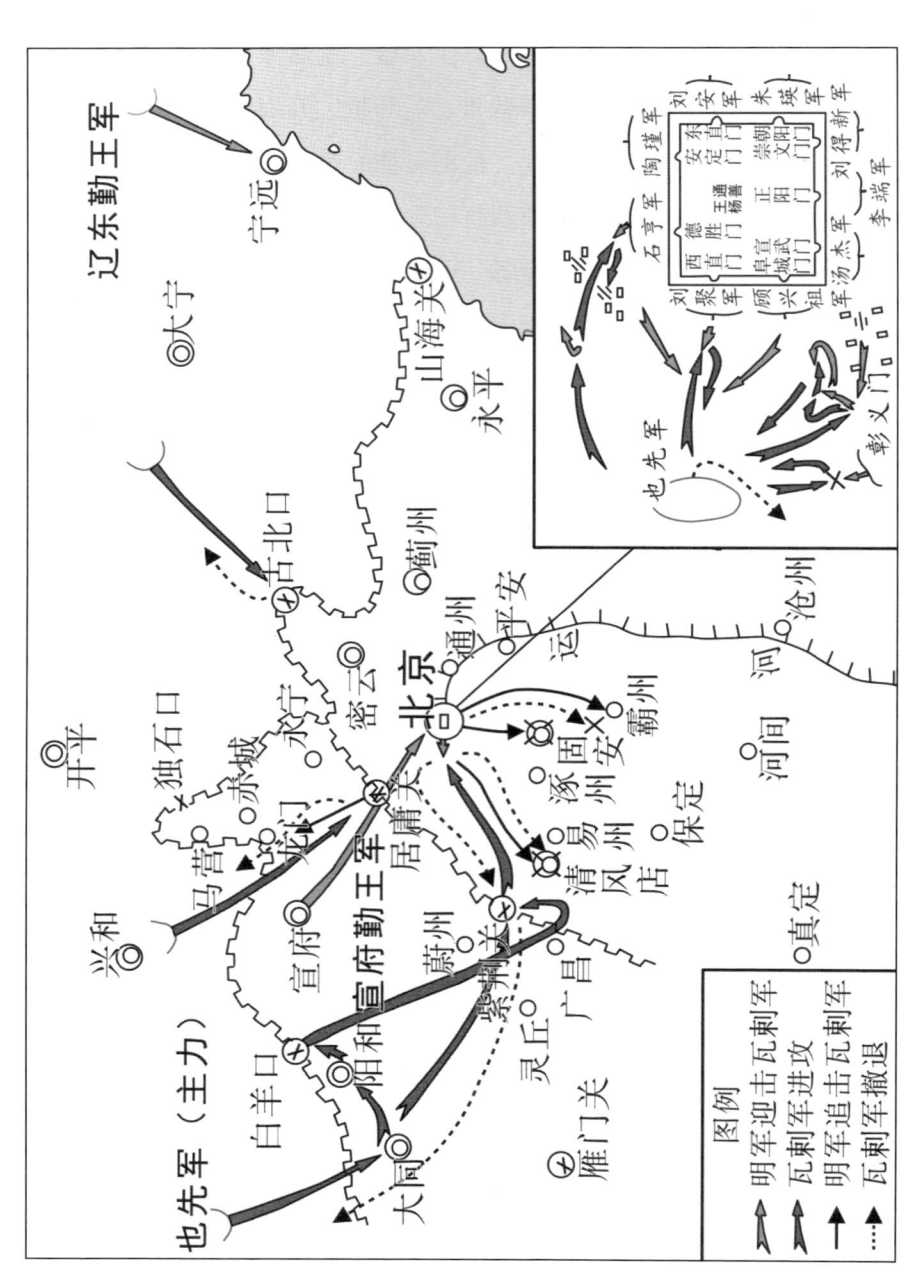

394　山河为证：地理视角下的中国史

图14.5　北京保卫战作战示意图

政变夺回了皇帝宝座，于谦随即被处死。于谦死后，大明的北部防线又陷入了松动和虚弱的状态。据《明史·外国传八》记载："边官守臣，因循怠慢，城堡不修，甲仗不利，军士不操习，甚至富者纳月钱而安闲，贫者迫饥寒而逃窜。"由此可见明朝北部防线的溃烂程度，简直是不堪一击。

在不远的将来，大明帝国的真正掘墓人——后金（大清）将会重复瓦剌当年的故事，而与瓦剌不同的是，大清成功拿下明朝北部防线的一个个据点，并成功入主北京，成为定都北京的最后一个封建王朝。

第十五章

辽东地区：大明帝国对抗后金（大清）的最后倔强

爆发于万历四十六年（公元1618年）的萨尔浒之战，是明朝与努尔哈赤建立的后金政权争夺辽东地区的关键一战。经此一役，明朝在辽东地区基本丧失了战略主动权，从此陷入了被动挨打的局面，后金政权（大清）的八旗子弟则一步一步地将明朝势力赶出辽东和辽西地区，并最终跨过山海关入主中原。因此，辽东地区的局势对明朝和后金而言都至关重要，可谓是牵一发而动全身的锁钥之地。在辽东地区这个战略要地，明朝做了哪些努力和尝试来加强此地的防御？握有先进武器且人数众多的明军为何在萨尔浒之战中失败？努尔哈赤的八旗子弟又为何能取得萨尔浒之战的胜利？回答了这些问题，我们就能够理解辽东地区的地缘战略价值及其对于明朝国防的意义了。

一、辽东地区的地缘政治意义

在明代，作为一个区域名称，辽东地区有两个含义：其一，指代的是明朝设立的辽东都指挥使司（简称辽东都司），治所在辽阳城（今辽宁辽阳），其管辖的范围为"东至鸭绿江五百六十里，西至山海关一千一十五里，南至旅顺海口七百三十里，北至开原三百四十里。自都司至京师一千七百里，至南京三千四百里"[1]。其辖区大概相当于今辽宁省大部地区。其二，指代的是辽河以东地区，比如辽阳、沈阳等地，而辽河以西的广宁、锦州等地常被称为辽西地区或是河西地区。本章讨论的辽东地区，主要是指第一个含义上的辽东地区。

早在商周时期，辽东地区因其土地肥沃物产丰富，就有肃慎人（女真人）在此地居住生活。战国时期，此地归燕国管辖，设辽东郡，并在辽水以东建立障塞以守土保民。《史记·匈奴列传》记载："燕亦筑长城，自造阳（今河北怀化一带）至襄平（今辽宁辽阳），置上谷、渔阳、右北平、辽西、辽东郡以拒胡。"秦时，此地设辽东郡。《前汉书·地理志》载："辽东郡，秦置：属幽州。"汉朝初年循秦制，设有辽东、辽西、右北平、渔阳、上谷五边郡。等到了曹魏时期，依旧在此地设立辽东郡，隶属平州。西晋时期，此地改为辽东国。到了隋朝时期，此地再设辽东郡，也称为襄平郡，唐时归安东都护府管辖，但在安史之乱之后，中央政府彻底失去了对此地的掌控。到了辽、金时期，辽东为东京道。元朝时期改为辽阳路，设立辽阳行中书省。洪武四年（公元1371年），元将刘益归顺明朝，将土地与人口

---

[1] 〔明〕李贤等：《大明一统志》卷25《山东布政司·辽东都指挥使司》，巴蜀书社，2017年，第1163页。

簿册献于明朝，随后，朱元璋下旨"今特置辽东卫指挥使司，授尔益同知指挥事，尔其恪遵朕意，固保辽民，以屏卫疆圉，则尔亦有无穷之誉"（《明太祖实录》卷61）

对明朝而言，辽东地区的地缘政治意义主要在于军事方面，辽东都司是一个军政机构，不是一个地方行政机构，和内地的行省所施行的布政使司制度不一样，其发挥的是镇守边疆的作用。朱元璋曾经说："昔辽左之地在元为富庶，至朕即位之二年，元臣来归，因时任之。其时有劝复立辽阳行省者，朕以其地早寒，土旷人稀，不欲建置劳民，但立卫，以兵戎之。"（《明太祖实录》卷145）也就是说，朱元璋认为，虽然有人劝我在辽东这个地方设立一个行省，但是，这地方冬天来得早，地广人稀，不想在此设官劳民，但是要设立卫所，以保卫此地。这说明，辽东地区对于明朝的重要性主要表现在军事方面。正所谓："控一辽而得东北，失一辽而陷北疆。"（《全辽志》）因此，明朝在辽东地区设立二十五卫并设立两州，不设像内地行省那样的州、府、县等机构。二十五卫与两州的设置如下：三万卫、辽海卫以及安乐州置于开原城；铁岭卫置于开原、沈阳之间，北距三万卫90里；沈阳中卫置于沈阳城，南距辽东都司120里，领抚顺、蒲河千户所；广宁卫、广宁中卫、广宁左卫、广宁右卫置于广宁城；广宁中屯卫、广宁左屯卫置于锦州城；义州卫、广宁后屯卫置于义州城；广宁右屯卫最初置于十三山堡，后迁于旧闾阳县临海乡，东南距辽东都司540里；广宁前屯卫、宁远卫置于宁远；定辽中卫、定辽左卫、定辽右卫、定辽前卫、定辽后卫、东宁卫以及自在州与辽东都司一起置于辽阳城；还设有海州卫、盖州卫、复州卫、金州卫等。每卫配有士兵约5600名，25个卫所共有约14万名士兵，再加上家属以及其他人员，总数大约有数十万人之多。① 可以认为，对明朝而言，辽东地区实际上就是一个辽阔的大兵营。尤其需要指出的是，辽东地区虽处明朝疆域的边疆地带，但由于明成祖朱棣将京师从南京迁至北京，辽东地区的稳定对明朝京师而言更为重要，正所谓"明朝都燕，辽东实为肘腋重地"②。因此，辽东地区可视为京师北京的门户，是明朝与蒙古族、女真族之间的战略缓冲地带，而且紧邻朝鲜和日本，具有极其重要的地缘战略锁钥地位。

"天下安危系九边，九边之首在辽东"。为了更好地巩固边疆防务，自永乐时期开始，明朝在辽东地区修建用于防御蒙古部族和女真各部的辽东边墙，全长约 1800 里，沿线共计有边堡 98 座，墩台 849 个，各边堡驻军从五六百人到四五十人不等。在这道千里防线上，十里一堡，五里一台，雄关、隘口林立，烽火台、瞭望台星罗棋布，形成一道坚固的防线，是保大明京师北京的重要屏障，也是一道将汉族军民与女真各部、蒙古部族分隔开的边界。辽东边墙的修建，更加凸显了辽东地区的军事意义。

但是，这并不意味着辽东地区仅具有军事意义，此地还具有极其重要的财税价值。一方面，这些辽东卫所的士兵和家属战时保卫疆土，平时则开垦土地，种植粮食，达到粮食自给自足。另一方面，辽东地区各种资源丰富，各卫除了开垦的农场之外，还有盐场、铁场以及一些民间私营的矿场。经过数代辽东军民近百年的辛勤努力和苦心经营，辽东地区的物质生活水平逐步提升。嘉靖十六年（公

---

① 根据《全辽志·赋役》记载，至明嘉靖年间，辽东地区的总户数为 96 481 户，有人口 381 496 人。
② 〔清〕顾祖禹：《读史方舆纪要》卷 37《山东八·辽东行都司》，中华书局，2005 年，第 1699 页。

元 1537 年）重修的《辽东志》里在谈到当地的社会经济发展情况时指出："辽物产之丰，由来尚矣。国初疮痍新愈，民习勤苦。百余年来，兵戟不试，事简俗质，是故田人富谷，泽人富鲜，山人富材，海人富货，其得易，其值廉，民便利之。"也就是说，辽东向来物产丰富，明朝初期，民生艰苦，百姓辛勤努力。明朝建政一百多年来，在辽东地区基本不修兵刃，灾祸少，民风质朴，所以农民五谷丰登，打鱼的鱼虾满塘，砍柴的柴火成堆，出海的货物充盈，市场中物美价廉，老百姓生活真是美滋滋，便利极了。但是，《辽东志》是明朝人修明朝史，把自己夸成一朵花这是基本操作，明朝的苛捐杂税和官员腐败的程度都是我们比较熟悉的基本常识。当然了，即使是在这样的情况下，我们还是可以了解到当时的辽东至少各种物资和商品是不缺乏的，社会经济发展水平也是比较高的，老百姓的生活与周边的那些少数民族比起来可能还是要稳定和幸福一些。

　　辽东明朝军民的生活水平比较高，各种物资比较充足，而周边少数民族的经济发展水平参差不齐，因此双方就有了商品交换的可能，并促成了辽东马市的出现和繁荣。辽东马市交易频繁，交易量大，交易的品种也不仅限于马匹，还有其他家畜、山珍野味等各种山货以及农具等。马市的繁荣促进了当地社会经济发展，也促进了辽东地区甚至整个东北地区各民族之间的交流，其他少数民族也有了更多的向汉族学习的机会。

　　但是，到了明朝末年，由于朝政日益腐败，官员贪污盛行，宦官到处为非作歹，各地民众民愤极大，即使像辽东这样的军事管理区也不例外。明武宗朱厚照继位以来，辽东军民无法忍受将官的贪腐和沉重的赋税徭役，不断爆发大规模的兵变。万历二十七年（公元 1599 年），明神宗朱翊钧派遣太监高淮（尚膳监监丞）前往辽东征收矿税。

这个皇帝身边管理皇家厨房的小小太监竟然将整个辽东的财富搜刮殆尽，搞得民不聊生，兵变迭发。总结起来，高淮干的坏事如下：贪婪成性，盘剥兵卒军粮钱财；借税杀人，进而搜刮民间财富；敲骨吸髓，搞得富庶的辽东地区哀鸿遍野。万历三十六年（公元1608年），高淮在辽东的恶行激发了前屯卫兵变，这些愤怒的军民将高淮的党羽汪政给活活打死，并立誓必杀高淮。辽东军民的反抗最终使明神宗下旨令其离开辽东地区，最后高淮安全返京。看到这里，我们一定会明白吴承恩在《西游记》里想要表达的：那些妖怪那么坏，他们都是从哪里来的？做了坏事结果又会如何？吴承恩作为明朝人不敢写得那么直白，只好借着神话故事的外衣来讽刺当时这些到各地为非作歹的官员和宦官。

这些兵变一方面冲击了大明在辽东的统治基础和统治秩序，另一方面也让其他少数民族尤其是逐渐崛起的女真族看到了大明朝内部的问题和虚弱。未来大明朝的命运将首先在辽东地区由女真族建立的后金政权开始改变。

二、女真族的崛起以及大明在辽东地区的战略部署

1. 女真族的崛起

蒙古联合南宋灭金后，女真族处于元朝统治之下，进入长城内的女真人逐渐和汉族人融合，而留在东北地区的女真人由辽阳行中书省和奴儿干东征元帅府管辖。明朝灭元之后，按照女真人分布的地区和经济发展程度，将其分成建州、海西、野人三部，归奴儿干都指挥使司管辖。

明初，女真三部之间经常发生兼并和掠夺战争，其中野人女真（也叫东海女真）实力最强，经常侵扰海西女真和建州女真。为了过上安定的生活，从永乐年间（公元1403—1424年）开始，建州女真

和海西女真逐渐南迁，逐步向富庶安定的辽东地区靠近，并不断与辽东地区的汉族军民交流学习，接触到了更高的文明和文化形态，学习到了先进的冶铁技术和农业生产技术，自身不断发展进步。到嘉靖年间（公元1522—1566年），建州女真定居于浑河、苏克素护河地区，发展出了苏克素护河部、浑河部、完颜部、董鄂部、哲陈部五部，而海西女真则主要定居于叶赫河和辉发河地区，发展出了乌拉部、叶赫部、辉发部和哈达部，也称之为扈伦四部。

在建州女真各部当中，以王杲势力最为强大，不断侵扰辽东都指挥使司下辖各卫，甚至率兵大举进攻辽阳城和沈阳城。嘉靖四十一年（公元1562年），王杲生擒副总兵黑春并将其寸磔分尸；万历二年（公元1574年），王杲进攻抚顺并抓住游击裴承祖，将其剖腹剜心处死。王杲在辽东地区的暴虐让明廷大为震怒，派李成梁领兵数万征讨王杲。万历三年（公元1575年），王杲兵败被送至明都京师处死。在明军征讨王杲的过程中，努尔哈赤的祖父觉昌安和父亲塔克世为明军提供了关于王杲部详尽的情报，并跟随明军出征王杲，可谓是明军歼灭王杲势力的大功臣。

可惜的是，万历十一年（公元1583年），明朝李成梁大军再次发兵征讨王杲的儿子阿台，在两军混战之时，觉昌安和塔克世被明军误杀。（至少明朝方面是给努尔哈赤这么解释的，而努尔哈赤本人似乎并不太相信这一点。）

为了补偿努尔哈赤，明朝允许努尔哈赤沿袭建州左卫都指挥使之职[1]。对明朝天朝上国而言，似乎这已经是对爱新觉罗家族的莫大赏赐

---

[1] 元朝时，建州女真有五个万户府，其中斡朵里万户府万户猛哥帖木儿，在元朝灭亡后归顺明朝，并被明成祖朱棣任命为建州左卫都指挥使，而努尔哈赤就是猛哥帖木儿的六世孙。

了。但是，对努尔哈赤而言，自己的祖父和父亲被不明不白地杀害，而且还是在有功于大明朝的情况下被明朝杀害，这无论如何也是不可以接受的。无奈自己的实力还很弱小，和偌大的大明朝作对，无异于蚍蜉撼大树。因此，努尔哈赤决定将杀父之仇和杀爷之恨深深地埋入心底，对大明朝表面恭顺，暗地里慢慢发展自己的力量，逐步统一建州女真甚至整个女真，将来才有和大明朝一决高下的可能和机会。努尔哈赤采取了两步走的战略规划：第一步，利用建州女真各部之间的矛盾，联大击小，不断兼并各部，进而统一建州女真；第二步，在统一建州女真之后，壮大自己的军事和经济实力，随后消灭海西女真，进而统一整个女真。当时努尔哈赤所面对的政治态势大概如下：首先，大明是努尔哈赤未来的强敌，但暂时不用和其撕破脸，甚至可以先利用大明来帮助努尔哈赤消灭建州女真中的几个强酋，减少发展自己势力的阻力；其次，建州女真内部乃至整个女真内部分崩离析甚至骨肉相残，女真人也希望出现一个强权人物帮助整个女真实现统一，从而过上安定富足的生活，而努尔哈赤应该就是他们期待的强权人物。

历史的胜利者从来都不是那些有勇无谋之人，也从来都不是那些小不忍则乱大谋之人，而是那些有着远大目标并能脚踏实地一步一步去实现的人。

努尔哈赤就是一个有勇有谋，又有耐心和毅力的政治家。

万历十一年（公元1583年）五月，努尔哈赤凭借父辈留下的"遗甲十三副"，率领不到100人的队伍开始创业开国的宏伟基业，经过10年左右的扩张统一了建州女真各部，又经过20多年的东征西讨，最终于万历四十七年（公元1619年）统一了东北的所有女真部落。在统一东北女真各部的过程中，努尔哈赤于万历四十三年（公元1615

年）正式建立了八旗制度，旗人出则为兵，入则为民，无事耕猎，有事征调，战斗的能力和效率极大提升。万历四十四年（公元1616年），努尔哈赤在赫图阿拉（今辽宁新宾）建立后金政权，并改元天命，成为与大明王朝并立的地方民族政权。

2. 明朝在辽东地区的战略部署

正如我们在前文所言，辽东地区对明朝来说军事边防的意义大于其他意义。换言之，明朝将辽东地区作为其抵御蒙古部族和女真部族的边疆地带，更是将此地视为拱卫京师的外围前线。明朝对于辽东地区的此种安排，其实反映了明朝中央政府将蒙古部族和女真部族视为敌人的敌对立场，在深层次上反映了明朝坚守所谓的"华夷之辨"和"严华夷之防"的天朝上国心态。在这种思想的指导下，明朝在辽东地区的防御战略具体如下。首先，不断修建长城，并修筑辽东边墙，将辽东地区与蒙古各部、女真各部分隔开来。其次，对女真各部，明朝一方面以羁縻政策笼络其各部首领，封官晋爵、赏赐财物使其丧失反叛之心；另外一方面，采取分而治之的策略，"分其枝，离其势，互合争长仇杀，以贻中国之安"①，以致女真各部"各自雄长，不相归一"②，彼此互相牵制，陷于分裂、混战不休的状态，反而让明朝能够坐收渔翁之利。从明朝初年到明朝末期，这一策略持续了200多年，基本达到了这一政策的战略目标。再次，在辽东设立25个卫所，通过强大的兵力来震慑边墙和长城之外的其他少数民族。这一点前文已述，不做赘言。又次，明朝还大规模地向辽东地区移民，最终使居住在辽东地区的汉族人口急剧增加，成为当地人口的绝大多数，这对于

---

① 董其昌：《神庙留中奏疏汇要》卷1《兵部类》。
② 杨宗伯：《海建夷贡补至南北部落未明谨遵例奏请乞赐诘问以折狂谋疏》，《皇明经世文编》卷453。

巩固辽东地区的边防也是一种有效的方式。最后，明朝通过承认朝鲜的"外藩"地位，让朝鲜监视辽东地区的女真人的行动，也是其经营辽东地区的战略之一。其实，努尔哈赤称后金国汗这件事，明神宗还是通过朝鲜的报告才知道的。这一方面反映了朝鲜在监视女真人方面的作用，另外一方面也反映了明朝后期辽东地区明朝的情报收集系统几近崩溃，连基本的信息都无法向明朝中央政府传递了。

三、萨尔浒之战

在努尔哈赤于万历二十七年（公元1599年）灭掉女真哈达部后，明朝的一些有识之士逐渐意识到大明朝在辽东地区真正的敌人是谁了。比如万历三十五年（公元1607年），辽东巡抚萧淳给明廷上奏说，努尔哈赤"明肆桀骜"且"声势叵测"，建议明朝发大兵征讨，"期如昔年剿处仰、逞二奴、杲酋父子故事"（《明神宗实录》卷441）再比如，万历三十六年（公元1608年），蓟辽总督蹇达上奏说，"建酋日渐骄横"，建议"蚤备战守机宜"，同时派人对努尔哈赤进行劝解，如若不听，继续威胁明朝安全，则应征调大兵征剿之，"以歼凶恶"（《明神宗实录》卷443）。很多京师要员也纷纷上书，比如兵部尚书李华龙、内阁辅臣叶向高等一再向明神宗建议应该将努尔哈赤在辽东地区的发展作为朝廷首要考虑的边患问题，否则一旦努尔哈赤羽翼丰满，则辽东不保，进而天下危矣。

此时的明朝，至少在表面上看来还是很强大的。因此，努尔哈赤继续坚持韬光养晦的总体策略，不断向明朝解释自己祖祖辈辈都是大明的人，死是大明的鬼，根本没有任何非分之想，甚至加大了对明朝朝贡的数额，同时将自己第七子巴卜海送入大明京师为人质。努尔哈赤表面恭顺的态度麻痹了当时的辽东巡抚张涛,明神宗抱着多一事不如少一事的态度,搁置了明朝有识之士备战辽东的建言。明神宗更是几十年不上朝,啥事都让太监来最后拍板,搞得大明朝一片乌烟瘴气。大明朝在一天天烂下去,而辽东的女真人却在努尔哈赤的带领下一天天好起来。

努尔哈赤向大明朝摊牌的时间马上就要到了。

万历四十六年(公元1618年,后金天命三年),努尔哈赤决定要和明朝摊牌了。此时的明朝,朝廷内部党争激烈、边防防务松弛(而且,在经历了援助朝鲜抗击日本入侵的战争之后,辽东的明军在人力和物力上都已经大为损耗),此时不动手更待何时?

当年二月,努尔哈赤召集诸臣讨论用兵方略,决定首先打击辽东明军,然后并吞叶赫部,最终夺取整个辽东地区。当年三月,后金加紧军备,扩充军队,修整装备,派遣间谍,贿赂明朝将领,以便刺探明军虚实。经过认真准备和精心筹划,努尔哈赤在四月十三日以"七大恨"誓师反明,列举明朝对女真的七大罪行,率领步骑2万向明朝发起进攻。何谓"七大恨":第一恨,杀其父、祖,此为家仇;第二恨,明朝违誓出边,援助叶赫部;第三恨,明朝进入建州领地偷伐木材;第四恨,明朝出兵帮助叶赫部,使得努尔哈赤已聘之女被叶赫部转嫁给了蒙古,也就是说明朝把努尔哈赤将要迎娶的老婆送走了;第五恨,明朝不许他们收割柴河、三岔儿以及抚安三路的庄稼;第六恨,明朝偏听叶赫部之言,派人侮辱建州女真;第七恨,明朝责令建州女真将已经吞并的哈达部吐出来,偏袒了叶赫部。这所谓的七大恨,总结起来就两点:其一,明朝欺负建州女真,处处压制建州女真;其二,明朝试图分化辽东地区的女真各部,阻挠女真的统一。

努尔哈赤的第一个目标是抚顺城。抚顺城是女真建州部和明朝互市的重要场所，努尔哈赤对此地也非常熟悉，因此他决定采取智取而非强攻。四月十五日，他先派人伪装成商人进城说第二天有大批的女真人来做贸易，等到第二天（四月十六日）抚顺军民上当被骗至城外之后，努尔哈赤率军乘隙突入，两面夹击明军，随后轻取抚顺城。同日，另一路后金部队迅速占领了东州、马根单等地。四月二十一日，后金军击败辽东总官兵张承胤率领的明军，击杀明朝总兵、副将、参将、游击等几十名明朝将校官，俘获马匹9000余匹和战甲7000余副，后金的势力和实力均大增。后金军随后试图进攻沈阳和辽阳，但由于兵力不足，同时受到叶赫部的威胁，还了解到明朝已决定增援辽东，于是在九月主动撤退。

后金军取得一连串的胜利让明朝陷入了恐慌，朝野上下震动。经过一番讨论和研究，明神宗除了下旨加强辽东地区防御之外，还有如下几条具体征讨措施。其一，选任早已隐退在家的原援朝战争明军统帅杨镐为辽东经略，主持辽东防务，同时起用曾经两次入朝作战但是因贿赂而被罢官的勇将刘𫓹和原三边勇将杜松为出关明军将领。其二，从福建、浙江、四川、山东、陕西、山西、甘肃等省抽调兵力增援辽东地区，并分别从朝鲜征调1万人、从叶赫部征调2000人加入征讨后金大军。其三，派发饷银200万两作为出关明军的军饷，称为"辽饷"，并在广宁设辽东饷司，专管此项军饷。其四，给明军补充武器，由兵部、工部协同检查库存的盔甲和各种火器，将最好的武器运至辽东前线以装备征讨大军，并从山西和陕西调用300尊大型火炮支援出关明军。

万历四十七年（公元1619年）二月，明军集结全国10万精锐，加上叶赫部和朝鲜军队，号称47万大军向辽东发起进攻。经过大半年的准备，明朝竟然只调集了约10万人的所谓精锐明军。要知道，此时的努尔哈赤能够征集的女真后金部队也近10万人了。因此，至少在人数上，明军并不占优势。其实，这一点完全可以理解，当时大明朝整个朝廷上上下下都已经极度官僚化，朝政腐败，党争不断，内耗空转，再加上皇上长期不上朝，能凑齐这10万人已经不容易了。而此时的后金政权，因政权新立，一切都是欣欣向荣和蒸蒸日上的，上下一心，一致对外，八旗子弟个个奋勇争先。而在200多年之后，曾经英勇善战的八旗子弟因为长期的腐化和疏于训练，也失去了祖先的战斗力，成为历史的弃子。也许，这就是历史的轮回吧。

明朝财政拮据，无法长期供养如此庞大的军队作战。因此，明神宗多次催促杨镐发动进攻。

杨镐的作战计划如下：兵分四路，采用分进合击的战术，兵锋直指后金都城赫图阿拉。北路军（开原路）以开原总兵马林为主将，率领2万辽东明军以及2000人的叶赫兵，在开原、铁岭集结，从北面向赫图阿拉进发；西路军（抚顺路）以山海关总兵杜松为主将，率明军3万人，在沈阳集结，出抚顺关，从西面向赫图阿拉进发；南路军（清河路）以辽东总兵李如柏为主将，率2.5万辽东明军，在沈阳集结，由清河出鸦鹘关，从南面向赫图阿拉进发；东路军（宽甸路）以总兵刘綎为主将，率1万余明军在宽甸集结，协同1万余人的朝鲜兵一起从东面向赫图阿拉进发。

各路明军原定于二月二十一日出发，但因大雪封路，改为同月二十五日出发。杨镐下令，明军四路兵马务必于三月二日会师于距离赫图阿拉120里的二道关。但是，在明军四路兵马出征之前，明军的作战计划就已经泄露出去了，明军的作战机密已经没有秘密可言了。

努尔哈赤得知明军行动的消息后，认识到明军南北两路前进路程遥远，因此决定以"凭尔几路来，我只一路去"的战术，将全部兵力集中于赫图阿拉地区，择机逐个击败四路明军。

西路军主将杜松这个人优点有很多，比如很勇猛，很廉洁，但是有一个致命的缺点：刚愎自用。按照明军三月二日会师于二道关的作战计划，西路军距离较近，只需三月一日出发即可，但是杜松命令大军二月二十九日就出发了，并于三月一日到达浑河。此时，天色已晚，浑河水流湍急。杜松手下诸将提出留宿一宿，待明日天明再渡河。但是，杜松立功心切，强令士兵渡河，结果溺毙无数。而且，明军的辎重和大型火炮大都留在了对岸，过了河的明军大部仅仅持有轻型武器。不仅如此，杜松还命令将渡河明军分为两部，一部在萨尔浒山（在今辽宁抚顺东浑河南岸）下安营扎寨，另一部由自己亲自率领进攻吉林崖界藩城（在萨尔浒东），企图强占战场制高点以控制整个战场。杜松犯了一个致命的错误，分兵冒进，必然会被努尔哈赤打伏击。果不其然，当努尔哈赤得知杜松分兵冒进之后，就毫不客气地用两旗兵力增援界藩城，而以剩余六旗的兵力扑向了萨尔浒。当努尔哈赤率领六旗兵力冲向萨尔浒的明军时，这些可怜的明军甚至连防御工事都还没有修筑好。战斗的结果没有任何悬念，萨尔浒明军被全歼。随后，努尔哈赤又率领部队赶去支援界藩城的后金军守军。杜松率领的明军被两路后金军死死围住。战斗的结果也没有任何悬念，杜松所率明军全军覆没。西路军主将杜松、保定总兵王宣以及原总兵赵梦麟都在战斗中阵亡，明朝西路军全军覆没。

在全歼西路明军之后，努尔哈赤率领后金军冲向了北路军马林部。马林率领的明军听说西路军杜松部被全歼，早已毫无斗志。三月二日，后金军与明军接触开战，战战兢兢的明军完全不是奋勇杀敌的八旗兵的对手。见战事不利，马林率领万余人提前逃走，剩下的明军则被努尔哈赤的八旗子弟全歼。

在歼灭西路明军和打败了北路明军之后，努尔哈赤又将兵力集中于解决东路明军刘綎部。对于刘綎所部明军，努尔哈赤选择了一种诱使其迅速前进，然后设伏并集中歼敌的策略。他事先以主力部队在阿布达里岗（赫图阿拉南）布置埋伏，令少数士兵伪装成明军，穿着明军的制服，挂上明军的旗帜，拿着杜松的令箭，假称杜松的军队已经接近赫图阿拉，要求刘綎加速前进。

刘綎相信了这个假消息，立即下令全军轻装快速前进。很快，东路军进入了后金军的伏击圈，随即被后金军分段歼灭，刘綎力战殉国，而所部的朝鲜兵则直接选择向后金军投降以求保命。

明军主帅杨镐在沈阳坐镇，当得知西路、北路和东路三路明军均被歼灭之后，于三月五日仓促下令李如柏军回撤。然而，李如柏的军队行动迟缓，只能前进到虎拦岗（清河堡东），并且当接到撤退命令时被后金哨兵发现。20多名后金哨兵在山上鸣螺发出冲击信号，并高声呼号，使李如柏的军队误以为后金主力正在发动进攻，导致慌乱溃逃，自相践踏，伤亡达到了1000余人。

萨尔浒之战以明军的惨败和后金军的胜利结束。在这场战斗中，明军共损失45 800余人，包括300余名将领阵亡，损失了28 000余匹马、骡、驼等牲畜，而且还丢失了20 000余支枪炮和火铳。明军损失之大前所未有，京师为之震动。而努尔哈赤所部的后金军则军威大震，一战成名。

明军和后金军的萨尔浒之战是明末清初的一场关键性战役，可谓是开局就是决战。后金军一举消灭数万明军，双方在辽东地区的战略主动权易手，明朝从此在亡国的道路上一路狂奔，而后金军则在胜利的道路上高歌猛进。后来乾隆皇帝在《萨尔浒战事碑文》中说：萨尔浒一战，"明之国势益削，我之武烈益扬，遂乃克辽东，取沈阳，王

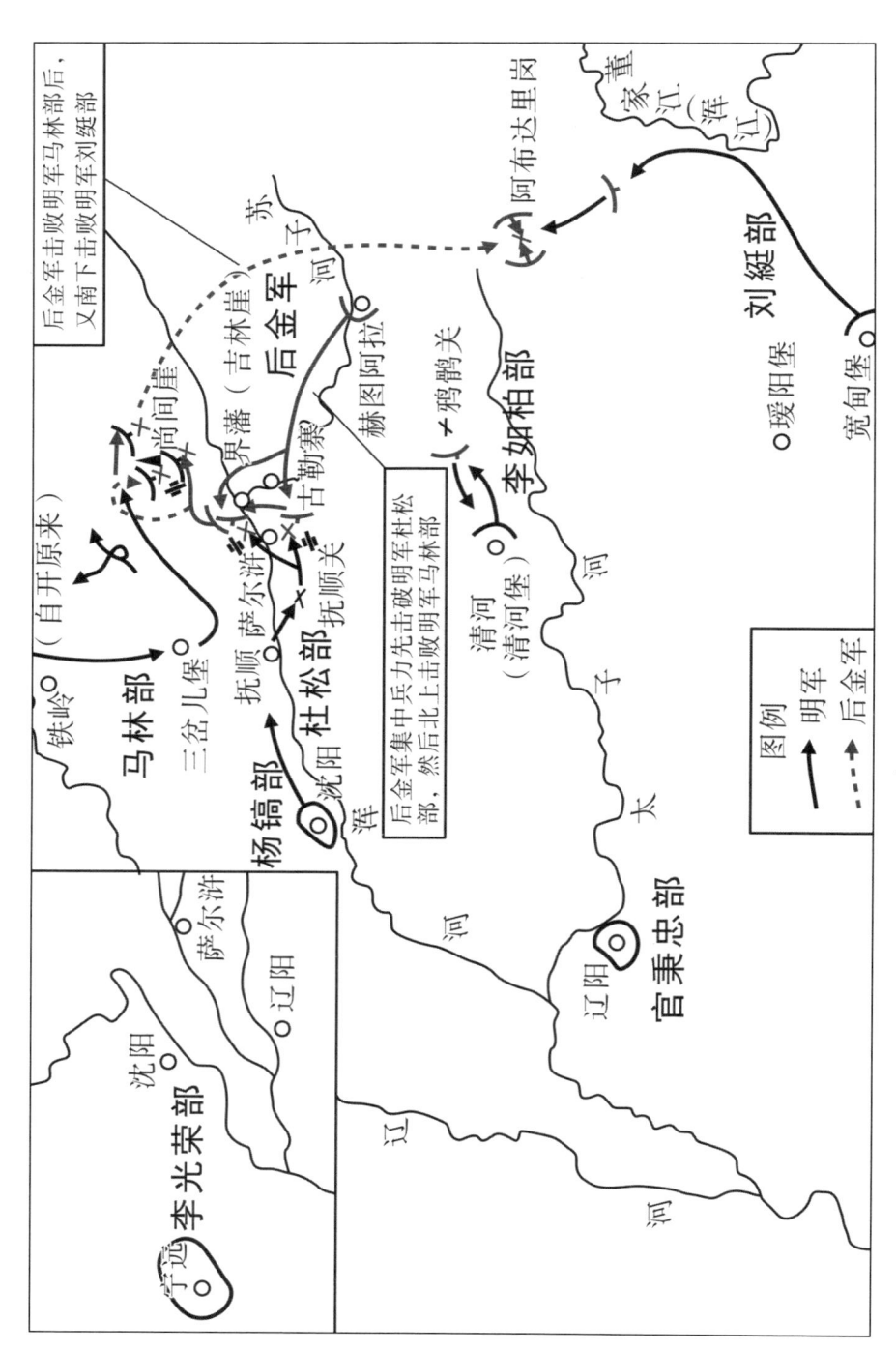

412　山河为证：地理视角下的中国史

图15.1　萨尔浒之战作战经过示意图

基开，帝业定"。萨尔浒之战结束后，明朝辽东的局势更加危机重重，被迫采取了重点防守策略，集中兵力防守辽阳等城市。

后来，后金与大明之间又经历了公元1621年的沈辽之战（明天启元年、后金天命六年）、公元1622年的广宁之战（明天启二年、后金天命七年）、公元1626年的宁远之战（明天启六年、后金天命十一年）、公元1640年的松锦之战（明崇祯十三年、清崇德五年）等战役，明军基本上败多胜少，逐步被后金军赶出了辽东地区，而辽东地区从拱卫明朝京师的九边之首变成了大清瓦解大明的战略基地和龙兴之地。

四、明朝失败的原因以及丢失辽东地区的影响

上文我们主要了解了大明和后金的萨尔浒之战的基本过程，现在进一步深入探讨大明在此战役中失败和后金取胜的原因。

首先，来看大明失败的原因。从宏观上来看，主要是由于大明王朝腐败不堪、军备松弛，以及农民起义造成的内乱对大明朝征讨边患的负面影响。从萨尔浒战役本身的战略战术来看，明军在以下几个方面可能有所失误。

其一，战略目标与兵力配备不匹配，也就是战略目标过于宏大而动员起来的兵力太少。明朝的战略目标是通过此次征剿，一举歼灭后金政权，彻底消灭后金在辽东的势力影响。但是，如此宏大的战略目标，偌大的大明经过9个月的动员和准备竟然只有10万兵力。后金政权经过多年的扩张，其八旗总兵力已达到了七八万之多。而且，大明的征讨部队来自全国各地，领兵之将和作战之兵之间不太熟悉，各部之间配合也不是那么默契，虽然他们配备了各种火器和战车，但是并没有发挥有效作用。反观后金的八旗子弟，已经经历过多次战争的洗

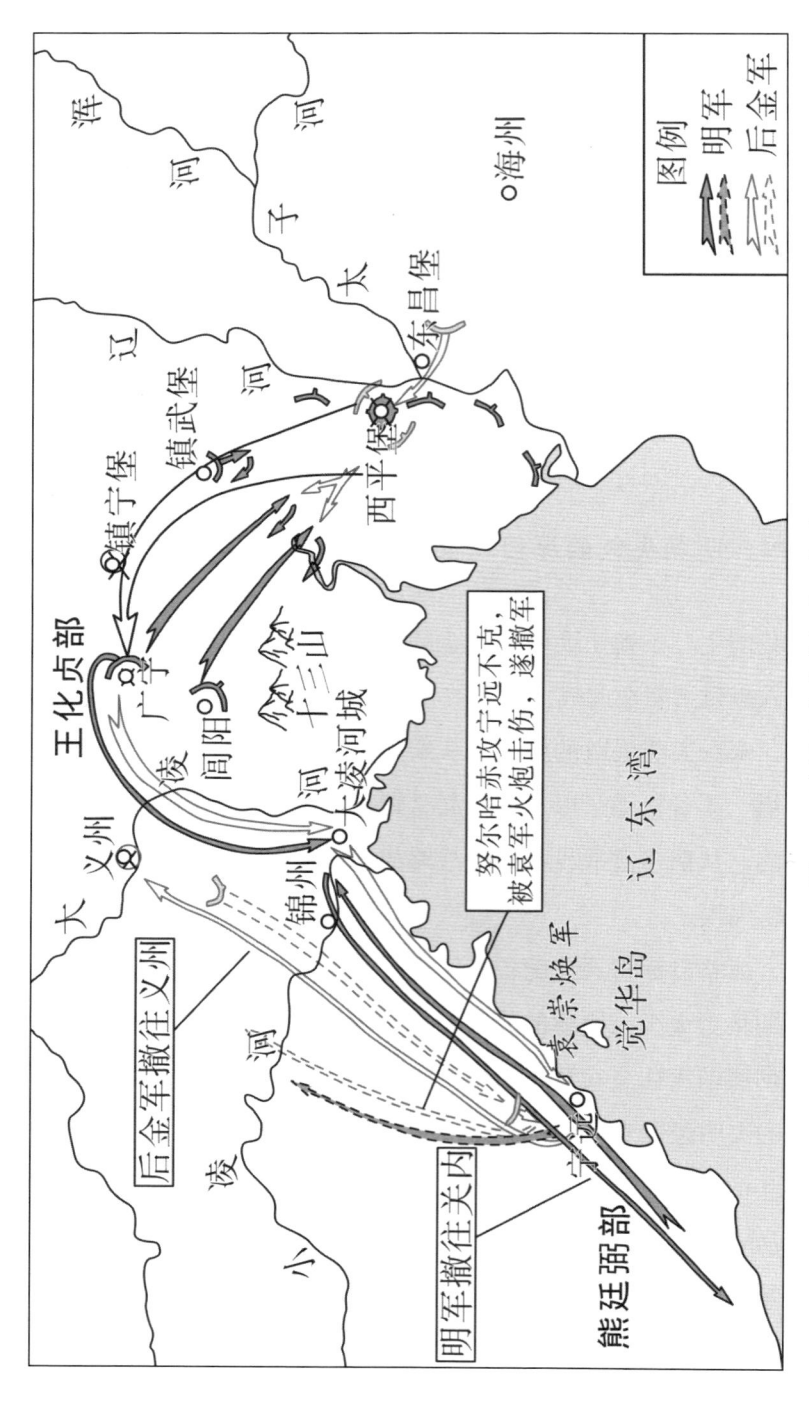

414　山河为证：地理视角下的中国史

图 15.2　宁远之战作战经过示意图

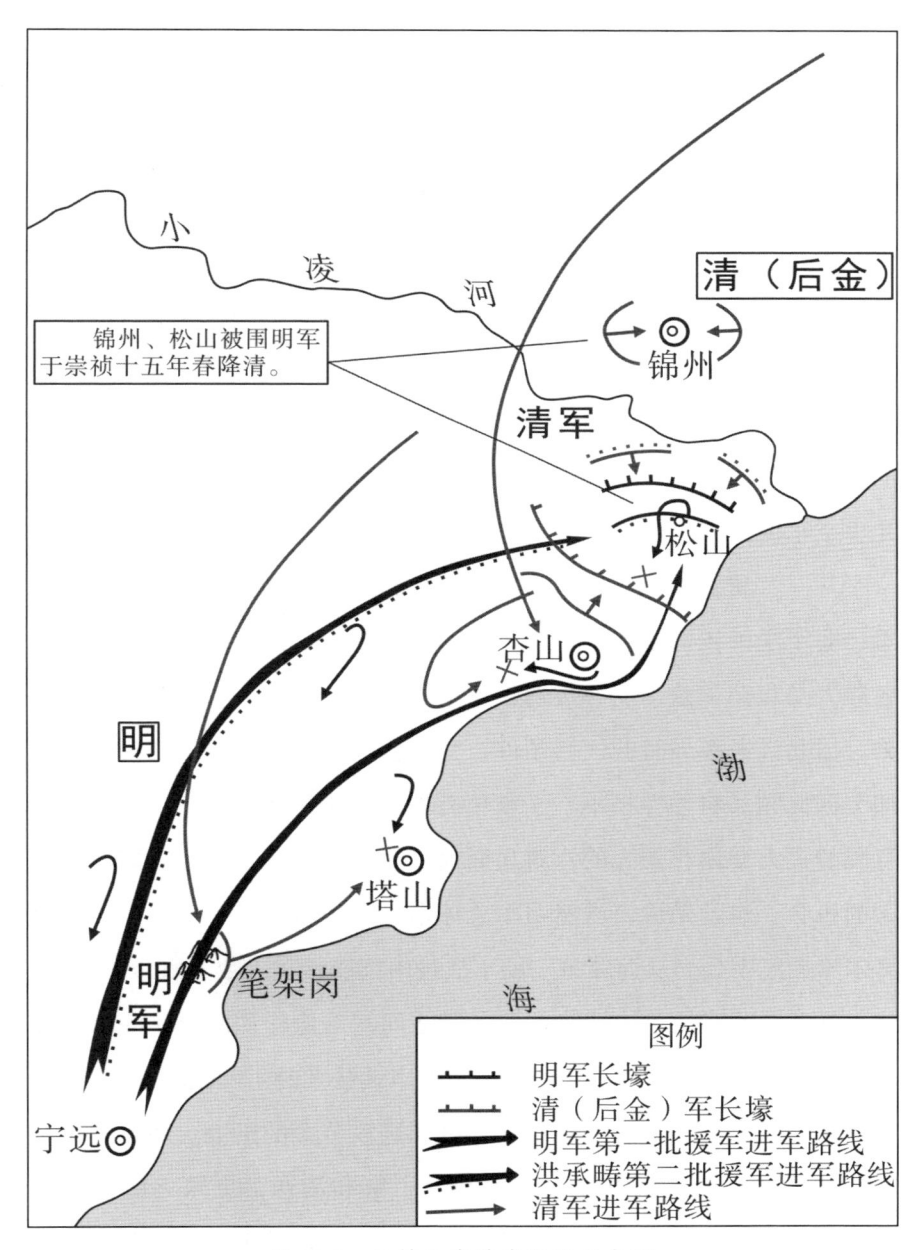

第十五章　辽东地区：大明帝国对抗后金（大清）的最后倔强　415

图15.3　松锦之战作战经过示意图

礼，战斗经验丰富，战斗士气高昂，并且全听努尔哈赤号令，可以集中优势兵力以造成迅雷不及掩耳之势给明军以致命一击。

其二，没有做到知己知彼，但是又急于求胜。从全国各地调来的明军对辽东地区不是那么熟悉，开拔到辽东之后甚至都来不及休整就立刻投入战斗。其实，明军到达辽东地区之后最应该做的是仔细研究自己的敌人——努尔哈赤八旗兵的特点，然后根据八旗兵的作战特点制订稳妥的作战方案。但是，一方面是因为来自皇帝的催促，一方面这些明军将领也急于立功，明军各路人马仓皇分兵作战，而对八旗兵的作战特点几乎一无所知，尤其是西路军杜松部更是如此，结果导致几乎全军覆没。

其三，贸然分兵，给努尔哈赤制造了逐个击破的机会。总体上看，明军主帅杨镐坐镇沈阳并兵分四路进攻后金国都赫图阿拉，只要各路人马步调一致，能够按期到达指定作战位置，也不失为一个好策略。但是，考虑当时的气候条件、交通状况以及地形地貌的影响，再加上四路领兵将领性格不一，难免有的人（比如杜松）急功冒进，将有限的兵力暴露在强大的八旗兵面前，给了努尔哈赤各个击破分别歼灭的机会。也就是说，虽然明军总体上人数稍微占了一点优势，但是努尔哈赤集中兵力从而在每一场小战役中都能够在人数上碾压明军。

其四，明军缺乏协调指挥，各部之间缺乏协作和配合。明军主帅杨镐坐镇沈阳，远离战场200多里，根本无法及时了解战场发展态势，从而也就失去了总体协调各路兵马之间进攻节奏的机会。而且，明军四路兵马分兵而进，相互之间也缺乏了解和沟通，更缺乏配合和支援。当杜松部明军正在被八旗子弟围攻时，马林部明军其实距离战场只有二三十里，竟然没有指挥本部明军投入战斗，也没有向其他两路人马通报相关战况。因此，四路兵马各自为战，总体之间缺乏协调和配合，这也是萨尔浒之战明军失败的一个重要原因。在萨尔浒之战之后的诸多战役中，明军败多胜少，其失败的原因都大致如此。总之，一个走向下坡路的政权的军队战斗力远远不及一个正在蓬勃兴起的政权的军队战斗力，这是历史的必然。

后金的八旗兵几乎走对了每一步棋，其胜利的原因大概如下：其一，知己知彼则百战百胜。后金八旗兵都是本地人，他们在辽东战斗了多年，对辽东地区的一草一木都颇为熟悉。而且，后金的情报系统比较发达，对于明军的战略安排和进军路线都能及时侦查得知并随即做出应对，这是非常重要的一点。其二，努尔哈赤集中优势兵力并各个击破的方针是完全正确的。10万明军分四路进发，而七八万后金军严阵以待，在掌握了明军大概的行军路线之后，七八万后金军几乎可以一个一个地吃掉四路明军。其三，努尔哈赤能够统一协调后金八旗各部的行动。八旗各部具有强大的机动能力，在这一方面，明军是无法与之相比的。努尔哈赤能够对八旗各部进行统一分配和组合使其发挥出最大的战斗力，从而能够在歼灭明军的战斗中形成排山倒海般的攻势。

萨尔浒之战以及随后的几场战役，后金（大清）将明朝的军事影响彻底赶出了辽东地区。大明和后金（大清）在辽东地区的争夺战持续了23年之久，虽然明朝的袁崇焕曾在宁远地区重创后金军，但是并没有改变历史发展的大势，明朝最后还是彻底失败。

那么，对明朝而言，失去辽东地区意味着什么？而对大清而言，得到辽东地区又意味着什么？看似是两个问题，其实是一个问题的两个方面，回答起来也比较简单：明朝失去辽东地区，意味着明朝衰亡的过程加速了；大清得到辽东地区，意味着这个少数民族政权距入主中原的时间更进一步了。失去辽东地区的明朝，一直处于内忧外患的风雨飘摇状态：内有风起云涌的农民起义，外有大清铁骑的频频进攻，远在北京的明朝崇祯皇帝其实已经回天无术了。

公元1644年，大清顺治皇帝入关进入北京，并最终建立了一个融合多民族的统一的全国性政权。在这个全国性政权中，农耕文明和游牧文明能够相对和谐地相处，这其实反映了处于农耕文明和游牧文明中间地带的女真人他们能够将两者有机融合的能力。这一点，单纯的游牧民族统治者做不到（比如元朝），单纯的农耕文明的统治者也做不到（比如李自成）。大清的建立塑造了中国近代300年来的大国形态，并进而对当代中国的发展产生了一定的延伸影响。

第十六章

安庆：天京门户的战略决战

在太平天国时期，安庆是其天京的上游门户，对于拱卫天京的安全至关重要，是太平军和曾国藩的湘军誓死力争的锁钥之地。围绕安庆的争夺，曾国藩和胡林翼调兵遣将，多路进发以图一举攻取之，而太平军因为已经实力日衰而不得不处于被动防御的境地。为了集中湘军兵力围攻安庆，曾国藩甚至连咸丰皇帝的勤王圣旨也敢违抗，即使自己的大营驻地遭受太平军围攻也没有从安庆前线调兵回援，可谓是将全部的赌注都押在了攻取安庆之上，足见曾国藩对于安庆争夺战的必胜心态。后来的事实证明，曾国藩的坚持是对的。攻取安庆后，太平天国迅速走向衰亡，对湘军而言，攻取天京（金陵）只是时间问题了。

一、安庆的军事锁钥价值

安庆，位于我国江苏、浙江和安徽三省的交界地带，有"万里长江此封喉，吴楚分疆第一州"之称，可见其地理位置十分重要，自古以来亦是兵家必争之地。清末民初经史学家陈澹然在《江表忠略》中指出："扼江淮之吭，当吴楚之冲。西阻小孤，东拒梁山，则长江有割然中绝之患；北出庐六，南达徽宁，则天下且有偏痿鱼烂之忧；此东南战争之国也。"具体而言，安庆居于长江咽喉地带，长江从九江到达安庆后，绕过皖南山区一路向东北流去。此后，长江江面愈发宽广，水流也愈发稳定，意味着非常适合大规模的水师上下运动。

在春秋时期，安庆地区是吴国和楚国的势力交错地区，素有"吴头楚尾"之称。在三国时期，曹魏和孙吴政权曾多次在此交兵。之前在合肥之战中讲过，此处不做赘述。在后来诸如隋、唐这样的大一统王朝和北宋时期，安庆因其便捷的水上交通条件成为长江中下游的水路交通枢纽，是非常重要的商业物资集散地。到了偏安于东南半壁江山的南宋时期，安庆成为南宋抗金极其重要的战略前沿地区，安庆的战略锁钥地位就更加突显出来。为了加强安庆地区的军事防御能力，南宋绍兴十七年（公元1147年），改舒州德庆军为舒州安庆军，由同安郡（公元607年也即隋代大业三年始置，治所同安，今桐城）和德庆军（公元1115年也即北宋政和五年始置，治所怀宁，今潜山古皖城）各取一字合而命名，有平安吉庆之意。南宋庆元元年（公元1195年），曾在舒州做过4年节度使的南宋第四位皇帝赵扩又将舒州升格为安庆府，以突显其对安庆战略锁钥地位的重视。

南宋嘉定十年（公元1217年），黄榦出任安庆知府。当年，金兵攻占光山县（今河南信阳光山县），而安庆府离光山县已然不远。因此，黄榦开始修筑安庆府城以抗金兵铁骑。随后，安庆府有了近20年的平安。但是，好景不长，因为南宋很快就会迎来更凶猛的敌人——蒙古铁骑。端平元年（公元1234年），南宋和蒙古一同灭掉金国，南宋也趁机将开封和洛阳等中原故土一一收复。但是，蒙古并没有遵守和南宋的盟约，在灭掉金国之后，随即开始了对南宋的战争。端平三年（公元1236年），蒙古军进攻南宋的淮西地区，攻占了光州、蕲州以及安庆府等地。安庆府治被迫迁往别处，居无定所。开庆元年（公元1259年），蒙古大汗蒙哥病逝，蒙古陷入了争夺汗位的内部政治斗争中，一时间无法继续全力攻击南宋，从而给了南宋喘息之机，南宋开始重新构筑长江的防御体系。景定元年（公元1260年），宋理宗任命马光祖为沿江制置使，统领长江沿线水军军务。马光祖在考察了沿江地形地貌之后，决定在宜城渡重筑安庆府新城。此次重筑安庆府新城，马光祖考虑的是将来如何能凭借安庆城以抗击蒙古军队。因此，马光祖舍弃了平坦的湖滨地带，而将新城建于山丘之上，以达到易守难攻的效果。

安庆新城建成之后，一直是安徽一座非常重要的城市，尤其是从公元1760年（清乾隆二十五年）到1938年，安庆一直为安徽省省会，是安徽省政治、经济、文化中心，是中国较早接受近代文明的城市之一。

1851年，太平天国运动爆发，太平军在洪秀全、杨秀清、石达开等人的率领下，势如破竹，迅速冲出广西，进入湖南、湖北，随后攻入安徽，并于1853年2月攻占安庆城。一个月之后，也就是1853年3月，太平军攻占南京，并将其改名为天京，随后定都于此。太平天国定都天京之后，天京上游的武昌、九江、安庆等地就成为拱卫天京的重要屏障。安庆作为皖中重镇，是重要的水陆交通枢纽，也是太平军重要人力资源和物资供应基地，实为天京上游的咽喉地区，不仅关系着天京的命脉，甚至也影响着太平天国的兴衰沉浮。因此，对太平天国而言安庆的重要性不仅在于它本身，更在于它能够充当其他更重要的地区（比如天京）的屏障。

1856年天京事变之后，太平天国国运形势急转直下。1856年12月，湘军攻克武昌；1858年，湘军又攻克九江。此后，天京在长江上游的屏障只剩安庆一地了，一旦安庆失守，天京门户大开，天京失守就只是时间问题了。因此，太平天国后期，经营好安庆就成为太平天国的战略任务之一。为了镇守安庆这个锁钥地区，太平天国英王陈玉成把自己的王府就设在此处。安庆对于太平天国和天京的重要性，湘军统帅曾国藩是一清二楚的。因此，集中优势兵力围攻安庆并将之占有，就成为曾国藩等人在进攻天京之前必须解决的问题。

从1859年11月到1861年9月，湘军和太平军围绕安庆这个战略锁钥地区，进行了决定双方生死存亡的大会战。

二、湘军针对进攻安庆的战略谋划

早在1857年，湖北巡抚胡林翼就已经有了攻占安庆的想法。但是，此时的胡林翼指挥作战能力和经验还有限，对太平军的战略和战术缺乏比较深刻的认知，而且也受制于当时的总体战争形势，攻占安庆的想法一直没有机会实施。两年之后，也就是1859年8月，咸丰帝下旨让曾国藩和胡林翼二人共图皖省军务，务必攻克安庆并将太平军势力驱逐出皖省。因此，1859年9月，曾国藩先后到黄州、武昌与胡林翼、湖广总督官文会商皖省大计。经过仔细研商并吸取了湘军李续宾部在三河镇冒失猛进而被全歼的深刻教训，曾国藩于1859年

11月上《遵旨悉心筹酌折》，向清廷和咸丰帝提出了先剪枝叶、后拔根本的总体战略，并确定了两步走的进攻计划：第一步，攻其所必救，先进攻太平天国必然会全力增援的安庆，全力拿下金陵（天京）上游之咽喉，同时消灭太平天国的有生力量；第二步，会战金陵（天京），彻底消灭太平天国。曾国藩在此奏折中指出："欲廓清诸路，必先攻破金陵……欲攻破金陵，必先驻重兵于滁、和，而后可去江宁之外屏，断芜湖之粮路。欲驻兵滁、和，必先围安庆，以破陈逆之老巢，兼捣庐州，以攻陈逆之所必救。"[①] 根据这一总体战略，曾国藩制订了安庆会战的战略方案。在曾国藩看来："自洪、杨内乱，镇江克复，金陵逆首，凶焰久衰。徒以陈玉成往来江北，勾结捻匪，庐州、浦口、三河等处，迭挫我师，遂令皖北之糜烂日广，江南之贼粮不绝。"[②] 曾国藩认为，太平天国现在已经开始走下坡路了，但是陈玉成勾结捻匪，并在庐州、浦口、三河等地连续挫败我湘军，导致皖北的形势一发不可收拾，而且，安庆作为交通枢纽和物资中心，也在源源不断给太平军运送粮食，导致他们有吃有喝。因此，湘军第一步的战略重点必须是与陈玉成部决战并占领金陵（天京）上游的门户——安庆，只有这样才能彻底改变皖省的战略态势，紧紧地扼住太平天国的咽喉并置其于死地。

此前，曾国藩于1859年9月28日在黄州和胡林翼细细研究湘军进军皖省的相关战略和战术安排。最后，两人得出了一致意见：湘军想要在安徽站稳脚跟并取得胜利，应该兵分四路从南北两个方向进军。"南则循江而下，一由宿松、石牌，以规安庆，一由太湖、潜山，

---

① 〔清〕曾国藩：《曾国藩奏稿》，《遵旨悉心筹酌折》（咸丰九年十月十七日），中华书局，2018年，第542页。
② 同上。

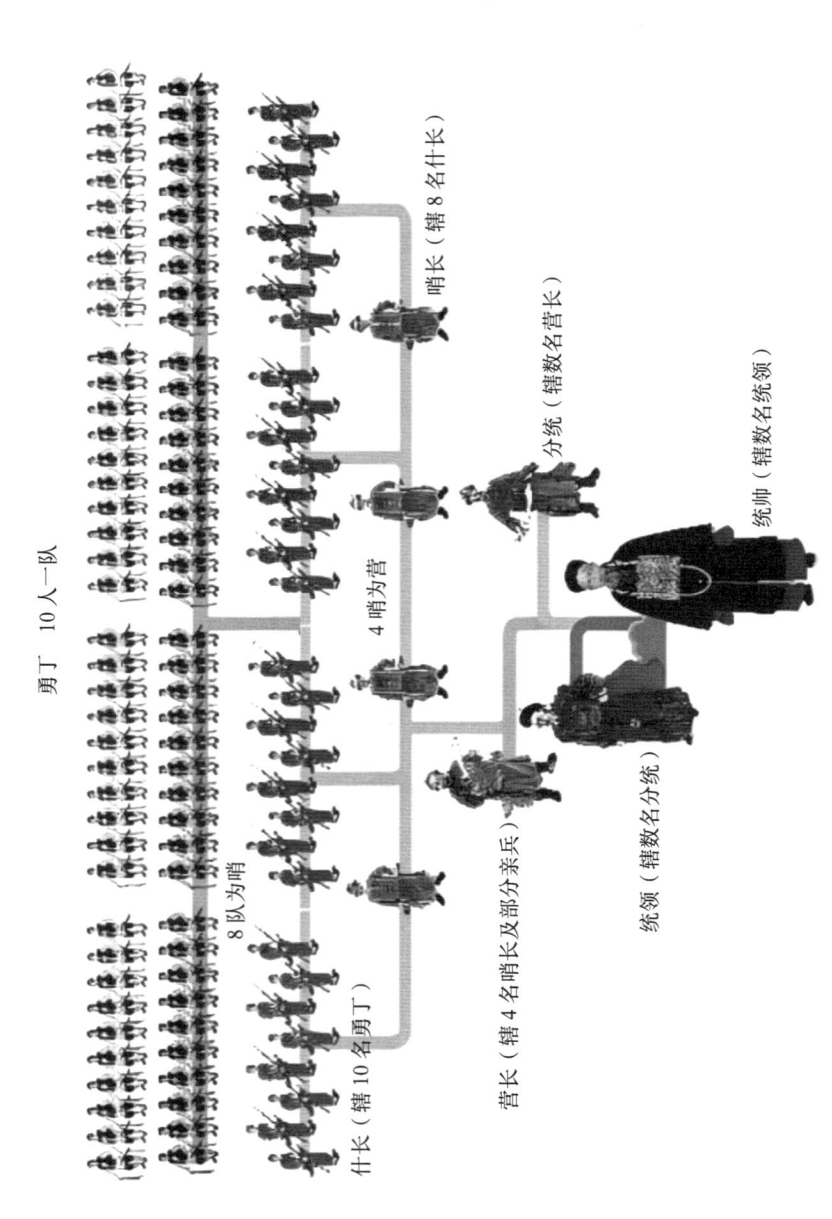

图16.1 湘军组织关系示意图

以取桐城。北则循山而进，一由英山、霍山以取舒城，一由商城、六安以规庐州。南军驻石牌，则可与杨载福黄石矶之师联为一气；北军至六安州，则可与翁同书寿州之师联为一气。"①上奏之后，他们的意见得到了咸丰帝的首肯。在实际执行中，他们进军路线如下：第一路部队由曾国藩亲自指挥，由宿松、石牌近围安庆；第二路部队由多隆阿、鲍超率领，由太湖、潜山以取桐城；第三路由胡林翼亲自率领，经由英山、霍山以取舒城；第四路由李续宜率领，经由商城、六安以规庐州。由曾国藩、胡林翼指挥的这四路湘军，一步一步稳扎稳打，扑向安庆等地，采取经典的围点打援战术，要和陈玉成部在安徽安庆等地决一死战。

曾国藩和胡林翼对他们的战略安排和规划充满了必胜的信心，因为在他们二人看来这次安庆会战湘军具备了全胜的主客观条件。主观上来看，湘军上下团结一心，湘军将帅和士兵士气高涨，上层的官员之间相对能互相支持和配合，各级官吏也都尽职尽责，这一次怎么可能不取胜呢？胡林翼给属下庄蕙生写信说："同人之和，揆帅之德，天下疆吏无此遭逢，且兵精吏伤，蒸蒸日上，天下巡抚之安稳，岂能更有第二哉！"②此外，此时的太平军和太平天国正在走下坡路，这是曾国藩和胡林翼认为他们能取胜的最重要的客观条件。

但是，战场的形势瞬息万变，太平军和湘军的攻守态势是动态的，曾国藩有自己的计划，咸丰帝有自己的考虑，大清国也有自己的困难。在安庆会战战略制定之后，发生了多次咸丰帝要求曾国藩等改变作战计划的事情。比如1860年3月，李秀成率部攻占杭州，同

---

① [清] 曾国藩：《曾国藩奏稿》，《会商大略折》（咸丰九年九月十二日），中华书局，2018年，第540页。
② [清] 胡林翼：《胡林翼集》，《至庄蕙生方伯》，岳麓书社，2008年，第322页。

年5月,李秀成、李世贤等围攻清军江南大营并攻克之,拔掉了这个长期围困天京的大清正规军大营,随后又乘胜攻克苏州和常州。对于这种结果,太平军的将士们自然是笑得合不拢嘴。但是,远在京师的咸丰帝开始睡不着觉了。因为苏、常两地是江浙最富庶的地带,是咸丰帝的钱袋子和粮袋子。而且,苏州还是当时江苏省城和两江总督驻地,苏州被太平军占领,这简直太丢人了。因此,咸丰帝连续下了多道圣旨,任命曾国藩署理两江总督,要求其立即从西线安庆方向撤军增援东线,并立刻收复苏、常两地。在曾国藩看来,咸丰帝的圣旨分不清主要矛盾和次要矛盾,是头疼医头脚疼医脚,不解决根本问题,也没有战略定力。因为在江南大营被攻破之时,正是湘军经过苦战刚刚夺得太湖和潜山的时候,湘军按照预定计划刚刚进入围攻安庆的阵地。因此,从安庆会战的全局考虑,曾国藩上奏直接拒绝了咸丰帝的旨意。他说:"自古平江南之贼,必踞上游之势,建瓴而下,乃能成功。自咸丰三年金陵被陷,向荣、和春等皆督军由东面进攻,原欲屏蔽苏、浙,因时制宜,而屡进屡挫,迄不能克金陵,而转失苏、常。非兵力之尚单,实形势之未得也。今东南决裂,贼焰益张。欲复苏、常,南军须从浙江而入,北军须从金陵而入。欲复金陵,北岸则须先克安庆、和州,南岸则须先克池州、芜湖,庶得以上制下之势。若仍从东路入手,内外主客,形势全失,必至仍蹈覆辙,终无了期。"而且"安庆一军,目前关系淮南之全局,将来即为克复金陵之张本"。可以看到,曾国藩先是耐心地给咸丰帝讲解目前的形势,在耐心解释完之后,给了咸丰帝一个简单明了的拒绝:"安庆城围不可遽撤。"[1] 曾

---

[1] 〔清〕曾国藩:《曾国藩奏稿》,《通筹全局并办理大概情形折》(咸丰十五年五月初三日),中华书局,2018年,第550页。

国藩何以能拒绝咸丰帝的旨意，抗旨不是死罪吗？原因很简单，还是实力在替曾国藩撑腰。因为在江南大营被太平军攻破之后，清廷在太平天国天京附近成建制的正规军就几乎没有了，咸丰帝没有了清朝正规军的依靠，只能眼睁睁地看着曾国藩抗旨而毫无办法。不得不说，曾国藩的这种坚持自己战略规划并敢于抗旨的勇气在当时清朝的督抚里还是比较少见的。

1860 年 10 月，英法侵略者进攻北京，咸丰帝仓皇逃往热河避暑山庄避难。在逃往热河途中，咸丰帝下旨给曾国藩令其派人率兵增援北京。这等于是咸丰帝又给曾国藩出了一道选择题，是率兵北上勤王还是坚持既定战略会战安庆？曾国藩陷入了两难境地。此时，正在曾国藩幕府的李鸿章给曾国藩出了一计——拖。怎么拖呢？直接拒绝皇上的求救是不合适的，毕竟北上勤王这是大义，不能不遵旨照办。但是，如果抽调兵力北上勤王，必然削弱围攻安庆的兵力，弄不好就会两手空空一无所获。因此，李鸿章建议曾国藩给皇上写信请求朝廷明示选派哪位将军率兵前往勤王。大家要知道，曾国藩与咸丰帝隔着几千里，那时候没有电话，没有电报，两者之间的通信全靠驿站传送，这么一封请求朝廷明示选派哪位将军的信从南方前线跑到承德避暑山庄少说也得三五天，慢了就得七八天。等到咸丰帝给出明确的答案，再把圣旨传回来又得好几天，接着就再给咸丰帝写信请示派多少兵马合适。反正就是不停地问，也不拒绝咸丰帝的旨意。这种不停地请示能达到什么样的目的呢？很简单，李鸿章就是要曾国藩等待北京那边恭亲王奕䜣和洋人之间达成和约，一旦和约达成，那就不用再往北京派兵了。事实也正是如此，曾国藩给咸丰帝的奏折发出五天后，大清和洋人的条约就签订好了，英法联军准备陆续从北京撤兵，曾国藩也就无须从安庆前线撤军北上勤王了。通过这种拖延，曾国藩达到了既不违抗圣旨又不会影响安庆会战前线的双重目的，实在是一箭双雕。由此可见，李鸿章真乃高人也。

曾国藩和胡林翼等人能够在各种困难下坚持既定的战略决策，能够搞清楚主要矛盾和次要矛盾的解决顺序，这才使得会战安庆的计划得以顺利实施。

以上谈到的是大的战略问题，而在具体的战术操作层面，曾国藩率领的湘军也有自己的过人之处。比如在领兵将领的选择方面，曾国藩坚持书生带兵，湘军大部分的将官都是读书人，不少还有功名在身。那么，让这些儒生将兵有什么好处呢？最大的好处在于他们能够学习得很快、反思得很快、总结得很快，执行起来也很快。胡林翼筹谋围攻安庆的计划时，反复梳理和反思太平天国起兵以来清军和他们的作战过程，总结教训，提炼经验，对1858年底李续宾部在三河镇遭遇惨败以及1860年5月江南大营被攻破进行了深刻反思。因此，曾国藩和胡林翼等人为了筹备安庆会战，给所部湘军提出了一些他们必须遵守的作战原则。第一，坚持谋定后战。也就是说在发兵打仗之前，必须先规划好具体的作战计划，不能像李续宾那样在没有任何援兵的情况下单兵冒进。第二，坚定围点打援，也就是湘军死死围住安庆城，周边再布置好打援部队，将救援安庆的太平军一一歼灭，从而达到消灭敌人有生力量之目的。第三，稳扎稳打，步步为营。这一原则就要求各路兵马一定要将沿途的太平军据点一一铲除，不给自己的后方留下大的隐患，以便安庆前线能够全力以赴地攻城。第四，统一攻坚与杀敌的关系。攻坚就是要进攻那些太平军坚守的城池。但是，一味地攻坚，可能会牺牲掉大量的湘军，这对后续的作战不利。因此，攻坚不是作战的好办法，作战的好办法就是要想办法杀敌，要以歼灭敌人有生力量为目标。正所谓，存地失人，人地皆失，存人失地，人地皆得。

具体到安庆会战上，围城当然是要围的，攻城当然是要攻的，但是在围城和攻城的时候必须储备足够的战略预备机动部队以便能够相机歼灭前来支援的太平军，最后再和围城部队一起攻城，达到攻坚和杀敌的双重效果。当然，还有一些其他的具体战术，比如集中兵力和分散兵力相结合，大的战役目标要集中兵力，小的战役目标也要集中兵力，但是需要分兵时必须当机立断，立即分兵，不能迟疑。再比如关于主客和动静的原则，也就是要时刻掌握战场主动权，不能使自己处于被动的状态，同时还要学会以静制动。曾国藩指导弟弟曾国荃说："但主坚守，不主迎剿。务使援贼与城中之贼声息不通，庶皖城可期克复。"[1]

以上为湘军曾国藩、胡林翼方面对安庆会战的战略战术谋划。

三、太平军对于安庆防御工作的谋划

在太平军方面，保卫安庆的主要工作由英王陈玉成负责，其他太平军将领也会根据实际的战场需要来配合安庆保卫战。但是，太平天国的各路兵马统帅往往更在意自己所控制的地区的安危，会把自己的王府设在自己所控制的地区，以示对此地军政大权的掌控。比如陈玉成的王府就设在安庆，忠王李秀成的王府设在苏州，这就意味着天京（金陵）西边的安庆地区是陈玉成的地盘，而天京东边的苏、常等地则是李秀成的地盘，他们都把自己掌控的地区视为"小天堂"而苦心经营。这就意味着，他们之间合作和相互支援的意愿会差一些，这也为安庆保卫战的失败埋下了伏笔。

---

[1]〔清〕曾国藩：《曾国藩奏稿》，《近日军情片》（咸丰十一年七月十八日），中华书局，2018年，第685页。

1860年春，湘军各部在曾国藩和胡林翼的指挥下按照既定的战略规划进入自己的指定战场：曾国荃所部死死围住安庆城，日夜不停进攻；杨载福率湘军水师封锁长江江面，支援攻城的曾国荃部；多隆阿率部驻扎在挂车河，保证曾国荃部的侧后方安全；李续宜率本部人马万余人作为预备机动部队驻扎在青草塥；胡林翼则在太湖地区督师，在太湖、安庆和桐城等地之间形成一个口袋型阵地，以静制动，等待来增援安庆的太平军并伺机歼灭之。也就是说，到1860年春，湘军已经布局完毕，静待太平天国的反应。曾国藩和胡林翼坚信他们的战略决策绝无任何问题，哪怕是咸丰帝的圣旨也不能改变他们的既定布局和战略规划。

为了保卫安庆的安全也为了保卫天京的安全，在太平军于1860年5月攻破清军江南大营之时，干王洪仁玕提出了支援和保卫安庆的方案："为今之计，自天京而论，西距川、陕，北距长城，南距云、贵、两粤，俱有五六千里之遥，惟东距苏、杭、上海，不及千里之远。厚薄之势既殊，而乘胜下取，其功易成。一俟下路既得，即取百万买置火轮二十个，沿长江上取，另发兵一枝，由南进江西，发兵一枝，由北进蕲黄，合取湖北，则长江两岸俱为我有，则根本可久大矣。"[1]也就是说，在洪仁玕看来，其他地方距离遥远，太平军打过去不容易，而苏州、杭州、上海这些地区离天京可真是太近了。因此，我们得趁着这个计划赶紧攻下苏州、杭州和上海，这比较好办。然后，买上二十条炮艇，沿长江往上打，发一支兵马攻入江西，发另一支兵马攻入湖北，长江上下两岸就都是咱们的天下了，太平天国就会国祚永存了。作为一个去香港读过书的书生，洪仁玕解救安庆的计划颇具浪漫主义

---

[1] 中国史学会主编：《太平天国》(二)，《洪仁玕自述》，上海人民出版社，1957年，第852页。

气质，好像做起来都很容易似的。实则有些事情的难度远远超过他的设想和规划，比如攻取苏州、杭州、上海就不会像他想得那么顺利。其实，一直到太平天国灭亡，太平军也没有将上海攻下来。不过，洪仁玕的方案里有一条很重要，那就是"由北进蕲黄，合取湖北"，即太平军分路攻入湖北，拿下武昌。如果实现这样的战略规划，就能达到围魏救赵的目的。在洪仁玕看来，湘军为了保住武昌必然会从安庆调兵前往湖北救援，这样就能将安庆从湘军手中救出来了。而且，如果太平军再次占有武昌，就又在安庆的上游有了自己的根据地，这样就会使驻扎在安徽的湘军处于被太平军上下夹击的被动状态，这一下子整盘棋不就活了吗？随着战局的发展，太平军确实攻下了苏州、杭州，但是进攻上海迟迟没有进展，湘军则利用太平军在东线进攻而在西线兵力薄弱的机会加紧了对安庆的围攻。因此，1860 年 9 月，陈玉成、李秀成回天京和洪秀全、洪仁玕敲定了解救安庆的计划：分兵第二次西征，从长江两岸合取湖北并进攻武昌以逼迫湘军从安庆撤军增援武昌。

也就是说，为了救援安庆，太平天国制订了"合取湖北"这么一个围魏救赵的计划。这个计划好是好，可忽略了一个因素，那就是曾国藩和胡林翼的战略定力。1860 年 10 月连咸丰帝被英法联军从北京赶跑了这种事都没让曾国藩从安庆抽调兵力勤王。但是，战场上形势瞬息万变，太平天国如果什么都不做，安庆肯定陷落，然后就是天京陷落，而如果太平军真的拿下湖北并攻取武昌，至少会逼迫曾国藩的湘军做出相应的调整，这种调整有利于太平天国这一方也不是没有可能。客观上来看，湘军为了围攻安庆，将湖北兵力尽数调走，全省只有 1 万多兵丁，而守卫武昌的湘军只有 3000 多人。因此，"合取湖北"这个策略确实有实现的可能。如果这一策略实施得比较顺利，是一定会有利于下游安庆的防御的，这也是最有可能拯救安庆的方案了。

事实上，太平天国"合取湖北"的战略规划在实施的过程中确实震动了清廷以及曾国藩和胡林翼的湘军，也确实多次让曾国藩和胡林翼动了从安庆撤兵的念头。第一次是1860年11月。当时，李秀成虽然不太情愿配合陈玉成"合取湖北"，但是迫于洪秀全旨意也不得不派出堂弟李世贤以及杨辅清等人转战皖南，并占领广德、宁国、徽州等地。李秀成的部队一度距曾国藩的祁门大营只有40公里，在这种态势下，曾国藩大本营岌岌可危，他本人也极度紧张，甚至在给曾国荃和季弟曾国葆的遗书中给自己安排好了后事，而且也确实动了从围攻安庆的湘军中抽调部队来增援的想法。不仅如此，曾国荃也想从安庆撤兵去增援自己的哥哥。但是，曾国葆坚决地表达了自己的反对意见。加上有其他援军救援，曾国藩才放弃了从安庆调兵的想法，此为第一次。其实，如果李秀成能够统一指挥，太平天国其他在皖诸部能够协同作战，趁势猛攻祁门大营，不管是否能够消灭曾国藩大本营，一定会让曾国荃从安庆派兵去增援，其结果必然解安庆之围。但是，李秀成有自己的心思，他并不是真的配合陈玉成去"合取湖北"的，他只是想借机再多招一些农民起义的兵马以壮大自己的力量而已，从而错失了歼灭曾国藩的一次大好机会。第二次是在1861年3月。此时，陈玉成率兵进击湖北，如入无人之境，并于3月18日进占湖北黄州府（今湖北黄冈），已经进入武汉的外围。此时，清廷在湖北全省的军政要员一个比一个紧张，都觉得这次武昌又得被太平军给攻占了。这让胡林翼极度紧张，恨自己"笨人下棋，死不顾家"[①]，遂向曾国藩请求调李续宜部从安庆增援湖北。但是，曾国藩认为，宁愿再次丢失武昌，也绝不能从安庆撤兵。"江夏纵失，尚可旋得；安庆一驰，

[①]〔清〕胡林翼：《胡林翼集》，《复左宗棠》，岳麓书社，2008年，第758页。

不可复围。故余力主不驰围之说。"① 可惜的是，因李秀成未能如期会师，陈玉成没能趁机攻下武昌，遂留赖文光驻守，自率主力进军鄂北，待机与李秀成会攻武汉。

太平天国定下"合取湖北"的围魏救赵之计在局部地区对湘军的排兵布阵有所干扰，但是，一方面因为太平天国内部陈玉成和李秀成的合作不够真诚，另外一方面因为曾国藩和胡林翼等人具有较为坚定的战略定力，无论外界发生任何情况，他们都坚持不从安庆撤兵，从而保证了安庆会战的顺利进行，使得太平天国围魏救赵之计被化解得一干二净。

至此，太平军和湘军都围绕安庆争夺战做出了自己的战略规划，双方都在等待着最后的决战从而一决输赢。

四、安庆争夺战及其战略影响

当太平天国制定的"合取湖北"的曲线挽救安庆的策略失败之后，对太平天国而言，安庆局势就变得更加危急了。因此，陈玉成只好赶紧率兵直接赶往安庆救援，并向下游的天京求援，希望洪秀全能够运筹帷幄并调兵遣将紧急支援安庆，以保天国安全。对曾国藩和胡林翼等湘军统帅而言，当湖北问题得到解决以及曾国藩的大本营也安然无虞之后，就可以抽调全部湘军精锐加紧围攻安庆。

1861年4月下旬，陈玉成留3万人守护德安、随州、黄州、蕲州，然后放弃对湖北的进攻，率兵3万回援安庆，并于4月27日抵达安庆集贤关，将围困安庆的湘军曾国荃部团团围住，给湘军来了一

---

① 〔清〕曾国藩：《曾国藩家书》，《致沅浦、季洪弟弟》（咸丰十一年二月二十六日），中华书局，2018年，第7671—7672页。

个反包围。随后，为了增加救援安庆的兵力，陈玉成又调集驻守在天长、六合一带的吴定彩、黄金爱、朱兴隆等部前来助战。同时，洪秀全下诏令洪仁玕、林绍章自天京前往安庆救援，于5月1日与活动于桐城、庐江地区的吴如孝部汇合，共计兵力2万余人，并随后与陈玉成会师，力解安庆之危局。面对太平天国大兵回援安庆的强大压力并给湘军造成反包围的危险态势，曾国藩甚为焦虑。曾国藩给清廷上疏言道："所有安庆官军曾国荃等各营，城贼扑之于前，援贼扑之于后，势殊危急。""贼以全力救安庆，我亦以全力争安庆。……必须攻破狗酋，迅克安庆，大局乃有挽回之日，金陵乃有恢复之望。"[①] 为了增强进攻安庆的湘军兵力，胡林翼调总兵成大吉十营共5000人赶赴安庆，而曾国藩则调鲍超部约6000人自景德镇赶赴安庆，两支部队随即赶赴集贤关地区。胡林翼则坐镇武汉，指挥彭玉麟水师以及其他部队对付留在湖北的太平军，协调多隆阿和李续宜部作为预备队和打援部队并为进攻安庆的湘军提供后方支援，而曾国藩于1861年5月10日从祁门移营至长江南岸边的东流，直接指挥安庆会战的湘军。

因此，太平军和湘军最后的决战地还是回到了安庆这个战略锁钥地区，双方都倾注了几乎全部的精锐力量，力图将其占为己有，从而占据有利地位以图未来。随着双方援军从各方战场到达安庆地区，安庆会战的局势更加扑朔迷离，太平军和湘军各部犬牙交错，双方包围与反包围，在内线与外线同时展开血腥的厮杀，拉开了安庆争夺战的最后一幕——决战。

湘军决定先消灭前来增援安庆的太平军援军。湘军决定先攻打支援安庆的洪仁玕、林绍章以及吴如孝所部援军。1861年4月30日，

[①]〔清〕曾国藩：《曾国藩奏稿》，《近日军情片》（咸丰十一年四月初二日），中华书局，2018年，第662页。

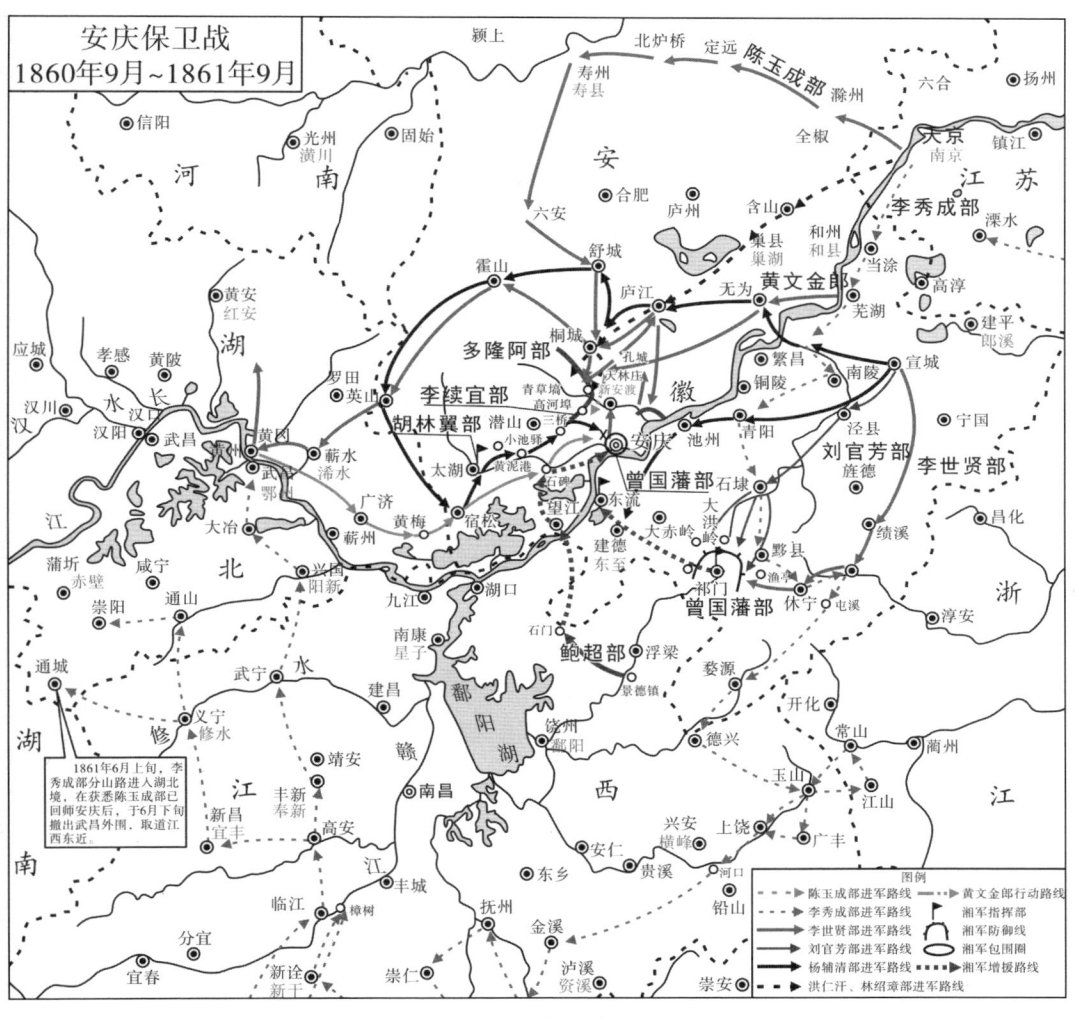

图16.2 安庆保卫战作战经过示意图

多隆阿率领 1 万多人分兵徐进，前后夹击上述太平天国的援军，很快就将洪仁玕等部逼退至桐城。随后，多隆阿再次率兵击败驻扎在新安渡的太平军，从而逼迫洪仁玕以及黄文金等部太平军无法与陈玉成合师，从而基本退出安庆战场。随后，湘军开始攻击力量比较强大的陈玉成所部太平军援军。在当时的太平军里，最能打仗的当属李秀成的部队，但是，此时的李秀成部远离安庆会战战场，不想蹚陈玉成的浑水，只想保住自己的一亩三分地。所以，在洪仁玕等部援军失利之后，真正能发挥作用的援军就只有陈玉成所部的太平军了。

陈玉成将自己所率各部太平军驻扎在自毛岭东至萧家塝之间 10 公里的地方，并在安庆城北的菱湖北岸修筑 10 余座营垒。随后，太平军在安庆的守将叶芸来在菱湖南岸再增修营垒 5 座，北岸的陈玉成部和南岸的叶芸来部可以通过划船在菱湖之间互相沟通。看到这一点之后，1861 年 5 月 1 日，曾国荃派出炮船进入菱湖进行干扰，遭到太平军疯狂反击，不利。5 月 2 日，杨载福又调舢板进入菱湖给曾国荃派出的水军部队助战，从而有效地阻止了陈玉成和叶芸来所部的沟通来往。为了彻底阻断太平军通过菱湖沟通，曾国荃认为必须强占菱湖东面的港口，以便湘军水师随时出击阻止太平军的南北沟通。随后，陈玉成亲自率领大队太平军进攻正在菱湖东路修建营垒的湘军。无奈，湘军人数众多，分出一半阻击陈玉成部，另外一半加紧修筑营垒。等到第二天湘军营垒修筑完毕之后，陈玉成才意识到自己的处境不太妙。因为，奉命阻击洪仁玕、林绍章援军的多隆阿部湘军、鲍超部湘军均正在向菱湖方向运动，如果继续作战，就有可能被湘军两面夹击，自己腹背受敌，形势堪忧。当意识到这一点之后，陈玉成随即率部退至集贤关外。但是，曾国荃并不会给陈玉成留下太多的休息时间，随即组织部队进攻。而此时的集贤关内外皆无粮可用，安庆城内太平军守军的粮食也极度匮乏。在这种情况下，陈玉成意识到如果再僵持下去，自己很快就会被曾国荃部干掉，因此必须赶紧赶往桐城与洪仁玕等汇合，商量救援安庆的计划。5月19日，陈玉成留下部分将领驻扎在集贤关，让他们死守待援，自己则率领几千人的亲随部队赶往桐城。

5月20日，陈玉成率部抵达桐城。陈玉成在和洪仁玕商量之后，还是决定联合兵力再次增援安庆。5月23日，陈玉成、洪仁玕、林绍章等联军3万余人再次出发，自桐城发兵安庆，试图反攻。但是，多隆阿没有给陈玉成他们太多排兵布阵的时间，分兵五路迎击太平军，太平军大败，随后退回桐城。

在击退了太平军的援军之后，曾国荃觉得是发起对安庆城进攻的时候了。随即，曾国荃所部湘军立即包围集贤关，修筑壕沟将其死死围住。鲍超和成大吉所率的2万余湘军也到达集贤关外，杨载福所部水军也登陆上岸加入战斗。集贤关的太平军守将拼死反击，击毙来犯湘军几百人，使得湘军不敢贸然再强攻集贤关。然而，湘军在兵力、火器、粮草等各方面都远远超越了太平军。在强攻失利之后，湘军在集贤关外修建几十座炮台，并于6月2日开始炮轰集贤关。面对湘军强大的火炮攻势，太平军的军心开始动摇了，一些人经受不住湘军的炮火和诱降的条件选择投降，但是随即被湘军斩杀。只有守卫集贤关的太平军主将刘玱琳率部死守，最后兵败被俘，被湘军处死。随后，湘军又将菱湖南北两岸的营垒一一攻下，逼迫太平军残部退回安庆城。

在攻破集贤关和菱湖南岸之后，安庆城外已经没有太平军有效的防御据点了，安庆城终于暴露在湘军的屠刀和炮火之下。

一场血战已经不可避免了。

安庆的危局已经救无可救了。但是，陈玉成觉得还能再努力抢救一下，亲赴天京（金陵）向洪秀全求援。然而，洪秀全也没有什么好的办法，因为太平天国内讧之后，实力大减，良将匮乏，物资奇缺。在这种情况下，最有可能帮助陈玉成的还是李秀成。但是，李秀成还是不愿帮助陈玉成。迫于洪秀全的诏旨，李秀成答应再次率兵攻打一次武昌以解救安庆危局。但是，装装样子的李秀成并不会真心攻打武昌，在稍微碰壁之后随即撤离战场。

此时，安庆已经被曾国荃部湘军围了一年多，城内没有粮食了，军火也不多了，军心也不稳了，安庆失陷已成定局。

但是，不死心的陈玉成又再次组织增援安庆的军事行动，于8月下旬率太平军4万多人抵达集贤关内，扎营40余座，与安庆城内守军遥相呼应。25日，陈玉成以及杨辅清率领各部人马分十路进击围困安庆的湘军。湘军一看这么多的太平军涌上来，立即枪炮齐发，击杀无数太平军。随后，两军多次进攻与反进攻，包围与反包围，进行了赤膊血战，互有伤亡。

最后的血战还是到来了。

安庆城内已经彻底没有粮食了，城外的太平军也打不垮湘军对安庆的围困。安庆城的太平军守军快绝望了，安庆城外的湘军快看到希望了。

9月4日，曾国荃派人在安庆北门城外挖掘的地道终于挖到了城墙下面。随即，一声巨响，安庆北城墙被炸开了一个口子，湘军像潮水般涌入安庆城，几乎所有太平军守军被砍杀，唯独文将帅张潮爵乘小舟逃脱。

9月5日，安庆巷战终于结束，听不见任何的喊杀声了。此时的安庆城，一片寂静，一片血腥。

对太平军而言，安庆失陷了；对湘军而言，安庆光复了，又回到了大清的怀抱。为何太平军会失去安庆？为何湘军会攻下安庆？

从太平军而言，他们失败的原因大致如下：其一，内部不团结。

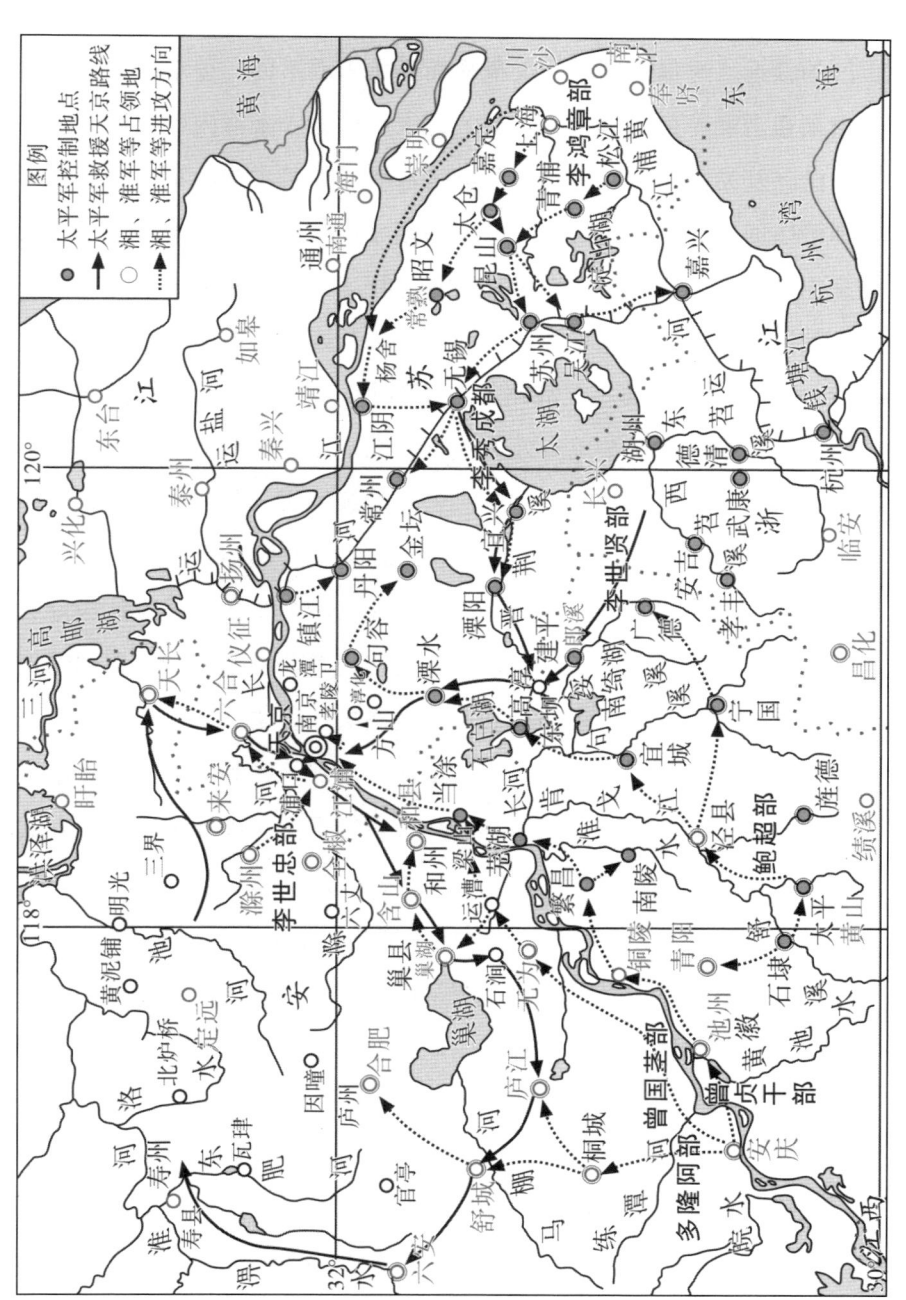

第十六章 安庆：天京门户的战略决战　439

图16.3 天京保卫战作战经过示意图

各个王爷之间互有嫌隙,很难真心配合,加上爱惜自己的羽毛,珍惜自己的领地,对他人领地的安危视而不见听而不闻,很难形成强大的合力来迎击湘军的疯狂进攻。其二,大势已去。天京内讧以后,太平天国已经开始走下坡路了,长江沿线重要城池基本被湘军攻占,湘军水师可以通行无阻,而太平军的水师则寸步难行。这就导致太平军无论是在粮草的多寡,还是在军火的先进程度以及将士的士气等方面都远逊于湘军。战争打的是综合实力,太平天国大势已去,已经无可挽回地走向灭亡了。其三,战略执行不到位。"合取湖北"的围魏救赵计策是好计策,但是缺乏有效的执行,无论是陈玉成部还是李秀成部都没有将这个策略认真地执行下去。而反观湘军,他们则完全与太平军不一样,他们胜利的原因大致如下:其一,湘军内部是比较团结的。曾国藩和胡林翼是能够互相支持的,其他的清朝主政官员也比较配合曾国藩的战略布局。其二,湘军的战略定力是非常坚定的。曾国藩定下了围点打援的攻取安庆的计划后,就坚决执行之,几乎不为任何外部因素所动。其三,清朝正在短暂地向上发展。在和英法侵略者媾和之后,清朝能够专心对付太平军,并且获得了英法以及其他国家在武器、资金以及人才等方面的支持。不得不承认,湘军之所以能打胜仗,其中一个非常重要的原因就是湘军的武器要比太平军的武器有优势。

安庆失陷,对太平天国的影响是巨大的,因为太平天国的国都天京的西面再也没有屏障了,天京门户大开,被湘军攻破只是时间问题了。因此,安庆失陷,等于敲响了太平天国覆亡的丧钟。对清朝而言,湘军在占领安庆之后,可以谋划下一步的进军计划——兵发金陵,扫除太平天国。

清朝在太平天国覆灭之后,迎来了自己的同光中兴。